高等学校通识课示范教材

大学生职业生涯发展规划

主　编　刘兆国　李丽娜　鞠殿民

副主编　张金明　张秋贺

参　编　范亭汝　李剑桥　姜凯文

　　　　刘　浩　刘　琦　于思文

西安电子科技大学出版社

内容简介

　　本书遵循理论与实践相结合的原则，采用案例导入式教学方式，以传授职业生涯规划理论知识为基础，以锻炼职业生涯规划能力为目的，既重视基础知识、基础流程、基本方法的讲解，又密切联系大学生在职业生涯规划过程中存在的问题。

　　全书共 10 章，主要内容包括职业生涯规划导论、职业生涯规划的方法和过程、大学生涯规划、大学生自我认知与定位、职业生涯目标的确立与实现、职业生涯决策、职业生涯实践与管理、职业生涯反馈与评估、大学生职业生涯自我管理、职业生涯辅导。本书还提供了切实可行的案例分析、具有针对性的阅读与训练、丰富实用的测试量表，以帮助大学生确立正确的职业目标。

　　本书既可作为高等学校职业生涯教育课程的教材，也可作为从事职业生涯规划与就业指导工作相关人员的参考书。

图书在版编目(CIP)数据

大学生职业生涯发展规划 / 刘兆国，李丽娜，鞠殿民主编. —西安：西安电子科技大学出版社，2022.12
ISBN 978-7-5606-6774-4

Ⅰ.①大…　Ⅱ.①刘…　②李…　③鞠…　Ⅲ.①大学生—职业选择　Ⅳ.①G647.38

中国国家版本馆 CIP 数据核字(2023)第 007978 号

策　　划　明政珠　井文峰
责任编辑　明政珠　孟秋黎
出版发行　西安电子科技大学出版社(西安市太白南路 2 号)
电　　话　(029)88202421　88201467　　　　邮　　编　710071
网　　址　www.xduph.com　　　　　　电子邮箱　xdupfxb001@163.com
经　　销　新华书店
印刷单位　陕西日报社
版　　次　2022 年 12 月第 1 版　2022 年 12 月第 1 次印刷
开　　本　787 毫米×1092 毫米　1/16　　　印　张　18.5
字　　数　441 千字
印　　数　1～5000 册
定　　价　48.00 元
ISBN 978 - 7 - 5606 - 6774 - 4 / G
XDUP 707600 -1
＊＊＊ 如有印装问题可调换 ＊＊＊

前言 >>>>>

我们在长期的教学工作中发现，许多大学生在进入大学前唯一的愿望是能够考上大学，而进入大学后，由于没有明确且切合实际的目标，学生们很容易失去学习的内在动力而陷入迷茫。

现实生活中，很多大学生认为制订目标只是一种形式，有没有目标照样可以工作和生活；有些人则认为制订目标是件很麻烦的事，不愿意为此费心。

人生如果没有目标，把命运完全交给别人主宰，自己盲目服从，岂不是遗憾终生？研究发现，凡是在一生中称得上"成功"的人士，都有明确的奋斗目标，这也正验证了"杰出人士与平庸之辈最根本的差别在于有无人生目标"这一论断。当然，有奋斗目标的人未必能成功，不过他们的不成功或许另有原因：有的人制订的目标失当；有的人行动力不够，半途而废；有的人遇到了某种意外，等等。有了目标未必一定成功，但若想成功必须要有明确的目标。大学生正处在职业生涯的探索阶段，不但要对自身条件进行正确的评估和把握，还要进行专业知识的学习。

参加本书编写工作的都是多年从事大学生职业生涯规划教学和管理的人员，具有较强的理论功底和实践经验。全书共十章，详细内容介绍如下：

第一章为职业生涯规划导论，主要内容包括职业概述、职业生涯规划概述、职业生涯规划的理论。

第二章为职业生涯规划的方法和过程，主要内容包括职业生涯规划的角色与对象、职业生涯规划的基本流程、职业生涯规划方案。

第三章为大学生涯规划，主要内容包括大学阶段规划、考研规划、大学生自我成长规划。

第四章为大学生自我认知与定位，主要内容包括自我认知概述、大学生自我认知的方法、职业定位。

第五章为职业生涯目标的确立与实现，主要内容包括职业生涯目标概述、职业生涯目标的确立、职业生涯目标的实现。

第六章为职业生涯决策，主要内容包括职业生涯决策概述、影响职业生涯决策的因素、职业生涯决策方法。

第七章为职业生涯实践与管理，主要内容包括个人潜能与职业发展、选定和开发个人职业锚、职业生涯阶段管理。

第八章为职业生涯反馈与评估，主要内容包括职业生涯反馈、职业生涯评估、职业生涯开发。

第九章为大学生职业生涯自我管理，主要内容包括大学生时间管理、大学生情绪管理、大学生压力管理。

第十章为职业生涯辅导，主要内容包括职业生涯辅导的内涵和意义、职业生涯辅导的过程和技术、职业生涯辅导的内容和途径。

本书的每一章都有案例导论和阅读与训练，阅读与训练部分包含阅读材料、操作训练和思考题。附录部分还提供了大量可供测试的测试量表。

本书的编写工作采用集体讨论、分头执笔、交叉修改的方式。刘兆国、张金明负责审稿、统稿、定稿，鞠殿民负责校对。各章的具体分工如下：第一章、第二章由刘兆国撰写；第三章、第四章由李丽娜撰写；第五章由张秋贺撰写；第六章由刘浩撰写；第七章由范亭汝撰写；第八章由刘琦撰写；第九章由姜凯文撰写；第十章由于思文撰写；附录由李剑桥撰写。

本书的编写和出版得到了西安电子科技大学出版社的积极支持和帮助，特在此表示衷心的感谢！

编　者

2022 年 10 月

目录 >>>>>

第一章

职业生涯规划导论

英国哲学家罗素说："选择职业是人生大事，因为职业决定了一个人的未来。铁匠锤打铁砧，铁砧也锤打铁匠。人的心灵也受到生涯的染色，只是所受的影响奥妙复杂，不易为人觉察而已。所以说，选择职业，就是选择将来的自己。"若据此理解，选择一种职业就是选择一种活法，进一步说，就是让自己有一个从容淡定和幸福快乐的人生。

通观个体的生涯发展，在每一个关键的人生阶段既孕育着成功与发展的机会和通道，也潜藏着失败与停滞，甚至倒退的风险和歧路。喜怒哀乐、悲欢离合、生老病死、恩怨情仇构成了我们生涯的旋律和主题。如何立足现在，掌握未来发展方向，让人生更有尊严，让生命更有价值和意义，这正是生涯规划的价值所在。

通过本章的学习，大学生可以了解职业生涯规划的意义和作用；理解职业生涯规划理论；掌握职业生涯规划的方法和步骤；有针对性地解决职业生涯规划过程中容易出现的问题。

第一节　职业概述

【案例】　赵同学是班里的电脑高手，整天沉湎于网络世界之中，浑浑噩噩地混到了就业季。看着身边的同学陆续找到了满意的工作，而自己还一点进展也没有，这时他才开始着急起来。某天，他了解到周六有一场大型的人才招聘会，当赵同学兴致勃勃地到达现场后，他才发现现场都是些名不见经传的小公司，而且基本上都要求求职者有工作经验，真正适合大学应届毕业生的单位和岗位屈指可数。在观望了半天后，他找到了一家相对比较对口的网络公司。招聘人员粗略看了他的简历后让他第二天去公司面试，同时要求交纳50元的面试费用。第二天，赵同学到公司面试，一位自称经理的男子随便询问了几个问题后，就表示可以和他签协议，同时告诉他三天后来上班。签过协议后要求赵同学交纳500元的培训费和工装费。三天后，当赵同学意气风发来到公司上班时，却发现公司早已人去楼空，经多方查证后才发现这个公司根本不存在。

【案例评析】　现代社会职业种类繁多，也千差万别，特别是随着社会经济的不断发展，新的职业不断涌现。尽管职业的种类丰富多彩，但一个人一生中能够从事的职业却是相当有限的，对许多人来说可能一生中只从事一种职业。所以，选择一个理想的职业是个人的终身大事，选择一个适合自己的职业是实现人生价值的重要前提和基础。

然而事实表明，很多大学生对于职业的基本概念知之甚少。有的学生满怀雄心壮志，早就选好了自己未来要从事的职业，可到了求职时才发现自己根本不具备从事该职业的能力。还有很多人在选择职业时，仅凭感觉、凭情绪盲目选择，从而导致无法顺利就业，或就业后的实际情况和理想差距太大，有的甚至陷入求职陷阱而造成不必要的损失，比如赵同学。"知己知彼，百战不殆"，这就需要我们了解并做好职业生涯规划，为自己的职业之路奠定一个坚实的基础。

一、职业的含义

规划职业生涯时，不仅要有自我认知，还必须深刻把握职业的内涵。职业的概念由来已久，但由于研究目的的不同，学者们从不同的角度对职业的内涵进行了不同的界定，主要包括从社会学和经济学意义上进行的界定。

从社会学角度界定的职业的概念，包括四个方面的内容：

第一，职业是社会分工体系中的一种社会位置。这种位置是个人进入社会生产过程之后获得的，其取得的途径可能是通过社会资本的继承或获取。但职业位置一般不是继承性的，而是获得性的。

第二，职业是从事某种相同工作内容的职业群体。

第三，职业同权力和利益紧密相连。职业拥有两种权利：一种是垄断权，每一种职业(群体)在社会分工中都有自身的位置和作用，使别人依赖它们，需要它们，这就在一定程度上拥有了对他人的权力，而且人们总是要维护这种权力，以保持自身的垄断领域；另一种是经济收益权，任何一种职业(群体)凭其被他人所需要、所依赖而获得经济收入。

第四，职业是国家确定和认可的。任何一种职业的产生必定为社会所承认，为国家的职业管理部门所认可，并具有相应的职业标准，因此，职业的存在必须有法律效力，为国家授予和认可。

经济学上的职业概念与社会学上的职业概念存在着明显的不同，有其特定的内涵，主要包括四个方面的内容：

第一，职业是社会分工体系中劳动者所获得的一种劳动角色。职业根源于社会分工，在整个社会生产过程中，不同工种、岗位或特定环节的职业赋予劳动者以不同的工作内容、不同的职责、不同的声誉、不同的社会地位以及不同的劳动规范和行为模式，于是劳动者便具有了特定的社会标记和专门的劳动角色。

第二，职业是一种社会性的活动，具有社会性。职业是劳动者所进行的社会生产劳动或社会工作，均为他人所必需并为国家所认可，所以，职业是社会的职业。

第三，职业具有连续性和稳定性。劳动者连续、不间断地从事某种社会工作，这种工作才能成为劳动者的职业，或者相对稳定地从事某项工作的劳动者才能成为该职业的劳动者。

第四，职业具有经济性。劳动者从事某项职业，就是为了不断取得个人收入，才较为长期、稳定地承担某项社会分工，从事该项社会职业的。没有经济报酬的工作，即使其劳动活动较为稳固，也非职业工作。

综上所述，我们认为，职业是人们通过专门技术劳动而取得个人收入、履行社会义务并取得社会地位的一种重要的社会现象。

可以说，职业是人类文明进步、经济发展以及社会劳动分工的结果。从个人的角度讲，职业活动几乎贯穿于人一生的全过程。人们在生命早期阶段接受教育与培训，是为将来所从事职业做准备；从青年时期进入职业世界到老年退离工作岗位，职业生涯长达几十年。职业不仅是谋生的手段，也是个人存在意义和价值的证明。选择一个合适的职业，度过一个成功的职业生涯，是每一个人的追求和向往。

二、职业的功能

职业的功能是指职业活动与职业角色对人和社会的作用与影响，概括起来主要有以下几个方面：

(1) 职业是社会存在的内容。职业分工及其结构是社会经济制度与结构的重要组成部分，是社会经济发展水平的反映。人们通过职业劳动，创造社会财富，为社会存在和发展提供物质基础。

(2) 职业是社会发展的动力。职业的社会活动包括个人改善职业的向上流动、与社会经济结构联系的职业结构变动、不同职业之间的矛盾冲突及解决等，这些构成了推动社会发展与进步的动力。

(3) 职业是社会控制的手段。职业是人的重要生活方式，"安居乐业"是人们的共同愿望。政府为公众创造职业岗位及就业机会，执行促进"充分就业"的政策，从其社会功能角度看，是为了减少社会问题、维护社会安全稳定。

(4) 职业是人们获取利益的手段。职业作为个人经济收入的主要手段，成为个人生存和进行社会生活的物质基础。职业也是获得多种经济利益的重要途径，包括名誉、地位、权力等,从而使个人获得心理上的满足,达到"乐业"的境地;有时候非经济利益也可能转化为金钱或者其他形式的经济利益。

(5) 职业是人生的重要活动。职业是人们参与社会活动、建立社会关系、进行人生实践的重要途径。同时,人的交际活动大多也和职业生活相联系。职业生活使从业者进入一种社会情境,这种情境因职业的不同而不同。所以,职业是人担任特定的社会角色、形成一定行为模式的条件。

三、职业的分类及发展趋势

(一) 职业的分类

所谓职业的分类,是依据一定的分类原则,采用一定的标准和方法,对从业人员所从事的各种专门化的社会职业所进行的全面、系统的划分与归类。

一般来说,职业分类是以工作性质的同一性为基础原则,对社会职业进行的系统划分与归类。职业分类的目的是要将社会上纷繁复杂、数以万计的工作岗位,划分成规格统一、井然有序的层次或类别。通过职业分类,可以了解社会职业领域的总体状况,增强职业意识,提高职业素质。

1. 职业分类的依据

根据国际职业分类的通行做法,职业的分类有大类、中类、小类和细类四个层次。其中,大类层次的职业是依据职业工作性质的同一性,并考虑相应的能力水平进行划分的;中类层次的职业是在大类范围内,根据工作任务与分工的同一性进行划分的;小类层次的职业分类是在中类职业的范围内,按照工作环境、功能及其相互关系的同一性进行划分的;细类层次的职业分类即为职业的划分与归类,它是在小类的基础上,按照工作分析法,根据工艺技术、对象、操作流程和方法的同一性进行划分的。

2. 我国现行的职业分类

2015 年 7 月颁布的《中华人民共和国职业分类大典(2015 版)》是我国现行的对职业进行科学分类的权威性文献,它将我国目前的职业分为 8 个大类,共 1481 个职业(见表 1-1)。

表 1-1　中华人民共和国职业分类表

大类序号	大 类 名 称	中 类	小 类	职业(细类)
1	党的机关、国家机关、群众团体和社会组织、企事业单位负责人	6	15	23
2	专业技术人员	11	120	451
3	办事人员和有关人员	3	9	25
4	社会生产服务和生活服务人员	15	93	278
5	农、林、牧、渔业生产及辅助人员	6	24	52
6	生产制造及有关人员	32	171	650
7	军人	1	1	1
8	不便分类的其他从业人员	1	1	1
合计		75	434	1481

2022 年 9 月发布的《中华人民共和国职业分类大典(2022 年版)》(公示稿)(以下简称《大典》)是人力资源社会保障部会同国家市场监督管理总局、国家统计局以 2015 年版《中华人民共和国职业分类大典》为基础的修订版本。

从 2022 年 7 月 11 日人力资源社会保障部发布的公示稿来看,《大典》将近年来已发布的新职业纳入了其中,大类体系依旧保持不变,增加或取消了部分中类、小类及职业(工种),优化调整了部分归类,修改完善了部分职业信息描述。

公示稿中,职业划分为 8 个大类、79 个中类、449 个小类、1639 个细类(职业)、2967 个工种。与 2015 年版大典相比,增加了法律事务及辅助人员等 4 个中类,数字技术工程技术人员等 15 个小类,碳汇计量评估师等 158 个职业(含 2015 年版大典颁布后发布的新职业)。

据国家职业分类大典修订专家委员会主任、中国就业培训技术指导中心主任吴礼舵介绍,此次修订将近几年新颁布的 74 个职业纳入到了其中,共标注了 97 个数字职业。

据国家职业分类大典修订工作委员会委员、专业技术人员管理司司长李金生介绍,2015 年版大典颁布后,专业技术人员大类已经发布了包括人工智能、物联网、大数据、云计算、智能制造、工业互联网、虚拟现实、区块链、集成电路、机器人、增材制造、数据安全工程技术人员等 15 个新职业。这次修订还增设了密码工程技术人员、碳管理工程技术人员、金融科技师等 29 个新职业。

3. 社会中的职业

1) 产业部门与职业

各种职业岗位,都可以归属于一定的部门行业。我国社会经济中的"部门",目前分为农、林、牧、渔业,采掘业,制造业,电力煤气及自来水业,建筑业,地质勘查与水利管理业,交通运输仓储及邮电通信业,批发零售贸易与餐饮业,房地产业,社会服务业,卫生体育和社会福利业,教育文化艺术和广播电影电视业,科学研究和技术服务业,国家机关和党政机关,社会团体及其他,共计 16 个部门。

在部门之下是"行业"。例如,制造业下面有重工业、轻工业,重工业中有冶金业、机器制造业等,轻工业中有造纸业、纺织业等。

在部门之上则是"产业"。国民经济的 16 个部门可以概括为三大产业。

第一产业指的是从自然界取得产品的产业,也称为"第一次产业"。第一产业具体是指农、林、牧、渔业。

第一产业从事初级产品的生产,它在整个国民经济中居于基础的地位,其产品除了直接为人们所消费外,也是第二产业许多行业进行生产的原材料。由于科学技术的进步和生产管理水平的提高,第一产业逐渐实现机械化、电气化和自动化,在其总产量增加的同时,就业数量下降,对从业者的素质要求提高,从而会分流出一部分人向第二产业、第三产业转移。

第二产业是国民经济中对农业等初级产品进行多种层次的加工,为社会提供各种生产资料与生活资料的产业。第二产业因此也称为"第二次产业"。

第二产业具体指在国民经济中居于核心、骨干地位的制造业、采掘业、建筑业等生产领域。第二产业的发展水平是一个国家或地区经济实力的反映,即该国家或地区生产技术的机械化、自动化水平和经营管理水平的反映。这种发展水平也决定了该国或该地区人民的富裕程度。

我国的第二产业，具体包括矿山采掘、产品制造、自来水生产、电力工业、蒸汽热水生产、煤气生产、建筑七大行业。这些行业的经济单位通常称为"工矿企业"。第二产业就业岗位的工作内容概括地说包括：对各种原材料的加工，生产制造各种轻工业、重工业产品；对自来水、电、煤气、液化气、天然气、蒸汽、热水进行生产；从事上述各个行业的工程技术工作；从事上述各个行业单位的组织管理与经营管理工作；从事上述各行业的服务和社会管理职能的工作。第二产业具有吸纳大量劳动力、提供大量职业岗位的功能。

第三产业是一个包括众多部门的庞大领域，在整个国民经济中担当完成流通、提供服务和社会管理的职能，也称为"第三次产业"。

第三产业同样具有吸纳大量社会劳动力、提供大量就业岗位的功能。经济越发展、社会越进步，第三产业扩大的速度就越快，并会产生和分化出许多新的领域，使第三产业职业岗位数量大幅增加，劳动力由第一产业、第二产业向第三产业转移。从全世界的发展趋势来看，第三产业的比重增加迅速，在经济发达国家从事第三产业的人员已经占全部就业人员的一半以上，有的国家甚至达到70%～80%的水平。

第三产业职业岗位的数量增加很快，成为社会新增就业的主要领域。我国的第三产业可以分为以下四个类别：

(1) 为流通服务的部门。该类部门包括交通运输业、邮电通信业、批发和零售贸易业、餐饮业、物流和仓储业等。

(2) 为生产和生活服务的部门。该类部门包括金融保险业、地质勘察业、房地产业、公用事业、社会服务业和综合技术服务业等。

(3) 为提高社会科学文化水平和居民素质服务的部门。该类部门包括教育、文化、广播电视、科学研究、卫生、体育和社会福利事业等。

(4) 为社会公共管理服务的部门。该类部门包括国家机关、党政机关、社会团体，以及军队和警察等。

2) 企业单位

企业，是从事社会经济活动的单位，从业人员可以分为经营、管理、技术、操作等类别。以生产性企业——工厂为例，企业的员工一般包括以下四类人员：

(1) 生产人员。生产人员包括直接操作机器的生产一线工人和为一线生产进行直接服务的辅助生产工人(如运送产品与原材料的工人、机器设备维修工人等)。

(2) 工程技术人员。工程技术人员指担负企业的工程技术性工作，并具有一定的专业技术职称或相应水平者，如工程师、技师等。

(3) 管理人员。管理人员指在企业的各个职能科室、部门机构担任各层次行政、生产、经营、产品营销、后勤、教育、劳动人事、政工等各项管理工作的人员。

(4) 服务人员。服务人员指直接为本企业职工生活和间接为生产提供服务的各种人员，主要包括单位的警卫保安人员、勤杂人员、食堂炊事人员、卫生保健人员等。

企业的类型可以分为以下七大类：

(1) 国有企业。国有企业是指产权属于国家，从事生产、流通、服务等各种经营性活动，以盈利为目的的独立核算单位。在国有企业就业的员工一般都实行劳动合同制和聘任制。

国有企业在国民经济中占据重要的地位，为社会创造了巨大的物质财富，提供了大量的就业岗位。

(2) 集体企业。集体企业是指产权归劳动者集体所有，从事生产、流通、服务等各种经营性活动的独立核算单位。

集体所有制企业是一种劳动者直接与自己的生产资料结合的经济单位，在我国国民经济体系中占有重要地位。集体所有制的财产，一般由劳动者集资或一些基层经济单位自行筹资兴办，生产经营规模通常比国有企业小，广泛分布于国民经济各个产业部门，可提供大批就业岗位。

(3) 私营企业。私营企业是指由私人出资创办、在工商行政管理部门登记、雇用人员在 8 人以上的经济单位。

私营企业可以分为私人独资企业与私人合伙企业。私营企业经营灵活，能够瞄准市场需求和消费者意向进行生产经营。目前，我国的私营企业广泛存在于城乡各种生产、流通、服务领域，为社会提供了大量就业岗位。

(4) 乡镇企业。乡镇企业是指在农村兴办的企业，包括乡镇政府办、村委会办、个人办或私人合伙投资办等几种类型。

乡镇企业一般位于农村或乡镇，劳动力来源为农民，大部分从事轻工业、手工业、农业产品深加工等，生产技术比较简单，资金相对较少，受市场影响大，管理比较简单。乡镇企业的发展，适应于我国工业化和整个国民经济现代化的进程，安置了大量从农业转移出来的劳动力。它的存在，既有利于提高农业劳动生产率、增加国民经济总产值，也有利于给广大农民提供一条较好的出路，减轻城市的就业压力。

(5) 外资企业。外资企业是指外国公司、团体、私人在我国投资兴办的企业。

外资企业实际上是我国的人力与国外的资本相结合所创办的企业。外资企业在一定程度上为社会提供了就业岗位。由于外资企业所在国家与公司文化不同、从事的行业不同，中国人在外资企业中的职位与岗位也不同，因此，在劳动条件、工资报酬、福利保险等方面也有着巨大差别。外资企业对从业人员的素质要求一般比国内企业更高，人员流动性更大。到外资企业就业，要具备相当强的竞争能力。

(6) 合资企业。合资企业是指由两个或两个以上的所有人共同投资组建的企业。"所有人"可以是个人，也可以是公司、企业、事业单位等法人或者政府。在我国，合资企业有政府或法人组织与外国公司或私人共同投资(即"中外合资")、国内两个以上法人共同投资、私人与法人共同投资、私人合伙共同投资等不同形式。

中外合资企业在合资企业中占有重要地位。改革开放以来，我国的合资企业迅速发展，为社会提供了大量就业岗位。合资企业一般都实行劳动合同制，人员流动较大，到合资企业就业者应当具备较强的竞争能力。

(7) 股份制企业。股份制企业是指企业的全部注册资本由全体股东共同出资并以股份形式投资兴办的经济单位。

股份制企业是按照现代企业制度设立的新型经济单位，在运行体制、经济管理方法上"新事新办"，用人制度也比较灵活，在其中就业的人要有较高的素质、较强的竞争实力和敬业精神。

3) 事业单位

事业单位一般是指主要由国家财政经费开支、不从事独立经营而从事为社会服务的工作单位。事业单位在整个国民经济体系中占有重要的地位。我国的事业单位包括文化教育、文艺体育、科研、广播电视、新闻出版、医疗卫生保健、社会福利与社会保障、农林水利气象、城市公用事业等。事业单位作为一个范围庞大的部门，为社会提供了数量巨大的就业岗位，在其中也聚集了大量的人才。

4) 政府机关

政府机关是国家和地方各级政府行政管理机构的总称。在政府部门中工作的人员，除去少部分专业技术人员(如医生、计算机操作人员)和工勤人员(如清洁工人、司机、炊事员)外，主要是国家公务员。

5) 社会团体

社会团体是社会上各种群众性组织的总称，包括工会、团委、妇联、青联、学联、科协、各类学会、各行业协会等。社会团体作为一种群众性组织，由各特定领域的代表所组成。

社会团体种类繁多，拥有一定数量的就业岗位。社会团体的就业岗位，要求从业者有一定的文化水平、政策水平、专业知识和较强的工作能力。

6) 自主劳动单位

在社会的现实生活中，有许多人是自主就业的，包括各类自由职业者、灵活就业人员和个体劳动者。

自由职业者，一般是指拥有一定的专业技能、不被他人雇佣、通过自行开业和自由为社会提供服务的方式从事职业劳动的人，诸如个人独立开业的医生、律师、自由作家、自由撰稿人等。灵活就业者如社区服务人员、小时工、劳务承包者等。

(二) 职业发展的趋势

职业自从产生以后，就随着社会生产力的进步和社会分工的发展而不断发生变化。职业的发展趋势主要表现在以下几个方面：

(1) 社会职业种类越来越多。随着社会分工的发展和职业的分化，职业种类已远远超过"三百六十行"。

(2) 行业变化速度越来越快。从农业革命到工业革命经历了数千年，而从工业革命到新的产业革命，才几百年。就在这几百年里，不断出现新的行业，且行业的主次地位变化得也越来越快。

(3) 由单一基础向跨专业、复合型转化。从目前招工、就业的情况分析，职业岗位的要求和劳动方式逐步由简单向复杂转化。过去单一技能就能胜任的工作，在现在随着职业内涵发展和扩大的情况下，往往需要相关专业的许多知识和技能，因此更需要跨专业和复合型人才。

(4) 由封闭型向开放型转化。随着改革开放的深入，职业岗位工作的范围和面向的服务对象越来越广泛，接受信息的渠道更加多样化，人们相互之间的交往和协作大大加强。这种开放性体现在职业岗位工作的性质上，即增加了一些以人与人之间联络、沟通、信息咨询和交易为表现形式的内容，例如许多职业都需要借助互联网从事职业活动。

(5) 由传统工艺型向信息化、智能型转化。传统工艺型职业在科技含量方面相对滞后，在技术更新速度方面比较缓慢，有时跟不上时代前进的步伐。生产力发展的关键之一是增加职业岗位科技含量，改善劳动组织结构和生产手段，提高劳动生产率。能熟练应用信息管理方法的智能型操作人员是今后职业岗位更新、工作内容更新需要的新型人才。例如，传统的仓库管理工作由于需要及时提供库存信息而向物流师方向发展。

(6) 由继承型向知识创新型转化。知识经济的到来，要求社会成员不断树立创新意识，在自己的职业岗位上进行创造性劳动，只有创造型人才才能更好地胜任岗位职责。

(7) 服务性职业向知识技能化发展。劳动力市场预测专家认为，未来的新职业会越来越多地出现在服务部门，特别是与健康、通信和计算机相关的行业。第三产业在劳动者数量增加的同时，对从业人员素质的要求也在不断提高，产生了知识型服务性职业，而且这一职业是吸纳社会劳动力的主要渠道。如传统的职业介绍演变为职业指导或猎头服务，实际上是由原先的简单提供信息或中介活动发展为利用知识提供信息咨询服务。

以上这些变化使大学生就业出现了与过去完全不同的情况：一是劳动岗位中体脑混合且体力劳动所占的比例越来越少；二是与传统专业绝对对口的岗位越来越少；三是劳动岗位的地域空间越来越小，行业特征不像过去那么鲜明；四是岗位所需的职业知识和技能更新周期加速，复合程度提高。如此特征，将使宽口径、复合型、通用型专业的大学生择业余地加大，用人单位对大学生的非专业综合素质的要求空前提高。

第二节 职业生涯规划概述

【案例】上海某财经类大学毕业生小李，在大学期间学习的是国际会计专业。同学对她的评价是刻苦、有上进心、性格坚强、学习能力强。个人研究生理想专业是工商管理，职业目标是高级财务经理。她在临毕业前收到英国某大学攻读硕士的通知，学行政管理专业；同时收到四大会计师事务所之一的录取通知，做审计师。为此，小李必须做出选择：先留学还是先就业？

【案例评析】 小李在先就业与先留学之间面临选择，无论是先就业还是先留学，最终的目的都是考虑自身职业发展前景。

从职业发展考虑，国际四大会计师事务所，有完善的培训计划，良好的工作氛围，规范的工作机制，对职业技能发展大有好处。出国学习行政管理课程一年所获的专业资质资历和在国际会计师事务所工作一年的技能积累相比，在职业市场上的价值未必就高。

从小李职业目标定位于高级财务经理一点看，小李具备会计专业学历资质和专业技能，但缺乏作为高级财务经理所必须具备的专业管理知识。小李希望学工商管理类课程的想法是正确的，但为一时出国而放弃原本计划并不合乎长远的职业发展。

作为刚刚毕业的大学生，选择合适的职业发展方向非常重要，人生精力有限，必须选准方向，强化发展。职业方向必须结合个人特长、兴趣，并综合考察行业前景来确定。

一、职业生涯规划的含义

职业生涯是一个漫长的过程。无论一生只从事一种职业还是从事多种职业，每个人的职业生涯都将占据人生的大部分时间，直接影响个人的生活质量和幸福指数，以及整个家庭乃至社会的稳定程度。

大学阶段是职业生涯的准备期，此阶段职业生涯规划的好坏直接影响大学期间的学习生活质量，更直接影响求职就业甚至未来职业生涯的发展。而且随着我国高等教育进入大众化阶段，大学生的就业在面临更加多元的选择的同时，也需要面对日益激烈的市场竞争和严峻的就业形势。这就要求大学生要尽早掌握职业规划的方法，通过规划找到自己的定位，为就业及职业发展做好充分的准备，从而帮助自己合理规划人生，实现生命的价值。

（一）生涯和职业生涯

1. 生涯的概念

生涯，英文是"career"，在日常翻译中，大家习惯上称其为"职业"，往往被理解成个人所从事的工作。实际上，"career"翻译成"生涯"更加贴切，"生"即"活着"，"涯"即为"边界"，"career"应该被理解为贯穿个人一生的各种活动。

目前，大多数西方学者所接受的生涯的定义是舒伯(Super，1976)的论点：生涯(career)是生活中各种事件的演进方向与历程，统合了个人一生中各种职业与生活的角色，由此表现出个人独特的自我发展形态。生涯是一连串有酬或无酬职位的综合，除了职位之外，还包括任何和工作有关的角色，如副业、家庭和公民的角色等。

2. 职业生涯的概念

职业生涯是指个体从正式进入职场直到退出职场的这段时间内与工作有关的态度、需求、行为等连续性经历的过程，是一个人的终身职业经历。职业生涯是人一生中最重要的历程，是追求自我实现的重要人生阶段，对人生价值起着决定性作用。同时，职业生涯又是一个动态的过程，是一个人一生在职业岗位上所度过的、与工作活动相关的连续经历，并不包含职业上的成功与失败或进步快与慢的含义。不论职位高低、成功与否，每个工作着的人都有自己的职业生涯。

（二）职业生涯规划

职业生涯规划是对个人职业生涯的安排，可以从组织与个人两个层面展开，因此对于职业生涯规划的内涵，也可以从以下两个层面加以界定。

1. 个人职业生涯规划

从个人的角度而言，职业生涯规划是指个人根据对自身的主观因素和客观环境的分析，确立自己的职业生涯发展目标，选择实现这一目标的职业，以及制订相应的工作、培训和教育计划，并按照一定的时间安排，采取必要的行动实现职业生涯目标的过程。个人职业生涯规划一般包括自我剖析、目标设定、目标实现策略、反馈与修正四个方面的内容。

(1) 自我剖析是指全面、深入、客观地分析和了解自己。首先要弄清自己为人处世所遵循的价值观念、基本原则和追求的价值目标；其次要熟悉自己掌握的知识与技能；最后还应剖析自己的人格特征、兴趣、性格等多方面的情况，以便了解自己的优势和不足。通过这几个层次的自我剖析，对自己形成一个客观、全面的认识和定位。

(2) 目标设定是指在自我剖析与定位的基础上，设立明确的职业目标。就整个个人职业生涯来说，目标设定可以是多层次的、分阶段的。一个多层次的目标设定可以使人更快地摆脱窘境，保持开放、灵活的心境。

(3) 目标实现策略是指为争取实现职业目标而采取的积极的具体行动措施、方法和途径。目标实现的内容不仅包括个人在工作中的表现及业绩，同时还包括超出现实工作之外的一些前瞻性的准备或掌握一些额外的技能、专业知识。此外，目标实现还包括为平衡职业目标和其他目标(如生活目标、家庭目标)而做出的种种努力。目标实现的策略很多，比如撰写求职简历、参加面试应聘、商议工资待遇、制订和完成工作目标、参加公司举办的培训和发展计划、构建人际关系网、谋求晋升、参加业余时间的课程学习以及换工作等。

(4) 反馈与修正是指在实现职业生涯目标的过程中，根据实际情况自觉地总结经验和教训，修正对自我的认知和对最终职业目标的界定。人只有在工作实践中才能更清楚、更透彻地认知自我并定位，才能弄清自己喜爱并适合从事的职业。有意识地回顾自身的言行得失，可以检验自我定位的结论是否贴切，自己对职业目标的设想方向是否正确。即使在自我定位和目标设定正确时，反馈和修正同样可以纠正阶段目标中出现的偏差，极大地增强实现目标的信心。

职业生涯规划有助于个人在职业变动的过程中，面对已经变化的个人需求及工作需求，进行恰当的调整。

2. 组织职业生涯规划

从组织层面开展的职业生涯规划是组织人力资源管理的重要内容。组织职业生涯规划是组织开展和提供的、用于帮助和促进组织内正从事某类职业活动的雇员实现其职业发展目标的行为过程，包括职业生涯设计、开发、评估、反馈和修正等一系列综合性的活动。组织职业生涯规划通过雇员和组织的共同努力与合作，使雇员的生涯目标与组织发展目标一致，而且也会使雇员个人的发展与组织的发展相吻合。

3. 个人职业生涯规划与组织职业生涯规划的关系

个人职业生涯规划与组织职业生涯规划的内涵存在着显著的不同，要深入理解其内涵，就必须要注意以下三个方面的问题：

(1) 个人职业生涯规划是个人职业生涯的自我管理。个人职业生涯规划是以自我价值的实现和增值为目的的，并不局限于特定的组织内部，雇员可以通过跳槽实现个人发展目标。组织职业生涯规划有一定的引导性和功利性。它帮助雇员完成自我定位，克服完成工作目标中遇到的困难与挫折，鼓励雇员将个人职业生涯目标同组织发展目标紧密相连，并尽可能多地给予他们发展机会，从而谋求组织的持续发展。组织职业生涯规划通常由人力资源部门负责，所以具有较强的专业性、系统性。与之相比，个人职业生涯规划只有在科学的职业生涯管理之下，才可能形成规范、系统和科学的个人职业生涯规划。

(2) 组织职业生涯规划必须满足个人与组织的双重需要，实现二者的共同目标。要实行有效的组织职业生涯规划，必须了解雇员现实的职业生涯目标以及在实现职业生涯目标过程中会遇到的问题、如何解决这些问题，雇员的职业生涯历程可以分为哪几个阶段，每个阶段的典型矛盾和困难是什么以及如何加以克服和解决。组织只有在对这些信息有充分的了解之后，才可能相应地制订出有关政策和措施，帮助雇员解决这些问题并为雇员提供相应的发展机会。同样，满足雇员职业发展需求的同时，还必须满足组织自身职业发展的需要，这可以通过两个方面的工作来实现：一方面是在满足雇员职业发展需求的时候，使全体雇员的职业技能得到提高，进而带动组织整体人力资源水平的提升；另一方面是在职业生涯管理中对雇员进行有意识引导，可使同组织目标方向一致的雇员脱颖而出，从而为组织提供人才储备。组织的需要是个人职业生涯管理的动力源泉。雇员个人职业发展需要是职业生涯管理活动的基础。

(3) 组织职业生涯规划是一个庞大的系统工程，涉及的内容十分广泛。从内容上来看，组织职业生涯规划既包括组织对雇员个人状况的深入了解，又包括雇员对组织的深入了解；既包括生涯规划目标的确定，又包括实现生涯目标所需的各种管理方法与手段；同时又涉及职业活动的各个方面。组织应该根据过去的发展及未来的目标，预测政治、经济、社会、文化等环境的外在变化及可能产生的影响，规划出有长远性、前瞻性的发展方向，主动提供各种信息给雇员，强化彼此之间的回馈、沟通、信赖与支持，还应了解雇员的个别差异性及绩效表现、发展目标等，以提高雇员的工作积极性和企业凝聚力。因此，一套系统、有效的职业生涯规划制度和体系要涉及企业管理与个人发展的诸多方面，是一项长期的系统工作。

二、职业生涯规划的特征

根据职业生涯规划的内涵，对照人力资源管理工作，可以看出职业生涯规划具有以下特点：

(1) 职业生涯规划是组织与雇员双方的责任。人力资源管理强调的是组织对雇员的管理，一般是单向的，其目的是提高组织的劳动生产效率。职业生涯规划管理中，组织和雇员都必须承担一定的责任，双方共同合作才能完成职业生涯规划目标，促进雇员的全面发展。在职业生涯规划管理中，雇员个人和组织须按照职业生涯规划的具体要求做好各项工作。

(2) 职业生涯信息总是处于变动的状态，组织的发展在变、经营重点在变、人力需求在变，雇员的能力在变、需求在变、生涯目标也在变，因此必须对管理信息进行不断的维护和更新，只有这样才能保证信息的时效性。

(3) 职业生涯规划是一种动态性管理，它贯穿于雇员和组织职业生涯发展的全过程。每一个组织成员在职业生涯的不同阶段及组织发展的不同阶段，其发展特征、发展任务以及应注意的问题都是不相同的，每一阶段都有各自的特点、目标和发展重点，所以对每一个发展阶段的管理也应有所不同。

(4) 职业生涯规划具有阶段性和不可逆转性。每个人由于其所处的环境不同，加之个体之间的差异，在职业生涯发展中往往存在许多偶然因素，但从长远来看，职业生涯发展是可以规划的。职业生涯发展具有阶段性，在每一个阶段都表现出不同的特征，规划的目的在于给个人提供总体的指导。同时，职业生涯发展是不可逆转的，源于人的自然成长和发展过程的不可逆转性，只能在原有的基础上前进。职业发展的不可逆转性提醒人们要充分重视职业生涯中的每一步，因为今天的一个选择，很有可能影响你的下一步选择，现实中不乏一着不慎全盘皆输的教训。

三、职业生涯规划的作用和意义

职业生涯规划有助于全面提高大学生的综合素质，避免学习的盲目性和被动性。大学生通过规划个人的职业生涯，可以使职业目标和实施策略了然于心，便于从宏观上调整和掌控，最终使其在职业探索和发展中少走弯路。同时，职业生涯规划还能对大学生起到内在的激励作用，使大学生产生学习、实践的动力，激发自己为实现各阶段及终极目标而不断进取。大学阶段是职业准备的重要时期，在这一时期进行职业生涯规划，对将来的职业发展和个人的成长意义重大。

(1) 职业生涯规划是职业发展的保障。职业发展是人生的使命和期望。在职业发展中，职业生涯规划是重要的保障因素之一。职业生涯规划，建立在对职业相关因素科学认知的基础上，通过制订策略方案和实施细则，以职业生涯管理为手段，使职业发展具备了所有要件。然而，我们应该看到，虽然职业发展离不开规划，但职业生涯规划实施的主体是人，人的主观能动性和管理能力是职业发展的内部因素，职业生涯规划只是一个外部保障条件。

(2) 职业生涯规划是职业成长的手段。上大学的目的是得到理想的职业，这是大学生们最朴素的认识。但到了大学以后，面对大量的知识、广阔的成长空间以及各种诱惑，很多人常常会茫然不知所措。尽早摆脱这些困惑的最好的办法是为自己设立职业成长的任务，制订职业发展方案，在生涯规划的框架内，让大学生活的每一个环节都要带有职业目的性，使专业选择、学习方法训练、知识体系构建、能力素质结构强化、对职场环境的认同等方面都服务于职业成长的目标。

(3) 职业生涯规划可以提升核心竞争力。竞争是社会的常态，物竞天择、适者生存是最基本的自然法则。要想在激烈的竞争中脱颖而出并立于不败之地，就必须要规划好自己的职业生涯。按照职业的要求，根据自己的优势来培养核心竞争力才是将来求职制胜的法宝。

第三节　职业生涯规划的理论

案例导入

【案例】比尔·拉福，美国知名企业家，他从小就立志做一名优秀的商人。他父亲发现他有商业天赋，机敏果断、敢于创新，但经历的磨难太少，没有经验，更缺乏必要的知识。于是，父亲和儿子进行了一次长谈，并描绘出比尔的生涯蓝图。中学毕业后，比尔考入了麻省理工学院，他没有去读贸易专业，而是选择了机械专业。大学毕业后，比尔没有马上投入商海，而是考入芝加哥大学，攻读经济学硕士。获得硕士学位后，让人出乎意料的是他仍然没有从事商业活动，而是考取了公务员。在政府部门工作五年后，比尔才辞职下海经商，开办了自己的商贸公司。20年后，他的公司资产从最初的20万美元发展到2亿美元，而他本人也成为了商业传奇人物。1994年10月，比尔率团来中国进行商业考察，在北京接受《中国青年报》记者采访，谈到成功时他说要感激他父亲的指导，因为他们共同制订了一个重要的生涯规划。

案例导入

【案例评析】 比尔的成功除了自己长期的努力外，重要的是他父亲的指导。从比尔一步一步出人意料的选择来看，除了父亲对他的了解之外，更多地体现出父亲职业生涯规划深厚的理论功底，而以此为支撑，才能描绘出如此长远且有效的生涯蓝图。

对于大学生而言，理解职业生涯规划的理论，有助于加强对职业生涯规划的整体把握，从而使制订的规划更长远、更具有有效性。

一、舒伯的终身职业发展理论

舒伯从人的终身发展角度出发，根据自己"生涯发展形态"的研究结果，并参照布尔赫勒的生命周期理论，提出了终身职业发展理论。

(一) 舒伯职业生涯发展理论形成概况

舒伯、金斯伯格、格林豪斯、施恩及加里·德斯勒等都对职业生涯发展的过程进行了专门的研究，他们将人们生命周期中的职业生涯划分为不同的发展阶段，假设每一个阶段都有自己独特的问题和任务，并提出了解决这些问题、完成这些任务的方法与对策。舒伯是这一理论的集大成者，他是美国生涯辅导理论的大师，其生涯发展理论综合了差异心理学、发展心理学、人格心理学以及职业社会学的长期研究结果，系统地提出了有关生涯发展的观点。

(二) 舒伯职业生涯发展理论的主要观点

舒伯关于职业生涯的核心观点是自我概念。自我概念是我们对"我是谁"以及"我看来像什么"的主观知觉，包括身体、社交、感情、喜好、理智、职业、价值观和人生哲学等。他认为，职业选择的历程就是自我概念实践的历程。他的观点可以总结为以下14项：

(1) 人们在能力、人格、需求、价值、兴趣和自我概念等个人特质上存在差异。

(2) 具有独特本质的个体，适合从事某些特定范畴的职业。

(3) 每种职业对应相应的一组个人特质，职业和个体之间有一定的选择自由度。

(4) 个体特质(职业偏好、能力、生活等)、工作环境以及自我概念，都会随时间的推移而改变。自我概念会在青少年晚期后逐渐稳定和成熟，在职业生涯选择与适应上持续发挥影响力。

(5) 个体的职业生涯可归纳为一系列的生命阶段，包括成长、探索、建立、维持以及衰退的几个人生发展阶段。每一个阶段之间的转换经常受到环境或个人各种不稳定因素的影响。然而，不确定的转换也会带来新的成长。

(6) 影响职业生涯类型(所有任职水平，谋职的次序、频率、持续时间等)的因素有个体社会经济地位、心理能力、教育、特质(需求、价值、兴趣与自我概念等)、生涯成熟及机遇等。

(7) 在各阶段，个人能否成功适应环境和个人需求，主要取决于他的准备情况，即职业成熟度。职业成熟是由个人生理、心理、社会特质等组成的整体状态。

(8) 职业成熟是一个假设性概念，如同智力的概念一样，很难界定其操作性定义，但可以确定的是，职业成熟度并非单一维度的特质。

(9) 个人职业生涯的发展可以被引导：一方面促进个人能力和兴趣的成熟；另一方面指导个人实践、形成自我概念。

(10) 生涯发展的实质就是自我概念的发展、形成。自我概念是个人观察和扮演不同角色、评估角色、与他人互相学习等活动交互作用的产物。

(11) 个人在自我概念和现实之间的心领神会或退让妥协，是一个角色扮演和反馈的学习过程。

(12) 个人工作和生活满意的程度取决于如何为自身的能力、需求、价值、兴趣、人格特质与自我概念寻找适当的出口。

(13) 个人从工作中所获取的满意程度与其体验到的自我实现程度呈正比例关系。

(14) 工作和职业，对大多数人来说，提供了个性发挥的条件；对某些人来说，这只处于生命的边缘位置，甚至是微不足道的，而其他活动，如休闲活动和照顾家庭，则居于核心位置。

(三) 舒伯的生涯发展理论的阶段模型

舒伯认为，人的每一个年龄阶段都与职业发展有着相互匹配的关系，人的生涯发展会伴随着年龄的成长而递进，每个年龄阶段各有其生涯发展的任务。舒伯从终身发展的角度，结合职业发展形态，将生涯发展阶段划分为成长、探索、建立、维持与衰退五个阶段，其中有三个阶段与金斯伯格的分类相近，只是年龄与内容稍有不同，具体分述如下。

1. 成长阶段

年龄范围：0～14 岁，属于认知阶段。此阶段可以通过家庭和学校中关键人物的影响来发展自我概念。此阶段早期，需要和幻想占统治地位，随着对社会的参与和对现实的了解，兴趣和能力也变得更加重要。

主要任务：发展自我概念，也就是认识自己是什么样的人，建立对工作的正确态度，并了解工作的意义。

2. 探索阶段

年龄范围：15～24 岁，属于学习打基础阶段。此阶段可以通过学校学习、休闲活动和短期工作，进行自我考察、角色鉴定和职业探索。

主要任务：使职业偏好逐渐具体化、特定化并实现职业偏好，形成与事实相符的自我概念。

3. 建立阶段

年龄范围：25～44 岁，属于选择、安置阶段。此阶段可以找到合适的职业领域，努力建立巩固的地位。以后发生的变化将主要是职位、工作内容的变化，而不是职业的变化。

主要任务：找到机会从事自己喜欢的职业，学会处理人际关系，巩固地位，力争提升，以达到稳定发展职业生涯的目的。

4. 维持阶段

年龄范围：45～64 岁，属于专业、精密和升迁阶段。个人通过不断付出努力来获得生涯的发展和成就，避免产生停滞感。面对新人的挑战，全力应对。很少或不去寻求在新领域中的发展。

主要任务：接受自身的局限性，找出需要解决的新问题，开发新技能，专注于最重要的活动，维持并巩固既得的职业地位。

5. 衰退阶段

年龄范围：65 岁以后，属于退休阶段。随着身心逐步衰退，从原有工作中退出。完成角色转换，从有选择的参与者转换为完全退出工作领域的旁观者。退休后，个体还必须找到有满意感的其他发展来源，以持续生命的活力。

主要任务：缩减工作投入，发展非职业角色，为退休进行准备，做一直期望做的事。

职业规划理论的阶段模型认为，阶段之间可能有交叉和重叠，并不完全受年龄的限制，也不存在严格的界限。同时，在个人生涯的不同时期，都可以经历由这五个阶段构成的"小循环"。

在上述舒伯的生涯发展阶段中，每一阶段都有一些特定的发展任务需要完成，每一阶段需达到一定的发展水准或成就水准，而且前一阶段发展任务的达成与否关系到后一阶段的发展。

(四) 舒伯的生涯彩虹图

1976—1979 年，舒伯在英国进行了为期四年的跨文化研究，之后他提出了一个更为广阔的新观念——生活广度、生活空间的生涯发展观。这个生涯发展观，除了原有的发展阶段理论之外，较为特殊的是舒伯加入了角色理论，并将生涯发展阶段与角色彼此间交互影响的状况描绘成一个多重角色生涯发展的综合图形——"生涯彩虹图"，形象地展现了生涯发展的时空关系，更好地诠释了生涯的定义。在生涯彩虹图(见图 1-1)中，纵向层面代表的是纵观上下的生活空间，由一组职位和角色组成，分成子女、学生、休闲者、公民、工作者、持家者六个不同的角色，它们相互影响并交织出个人独特的生涯类型。

他认为在个人发展历程中，随年龄的增长而扮演不同的角色。图的外圈为主要发展阶段，内圈阴影部分的范围长短不一，表示在该年龄阶段各种角色的分量；在同一年龄阶段可能同时扮演数种角色，因此彼此会有所重叠，但其所占比例分量则有所不同。

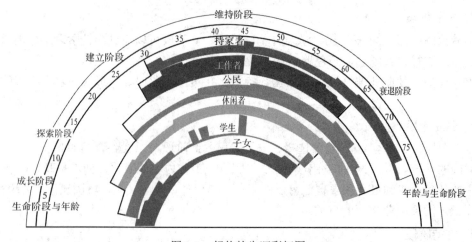

图 1-1　舒伯的生涯彩虹图

舒伯的职业生涯发展阶段理论较为全面阐释了将个人特征与职业匹配的动态过程，并将制约个人职业选择和发展的心理因素、社会因素有机结合在一起，对职业生涯发展的研究具有较高的理论价值和实践价值。

二、施恩的职业生涯发展理论

美国的施恩教授根据人生不同年龄段面临的问题和职业工作主要的任务，将职业生涯分为九个阶段。

(1) 成长、幻想、探索阶段(0～21岁)。此阶段的主要任务是发现与发展自己的需要和兴趣、自己的能力和才干，为进行实际的职业选择打好基础；学习职业方面的知识，寻找现实的角色模式，获取丰富的信息，发现和发展自己的价值观、动机和抱负，做出合理的受教育决策，将幼年的职业幻想变为可操作的现实；接受教育和培训，培养工作世界中所需要的基本习惯和技能。个体在这一阶段所充当的角色是学生、职业工作的候选人、申请者。

(2) 进工作世界阶段(16～25岁)。个人谋取可能成为自己职业基础的第一项工作；同时个人和雇主之间达成正式可行的契约，个人成为一个组织或一种职业的成员。个体在这一阶段充当的角色是应聘者、新学员。

(3) 基础培训阶段(16～25岁)。个体在此阶段要担当实习生、新手的角色。也就是说，个体已经迈进职业或组织的大门。此时的主要任务是了解、熟悉组织，接受组织文化，融入工作群体，尽快取得组织成员资格，并能适应日常的操作程序，完成工作。

(4) 早期职业的正式成员资格阶段(17～30岁)。这一阶段面临的主要任务有承担责任，成功履行与第一次工作分配有关的任务；发展和展示自己的技能和专长，为提升或向其他领域横向发展打基础；根据自身才干和价值观，根据组织中的机会和约束，重新评估当初追求的职业，决定是否留在这个组织或职业中，或者在自己的需要、组织约束和机会之间寻找一个更好的契合点。

(5) 职业中期阶段(25岁以上)。这个时期的主要任务是选定一项专业或了解管理部门；保持技术竞争力，在自己选择的专业或管理领域内继续学习，力争成为一名专家或职业能手；承担较大责任，确定自己的地位；开发个人的长期职业计划。

(6) 职业中期的危险阶段(35～45岁)。这一阶段的主要任务是现实地评价自己的进步、职业抱负及个人前途；就接受现状还是争取看得见的前途做出具体选择；与他人建立良好的关系。

(7) 职业后期阶段(40岁以后)。此时的职业状况或任务是成为一名良师，学会发挥影响力，指导、指挥别人，对他人承担责任；发展、深化技能，或者提高才干，以承担更重大的责任。如果求安稳，就此停滞，则要正视和接受自己影响力和挑战能力下降的结果。

(8) 衰退和离职阶段(40岁～退休)。不同的人会在不同的年龄衰退或离职。此阶段主要的职业任务：一是学会接受权力、责任、地位的下降；二是基于竞争力和进取心的下降，要学会接受和发展新的角色；三是评估自己的职业生涯，着手退休。

(9) 离开组织或职业阶段(退休后)。在失去工作或组织角色之后，面临两大问题或任务：① 保持一种认同感，适应角色、生活方式和生活标准的急剧变化；② 保持一种自我价值观，运用自己积累的经验和智慧，以各种资源角色，对他人进行传、帮、带。

需要指出的是，施恩虽然基本依照年龄增大顺序划分职业发展阶段，但并未囿于此，其阶段划分更多的是根据职业状态、任务、职业行为的重要性进行划分的，并且他只划分出了大致的年龄跨度，而且每个职业阶段上的年龄也有所交叉。

三、霍兰德的职业性向理论

霍兰德从 1959 年起通过多次大规模的实验研究，发现个人的遗传因素和生活经历等形成了个人独特的人格，而个体所选择的生涯发展方向必须符合这种人格，才能最好地发挥潜能。霍兰德的理论有四个核心假设：

第一，兴趣是在做生涯探索时很重要的个人特质。霍兰德的 RIASEC 兴趣模型用六个兴趣类型来划分人的兴趣，分别为实际型(Realistic，R)、研究型(Investigative，I)、艺术型(Artistic，A)、社会型(Social，S)、企业型(Enterprising，E)和传统型(Conventional，C)。

第二，所有职业环境也均可划分为这六大基本类型，任何一种职业大体都可以归属于这六种类型中的一种或几种类型的组合。

第三，人们一般都倾向于寻找与其个性类型相一致的职业类型，追求充分施展其能力、实现其价值观的职业，承担令人愉快的工作和角色。

第四，人的行为取决于其个性与所处的职业类型，可以根据有关知识对人的行为进行预测，包括职业选择、工作转换、工作绩效以及教育和社会行为等。

在四个假设前提的基础上，霍兰德提出了职业人格的六边形模型(如图 1-2 所示)。

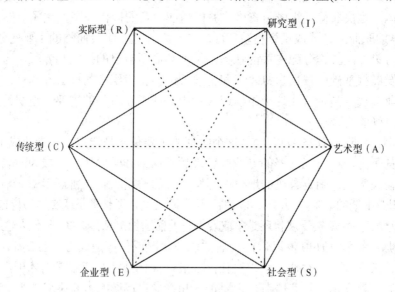

图 1-2　霍兰德职业人格的六边形理论

1. 实际型

实际型的人需要机械能力或体力，以便完成机器、工具、运动设备及与动植物有关的工作，大多属于清楚、具体、实在及体力上的工作。大部分工作需在户外进行，大多不需与人有深入的接触，所以其社交技能并不十分重要，智力及艺术能力也不十分需要。这种人大概不善社交，是情绪稳定、具体化的人，适合从事技能、体力性工作，如农业工作、汽车修护、飞机控制、电器工程、加油站工作等。他们常有以下特征：顺从、重视物质、温和、坦白、自然、害羞、诚实、稳定、谦虚、实际、节俭。

2. 研究型

研究型的人运用其智能或分析能力去观察、评量、判断、推理以解决问题。他们喜欢与符号、概念、文字有关的工作，不必与人有太多接触，从事如生物、物理、化学、医学、地质学、人类学等工作，具有数理及科学能力，但缺乏领导能力。这种人常有下列特征：善于分析、独立、温和、谨慎、智力高、精细、有批判精神、内向、理性、好奇、重视方法、保守。

3. 艺术型

艺术型的人需要艺术、创造、表达及直觉能力，借文字、动作、声音、色彩、形式来传达思想及感受。他们需要敏锐的感觉能力、想象力及创造力，在语文方面的能力高过数理方面。他们更喜欢成为作曲家、音乐家、指挥家、作家、室内设计师、演员等。他们通常具有文学、音乐、艺术方面的能力。他们常有以下特征：思维复杂、崇尚理想、独立、无条理、富有幻想、直觉强、情绪化、不实际、不从众、善表达、冲动、有独创性。

4. 社会型

社会型的人具有与人相处、交往的良好技巧。他们能了解、分析、鼓励并改变他人的行为。他们有积极正向的自我概念，喜欢从事与帮助他人有关的工作，如老师、宗教人士、辅导员、临床心理学家、社工等，他们具有社会技能，但通常缺乏机械和科学能力。他们常有以下特征：令人信服、乐于助人、有责任心、喜欢合作、温暖、社会化、友善、有同理心、善解人意、宽宏、仁慈、敏锐。

5. 企业型

企业型的人善于运用其规划能力、领导能力及语言能力组织、安排事务及领导、管理人员。他们喜欢销售、督导、策划、领导方面的工作及活动，以满足自身的需求。他们更希望成为业务人员、经理人员、企业家、电视制作人、运动促进者、采购员、推销员等。他们具有领导能力及口才，但缺乏科学能力，通常有以下特征：乐于冒险、精力充沛、善于表达、有野心、冲动、自信、引人注意、乐观、善于社交、武断、外向、热情。

6. 传统型

传统型的人注重细节及事务技能，以便记录、归档及组织文字或数字资料。他们通常不是决策人员，而是执行人员。他们给人的印象是整洁有序、服从指示、保守谨慎。他们喜欢从事资料处理、写公文及计算方面的工作，如簿记人员、速记人员、银行人员、金融分析师、税务专家、成本估计师等，具有书写及计算能力，但缺乏艺术能力。他们常有以下特征：顺从、压抑、实际、有良知、缺乏弹性、节俭、谨慎、有条理、缺乏想象力、保守、有恒心、守本分。

霍兰德所划分的六大类型并非是并列的，而是有着明晰边界的。这六种类型的关系可以用六边形来表示。六种类型之间具有一定的内在联系，它们按照彼此间的相似程度定位，相邻两个维度在各种特征上最相近，相关程度最高；距离越远，两个维度之间的差异越大，相关程度越低。每种类型与其他五种类型都存在三种关系：相近(相邻)、中性(相隔)、相斥(相对)。

(1) 相近关系，如 RI、IR、IA、AI、AS、SA、SE、ES、EC、CE、CR 及 RC。属于这

种关系的两种类型的个体之间共同点较多，例如现实型 R、研究型 I 的人都不太偏好人际交往，这两种职业环境中与人接触的机会也都较少，它们的一致性就越高。

(2) 中性关系，如 RA、RE、IC、IS、AR、AE、SI、SC、EA、ER、CI 及 CS。属于这种关系的两种类型个体之间共同点较相近关系少。

(3) 相斥关系，在六边形上处于对角位置的类型之间即为相斥关系，如 RS、IE、AC、SR、EI 及 CA。相斥关系的人格类型共同点少，因此，一个人同时对处于相斥关系的两种职业环境都兴趣很浓的情况较为少见。

根据六边形模型可以看出，霍兰德认为我们在选择职业的时候，也反映出我们的人格特质与兴趣，也就是说不同个性的人所适合的工作场域和形态也不相同。当然，在实际职业选择中，个体并非一定要选择与自己人格类型完全对应的职业环境。原因有二：一是因为个体本身常是多种兴趣类型的综合体，单一类型显著突出的情况并不多；二是因为影响职业选择的因素是多方面的，不完全依据兴趣类型，还要参照社会的职业需求及获得职业的现实可能性。霍兰德用一个三位代码来表示每一个具体的人格类型和每一种职业，即个体评价在六大类型中得分居前三位的代码组合，组合时根据分数的高低依次排列字母。如代码 SAC 意味着该个体的人格最有可能是社会型，其次是艺术型，最后是传统型，同样他所选择的职业类型也应该是首选社会型，其次是艺术型，最后是传统型。因此，职业选择时会不断妥协，寻求相近职业环境，甚至中性职业环境，在这种环境中，个体需要逐渐适应工作环境，但如果个体寻找的是相斥的职业环境，意味着所进入的是与自我兴趣完全相左的职业环境，则可能难以适应，或者难以做到乐业。

在霍兰德理论中，最理想的职业应该符合以下几个特点：

(1) 一致性，即人格的代码在六边形中距离越近越好；

(2) 分化性，即某人在六种类型上的表现大致相同；

(3) 身份认定，即对自己的兴趣、目标以及天分具有明确而稳定的概念。

符合这几个特点的个人如果能够顺利选择与此相符的职业环境，即个人与职业的适配性较高，那么他未来的职业绩效、坚持度、工作满意度以及稳定度就会大幅提高。

阅读与训练

 阅读材料

规 划 的 力 量

1984 年，在东京国际马拉松邀请赛中，名不见经传的日本选手山田本一出人意料地夺得了世界冠军。当记者问他凭什么取得如此惊人的成绩时，他说：凭智慧战胜对手。

当时许多人都认为这个偶然跑到前面的选手是在故弄玄虚。毕竟马拉松赛是体力和耐力的运动，只有身体素质好又有耐性的人有望夺冠，爆发力和速度都还在其次，说用智慧取胜确实有点勉强。

两年后，意大利国际马拉松邀请赛在意大利北部城市米兰举行，山田本一代表日本参加比赛。这一次，他又获得了世界冠军，记者又请他谈经验。山田本一性情木讷，不善言谈，回答的仍是上次那句话：用智慧战胜对手。这回记者在报纸上没再挖苦他，但对他所谓的智慧迷惑不解。

十年后，这个迷终于被解开了，他在他的自传中提到：每次比赛之前，我都要乘车把比赛的线路仔细看一遍，并把沿途比较醒目的标志画下来，比如第一个标志是银行，第二个标志是一棵大树，第三个标志是一座红房子……这样一直画到赛程的终点。比赛开始后，我就以百米的速度奋力地向第一个目标冲去，等到达第一个目标后，我又以同样的速度向第二个目标冲去。40多千米的赛程，就被我分解成几个小目标轻松地跑完了。起初，我并不懂这样的道理，我把我的目标定在40多千米外终点线上的那面旗帜上，结果我跑到十几千米时就疲惫不堪了，被前面那段遥远的路程给吓倒了。

山田本一说的不是假话，众多心理学实验也证明了山田本一所说的正确性。心理学家得出了这样的结论：当人们的行动有了明确目标，并能把自己的行动与目标不断加以对照，进而清楚知道自己的行进速度和与目标之间的距离，人们行动的动机就会得到维持和加强，就会自觉地克服一切困难，努力达到目标。确实，要达到目标，就要像上楼梯一样，一步一个台阶，把大目标分解为多个易于达到的小目标，脚踏实地向前迈进。每前进一步，达到一个小目标，就会体验到"成功的喜悦"，这种"感觉"将推动他充分调动自己的潜能去达到下一个目标。

操作训练

一、训练题目

绘制生命线。

二、训练目的

通过训练规划自我人生路线。

三、训练内容

1. 在白纸上画一条线段，这条线段就代表你的生命线(如下图)。

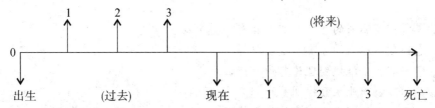

2. 生命线的起点是出生，终点是死亡。请预测自己死亡的年龄，并在生命线的最右端标记下来。预测死亡年龄时要考虑以下四个因素：

(1) 身体健康因素；

(2) 家族因素；

(3) 生活的地域因素；

(4) 社会发展因素。

3. 在生命线上找到你现在的位置，把它标记下来并写下现在的年龄。

4. 回顾过去生活中对你影响最大的三件事，并写下对你所产生什么样的影响。

(1) 事件＿＿＿＿＿＿＿＿＿＿＿＿＿＿＿＿＿＿＿＿＿＿＿＿＿＿＿＿

  影响＿＿＿＿＿＿＿＿＿＿＿＿＿＿＿＿＿＿＿＿＿＿＿＿＿＿＿＿

(2) 事件＿＿＿＿＿＿＿＿＿＿＿＿＿＿＿＿＿＿＿＿＿＿＿＿＿＿＿＿

  影响＿＿＿＿＿＿＿＿＿＿＿＿＿＿＿＿＿＿＿＿＿＿＿＿＿＿＿＿

(3) 事件＿＿＿＿＿＿＿＿＿＿＿＿＿＿＿＿＿＿＿＿＿＿＿＿＿＿＿＿

  影响＿＿＿＿＿＿＿＿＿＿＿＿＿＿＿＿＿＿＿＿＿＿＿＿＿＿＿＿

5. 过去生活中对你影响最大的三件事发生在什么年龄段？在生命线上标记出来。如果是快乐的事就用鲜艳色彩的笔来写，如果是伤心的事，就用暗淡色彩的笔来写。

6. 完成了过去时，我们进入将来时。既然是一生的规划，就把所有的想法都写出来。但是很多人在这时犯了愁，不是他没有计划，而是他很少将这些计划在时间上固定下来。在你的生命线上，把你这一生想干的事，比如从事什么样的工作、挣多少钱、找什么样的爱人、住什么样的房子、职业发展、个人情趣等一一列出来。

(1) ＿＿＿＿＿＿＿＿＿＿＿＿＿＿＿＿＿＿＿＿＿＿＿＿＿＿＿＿＿＿

(2) ＿＿＿＿＿＿＿＿＿＿＿＿＿＿＿＿＿＿＿＿＿＿＿＿＿＿＿＿＿＿

(3) ＿＿＿＿＿＿＿＿＿＿＿＿＿＿＿＿＿＿＿＿＿＿＿＿＿＿＿＿＿＿

(4) ＿＿＿＿＿＿＿＿＿＿＿＿＿＿＿＿＿＿＿＿＿＿＿＿＿＿＿＿＿＿

(5) ＿＿＿＿＿＿＿＿＿＿＿＿＿＿＿＿＿＿＿＿＿＿＿＿＿＿＿＿＿＿

(6) ＿＿＿＿＿＿＿＿＿＿＿＿＿＿＿＿＿＿＿＿＿＿＿＿＿＿＿＿＿＿

7. 想在什么时间来完成这些事？请在生命线上标记出来。

8. 生命线画完后，你一定产生了很多想法或感受，把这些想法和感受写下来。

  想法或感受＿＿＿＿＿＿＿＿＿＿＿＿＿＿＿＿＿＿＿＿＿＿＿＿＿＿

＿＿＿＿＿＿＿＿＿＿＿＿＿＿＿＿＿＿＿＿＿＿＿＿＿＿＿＿＿＿＿＿＿＿

＿＿＿＿＿＿＿＿＿＿＿＿＿＿＿＿＿＿＿＿＿＿＿＿＿＿＿＿＿＿＿＿＿＿

思考题

1. 怎样理解职业的含义？职业具有哪些功能？

2. 怎样理解职业的分类及发展趋势？

3. 学习职业生涯规划理论对你有什么启示？

4. 如何理解职业生涯规划？

5. 职业生涯规划具有哪些特征和作用？

第二章

职业生涯规划的
方法和过程

职业生涯的成败对人的一生有着重要的影响。作为社会的一员，职业生涯的成败直接影响着其劳动的积极性和主动性，也影响着所在单位的效益。因此，做好职业生涯规划工作，无论对单位还是个人都具有十分重要的意义。

通过本章的学习，使大学生可以了解职业生涯规划的对象和研究方法；理解职业生涯规划的基本流程；能结合自身的实际情况按照职业生涯规划的基本流程制订自己的职业生涯规划方案。

第一节　职业生涯规划的角色与对象

【案例】 当年比尔·盖茨大学没读完就去闯荡江湖，结果他以独特的才智获得了成功，实现了自身的价值。

邻居家的工程师老夏，退休了还整天去郊区合资厂发挥余热。每周五我见他回来就要劝他："看开一点，退休了就享享福，出去旅旅游。"而老夏总是回答："工作就是享受，不工作我就会生病。"

【案例评析】 在对自己进行职业生涯规划时，先要确立一个支点，这个支点就是：我为什么工作。比尔·盖茨的职业规划支点是事业的发展，老夏的工作支点是寻找快乐。只有确立了自身职业生涯支点并明确职业导向，同时了解职业生涯规划的角色和对象，才能有针对性地制订自身的职业生涯规划方案。

一、职业生涯规划的支点与导向

职业生涯规划有三个层次的支点：生存支点、发展支点和兴趣支点。

如果立足生存支点来规划职业生涯，会把薪酬作为主要导向。如果一直以生存为支点来做职业规划，那就是一种只重现在不看将来的短期行为，不会感到工作的快乐，也不会获得事业上的成就感。

如果立足发展支点来规划职业生涯，那就会把自身的进步作为导向。这种职业修炼过程需要不断挑战自己的极限，鞭策自己前进，可能会承受较大的工作压力。

如果是立足兴趣支点来规划职业生涯，那就会把快乐作为导向，能找到喜欢的职业，能享受工作的过程，就会对工作投入极大的热情。

职业规划既要考虑外部因素，诸如就业环境、家庭状况、自身发展情况等，又要考虑内部因素，诸如能力、专业知识、爱好、性格等。如果目前知识、经验及能力储备丰厚，则可以以发展支点或兴趣支点来规划自己的职业生涯，在职场选择有潜力的职业或感兴趣的职业。如果初出茅庐，经济拮据，则不妨以生存支点来规划自己的职业生涯，从一些简单的职业做起，不要好高骛远，等待在职场修炼到某种程度后，再重新规划职业生涯。

二、职业生涯规划的角色

在职业生涯规划管理中，组织、个人以及其他一些相关人员都扮演着重要的角色，承担着不同的任务，并对个人的职业生涯发展产生重要影响。

(一) 个人

个人是职业生涯规划的主体，既是职业生涯规划的制订者、实施者，也是职业生涯规划管理和服务的对象。无论个人还是组织开展的职业生涯规划活动，都是以个人的情况为基础，其落实也要靠个人的努力与配合，因此，个人既是职业生涯规划的主体，也是职业生涯实施的对象。个人的状况、价值观和对职业生涯规划的态度，对职业生涯规划有着至关重要的影响。

(二) 组织内部的角色

组织内部承担组织成员职业生涯规划任务的角色有多个。下面对组织中的角色及其作用分别加以介绍。

1. 组织最高领导者

组织最高领导者是组织成员职业生涯规划管理的重要人物。组织发展战略是由最高领导人确定并指挥实施的，因此组织最高领导人应对组织发展前景和人员需要发展的能力做出有效的判断。组织最高领导人还参与组织各项管理制度和人事制度的制订，如提出组织未来管理人员的国际化原则等内容。

美国学者施尔曼教授指出，职业生涯开发和管理的成功与组织高层领导者的全力支持密不可分。理想的职业生涯开发和管理方式应该是，高层经理与人力资源部门经理、职业生涯委员会一起设计并实施职业生涯的开发体系和制度，此体系应该反映组织的目标和文化，并使人力资源的哲学宗旨贯穿始终。

2. 人力资源部门

人力资源部门负责整个组织各类职业人员的开发与管理，职业生涯规划是其工作内容的重要组成部分。它针对组织内部不同的人员，分析其工作的特殊性，制订相应的政策和手段，并根据工作发展的需要设立特殊的岗位，进行特殊的培训，设定不同的职业发展通道，以培养能够担任特定职业开发和管理工作的专家。

3. 职业生涯委员会

职业生涯委员会是组织为职业生涯管理战略的制订和实施而设立的机构，委员会一般由企业最高领导者、人力资源管理部门的负责人、职业指导顾问、部分高级管理人员以及组织外部专家组成。职业生涯委员会是对与组织人员发展相关的决定进行讨论的专门机构，其主要职责是制订每年的职业生涯年度会谈策略，对有潜力的雇员进行定位，并对其发展道路进行观察、监督。职业生涯委员会的会议具有很强的影响力，有关职务分派的一些决定也在职业生涯委员会进行讨论。

4. 职业生涯指导顾问

职业生涯指导顾问是设立于人力资源管理部门或职业生涯委员会中的特殊职务，既可以由具有丰富的人力资源管理知识和经验的专业人员担任，也可以由德高望重、已在职业生涯发展中取得显著成就的资深管理人员担任。

职业生涯指导顾问可以从两个层次参与工作：从组织的角度出发，负责研究有关管理人员的聘用和管理问题，贯彻职业生涯委员会的决策。从雇员的角度出发，职业生涯指导顾问是其职业生涯的顾问，也是其直接上级进行职业生涯规划管理工作的顾问。因此，职业生涯指导顾问的任务主要表现在如下四方面：

(1) 直接为雇员的职业生涯发展提供咨询。

(2) 协助各级管理人员做好职业生涯管理工作。

(3) 协助组织做好雇员的晋升工作，通过一系列方法来明确可以提供的工作岗位、雇员发展的愿望、实现地理位置上的人事变动的条件等。

(4) 协助组织做好各部门管理人员间的薪酬平衡工作，使之不因所处岗位级别及部门情况的不同而差距过大，避免因薪酬政策间的差距阻碍组织内部的人事变动。

5. 直接上级

雇员直接上级的角色作用因组织的人事政策的不同而有所不同，因为各类组织对雇员的管理(如聘用、薪酬、人事调动)的集权程度不同。但无论如何，直接上级是雇员职业生涯规划管理中不可或缺的角色。其作用主要体现在以下几个方面：

(1) 日常工作中一般是由直接上级对雇员进行评估，因此，直接上级对雇员潜能的定位起重要作用。

(2) 直接上级可以通过不同工作任务的分派来使雇员发展自己的能力，展现自己的潜能。

(3) 直接上级可以充当顾问的角色，即根据对一个雇员的印象参与对其职业生涯的指导工作，或将自己对其发展前景的看法告诉雇员。

(4) 直接上级可以利用他们的"关系网"为雇员在组织内的职业生涯发展产生积极的作用，促进雇员的晋升。

实际上，组织中各个层次中的直接上级都在自觉或不自觉地做着人力资源开发工作，因为组织的人力资源开发政策正是通过各层管理人员落实到其直接下级的。每一个雇员都会通过直接上级对其工作的安排和评价感受企业人事政策的宗旨。可以说，每一个直接上级都在或理性或感性地影响着其下级在职业生涯上的发展，因此，直接上级参与雇员职业生涯发展的可能领域非常广泛。组织只有明确地建立直接上级参与雇员职业生涯开发与管理工作的体系，才能更好地促进组织与雇员的发展。这一体系包括：

(1) 对直接上级参与雇员的职业生涯发展状况进行评估。

(2) 对直接上级进行职业生涯管理的专项培训，以此作为对雇员进行的人力资本投资。

6. 直接下级

直接下级的作用除根据切身体会对上级雇员做出评价以外，有时直接下级的发展状况也会直接影响上级的发展前途。组织雇员职业生涯发展的一个重要标志是能培养出一个优秀的直接下级，直接下级的成长也为上级雇员在职业生涯发展中抓住机会提供了保证。如果一名管理人员由于工作成绩突出而获得了晋升的机会，但由于未能培养出一名优秀的下级来接替自己的工作，那么组织只好先让其保持原职，待其职位"后继有人"再给予发展机会。

7. 平级

组织内平级的雇员因为没有上下级关系，可以无拘无束、畅所欲言地提供平等的评价和建议。由于他们所处的角度不同，往往对问题会有新的看法和建议，这对同级雇员的发展很有帮助，但由于组织管理体制的影响，其角色和作用往往容易被忽视。

(三) 组织外部专家

职业生涯规划管理中的组织外部专家可由大学的人力资源教授、人力资源管理咨询专家、职业指导专家、职业咨询专家或退休的高级管理人员等担任。组织外部专家的意见不受某一公司内部具体情况的局限，可以使管理人员视野开阔，对雇员的职业生涯发展往往会产生重要的指导作用。

(四) 家庭主要成员

家庭主要成员对雇员个人的职业生涯发展也会有重要的影响，如家庭成员的职业价值观、地域偏好、需求等都会对雇员的职业生涯选择与发展产生明显的影响。但家庭成员意见的重要程度取决于雇员对家庭生活与职业生活关系的价值判断。

职业生涯规划的角色有多种，不同角色居于不同的地位，发挥着不同的作用，这些角色相互作用、相互影响、相互联系，共同构成了个人职业生涯规划的角色体系。

在职业生涯规划的诸多角色中，谁是最关键的角色？无疑是个人。同时在职业生涯规划中，雇员的主管和人力资源管理部门的角色具有特殊重要性，这里特列表对其进行比较说明(详见表 2-1)。

表 2-1　职业生涯规划重要角色一览表

角色 项目	目　的	个人的角色	主管的角色	人力资源开发 部门的角色
职业 生涯 目标	确定职业生涯努力方向，实现个人的理想	剖析自己，规划自我发展目标	为雇员提供有关信息，协助雇员剖析自己，帮助雇员确定目标	提供职业生涯规划指导，分析雇员职业生涯目标的可行性
配合 与 选用	配合组织发展目标与发展方向，晋升优秀雇员	提供自己的真实资料，争取获得晋升	界定某一工作所需的技能、知识和其他特殊条件，甄选候选人，提出建议	协调、指导与分析，对主管和雇员提出忠告，确定甄选升迁标准，对候选人进行考核、面试
绩效 评估	指导和教导雇员达到最好的绩效，提高工作满意度	自我评估，请求和接受回馈	提供回馈和指导，以正式或非正式的方式进行评估	监督和评价各种评估量表，使其达到一致性和公平，训练主管人员和评估雇员
个人 职业 生涯 发展	创造良好的环境，实现职业生涯目标	负起自我职业生涯发展的责任，寻找和获得有关自我职业生涯趋向的真实信息，界定职业沟通、完成发展性的计划	组织并指导有关职业生涯发展问题讨论，提供真实的反馈信息，提供有关职业生涯发展方面的参阅资料，鼓励和支持雇员的职业生涯发展	提供有关职业生涯发展方面的参阅资料及信息，训练主管人员如何带领雇员讨论，为雇员职业生涯发展提供训练、教育的机会，及时通报职位空缺情况，制订并公布有关职位的标准及要求

续表

角色 项目	目　的	个人的角色	主管的角色	人力资源开发 部门的角色
职业 生涯 发展 评估	每年对雇员的工作能力及其潜能进行评估，使其与公司的发展需求相结合，并确保组织效能持续增长	进行自我认识和自我评估，研究分析自我发展存在的问题	根据当前的绩效、潜能和兴趣评价雇员，与其他主管沟通信息，确认机会和问题，推动雇员职业生涯规划的实施	训练主管人员如何对雇员进行职业生涯发展评估
职业 生涯 调适	使工作、生活、生涯目标能密切地融合	接受评估意见，必要时调整工作与职业生涯目标	根据评估结果，提出调整意见并实施	对调整方案进行备案，协助主管完成雇员的工作或职业生涯目标的调适

三、职业生涯发展中组织的任务和个人的权利与义务

职业生涯发展贯穿个人职业生命运行的整个空间。在个人职业生涯发展历程中，个人与组织是相对应的双方，个人职业生涯发展与组织有着非常密切的内在联系：一方面，个人职业生涯发展以组织为依存载体；另一方面，劳动者及其职业工作又是组织存在的根本要素，组织的发展依赖于劳动者个人职业生涯的发展。组织与个人职业生涯是相互依存、相互作用、共同发展的关系。在职业生涯发展过程中，个人应主动发挥其能动作用，强化自我发展、自我开发意识；同时，组织也要积极开辟通道，促进劳动者个人职业的发展。因此，在个人职业生涯发展中，组织、个人以及其他一些相关人员都扮演着重要的角色，承担着不同的任务。

(一) 组织在个人职业生涯发展中的任务

1. 确定不同职业生涯期雇员的职业管理任务

在职业生涯各个时期或阶段，雇员的职业工作因任务、任职状态、职业行为等有所不同，而呈现出不同特征。组织可以根据不同职业生涯期的个人职业行为与特征，确定每个阶段的具体职业管理任务与职业发展内容。

(1) 职业选择与职业准备阶段。这一阶段组织的主要任务是做好招聘、挑选和配置工作，组织上岗培训，考察评定新雇员，达成一种可行的心理契约，接纳新雇员。

(2) 职业生涯早期阶段。这是新雇员和组织之间相互发现的时期，组织通过试用，发现雇员的才能，帮助雇员确立长期贡献区，或者说帮助雇员建立和发展职业锚。

(3) 职业生涯中期阶段。这一阶段个人事业发展基本定型，个人特征表现明显，人生情感复杂化，容易引发职业生涯中期的危机。面对这一复杂的人生阶段，组织要特别加强职业生涯管理：一方面，通过各种方式方法，帮助雇员解决诸多实际问题，激励他们继续奋进，将危机变为成长的机会，顺利度过中期职业阶段的危险期；另一方面，针对不同人的不同情况进行分类指导，为其开通职业生涯发展的职业通道。

(4) 职业生涯后期阶段。这一阶段雇员即将结束职业生涯，此时，组织的任务依然很重：一方面，要鼓励、帮助雇员继续发挥自己的才能和智慧，帮助他们做好良师益友，传授自己的经验；另一方面，帮助雇员做好退休的心理准备和退休后的生活安排。此外，组织还要适时做好人员更替计划和人事调整计划。

2. 进行有效的职业指导

职业指导作为一项重要的社会活动，是西方国家为适应经济发展、职业分化以及解决失业问题的需要而产生的，并逐渐成为一种世界性潮流。

职业指导是协助个人选择职业、准备就业、安置就业并在职业上获得成功的过程。对职业指导含义的理解有几点需加注意：

(1) 职业指导的主体是组织。组织可以是政府机构，可以是社会团体，也可以是学校，还可以是企业、事业单位。

(2) 职业指导的客体或者说指导的对象是求职者或雇员。

(3) 职业指导旨在帮助求职者选择适合的、满意的职业岗位，或使雇员获得更好的职业发展。

(4) 职业指导虽是组织一方的事情，但不能单方面孤立开展工作。职业指导要同劳动者的职业选择与发展有机协调、相伴进行。

企业组织的职业指导发生于以下两个环节或场合。

一是就业前的职业指导。面对就业前的诸多求职者，组织的职业指导主要有如下几方面工作：

(1) 广泛宣传本企业的职业需求，向广大求职者提供有关本企业的职业机会、职业特点和职业要求等信息。

(2) 了解求职者的个人特质、职业意愿和要求以及对本企业及其职业工作的意向。

(3) 根据本企业的职业需求计划，帮助求职者分析其是否适宜在本企业工作。

(4) 吸收合适人选进入组织。

二是进入组织后的职业指导。一般认为，职业指导只是发生在就业前或进入组织以前，指导对象仅是未寻找到工作的求业者，其实这是一种误解。事实上，职业指导同时也发生于组织内部，从业者(即企业雇员)也是职业指导的客体。就一个企业组织而言，伴随着科技进步、组织管理工作的改革及组织目标和任务的变更，企业的职业工作岗位会有所变动，随之必然发生雇员职业工作岗位的上移、侧移甚至移出等多种变化和发展。那么，每个雇员将朝哪个方向发展，如何发展，都需要组织予以职业指导，其中重要的任务在于：

(1) 发布企业岗位需求信息。

(2) 了解雇员的愿望、要求和想法。

(3) 帮助雇员认识与评估个人特质、能力、兴趣爱好，分析和选择适宜自己的职业岗位。

3. 为雇员职业发展开辟通道

雇员职业生涯发展，首先需要自身的努力，自我开发和发展也尤为重要，当然任务也重。作为组织决不能将雇员的职业发展视为雇员个人的事情，不予重视和支持。组织应当清醒地认识到，雇员职业生涯发展是组织存在与发展的必要条件和动力源泉，并与组织的发展互相促进。提供条件，设置职业通道，给雇员职业发展提供帮助，是组织应尽的责任和义务，也是组织的一项重要任务。

(1) 帮助雇员制订和执行职业生涯规划。职业生涯规划是一个人职业生涯的妥善安排，在这种安排下，个人可以依据计划要点，在短期内充分发挥自我潜能，并运用环境资源达到各阶段的成功，最终达到既定的职业生涯目标。

组织要帮助雇员依据组织需要和个人情况制订发展目标，并找出达到目标的手段和措施。重点是协助雇员在个人目标与组织内实际存在的机会之间实现更好的结合，而且应强调提供心理上的帮助。

(2) 为雇员设置职业通道。职业通道是雇员实现职业理想和获得满意工作或者达到职业生涯目标的路径。组织中成员的职业目标能否实现，其个人特质、能力至关重要，但是离开了组织的需要和际遇，个人职业生涯发展也是不可能的。可以说，组织设置职业通道是雇员能否实现职业目标的决定性因素。设置雇员职业生涯发展通道，组织首先应当建设主干道，其次要设置多条临近主干道的支路，使其成为实现职业发展目标的辅助职业通道，从而通过不同的道路共同实现职业发展的目标。

(3) 为雇员疏通职业通道。扫除雇员职业发展通道上的障碍是组织的重要工作任务。雇员职业发展的障碍，既可能来自雇员职业工作自身，又可能来自家庭，还可能产生于个人的生物社会生命周期。因此，组织为雇员发展设置了职业通道之后，还要注意来自各方面的障碍，必须立足于雇员总生命空间寻找障碍源，有针对性地解决问题、排除障碍，以使雇员职业发展通道得以畅通。

(二) 职业生涯发展中个人的权利与义务

在个人职业生涯发展中，雇员应彻底改变被动接受组织安排的观点，切实对自己的职业生涯发展负责。只有雇员自身才有能力保证其职业生涯道路和组织的需求与愿望相融合，也只有其本人才能使职业生涯开发与管理的各种措施发挥效用。

随着组织对雇员职业生涯开发与管理工作的重视，雇员自身在其职业生涯发展中的作用也越来越重要。在个人职业生涯发展中，相对组织而言个人既拥有一定的权利，也要履行一定的义务。

1. 权利

作为个人职业生涯发展的主要角色，雇员的权利和义务是对等的。在职业生涯发展中，雇员有要求获得信息和公平的权利。

(1) 要求获得信息的权利。组织往往向雇员灌输有关企业发展的信息，却很少提供个人发展的相关信息，两者形成很大差异。为解决这一问题，组织应向同一系统的雇员们提供一个清单，包括人员变动及近期有可能空缺的职位，各种不同岗位的报酬情况，企业的建议，特别是职业生涯发展的建议途径或必要途径。同样，每个雇员都应该明确了解别人对自己的看法，并有权调阅与自己有关的档案。

(2) 要求获得公平的权利。为使雇员获得公平的权利，组织应开展以下几方面的工作：
① 让更大范围内的企业雇员了解自己的职业生涯规划；
② 由人力资源部门负责雇员职业生涯管理，以确保良好的监控；

③ 一名雇员的晋升不应由一个人决定而应由集体决定；

④ 雇员有拒绝某一职务变动建议的权利；

⑤ 尊重个人，对正在进行商谈的决定确保其保密性；

⑥ 对被拒绝的候选人正式解释原因等。

2. 义务

在获得权利的同时，雇员也应履行一定的义务。具体内容包括如下几方面：

(1) 提高个人透明度。组织与个人间的透明度不应只是单向的，雇员也应向企业清晰地表达个人职业生涯计划和职业发展愿望。

(2) 增强责任感和团结意识。一名将自己的利益置于集体利益之上，把个人职业生涯的发展看得比做好本职工作还重要的职员只能被认为是个雇用者。永远都不要忘记职业生涯的发展是从本职工作的发展开始的，决不能将职业生涯开发与管理理解为先去换个职位。

(3) 有效地管理自己的职业生涯。个人必须承担起管理自己职业生涯的责任并应具有相应的能力，这是一项非常有激励性的工作。

四、职业生涯规划的研究内容与方法

职业生涯规划研究的内容是职业生涯规划的主体，即个人的职业目标与组织的职业需求之间的相互影响关系、相互作用机制及其规律。

管理学与人力资源管理的研究方法很多，这些方法对职业生涯规划研究都有很重要的借鉴意义。

(一) 职业生涯规划的研究内容

职业生涯规划涉及的内容非常广泛，主要包括：

(1) 职业生涯规划理论研究，如职业选择理论、职业发展理论、职业锚理论等。

(2) 个人职业生涯规划与开发的理论和方法研究，如自我分析的方法、目标设定的技巧、自我开发的措施及职业生涯周期的管理等。

(3) 组织职业生涯开发与管理研究，如组织职业生涯规划的方法、职业发展通道的设置、继任规划、顾问计划及工作家庭平衡计划等。

(4) 组织职业发展目标与雇员个人职业发展目标整合方法研究，如组织发展变化趋势及其对职业生涯管理的影响、组织目标与个人目标整合技术等。

由此可见，职业生涯规划与人力资源管理、组织行为学、发展心理学等学科之间有着非常密切的关系，但由于其研究的侧重点不同，从而使其相互区别并独立发展。

(二) 职业生涯规划的研究方法

职业生涯规划研究可以采用定性研究方法、定量研究方法以及定性与定量相结合的综合集成方法等，具体有以下八种研究方法。

1. 唯物辩证法

唯物辩证法是马克思主义认识世界的科学方法，在职业生涯规划研究中也要坚持唯物辩证法，反对形而上学和各种形式的唯心主义。辩证法要求人们从事物的内在矛盾而不是外在现象、从事物的发展而不是静止的观点、从事物的普遍联系而不是孤立的观点来研究客观事物。在研究职业生涯发展规律、职业生涯管理模式、职业生涯规划方法与规律等问题时也应坚持唯物辩证方法论。

2. 实证法

实证法是指通过对组织大量的职业生涯规划现象和过程进行实证研究，提出职业生涯规划的理论，制订职业生涯规划管理政策与方法。实证法可广泛用于发展中国家职业生涯规划管理的研究，因为发展中国家要想使社会经济快速发展，而又在无现存职业生涯规划管理模式的情况下，必须不断对现有体制下的职业生涯规划管理的现象、政策进行实证研究，创立一套符合本国国情的行之有效、有现实指导意义的职业生涯规划管理理论和实践模式，以促进社会经济持续、稳定发展。

3. 对比分析法

比较是人们认识事物最常用的、最基本的手段。对比分析法是"由此及彼"的重要方法，主要有对比法、类比法、历史比较法三种类型。

4. 统计分析法

统计分析法是指利用人力资源管理与职业生涯管理部门提供的有关报表与资料，采用数理统计的方法，通过对统计资料的分析和统计结果的验证，对职业生涯规划的理论与实践进行研究的方法。通过统计分析，可以揭示职业生涯规划某一方面的变动趋势。由于统计分析手段较为客观真实，因此所得结论也较有说服力。

5. 归纳演绎法

归纳演绎法是指从个别到一般与从一般到个别的推理方法，即从职业生涯发展现象中总结职业生涯发展规律，以及利用已有的职业生涯管理的科学结论、原理和规律，推广应用到新的职业中的方法。运用归纳法对职业生涯规划进行研究，主要是指从纷繁的职业现象中总结出职业生涯发展的一般规律；运用演绎法对职业生涯规划进行研究，主要是指从人性的假设、职业生涯规划目标或其他概念出发，推导出职业生涯规划的原则、方法和措施等。归纳演绎法实际上就是按照具体—抽象—具体的过程进行研究，并按照抽象—具体的逻辑，构造职业生涯管理理论。

6. 问卷调查法

问卷调查法是通过设计调查问卷来了解雇员职业生涯发展意愿的方法。这种方法与访谈法可以起到相互补充的作用。调查问卷法可依据职业生涯规划研究的不同目的与需求，设计出针对不同调查对象、不同结构、不同内容的调查问卷。在使用问卷调查法时，要注意问卷设计的有关技巧与规律，以便更准确、全面地收集雇员的职业生涯发展与需求信息。调查问卷法可以用来诊断组织职业生涯规划的开展情况与效果，能反映雇员的职业生涯需求与发展愿望，是职业生涯规划研究的有效方法之一。

7. 访谈法

访谈法是通过与雇员面对面交谈的方式获取有关职业生涯规划的信息，并据此对组织的职业生涯规划状况进行认识和把握的方法。访谈法是职业生涯规划研究人员获取第一手资料的一个非常有效的方法。访谈可以核实调查问卷的内容，讨论填写不清或没有反映在问卷中的问题，可以听到雇员对职业生涯规划的意见与建议，还可以了解雇员之间的相互评价。这些信息对更好开展职业生涯规划工作具有重要价值。在使用访谈法时要注意营造良好的访谈氛围，尊重访谈对象，并注意使用适当的访谈技巧，引导和启发访谈对象对问题进行全面、充分的回答。

8. 量表调查法

量表调查法是用一种标准化的等级量表，通过组织测评、雇员个人测评等多种途径，对职业生涯规划状况进行全面调查的方法。量表法的优点在于项目设计严谨，调查问题明确，调查对象的意向选择比较规范，调查结果便于统计分析。在职业生涯规划中量表调查法常用于职业性向、人格倾向、职业能力等方面的测量。

第二节 职业生涯规划的基本流程

案例导入

【案例】 学计算机专业的徐某爱好文学，平时常写文章，偶尔也有作品见诸报端。他希望毕业后能够在 IT 行业工作。大三暑假时，徐某在经常访问的国内某知名网站的主页上，发现该网站正开展征文活动。此时他正好在生活中遇到了一点烦恼，于是有感而发，写了一篇情深意长的文章《离开你的第七天》投给该网站。开学后，徐某在 IT 行业中求职屡战屡败。

然而一天，正为求职苦恼的他接到了该网站的电话，告知他文章获奖了。于是，徐某找到网站征文活动的负责人，该负责人得知徐某的求职经历后，问他是否愿意到公司来做事，并许诺有丰厚的待遇。徐某大喜过望，求职的艰难让这份工作显得格外诱人，第二天徐某便到公司实习，负责该网站校园版的策划组稿工作。在曲折的求职过程中，徐某也终于迈进了自己心仪的 IT 行业。

【案例评析】 这个案例很典型。从结果来看，徐某最终成功地进入了 IT 行业，但从职业生涯规划的角度来看，在毕业季特定的时间内还是存在一定的偶然性。这其中有两个问题：一是徐某对自己不了解，粗略制订的职业生涯规划忽视了自己的爱好；二是设定了目标却没有完全执行或者策略不对。从目前就业的情况来看，如果学好了计算机专业，想进入 IT 行业工作可以说是比较容易的。以偶然的获奖经历得到工作代替了原本可以通过一定策略得到工作，这是我们应该避免的。当然，徐某对于文学爱好的坚持还是值得我们学习的。

职业生涯规划是保障顺利且满意就业的良好方法。对于大学生而言，重视职业生涯规划，了解职业生涯规划的基本流程，切实做好自我剖析与定位，能够设定有效的职业目标和路线，并采取合适的职业生涯策略而实现职业目标，这是非常重要且必要的。

一、自我剖析与定位

自我剖析就是对自己进行全面的分析，通过自我剖析认识自己、了解自己，以便准确地为自己定位。自我剖析的内容包括自己的兴趣、爱好、特长、性格、学识、技能、智商、情商以及协调能力、组织管理能力、活动能力等。

职业生涯规划的过程是从个人对自己的能力、兴趣、职业生涯需要及其目标的评估开始的。自我剖析的重点是分析自己的条件，特别是性格、兴趣、特长与需求。性格是职业选择的前提；兴趣是工作的动力；特长主要是分析自己的能力与潜力；需求主要是分析自己的职业价值观，弄清自己究竟要从职业中获得什么。因此，自我剖析是职业生涯规划的基础。

自我剖析作为一种常用的基本的职业生涯规划方法，通过对自我目标、环境及状况的综合分析和鉴定，雇员能更好地选择他们的职业，更快地实现他们的职业目标。在职业规划过程中，强调自我剖析的核心作用及内容，能带来许多积极的影响，能使人们从长计议自己的职业，更重要的是，它使人们在职业管理中充分考虑个人的责任。自我剖析行为促使人们检查过去做出的职业选择以及这些选择的效果，并据此引导以后的职业选择。总之，自我剖析使人们无论是在工作职责本身还是个人利益方面都获得了更多的机会。

通过自我剖析认识自身的条件，进行较为准确的自我评价，并对此做深层次的分析，以便根据自身的特点设计自己的职业发展方向和目标。

二、职业生涯目标与路线的设定

职业发展必须有明确的方向与目标，目标的选择是职业发展的关键，因为坚定的目标可以成为追求成功的驱动力。研究表明，一个人事业的成败很大程度上取决于有无适当的目标。因此，一个成功者，必定是一个目标意识很强的人。

目标的选择是以自己的最佳才能、最优性格、最大兴趣、最有利的环境等条件为依据的。目标的确定大致要经过这样几个步骤：第一步，自我分析，找出自己的特点；第二步，对内外环境进行分析，确定自己的位置；第三步，选定职业和职业生涯路线，决定向哪一个方向发展；第四步，确定职业目标，并把该目标具体详细地写出来；第五步，制订相应的行动计划和落实措施，包括长期计划(如十年计划)、中期计划(如五年计划、三年计划)、短期计划(如年度计划)等。

职业生涯目标是未来人生的发展方向，对人的一生有重要的影响。职业生涯目标作为个人的一种发展目标，往往要经过一番危机才能找到合适的。以下问题能够帮助你在未落入危机之前发现你的目标。

(1) 你有何才能？把你的才能全部列出来，选择三种最重要的才能，然后把每种才能用一两个词来表达，如"我最重要的三个才能是我的听力、创造力和表达能力"。

(2) 你的追求是什么？什么是你梦寐以求的？在哪些方面你愿意一展才华？在哪些主要领域你愿意投入自己的财力？譬如，"我的追求是从事成人发展和帮助人们发现他们的生活目标方面的工作"。

(3) 什么环境让你感到如鱼得水？什么样的工作和生活环境最适合你发挥自己的才能？例如，"我经常在轻松的学习环境或与别人一起游览自然风景时展现出我的才华"。

现在，将上述问题的答案列出来，将每个答案中你认为最重要的因素结合起来组成一个完整的句子。比如，"我的生活目标是利用我的听力、创造力和表达能力帮助人们在自然环境中发现他们的生活目标"。

在确定目标的过程中要注意如下几个方面的问题：

(1) 目标要符合社会与组织的需要。

(2) 目标要适合自身的特点，并使其建立在自身的优势之上。

(3) 目标要高远但决不能好高骛远，一个人追求的目标越高，其才能就发展得越快，对社会越有益。

(4) 目标幅度不宜过宽，最好选择窄一点的领域，并把全部身心力量投进去，这样更容易获得成功。

(5) 要注意长期目标与短期目标的结合，长期目标指明了发展的方向，短期目标是实现长期目标的保证，长短目标结合更有利于生涯目标的实现。

(6) 目标要明确具体，同一时期的目标不要太多，目标越简明、越具体，就越容易实现，越能促进个人的发展。

(7) 要注意职业目标与家庭目标以及个人生活与健康目标的协调结合，家庭与健康是事业成功的基础和保障。

职业生涯路线是指一个人选定职业后从什么方向去实现自己的职业目标，是向专业技术方向发展，还是向行政管理方向发展。发展方向不同，要求就不同。因此，在职业生涯规划时必须对此做出选择，以便安排今后的学习和工作，使其沿着生涯路线和预定的方向发展。

三、职业生涯策略

在确定了职业生涯的目标后，要实现职业生涯目标还必须有相应的职业生涯策略作为保证。职业生涯策略是指为争取职业生涯目标实现所采取的各种行动和措施。职业生涯策略要具体、明确，以便定期检查落实情况。

要解决当前大学生在职业生涯规划上产生的问题，必须从个人和学校两个方面采取针对性的措施。

(一) 个人方面

1. 要客观地认识自我

大学生在进行职业生涯规划时，首先要认识自己，了解自己的各种特点，如基本能力、工作风格、兴趣爱好、价值观念等，找到自己最适合做的、最能做出成绩的行业。其次，要客观地认清自己的优势和劣势，给自己一个合理的定位。要做到这一点必须给自己一个科学合理的评估，一方面听听家长、老师和同学们的评价；另一方面，借助于职业兴趣测验和性格测验，认清自己是一个较为外向开朗的人还是内向稳重的人，对哪些问题较为感兴趣。通过分析自己的优势，可以找到发挥自己特长的职业，也可分析出自己的一些弱点。对自己的不足的地方进行深刻的剖析可以避免从事不适合自己的职业。

2. 增强职业生涯规划的自觉性

任何事物的发展都是内因和外因共同作用的结果，外因是事物发展的条件，而内因是事物发展的根本动力。同样，人的发展也遵循这样的规律，当一个人发展的动力主要来自于自我的积极努力时，他会很愿意为自己所定的目标而努力奋斗，即使遇到一些挫折和障碍也会全力以赴。大学生在进行职业生涯规划时，要积极主动，不要对外界的力量过于依赖。当制订了行动方案后，要有坚强的意志和毅力，不断地勉励自己，加强自我管理，把职业生涯规划落到实处。很多研究表明，职业规划越早对自身的发展越有利，大学生从踏进学校的那一天起，就要树立职业生涯规划的观念，积极主动地规划自己的职业，这样有利于毕业后找到适合自己的职业。

3. 合理规划四年的学习时间

四年的大学生活，每年都有不同的任务。例如一年级为试探期，二年级为定向期，三年级为冲刺期，四年级为分化期。所以合理规划这四年的时间就特别重要，具体方面可以参考本书第三章的内容。

(二) 学校方面

1. 加强职业生涯教育

学校要改变传统的就业指导思想，帮助大学生树立科学的职业规划理念，要让大学生意识到，职业生涯规划观念和职业理想的树立一定要符合社会发展的需要，要用科学的发展观来指导自己的择业。

2. 开展大学生职业生涯辅导活动

通过开展丰富多彩的职业生涯辅导活动，使大学生能够适时调整和改变自己的观念、态度和行为习惯，不断优化智能结构，培养广泛兴趣，提高综合素质，塑造良好形象，为生涯认知、准备、规划和决策等提供智力支持和强大动力。当前大学生毕业都要面临很激烈的竞争，要在竞争中取胜，只有专业知识是不够的，还需要有良好的职业适应能力和综合能力。开展大学生职业生涯辅导有利于提高他们的这些能力。

3. 建立和完善高校的职业咨询机构

高校应当加强职业生涯规划队伍的建设，逐步提高职业咨询人员的职业测评和咨询技能，聘请有丰富经验的教师，建立一支以专职教师为主的职业咨询教师队伍，更好地为大学生就业提供服务。

4. 开展大学生职业生涯心理训练

通过开展大学生职业生涯心理训练，开发潜能，培养竞争合作意识、角色转换意识和敬业奉献精神，提高自我效能感，培养全方位的能力和素质，以使大学生们更快地适应职业发展和社会需要，更好地把握自己的前途和命运。

5. 组织大学生参加社会实践活动

社会实践活动是对学生综合能力的锻炼：一方面，学生可以把所学到的专业知识和技能应用到实际操作中，提升他们对所学知识的领悟；另一方面，学生在社会实践中还可以学到教材中学不到的经验和能力，培养他们的职业素养，为以后参加工作打下坚实的基础。此外，通过参加社会实践活动，可以让大学生了解他们所从事的职业所具有的特点，不仅使他们在心理上更容易接纳自己将要从事的工作，也进一步使他们明确自己今后的努力方向。

第三节 职业生涯规划方案

【案例】 高某 2018 年毕业于某大学文学院广告专业，四年后成为某公司著名品牌管理师。为什么在工作后短短的四年里她能从一名普通的助理品牌设计师成为著名品牌管理师呢？

首先，高某在学校期间，不仅学习成绩优秀，而且积极从事各项活动，培养了自己各方面的能力。

其次，通过"职业生涯规划"课程的学习，她认识到自己到底是怎么样的一个人，知道了自己具备内敛、直觉、思考、知觉型的性格，具有抽象思维和创造性思维的能力以及对艺术性和社会性职业的浓厚兴趣。这些为她实现自己人生价值、成为一名品牌管理师奠定了很好的人格和思想基础。在社会环境分析、决策分析和 SWOT 分析的基础上，高某进一步明确了自己的职业发展路线，并确定了三步走的职业发展道路，即从品牌设计师到品牌策划人，再到品牌管理人的三步发展战略。

最后，她制订了自己的长期、中期和短期发展计划，尤其制订了大学期间和大学毕业后三年的发展计划，即毕业之后先进入一家广告公司，从助理品牌设计师基础工作开始做起，一步一步实现自己的职业发展目标的行动计划。

【案例评析】 高某的成功得益于她有一个条理清晰、结构完整、层次分明、计划系统和完整且可行的职业生涯规划方案。在制订职业生涯规划方案时应该把握住以下几个关键点：

1. 内外因最佳匹配

找工作最重要的就是要人岗匹配，不能高攀也不能低就。职业生涯规划就是找到这个最佳匹配点和今后各个阶段的发展平台，通过对自己的内在因素进行测评，找到潜质的东西，而学历、经验、能力、兴趣、特长等是外部的东西，要把内、外优势结合起来，拧成一股绳，形成职场打拼的强有力的核心竞争力。

2. 职业定位要"准"

定位就是要落在"定"和"准"上，不能泛谈，其中包括行业定位、企业定位、职位定位、薪酬定位等很多项，比如你定位在机械加工行业，那么企业是外企还是国企、私企还是合资企业呢？职位是销售还是技术，是现场工程师还是工艺员？职位不同，对人的要求不同，发展路径也不同，"准"字是关键。

一、职业生涯规划方案的内容

职业生涯规划是对个人职业发展道路进行选择和设计的过程，规划的内容和结果应该在规划过程中及规划后形成文字性的方案，以便理顺规划的思路，提供操作指引，随时评估与修正。一个完整、有效的职业生涯规划方案应该包括以下八项内容：

第一，标题。标题包括姓名、规划年限、年龄跨度、起止时间。规划年限不分长短，可以是半年、3年、5年，甚至是20年，视个人的具体情况而定。

第二，目标确定。目标确定即确定职业方向、阶段目标和总体目标。职业方向即从业方向，是对职业的选择；阶段目标是职业规划中每个时间段的目标；总体目标即当前可预见的最长远目标，也是在特定规划中的终极目标。在确定总体目标时，可适当将目光放远些，定得高点，这样有助于最大限度地激发规划者的潜能。

第三，个人分析。个人分析包括对自己目前状况的分析和对自己将来的基本展望，同时也包括对自己职业生涯有一定影响的角色建议。

第四，社会环境分析。社会环境分析指对政治、经济、文化、法律和职业环境等社会外部环境的分析。

第五，组织(企业)分析。组织分析主要是对职业、行业与用人单位的分析，包括对用人单位制度、背景、文化、产品或服务、发展领域等的分析。

第六，目标分解与目标组合。目标分解是根据观念、知识、能力和心理素质等方面的差距，将职业生涯中的远大目标分解为阶段性目标；目标组合是将若干阶段性目标按照内在的相互关系组合起来，达成更为有利的可操作目标。

第七，实施方案。首先找出自身观念、知识、能力和心理素质等方面与实现目标要求之间的差距，然后制订具体方案逐步缩小差距以实现各阶段目标。

第八，评估标准。设定衡量此规划是否成功的标准，如果在实施过程中无法完成制订的目标或要求，应当明确如何修正和调整。

二、职业生涯规划方案的类型

大学生职业生涯规划方案是对大学生职业生涯规划的书面化呈现，即大学生对自己的职业生涯发展目标的选择、实施计划及行动方案的书面表达，它是大学生职业规划的浓缩与集中展现。

(一) 文本式职业生涯规划书

文本式职业生涯规划书是对自己的职业生涯规划做全面、详细的分析和表述，是最完整、最常用的职业生涯规划书。一般情况下文本式职业生涯规划书没有固定模板，主要内容包括自我分析、职业分析、职业定位、计划实施、评估调整及总结等(详见下面文本式职业生涯规划书样例)。

 文本式职业生涯规划书样例

俗话说，好的计划是成功的开始。当今社会处在变革的时代，到处充满着激烈的竞争。物竞天择，适者生存，职业活动的竞争也非常突出，尤其是我国加入 WTO 后。要想在这激烈的竞争中脱颖而出并立于不败之地，就必须要设计好自己的职业生涯规划。人的大学时光一生中也许就一次，若不把握好，将来自己一定会追悔莫及。

一、自我分析

了解自我、认识自我是一个人选择职业生涯的思索起点。只有清楚地认识自己，才能规划出适合自己的、独特的职业发展方向和路径，才能使自己未来的职业理想变得具体并具有可操作性，进而实现自己的梦想。作为一名大学生，尚未完全踏入社会，怎样才能将自己在职业生涯的坐标上定好位呢？我们从下面几个方面进行分析。

1. 职业兴趣

兴趣是事业的成功之母，当一个人对某种职业感兴趣时，就会对该种职业活动表现出肯定的态度，并积极思考、探索和追求。我直率果断，能够妥善地解决和处理各种组织问题，在日常生活中能经常主动承担一些活动的筹划与组织，有一种强烈的支配欲。

2. 职业能力

可以通过下表来对自身的职业能力进行评估。

职业能力评估表

能　力	描　述	自评结果
领导能力	能仔细听取他人意见，具有较强的组织、领导能力	优
解决问题的能力	有创造性，能关注细节	优
人际交往能力	懂得轻重缓急，有换位思考的习惯，在交流中体现出协调沟通方面的能力，但有时比较固执	良
专业技能	通过两年半的学习，能够系统掌握本专业的知识，并能初步将所学知识应用于实践活动中	优
感知能力	对身边的人、事变化能快速感知到，并能适当做出快速反应。对新事物也有较为敏锐的感知能力	良
表达能力	口头表达能力还不尽如人意，有待改善。现正在积极参加各种大型活动，希望借此不断提高自己	良
计算机能力	掌握基本网络技术，能熟练使用网络、熟练使用 Word 等 Office 软件，以及 Flash、Photoshop	优

3. 个人特质

我属于多血型的气质，天生不适合做细致单调、环境过于安静的工作，我活泼好动，适应力较强，反应迅速灵活，在新的环境中能应对自如。而这一气质也决定了我的性格是独立型的，喜欢计划自己的活动和指导别人的活动，喜欢对将来的事情做决定。我的兴趣类型——愿做领导和组织工作，喜欢掌管一些事情，希望受到众人尊敬和获得声望。

4. 职业价值观

在我看来，选择一份工作，不应追求金钱利益，而应以自己的兴趣特长作为择业的最重要因素。我希望所选择的职业有自我成长和自我实现的空间，能够自由独立，不受太多束缚，最终得到社会的认可，实现自我价值。同时，我会对所选职业有一定忠诚度。

5. 自己的优劣势

对自己的优劣势分析如下表所列。

优劣势分析表

我的优势	我的劣势
(1) 有追求成功的干劲和雄心，能够时刻牢记自己的目标； (2) 时刻对自己充满信心； (3) 积极乐观的心态和很强的抗压能力； (4) 具有创新思想，易于接受新事物和新方法； (5) 适应力较强	(1) 有时表现得过于执着，有不达目的不罢休之势； (2) 协作性不好； (3) 太主观，有时候不能够顾及他人的感受； (4) 注意力易转移

自我分析小结：有较强的分析、沟通、管理与组织能力，易于接受新事物，对自己有充足的信心，不过有时也过于执着与主观，不能够很好理解他人的感受。在今后的学习与生活中，我将会努力克服这些缺点，使自己日臻完善。

二、职业分析

1. 家庭环境分析

我从小生长在一个传统的家庭，受到儒家传统思想熏陶，喜爱读书、热爱思考。家庭经济状况一般，但家庭成员之间关系和谐，父母在各方面给我的学业以大力的支持，密切关注着我的成长。

2. 学校环境分析

我现在就读的学校是一所综合性的省属学校。学校环境优美，师资力量雄厚，学科齐全，教学设施先进，现代化的图书馆藏书逾百万册，有着浓厚的学术氛围、良好的学习风气，是理想的求学之地。

3. 社会环境分析

社会环境对我们职业生涯乃至人生发展都有重大影响。总体来说，我们现在面临一个非常好的宏观环境，社会安定、政治稳定、经济发展迅速，并与全球一体化接轨，法治建设不断完善，文化繁荣自由，尖端技术、高新技术突飞猛进。就管理这方面的社会环境而言，由于我国的管理科学发展较晚，管理知识大部分源于国外，目前企业管理还有许多不完善的地方。中国急需管理人才，尤其是经过系统培训的高级管理人才，因此管理的职业市场前景广阔。要在中国发展企业，就必须适合中国国情，这就要求管理的科学性与艺术性和环境动态相结合，因此，由中国市场引进的大批外资企业都面临着本土化改造的任务，这就为去外企做管理工作提供了很多机会。

4. 职业环境分析

(1) 行业分析。一般人认为会计是一份稳定且收入不低的职业，不过随着中国经济与世界的接轨，国际会计准则的实施将给会计师的知识结构和能力水平带来极大冲击，一般的会计人员已经不能满足企业的需要，但是通晓专业技术知识和国际事务的会计人才更为抢手。毫无疑问，会计师行业将成为未来人气较高的"金领一族"。

故随着市场经济的深化，会计行业将会迎来更大的发展。为适应中国外向型经济迅速发展的形势，会计专业可为国家培养一批既懂中国会计又懂国际会计惯例的会计人才；既有扎实的基础和较强的业务能力，又有较高的外语水平和具有创造品质的会计与财务管理的专门人才。

(2) 地域分析。就业意向地域是家乡嘉兴。嘉兴地处长三角中心的杭嘉湖平原，毗邻上海、杭州、苏州，既是浙北的重要城市又是上海的卫星城市。素有"丝绸之府、鱼米之乡、文化之邦"的美称，经济发达、市场繁荣，文化灿烂、名人辈出，是中国最具发展潜力的地区之一，拥有革命圣地南湖，古镇乌镇、西塘，海宁潮等旅游景点，是独具特色的旅游胜地。改革开放以来，它承载着上海浦东开发开放的辐射、苏南开放型经济和浙南民营经济的交汇影响，经济发展快速，综合实力显著增强。

区位优势明显，高速公路、铁路、航空、港口、水路等应有尽有。沪杭高速公路、乍嘉苏高速公路、沪杭铁路、京杭大运河贯穿嘉兴，使嘉兴和上海、杭州、苏州连成一片。从嘉兴驱车到上海航空港、杭州航空港和上海港只需一小时，杭州湾大桥建成后，到宁波北仑港也只需一个半小时。嘉兴市内交通也十分发达，市中心到各县(市、区)实现了"半小时交通圈"。

三、职业定位

结合第一部分和第二部分的主要内容得出本人职业定位的 SWOT 分析(如下表所示)。

职业定位的 SWOT 分析表

内部环境因素	优势因素(S)： 果断、勤奋、努力及顽强的意志力	弱势因素(W)： 主观、固执，没有良好的协作能力
外部环境因素	机会因素(O)： 中国加入 WTO 后政策放宽	威胁因素(T)： 金融危机、竞争激烈

分析结论表

职业目标	著名企业的高级财务主管
职业发展策略	在长三角地区发展
职业发展路径	先掌握好理论知识，再理论联系实践，走专家路线
具体路径	大学毕业—考取研究生—注册会计师—商务助理—财务副主管—财务主管

四、计划实施

计划实施详细内容如下表所示。

实 施 计 划 表

计划名称	时间跨度	总目标	分期目标	策略、措施
短期计划（大学计划）	2022—2026年	考取研究生，获"优秀毕业生"荣誉称号	大一适应大学生活，进行角色的改变；大二过英语四级、计算机一级；大三过英语六级、计算机二级；大四通过研究生考试	积极参加各种社交活动；加强英语和计算机的学习以及专业能力的培养
中期计划（大学毕业后五年计划）	2027—2032年	企业商务助理	在读研期间，根据自己专业方向选择一些大型公司实习，在此期间获得更多的专业知识和社会经验，形成一定的人际关系网；通过英语高级口译考试；进入企业成为一名商务助理	具备从事管理会计的理论基础；接触到企业的商业活动
长期计划（大学毕业后十年或以上计划）	2033—2043年	高级财务主管	2033—2038年，成为企业的财务副主管；2039—2043年，成为企业的财务主管	工作业绩突出；熟悉企业运作机制；形成自己的管理理念，具备领导一个团队的能力

五、评估调整

职业生涯规划是一个动态的过程，在这个过程中，我需要不断地修改和更新人生、学习或职业的发展目标。人生的目标往往是基于特定的社会环境和条件而制订和实现的，而这样的环境和条件总在不断变化，所以我们需要紧跟时代步伐对自己的职业规划进行灵活的调整。

（一）评估时间

一般情况下，我会一年进行一次评估并调整自己的规划。如果出现特殊情况，我会随时评估，并做出相应的调整。

（二）评估调整原则

1. 目标能否实现（过高或过低）。

2. 外部环境的影响（如社会安定、行业发展前景等）。

3. 自己的身心是否能够承受。

（三）评估内容

1. 职业目标评估

我的职业生涯梦想是成为一名高级财务主管，该职业生涯规划只是为自己的将来提供一个构架，指明一个方向。由于社会大环境和自身经历等的不断变化，职业理想有时也会被迫改变。如果自己的理想一直迫于现实原因未能实现，那么我将重新选择跟自己所学专业或相关专业有关的职业。

2. 职业路径评估

如果大学考研未成功，那么我将投入到找工作的队伍中。待工作稳定后，再继续读书深造，在积累社会工作经验的同时储备知识，以便最终实现自己的梦想。

六、总结

计划固然好，但更重要的在于具体实践并取得成效。任何目标，只说不做到头来都会是一场空。然而，现实是未知多变的，定出的目标计划随时都可能遭遇问题，这就要求有清醒的头脑。一个人，若要获得成功，必须拿出勇气，付出努力、拼搏、奋斗。成功，不相信眼泪；成功，不相信颓废；成功，不相信幻想。未来，要靠自己去打拼！

(二) 表格式职业生涯规划书

表格式职业生涯规划书主要包括表头和规划内容栏两部分，如表 2-2 所示。表头是规划人的基本信息，规划内容栏为职业目标和实施要点。这种格式的规划书为不完整的职业生涯规划书，常常仅写有最简单的目标、分段实现时间、职业机会评估和发展策略等几个项目，有的只相当于一份完整的职业生涯规划书的计划实施方案表。大学生在撰写职业生涯规划书时，不能只用表格式职业生涯规划书，因为它适合作为日常警示使用。

表 2-2　表格式职业生涯规划书

姓名		性别		年龄		学历	
所学专业		职业选择			流动意向		
人生目标：【岗位目标、职务(职称、技术等级)目标、收入目标、社会影响目标、重大成果目标和其他目标】 人生观简要文字说明： 实现人生目标的战略要点：							
长期目标：【岗位目标、职务(职称、技术等级)目标、收入目标、社会影响目标、重大成果目标和其他目标】 人生观简要文字说明： 实现长期目标的战略要点：							
中期目标(通常在 2 年以上)：【岗位目标、学习(成绩)目标、能力目标、资格目标、就业目标等】 实现中期目标的战略要点：							
短期目标(通常在 1 年以上)：【岗位目标、学习(成绩)目标、能力目标、资格目标等】 短期内完成的主要任务及拟采取的措施、有利条件、主要障碍及其对策： 可能出现的意外和应急措施： 【年度目标及年度计划的细节通常另行安排，以保持职业生涯计划的相对稳定性和可保存性】							
职业生涯规划人(签字)： 　　　　　　　　　　职业生涯规划日期：　　年　　月　　日							

(三) 档案式职业生涯规划书

职业生涯规划档案由多个表格组成，它可以把职业生涯规划的制订过程真实而详细地记录下来，是具有史料性的职业生涯规划书，包括曾经的职业理想、高考选择分析、性格认识、兴趣探索、优势技能分析、价值观澄清、专业与职业关系分析、职业分析与职业体验、咨询与总结、职业生涯选择与职业决策、职业发展规划等部分。规划档案的任何一部分都可以根据内容而扩展，职业发展规划部分可以按学期制订。一份完整的职业生涯规划档案就是一个成长的历程。

三、职业生涯规划应注意的问题

职业生涯规划是一个系统工程，在开展自我分析，确定个人目标、行动方案、实践策略等过程中，应特别注意以下几个方面的问题。

(一) 职业生涯规划的"四定"原则

1. 定向

职业生涯规划首先要解决"干什么"的问题，即要确定具体从事的职业，是做管理还是做技术，是做会计还是做人力资源管理；是进大公司从基层做起，还是进小企业做中层管理者等。方向定错了，则南辕而北辙，付出的代价会更大。因此，职业生涯规划决不能犯"方向性错误"。

2. 定点

定点，就是要确定职业生涯发展的地点，即在职业生涯规划过程中要确定实现自己职业生涯目标的具体城市和地区，以及有可能发生转移的地域。无论要去哪里，都应该综合考虑多方面因素，不可一时冲动、感情用事。

3. 定位

定位，就是要根据自身的情况，为自己确定一个合适的职业目标定位。择业前要对自己的水平、能力、薪资期望、心理承受度等进行全面分析，以便做出较为准确的目标定位。

4. 定心

定心，就是要朝着既定的目标持之以恒地努力。在进行准确的"定向""定点""定位"之后，最重要的就是要"定心"。无论做什么，都需要"定心"，克服浮躁心理，树立长期观点，这对实现职业生涯发展的长远目标具有至关重要的影响。

(二) 职业生涯规划的误区

由于各种客观条件的限制和主观认识上的误差，在制订个人的职业生涯规划时，往往会存在一定的盲点和误区，如果不能及时认清并走出误区，那么就有可能对个人的职业生涯发展产生不良的影响。这些盲点和误区概括为以下内容：

1. 把职业生涯规划当成了梦想展示

许多人认为，职业生涯规划就是梦想展示，把目标确定下来，展示给大家就完成了，现在许多高校都搞职业生涯规划大赛，到最后发现规划大赛变成了梦想比赛。职业生涯规划不仅要制订明确的目标，更需要实实在在的行动，因此，良好的行动方案需要适当的行动策略以及脚踏实地的落实。

2. 把职业生涯规划当成了职业选择和就业指导

一些学校和学生做职业生涯规划时，仅重视职业的选择和就业的指导，注重就业信息的提供和面试技巧的提高，认为找到工作了生涯规划目标就实现了，这显然是对职业生涯规划的片面理解。职业选择和就业指导仅仅是职业生涯规划的一个环节，而绝不是全部，站在整个人生的高度对未来进行筹划才更有意义和作用。

3. 处理不好所学专业与未来发展的关系

不要被所学专业限制了自己的择业范围和发展空间，也不能脱离实际凭空想象。职业生涯规划既要从个人的兴趣、职业性向和能力出发，更要紧密结合社会需要。

4. 准备不足，仓促上阵

在就业之前，许多大学生往往在时间、实力和经验方面准备不足。时间准备不足表现为误以为找工作从大三大四开始准备就可以了，其实对社会的认识、资料的收集、能力的提高需要提早准备；实力准备不足表现为"看得见的准备得多，看不见的准备得少"，认为看得见的如各类证书、成绩单比看不见的素质重要，其实单位更看重的是个人长期积累的素质，如合作意识、沟通能力、自我认识等；经验准备不足表现为误以为有一些社会实践背景就可以帮助自己找工作，其实，经验获取需要长时间的积累，个别时间的尝试不代表个人拥有有价值的经验。

5. 对自己估计过高，规划过于理想

对自己估计过高，或对环境估计过低，都容易造成理想化的结果。这主要是由于大学生缺乏对自己和环境的正确认识，认为自己可以很容易地实现自己的理想和目标。一般来说，来自家庭生活环境比较优越的学生和没有经历过困难坎坷的学生容易犯这样的毛病，这是由于长期以来，他们被家长过度关心和呵护，认为什么事情都很容易实现。

6. 对自己估计过低，规划过于平庸化

与对自己估计过高的学生相反，这类学生常常把事情估计得过于艰难，把环境估计得过于恶劣。认为什么事情实现起来都非常困难。这类学生大部分来自生活比较困难的家庭，或者心灵上受过创伤的人。因此，他们把自己的规划常常制订得很容易实现，甚至过于平庸，如只要有工作、有饭吃就可以了。

7. 认为职业生涯规划和自己没有关系，规划过于随便

持这种观点的人，不能认识到职业生涯规划对实现自己人生价值的意义和作用，认为

规划是做给别人或指导老师看的，不是自己的事情，于是随便制订一个规划交给指导老师就认为已经完成任务了，这是一种对自己和别人都不负责任的态度和生活观。

8. 认为职业生涯规划是不可能实现的计划，制订了也没有用

相当一部分人之所以有这种思想和认识，主要有以下几个方面的原因：

(1) 做事从来不制订计划，认为计划没有用途；

(2) 即使制订了工作或学习计划，也不按照计划去实行；

(3) 认为计划没有变化快，今天制订的计划，也许明天就变化了，于是随心所欲地更改计划。

9. 认为职业生涯规划是一成不变的，只要制订了就永远不能改变

与前一种想法相反，有些人认为计划一旦制订就不能更改。事物是发展的、世界是变化的，任何计划的制订都有一定的时限性和主观性，都必须在实践中不断地修订和完善。

(三) 职业生涯规划的几点忠告

(1) 无论将来从事什么样的职业，都要对职业负责。一定要认真敬业，恪守职业道德，因为态度决定一切。

(2) 和谐融洽的人际关系非常重要。实践证明，与同事间人际关系融洽将使工作效率倍增。

(3) 要优化交际技能。人是社会的动物，人际交往是人的本能和基本需要。优良的交际技能可以为谋职就业、事业发展提高成功的概率。

(4) 要善于发现变化并适应变化。不管周围环境及人生某一阶段出现什么样的变化，都应该善于发现其中的各种际遇并抓住这些际遇。

(5) 要灵活。未来时代的工作者可能要经常转换职业角色，只有善于从一个角色迅速转换到另一个角色，才能适应时代环境的变化。

(6) 要善于学、用新技术。社会在进步，知识技能在更新，不断学、用新技术才能与时俱进，否则会被社会所淘汰。即使想当一名作家，也必须不断学用并掌握新技术、新技能才行，比如作家必须同时成为一名计算机文字处理员、打字员、网上发行员，只有这样才能获得成功。

(7) 要不断更新观念。观念是指导行动的先导，因此，当你考虑某个新职业或新产业时，观念一定要更新，以防被错误思维所误导。

(8) 复合型人才将是未来社会的宠儿，所以我们要不断开拓进取、不断拓展专业领域。为此我们不仅需要专业化知识，同时还需要通用化及灵活性技能。换句话说，为了未来的职业考虑，我们绝不应只专心研究某一种专业知识，而是还应考虑这种专业知识是否为人们所需要。一般来说，以长远眼光看问题，多掌握几种技能的人要比只精通一门狭窄专业知识的人更有发展前景。

阅读与训练

 阅读材料

职业生涯发展的五个阶段

一个人的职业生涯发展可分为五个阶段，把握住每个阶段，提前规划，才能让自己掌握主动权。

(一) "青黄不接"阶段

工作1～3年是职业生涯最"青黄不接"的阶段：你既不像毕业生那么"单纯"，又不像有四五年资历的员工那样能"独当一面"，正处于"一瓶不满，半瓶晃荡"的状态，那么这时候你如果跳槽找工作，其难度可想而知。

(1) 这个阶段的主要疑问是：我是谁？我能做什么？

(2) 职业管理顾问的忠告和建议解决方案：这段时间最好不要轻易跳槽。如果这段时间你较为"安静"，你往往能够积累到你一生中第一次"从学习迈向工作"这个时段内宝贵的工作技能和坦然的就业心态，然而许多人"爱跳槽"的毛病往往也都是从这个阶段"稳不住窝"开始养成的。

(二) "职业塑造"阶段

工作3～5年后，你就会逐渐步入"职业塑造"阶段，逐渐熟悉组织文化，了解组织内情，建立初步的人际关系网，经过一段时期后，你的"职业性格特点"就暴露出来了：哪些是你擅长的地方，而哪些又是你不足的地方，于是你开始进入"职业塑造"阶段，对职业方向进行合理调整和矫正。

(1) 这个阶段的主要疑问是：怎样来进行"合理的调整与矫正"？

(2) 职业管理顾问的忠告和建议解决方案：不妨在你工作的相关领域先适当地改换一下工作方式，比如在同一个公司内部的不同部门适当进行换岗，这样不仅能开阔视野，增添新鲜感，还能测试出你究竟最适合做什么工种。如果发现你的性格和特长与现有工作偏差太大，那么一定要当机立断马上改行，这时候千万不要贪恋现有工作薪水有多高，环境有多好。

(三) "职业锁定"阶段

工作5～10年后，随着你对自身优劣势及性格特点的日渐清晰和不断地实践锻炼，你渐渐由"职业塑造阶段"走向了"职业锁定阶段"，开始认定你适合干哪一行的了。在这个阶段，有的人积累了比较丰富的经验，承担起工作的责任，发挥并施展自己的能力，为提升或进入其他职业领域打基础。

(1) 这个阶段的主要疑问是：为什么这么多年来我一事无成？理想和现实不相符，我是不是需要重新选择？

(2) 职业管理顾问的忠告和建议解决方案：你如果依然愿意尝试这份工作，就应该首先端正态度，决不能整天愤世嫉俗、怨天尤人，而应该投入战斗，在战斗中快速磨炼和积极探索，不断修正下一步的工作流程和发展方向。即便是已经暂时"锁定"了你的职业种类，也千万不要每天得过且过地混日子，相反还要更加勤奋地不断寻求自我突破，逼迫自己不断达到新的高度。

(四)"事业开拓"阶段

工作 10～15 年后，你的"职业"将成为终身的"事业"，意味着你开始从前期"职业阶段"中的技能、经验及资金积累走向人生事业的开拓历程。可能你在这个阶段仍然保持着原来的"职业"状态，仍然是每天在为"老板的事业"而奔波，但年龄和阅历已经将你推向了事业发展的起跑线，并且你必须为自己而奔跑前进，因为你的家庭和你的事业心及成就感也决定了你要开始考虑自我了。

(1) 这个阶段可能你会遇到的主要疑问是：接下去的岁月，应该做些什么？

(2) 职业管理顾问的忠告和建议解决方案：人到中年，很多人在机会面前不敢贸然决定，因为人们从心理上理解了人生的时间有限，而自己也开始重新衡量事业和家庭生活的价值，并且在 35 岁到 45 岁之间容易发生职业生涯危机。此时，你需要更多地考虑事业进一步发展的空间以及事业和家庭的平衡，更努力地实现突破式的发展。

(五)"事业平稳"阶段

工作 15 年以后，你已经步入"不惑之年"，前期的发展阶段已经为你留下了许多积淀。在这个阶段，你所需要的是如何使你的事业能够在平稳的过程中持续上升。这期间你还要不断观察市场、了解市场，不能有丝毫的松懈。

你曾经的一切豪言壮语在这个阶段变为现实，你也被推上了事业的巅峰，不过这一切美妙结果的前提就是你先要在前面的几个阶段表现都很努力、很用心，这就是"世间自有公道，付出定有回报"的道理。

 操作训练

一、训练题目

绘制职业家庭树。

二、训练目的

家族成员对个人职业选择乃至生涯发展都有深远的影响，职业家庭树即以图画方式，了解家庭对个人职业的影响，促进对自我生涯的认知。如果做这个练习时你需要更多的空白，请另外使用白纸。

三、训练内容

1. 在"树梢"处填上个人爱好的职业(可填数种)。

2. 将家庭中各人的职业分别填入树的枝干上(各支干代表家庭成员，标出称谓)。由于各人职业可能有变动，因此可同时填上目前的职业与先前从事过的主要职业，并将与咨询对象有密切关系的重要人物圈起来。

3. 将家族人员职业的共同特点填写在"树根"处。

4. 老师与同学(或者同学分组)可以从下列问题共同讨论"职业家庭树"。

(1) 对家庭中各人的职业有何感觉(骄傲、尴尬、羡慕、不屑等)。

(2) 如何知道他们希望我选择何种职业。

(3) 在兴趣、能力、体能、外貌等方面我与家族中谁最相似，他们从事的职业与我的偏好有何相关。

(4) 我的家庭对各自工作上最感满意的是什么(如休闲时间、生活条件、家庭气氛等)。

(5) 家族中哪些工作习惯与特质构成满意(或不满意)的因果关系。

5. 经过上述讨论，老师或者组长可以进一步引导同学探讨各种职业的优点与缺陷(如普通的职业对个人与社会的正面价值，或高层次职业的负面影响等)。

 思考题

1. 你通过哪些方法帮助自己制订生涯规划？例如，高考填报志愿时你是如何决定选择目前这个专业的。总结这些方法，请给你自己制订一份职业生涯发展规划。

2. 如何理解人生需求对职业生涯发展的意义？

3. 分析不同职业生涯阶段，个人可能会面临什么样的危机？如何克服？

4. 在制订职业生涯规划时应注意哪些问题和哪些误区？

第三章

大学生涯规划

大学是人生的关键阶段，因为你终于放下高考的重担，开始追逐自己的理想、兴趣。在大学校园你可以独立参与团体和社会生活，你不再需要单纯地学习或背诵书本上的理论知识，而是有机会在学习理论的同时开始实践。因此，在这个阶段里，所有大学生都应当认真把握大学的专业学习、社团活动和社会实践的机会，让它们成为你未来人生道路的基石，努力为自己编织生活梦想，明确奋斗方向，奠定事业基础。

通过本章的学习，使大学生了解考研的原因及误区；理解大学不同阶段在规划方面容易出现的问题及其调节方法；掌握大学生自我成长规划的内容和培养方法，能结合自身的实际情况规划好大学生活。

第一节 大学阶段规划

【案例】 刘同学，女，中共党员，籍贯吉林省长春市，建筑设计专业，已于2022年毕业。该生学习成绩优异，连续多次获得学校一等奖学金，获得一次国家奖学金。该生外貌出众，擅长播音主持，多次担任学校大型文艺晚会的主持人，还在校学生会任文艺部部长、校广播站播音员等职务。该生工作认真负责，多次获得过"优秀团员""优秀学生干部"等荣誉称号，还代表学校参加全国大学生建筑设计竞赛，获得三等奖。在就业能力方面，她专业理论知识扎实，具有较好的专业技能，英语已通过六级考试，有较好的英语口语能力。在就业期望上，她首选的是考研，其次才是就业。就业的期望是进入知名的建筑设计院工作，建筑施工单位不予考虑。选择的地区局限在北京或上海，其余的地区也不予考虑。在工资待遇方面，每月6000左右。因该生首选的是考研，在大四第一个学期她全力筹备考试，所以错过了许多面试的机会。她的辅导员老师曾经几次劝告她不要因为考研而忽视就业，一定要协调好学历提升与就业的关系，但是并没有引起她的重视。原本认为自己考研的把握很大，但事与愿违，专业课差了4分，考研失败。之后她开始找工作，由于就业的期望比较高，加之已经错过应届生就业黄金期，虽然参加了几家建筑设计公司的面试，但一直未能落实单位。直到2022年5月份，在其亲属的帮助下，才与一家位于长春市的民营建筑设计单位签订就业协议。虽然最终是就业了，但作为一名非常优秀的大学生，而且还具备一定的特长，刘同学在就业过程中不仅经历了波折，而且工作单位也并不比其他同学好，这不能不说是一种遗憾。

【案例评析】 刘同学在校成绩与表现都很优秀，但最终求职结果并不理想，这是有一定原因的。

1. 自我定位过高，导致就业期望与自身条件不符

作为即将毕业的大学生，通过几年大学的学习，她掌握了许多专业知识和技能，也具备了一定的能力，所以在毕业之际，希望能通过个人努力，找到一个理想的职业以发挥个人的聪明才智。应届毕业生们都是初次就业，往往缺少社会经验和阅历，认为自己是社会急需的人才，而对自己阅历浅、实践经验不足、清高自傲等弱点缺乏清醒的认识。由于受到周围同学以及家庭的影响，在择业过程中不能清楚地从自身出发，因此导致就业结果不理想。

2. 在职业选择中，更希望到国有企业、国有单位中去

当前大学生对私有企业和民营企业有较大的偏见，认为只有进入大型的国有企业才代表找到了好工作，而不是从锻炼机会、发展空间等方面去考虑职业生涯的规划。在区域方面，都期望留在发达城市，而不是从自身实际情况出发，到真正需要大学生的城市去发展。在工作待遇方面，普遍对自己的薪酬抱有过高的估计。

3. 在就业过程中没有得到有效的就业指导

就业指导老师的角色在毕业生的就业过程中起着非常重要的作用。高校毕业生都是第一次就业，在自我定位、就业期望和就业技能方面存在许多问题。该生在关键时期没有认真听取并采纳辅导员老师的意见，也是导致其没有顺利就业的重要原因之一。

4. 就业技能训练准备不充分

刘同学有一定的专业技能和外语知识，但在就业技能方面，如面试技巧、简历制作、就业途径等方面还没有经过充分的准备和训练。

5. 没有处理好考研与就业的关系

该生较晚才找到单位的另外一个重要原因是，在大四期间花了很长一段时间准备考研，在考研失败后才开始找工作，因此错过了许多用人单位的面试机会。就业时间拖得越后就越不利于就业，因为许多用人单位可能已经完成了招聘计划，即使再优秀的学生也不会再考虑了。

对于大学生自身而言，要真正改变就业观念，适当降低就业期望值。女大学生在择业时需考虑自身的一些因素，调整自己的择业心态，学会将自己在性格、专业能力、知识面乃至外貌等方面的优势转化为就业的正向激励因素，这样才能找到合适的工作。

一、大学初期规划

(一) 大学初期规划任务

1. 熟悉新环境，融入新生活

刚入学的大学生虽然在角色上已经是大学生，但是对大学生活还不够完全了解，对大学的认知只停留在道听途说上，学生本人对自我和环境的探索还不够。因此，大一新生首要的规划任务是要尽快熟悉环境，快速适应大学的环境、生活与学习方法；尽快熟悉周围的人，包括辅导员、任课老师、班级同学等；还要尽快适应新的生活模式，包括离开家人后的独立生活，学会照顾自己。融入大学生活，最重要的是用积极的心态来面对改变，向高年级的同学请教如何克服在新生活中遇到的困难。融入最好的方式是多参加社团活动，例如参加学生会、业余爱好协会等。通过这些活动，能更多地与老师及学长接触，有更多机会了解大学生活，并学会解决大学生活中遇到的问题。

2. 学好基础课程，掌握必要能力

在大学毕业的时候，有一个好的成绩单，会为自己写简历与找工作奠定优势。同时，大二之后，需要参加实习等社会活动，会占用学习时间，所以，为保证大学期间的平均成绩，在大一、大二的时候，一定要在学习上多下些工夫。

3. 了解所选专业，树立职业理想

在基本了解大学生活后，了解专业就提上了日程。弄明白自己将要学什么，毕业以后做什么，可增强自己学习的主观能动性，有助于学好、学深。这一阶段，新生应多向专业课老师请教，了解专业相关知识，在学习的过程中逐步建立自己对本专业的兴趣。同时，新生在学好本专业的基础上，通过图书馆或者网络学习其他专业的知识，初步树立自己的职业理想。

4. 定位个性自我，养成良好习惯

大学生在学习、生活、交往、休闲等各个方面都有意识地培养自己的风格，养成一套适合自身的行动习惯，并培养好的思维方式和行动方式，让自己更加有效地度过大学的时光。

大一新生只要拥有一颗未雨绸缪的心，从现在做起，从点滴做起，深入了解自我，做好职业定位，明确自己的人生目标，就会找到职业生涯的内在动力，给自己的未来打下坚实的基础。

(二) 大学初期可能遇到的问题及对策

1. 生活转型引发的思想问题

第一个问题是离家求学。很多大学生是第一次离开父母独立生活，特别是现在的大学生多为独生子女，父母一般对子女十分关爱，子女也对父母较为依赖。初次出远门的新生常常因为想念父母而给大学生活带来一些不良的影响。第二个问题是不习惯寝室的集体生活，因为集体生活的性质本身就注定了不可能满足每位同学的所有需求，所以新生必须学会互相谅解，在出现矛盾的时候，大家应当及时沟通、解决，在个人无法解决的情况下应及时寻求老师协调解决。

2. 学习转型引发的思想问题

由于高等教育是专业教育，大部分新生在上大学之前对所学专业了解甚少，加上大一阶段的课程相对比较轻松，学生中普遍流行着平时不用学习，到考试期间背一背就能考好成绩的思想。只有自制力很强的学生才会在课余时间去学习，而更多的人是参加大量的课外活动以充实自己的生活，甚至有一部分人把大量的时间用于睡觉或者打游戏。在大一阶段有意识地树立一个或者几个目标，可以逐步消除对职业、前途的迷茫和对大学专业学习的困惑，因为只要有一个向上的目标并付诸实践就会令人感到充实。

3. 组织转型引发的心理问题

高等教育招生采用的是竞争性录取，一些新生因为高考成绩不理想，没有考上心仪的大学，还有一些学生因为理想中的大学与现实中的大学有差距而不喜欢自己的学校和专业，这些原因很可能会导致一部分同学心理上无法适应。因此，入学后千万不要在封闭状态中自我学习、生活，一定要主动融入大学的集体生活。

4. 其他问题

有些学生入学前或者一入学就很快谈恋爱，虽然恋爱本身是无害的，但是在控制不当

的情况下，恋爱会花费很多时间、浪费很多精力。还有些学生过度放纵自己，在娱乐中浪费太多时间，将一些本该大一要做的事情拖延到大二或以后。

二、大学中期规划

进入大二，大学生就已经开始熟悉大学的方方面面了。这个时候，大学生应该考虑的问题是如何过得更好、更充实，有更大的进步。

(一) 大学中期的规划任务

1. 学习通用知识，奠定专业基础

在大二时期，首要的任务是深入了解所学专业，广泛阅读专业书籍以奠定专业基础。阅读是加强专业基础学习的第一道关，除此之外，还要涉猎一些与专业相关的图书。这些简单、边缘、交叉、应用的图书可以开阔你的视野，也能让你多角度、更全面地了解自己所学的专业。

2. 参加各类实践，培养职业能力

到了大二，如果没有参加学生社团或者学生组织，可以根据自己的兴趣抓紧参加社团活动，以积累个人的人脉资源，同时也可以锻炼和提升自己的办事能力、应变能力、人际沟通能力、组织协调能力。另外，参加各类实践还可以使自己思维的逻辑性和缜密性得到一定的改进，考虑问题也会更周全、更深入。

3. 考取相关证书，拓展职业技能

如何选择各类资格证书的报考呢？从就业的角度来看，有些证是一定要争取的，比如计算机等级证书、英语四六级证书以及一些与专业相关的资格证书。对于其他的资格证书，在不影响专业学习的情况下，可以根据自己的兴趣和特长考取相应的证书，以积极应对将来的就业。但资格证书并不是越多越好，多数用人单位决定录用的标准还是更看重学生的实际工作能力。

(二) 大学中期可能遇到的问题及对策

1. 过度学习英语，忽视专业学习

大学生学习英语应该讲究方法，不能仅仅为了考证而学英语，而应注重持续积累，注重跟自身专业相关的英语的学习。

2. 社团活动过多，无暇专心学习

有些学生参加了很多社团，还参加了一些社会兼职，导致个人活动很多。众多的活动势必占用大量的学习时间，甚至还会影响学习的心情。因此，大学生最好参照职能和优势去选择社团活动，在参加社会兼职时也应该量力而行，不能本末倒置。

3. 盲目参加考证，为考证而考证

很多人进大学后不知道该朝哪个方向努力，等到大二、大三开始焦急，发现身边同学在忙着考证，就立刻加入了"考证"行列。但是如果一味跟风盲目考证，不仅浪费金钱和

时间，而且也影响专业知识的学习。因此，大学生参加各类证书考试，应该多一份清醒和理性，切忌"病急乱投医"。最好结合个人兴趣爱好，同时考虑专业背景，如中文专业的学生可选择行政管理、人才档案、公务员、人力资源和外语方面的证书，经贸专业的学生可考虑选择商务英语、经贸法等方面的证书。此外，还要充分估计考证难度，选择报考知名度高的证书前，一定要分析清楚自身的基础条件以及有没有足够的时间和精力，不可因一时冲动做出错误的决定。

4. 沉迷网络及游戏

事实上，大学生沉迷网络有多方面的原因。一些学生最初上网的本意是学习，了解各种对自身有帮助的信息，但强烈的好奇心也驱使他们去尝试一些新鲜的东西，比如游戏。久而久之，上网动机便不知不觉地转移到了其他方面，尤其自制力较差的学生更容易上瘾，而且难以自拔。兴趣爱好和娱乐方式较少的学生也易将兴趣转移到网络上。当然，大学生沉迷网络最重要的原因是他们对大学生活感到迷惘。考大学对许多同学来说是中学时代最重要的目标，上了大学以后的目标很少考虑，导致没有了精神寄托，加上大量可以自由支配的课余时间和较为宽松的管理以及严峻的就业形势，让许多同学觉得网络才是最好的寄托、逃避和消遣之处。出现这种问题的解决之道是将注意力转移到其他方面，如热衷网络游戏的男生可以选择更多的运动，爱网络聊天的女孩则可更多地与周围的人接触，寻找现实生活中的知心朋友。

5. 沉溺于恋爱

大学生恋爱现在是一个很普遍的现象，因为他们年龄相近，而且很多大学生又都住校，彼此了解更多，产生感情也是特别自然的一件事情。谈恋爱对于自制力和生活能力比较强的人来说，或许会成为他们共同进步的助推剂，可能会促进他们向更高的目标攀登；而对于那些目标不坚定或者自制能力差的人来讲，恋爱或许就是一场灾难，会使他们荒废学业、误入歧途，浪费了最美好的时光。

三、大学后期规划

对于大学生而言，大三和大四是大学中的重大转折期，因为到了这个阶段开始接触自己本专业的专业课，很多事情都要在这个时期做出决定，以便为将来顺利就业做好准备。所以，如何利用好这段时间是大学高年级学生的一道必答题。

这个时期最重要的一个任务就是为毕业考虑和准备，不管你现在有没有确定毕业后要走哪条路，在这段时间里都要以积极、紧张的心态来规划和安排生活。

(一) 大学后期的主要规划任务

1. 了解专业对应的职业，了解职业对应的岗位

高校的专业设置对应着一定的职业，因为专业本身就是按照社会的人才需求来设置的，所以到了高年级一定要仔细了解自己的专业所对应的职业都有哪些，自己能做哪些相关的工作。了解专业对应职业的方法包括去招聘会或上招聘网站浏览并整理招聘信息。每个职

业都对应着一个或多个岗位。当确定了一个或几个职业之后，高年级大学生还要仔细研究和学习一个职业最典型的岗位，找准自己最喜欢和最适合的岗位。

2. 参加见习实习，体验目标职业

进入高年级后，多数同学有机会接触见习和实习，在这个过程中你要去体验职业、检验自己的职业目标。体验职业的具体做法是可以去用人单位实习，可以通过做职业相关的核心工作来体验，还可以和从事这个工作的员工联系。总之，你要在实际的体验中了解职业、岗位，以便最终确定要从事哪个职业及从哪个岗位着手求职。

3. 了解个人出路，做出相应选择

无论在大一、大二时我们的专业基础怎么样，为将来的出路做了多少准备和积累，进入高年级后，你都要对自己毕业后的可能出路进行一个盘点，详细了解自己未来都有什么路可以走，分析自己考研、就业、考公务员、出国和参军入伍等方面的优势和劣势，要明确选择哪一条路或者重点为哪几条路做准备。比如若决定考研，那么是跨校报考还是在本校报考，报考本专业还是跨专业？这些都应该尽早做出决定，以便尽早备考。

4. 确定论文方向，准备论文写作

事实上，撰写毕业论文不是毕业时才要做的事，因为毕业班的主要任务是求职和择业，论文是第三位的。所以，你要在大三开始准备写毕业论文，而且如果想在论文中有创新性思想或成果，那么应该尽早确定论文方向，然后广泛搜集资料，并进行整理和分析，再和专业课老师交流，提前写完论文，这样后面绝大多数时间就可以留给求职或者考研了。

(二) 大学后期可能遇到的问题及对策

大学后期可能遇到以下问题：

1. 专业基础不扎实

如果大一、大二阶段专业基础不够扎实，那么进入大三之后一定要花时间补充学习，尽管专业学习不应该在进入大三后才去加强，但这些还是能够挽救和弥补的。如果想从事本专业相关的工作，那么一定要加强学习本专业的基础和社会应用方面的知识。同时，要懂得学以致用，尤其那些应用性很强的专业更要去实践，要在实践中了解专业对生活和社会的作用，同时也可以发现自己哪些操作性能力不行，从而找到学习的方向。

2. 对毕业出路感到迷茫

大学生毕业时一般来说有以下几种出路：找工作、考研、留学、创业、考公务员等。这些看似是不同的道路、不同的选择，但如果你从人生、职业角度去思考，其实最终还是要落实到就业上，考研、留学是充电、储备的一种手段，其本身并不是目标，目标是就业或者创业。但是很多高年级学生对毕业出路表现出茫然、盲目的状态，不知道怎么选择，最后拖延到毕业时才不得不做出选择或随意选择一条出路。因此，高年级的学生要从自己的人生和未来着眼，以实现理想来规划现在；要从自己的经历、能力、兴趣等出发来确定目标，以现在的优势展望未来。

面对可能遇到的问题的一些解决方案如下：

以多方准备来应对毕业后的发展是比较常见的出路安排，然而每个目标即使全力以赴

都不一定能实现，精力分散后实现的概率就更低了，那么多保险就变成了无保险，最后的结果就是哪一样都没有抓住。因此，可以做多手准备，但还是应该有侧重点，找准一个主攻方向。

四、毕业季的规划

毕业季是一个分化的时期，在分化中会产生几种人：一是有目标的人，二是有能力的人，三是迷茫的人，四是颓废的人。

毕业季还是一个转折期，它将各种道路都呈现给你，但不是每条路你都可以走。虽然上路前的装备已经让你在前几年做了准备，但有的人确实准备了，而有的人却偷懒了。所以，有准备的人哪一条路都能走，没有准备的人就寸步难行了。毕业季对于一些人来说是人生的转折，对于另外一些人而言就是挫折了。

(一) 毕业季的任务

1. 盘点毕业去向

一般来说，大学毕业之后的出路主要有从政(考公务员等)、从商(创业)、升学(考研、留学)、就业(找工作)、入伍等。但你最终能够选择的可能只有一条，所以在确定毕业去向前，对每条出路都要有明确的了解，结合自己的人生目标来分析各个出路的利弊，然后做出理性选择。

2. 盘点个人经历

准备毕业后直接工作的同学，要盘点大学几年来的经历，如获奖情况、社会兼职情况、考取各类证书情况等，并在此基础上撰写个人求职信和制作求职简历，为就业做好准备。准备毕业后考研或者出国的同学，也要盘点大学几年来的经历以及为考研和留学都做了哪些准备，还有哪些方面需要加强等。

3. 认真做好专业实习工作

如果是学校统一安排的实习，那么可以通过一定的实习实践来检验自己的理想职业。如果实习单位的岗位跟自己的理想职业相符合，那么应该进一步了解实习单位的组织结构、业务流程、公司制度、企业文化、工作方式等方面的内容，为自己的职业选择做好相关储备。如果实习单位的岗位跟自己的理想职业存在较大差距，那么可能要另外寻找实习目标。如果是自己找实习单位，首先要确定自己的理想职业，然后全力以赴去找实习单位。

(二) 毕业季可能出现的问题

1. 从众心理，急于落实工作

有的学生缺乏独立思考的能力，容易受外界环境影响，他们往往对众人评价好的单位感兴趣并投入过多的精力，视别人的目标为自己的目标，没有冷静思考别人的择业标准是否适合自己，结果错过适合自己的就业机会。

2. 攀比、不平衡心理

部分学生总认为自己比别人强，不能合理选择竞争方式，不能摆正与同学的关系，在择业上存在攀比心理，一旦择业失败，他们就会持不平衡心态，进行不正确归因，对社会产生偏激的看法，这样不利于顺利就业。

3. 焦虑、抑郁情绪

由于对就业过分紧张，毕业生在就业过程中容易出现焦虑的情绪。这部分学生整天纠结于无数的问题并处于无限的担忧中，给自己背上了沉重的思想包袱，如果这种情绪得不到及时缓解，就会影响正常的学习、生活，成为就业的绊脚石。此外，当毕业生在就业过程中遭遇失败而不能积极面对，长期不能从挫败的阴影中走出，情绪始终处于低落状态时，会出现抑郁的心理问题。

4. 不了解就业政策，参加招聘会时毫无准备

最近几年，国家每年都会延续或出台很多促进毕业生就业的政策，所以在找工作前一定要做些功课，尤其是对于劳动合同、人事代理等政策更应该详加了解，等吃亏了再去看为时已晚。很多学校也会制作并发放毕业生就业政策指南之类的材料或者在就业网站上整理类似的案例，毕业生一定要多多了解。此外，进入毕业季，每个同学都有机会接触大量的人才招聘会，但是参加招聘会之前如果你连这次招聘会有什么企业、有没有你想去的企业都不知道，你的简历也不是为理想岗位而定制的，那么请你不要去参加招聘会。

第二节 考研规划

案例导入

【案例】在过去的2018年全国研究生招生录取工作中，河南某大学喜获佳绩，不仅有被北京大学录取的学生田某，还出了四个集体考上研究生的"明星宿舍"。

2018年4月，当柳絮因风而起时，田某收到了北京大学软件与微电子学院的录取通知。

对于考研的学生来说，在考研前期就要定下所要报考的学校，然后针对所报学校的考试大纲有针对性复习。因此，学校的选择是考研中让人"纠结"的关键环节。

回想起研究生报考时的情况，田某记忆犹新。"我在最开始的时候是准备报考哈尔滨工业大学……"他停顿了一下后又慢慢地说道："我的父母目前都在北京打工，每年放假的时候我都会去北京，对北京这个城市的环境也比较熟悉，所以在我复习一段时间后，考虑了许久，最后我选择报考北京大学。"

想要考取北京大学的研究生，无疑会面临激烈的竞争。但既然这一步已经迈出，就要勇敢地走完逐追理想的旅途。

田某在考研期间一直信奉着一句话："考研需要坚持，只有懂得坚持的人，才有可能成功。"

"那些能够坚持到考研全部考试结束的人都是有毅力的。我在复习备考中认识了许多研友，有的人在考试前一个多月选择了放弃，有的人在考前选择了弃考。在我考试的考场中还有人考了一两门就不再来的。"

在备考这个辛苦而漫长的征程中，唯一的对手就是自己。2017 年 11 月的时候，田某不可避免地遇到了复习的"瓶颈期"。"那时候，每次做模拟卷都会错很多，特别灰心丧气，也想到过放弃。"但为了理想，为了不辜负已付出的努力，他一直咬牙坚持，最终圆梦。

获得丰收的不仅有田某，还有资源环境与城乡规划管理、药学、临床医学专业四个同一宿舍的学生全部考上了研究生，被郑州大学、东北师范大学、河南大学、中国医科大学录取。

【案例评析】　在这个案例中，田某无疑是完成了人生中最重要的一次飞跃，这个飞跃的背后是他对考研的理性与执着。他确定了一个非常明确的奋斗目标，选择去父母目前在此打工同时自己也比较熟悉的城市——北京去求学。北京大学是全国的顶级学府，面对异常激烈的竞争，他敢于挑战自己，没有被吓倒，这是一种难得的勇气与沉着，并且最终他也获得了成功。在田某遇到了复习的"瓶颈期"后，他并没有放弃，而是选择了继续努力和坚持，这种坚持也是他实现理想的重要因素。此外，一个非常好的学习环境对学生成长至关重要，周围同学的努力拼搏也是助力他实现梦想的动力，起到了"1＋1＞2"的效果。

面对严峻的就业形势，通过读研究生来强化自己的专业水平，提升自己的学术研究能力，提高自身竞争力已经成了越来越多大学生的选择。对于考研大军而言，如何寻找到适合自己的学校以及专业，是必须要思考的问题。高校要加强考研指导与服务，为学生提供有针对性的、个性化的考研指导，使学生明白考研的真正意义在于获取更高层次的知识和研究技能，不是躲避就业，而是为了更好地就业，为社会做更大的贡献。

2018 年全国 238 万考生进入考场，为"研"而战。在考研动机方面有调查显示，58.2%的人首先是找不到工作，46.8%的人是为了找一份更好的工作，21.0%的人认为现在用人单位需要高学历。从以上的统计数据不难看出：大部分学生因找不到工作而"被迫考研"。

研究生毕业后，他们往往希望找到薪水更高、待遇更好、工作更轻松的职位。但调查显示，很多研究生并没有显示出比本科生更强的优势，出现"高不成低不就"的现象。而且现在用人单位的招聘也趋于务实，越来越注意控制用人成本，更加看重能力和适应力。

对此，相关专家表示，对于大学生来说，考研并非唯一的出路，人才结构不合理是大学生就业难的重要原因，"00 后"大学生要利用如今获取信息更便利的优势找准市场需求，尤其众多新兴领域人才短缺，是年轻人更应该关注的重要就业方向。

一、大学生选择考研的原因分析

尽管目前研究生的就业形势不容乐观，可仍然挡不住本科生的考研热情。那么是什么原因使得这么多本科生报考研究生呢？对报考研究生的学生结构进行分析后发现，其结果呈现出"两多"：一是来自一般院校的学生多，比例要高于名牌、重点高校报考研究生的学生；二是来自"冷门"专业的学生多。编者认为目前大学生考研热主要有以下几个方面的原因：

(一) 缓解就业压力

许多大三的同学面临一个两难选择：直接就业还是考研？如果选择就业，当前就业形势不容乐观，认为本科生的竞争力不足，能否成功地敲开意向单位的大门是个大问题；如果考研，两三年后的就业形势会有什么样的变化，谁也无法预测。面对越来越严峻的就业形势，相当一部分大学生选择考研，以规避就业风险。还有一些原本不愿意考研的大四学生，从就业市场回来以后，便一头扎进了"考研大军"，这是因为他们找不到合适的工作，所以想通过考研来缓解就业压力，增加就业砝码。

(二) 担心无法适应社会

"社会太复杂，我太单纯，肯定适应不了，还是在学校多待几年吧。""社会越来越看重高学历，不考研肯定没前途。"还有的学生选择考研，是因为在本科期间没学到什么东西，也没好好学，专业知识不够扎实，还缺乏适应社会、干好工作的能力，他们觉得这时去工作很"冒险"。

(三) 盲目从众心理

目前，在全国各高校考研应届生中，普遍存在考研从众、盲目的现象，这与竞技运动的"陪练"很类似。这类考生本来就不是真的想考研，而是盲目跟随，是陪着真正想考研的同学一起复习和参加考试碰碰运气，这种学生是去"陪练"，并没有"夺冠"的欲望，当然备战过程也不充分，难以取胜。

盲目考研者，不仅可能会面临考研失败的结局，也很有可能面临就业失败的结局。因为选择了考研就没有时间为实习、兼职培养能力、积累工作经验，同时也浪费了很多找工作的时间。所以，盲目选择考研，不但不能使自己受益，相反，可能对自己产生消极和负面的影响。

二、大学生考研的误区

(一) 目标散漫，抓不住要害

很多考生没有制订学习计划的习惯。直到最后冲刺阶段也没有制订出一个完整的复习计划，这是不合适的。建议及早制订计划，规定好每一天的复习进度，严格按照预订的时间完成预订的任务，一步一个脚印地复习。一般而言，复习都要经历三个阶段：初级基础阶段、中级强化阶段、最后冲刺阶段。每个阶段的任务和重点各不相同。以英语为例，初级基础阶段要以背单词为中心，坚持以单词和真题练习相结合；中级强化阶段必须以专项练习为中心，坚持复习巩固自己背过的单词；最后冲刺阶段要返回做真题，并适当做模拟题，以便查漏补缺。

(二) 不重视基础，依赖题海战术

一般而言，考生在复习阶段都要做大量的习题，为什么要做题？很多考生搞不清楚。做题的目的是研究题目的规律，总结、掌握答题方法，在不断的学习实践过程中，形成自己的一整套方法。只有掌握了方法才能灵活应对各种问题。

题海战术是一种既费时又费力的事情。其实做题不在多，做精就行。通过做题可以巩固自己背过的大纲单词，可以研究出真题的规律和常见考点。有些复习资料选材不精，没有包含大纲的知识点，可以当作泛读材料。精读是泛读的基础，离开精读盲目追求泛读无异于走马观花、囫囵吞枣。初级阶段应该以精读为主，强化阶段精读和泛读并重，而冲刺阶段要提高做题速度，可以让泛读多一些。

很多考生第一阶段的复习基本功不扎实，盲目追求速度，复习完课本就开始搞题海战术。实际上，教材才是复习的核心，任何时候都不能忘记这一点，只有通过学习教材，扎实掌握大纲要求的各个知识点，把基本功做实，在做题的过程中才能最快地找到解题思路，顺利地解决问题。还有的考生一味追求难度而忽视了基础知识的重要性。所以，复习过程中一定要从实际出发，打好基础，深入理解，这样即使遇到一些难度大的题目也能顺利解决。

(三) 缺少归纳总结，只会死记硬背

缺少归纳总结以及只会死记硬背的最典型的例子是英语考试中的盲目背单词。有的考生由于时间紧张，开始寻找能短时间内记住大量单词的方法。其实，任何方法都是有用的，但最有效的方法还是重复。但是许多人整天拿着一本考研单词书不停地背，到头来还是记不住。越记不住就越费力背，结果陷入恶性循环。因此，在考研英语复习过程中，考生完全不需要毫无目的地记忆大量词汇，只需要将考试委员会限定的考研词汇研究透彻即可。政治复习也会出现死记硬背的情况，一般人会认为，考研政治科目复习方法就是一个字——背。这是因为政治知识枯燥难懂，概念和理论术语多而杂，不得不背诵记忆，但缺少理解的背诵，缺少与实际相结合的分析训练，往往会造成在背诵上下了过多的工夫而收效甚微的结果。

(四) 重技巧，轻实战锻炼

在考研英语复习过程中，考生不能不重视技巧和答题方法，因为掌握了一定的技巧和方法，可以提高解题的速度，少走弯路，节省答题时间。如果缺乏技巧的指引，考生可能无法在规定时间内做完所有的题目，更没有时间进行检查和推敲。但另一方面，如果一味追求考试技巧，忽视了英文基本能力的培养，则是不可取的。踏踏实实打好基础，在提高基本能力的前提下学习答题技巧才是正确的选择。

(五) 易受干扰，顾此失彼

很多考生在复习过程中易受干扰，顾此失彼。人的精力是有限的，在复习过程中，切

忌频繁换书。考研复习必须制订一个严格的切合自己实际的学习计划，并严格执行。一定要记住，如果时间紧迫，那就要把时间和精力放在最重要的事情上面。

(六) 不能正确对待真题

从备考初期开始，很多考生都很重视做真题。首先真题的知识点全面，考生若能将近十年所涵盖的知识点全部弄清搞懂，就可以从容应对。真题还具有指导性和权威性，是其他模拟题所不能比拟的。因此，真题中涉及的每一篇文章、句子、词汇以及答案解析，考生都要仔细分析，研究每一个选项成为正确答案的原因，找出答案与文章及题干的内在联系。另外，历年考题能够反映命题意图，反映考研命题的趋势。

那么，怎样利用真题提高复习的效率呢？可以在考试规定的时间内先做一套真题，这样既能感受试题的难度和时间的分配，了解知识点的分配和题型的种类，又能通过真题来检验自己在复习中的不足，查漏补缺，对出错的题目重新理解，梳理出整个知识体系。做每套真题的时候查看自己在哪一类型的题上有失分现象，对于薄弱环节需加强练习和复习。关注近几年的出题比重，重点关注已考的知识点。当然，在复习中不要单纯复习真题，还要补充真题中所没有的考点，以做到全面掌握知识点。另外也不要以为真题做得越多越好，很多考生认识到了真题的重要性，就无穷无尽地做往年真题，到最后还是没有复习好。在考研过程中你需要不断反思自己的长处和短处，针对自身的情况科学地组织复习。

(七) 不能合理安排时间

许多同学认为，考研准备越早，复习时间越长，胜算也就越大。其实，就编者及周围人的切身体验证实，这是一种认识上的误区。充分、高效的考研复习与准备时间的长短并没有必然的联系，正所谓"效率就是生命"，要在最短的时间里高效率地完成学习任务，这也是学习能力的一种体现。相反，长时间的准备会导致过早进入疲劳期，而到了考前的11月、12月份，若正处于疲劳期或恢复期，那么之前的努力就要大打折扣了。有些同学准备得过早是想在指定的教材上多花些工夫，从而比别人领先一步。但是，这种花大量的时间"全神贯注"于几本教材的做法，实质上是被动地为考试而学习的应试教育的体现，限制了学习视野，不利于新知识的扩充。硕士研究生入学考试考查的不仅有专业知识的深度，更有综合知识的广度，所以仅靠把指定教材研读通透也是不够的。

由此可见，考研准备并非越早越好，关键是平时自身能力的培养以及知识的积累，同时也要根据不同学科的性质合理安排复习备考，一般在大三暑假进入初步准备和整体规划阶段即可。当然，对于跨专业考研的同学就应另当别论了。

总之，一切以自我为主，有自己的主心骨，坚持到底就是胜利。无论考研最后考上与否，都不会有遗憾。

三、大学生考研准备

(一) 尽早确定考研专业和院校

对于大一、大二的学生来说，考研复习不要太早，但是确定专业和院校可以先准备。

这不仅关系到以后的考试难度，还能为大四的复习争取更多的时间，给考研奠定基础。

社会需求情况是考生在选择专业时要考虑的重要因素之一，并且往往也对考生的职业选择起着决定性的作用。那些社会需求量大、就业前景好的专业，考生往往趋之若鹜，最终成为了所谓的热门专业；那些社会需求量小、就业前景不够好的专业，会引起考生对"毕业意味着失业"的担忧，所以门可罗雀，成为所谓的冷门专业。一些专业在计划经济时代和改革开放初期、中期是国家重点建设的专业，但是近年随着研究生招生规模的不断扩大，以及传统岗位的饱和甚至减少，就业面趋窄，就业难度增加。

冷门专业和热门专业之间的区分并不是绝对的。考生在选择社会评价较高的专业时，也要对社会需求的发展变化做适当的了解和评估，即了解所选专业的社会评价与目前的社会需求是否平衡，评估未来的专业需求状况。

(二) 学好考研公共课

考研英语和政治是每个专业都要考的，因此不存在什么差异，大一、大二的学生要想早点准备考研，建议大家可以在平时学习过程中注意加强这两门公共课程的学习，当然有的专业要考数学，那么平时学习也要对数学多花一点精力。如果你已经决定考研，那么在大三前你只要看到考研将来要考的课，就要认真学好。

(三) 专业课复习因人而异

如果考本专业，大三下学期开始看数学以及一些专业课就可以了。如果是跨专业，则最好是大三上学期就开始学一些该专业的课程或直接读该专业的考研指定参考书，然后在大三下学期开始看与指定参考书相关的书，这样可以增强对指定参考书的理解，也可以降低考试时出现没见过内容的风险。近年来，很多考研招生院校都不指定参考书，或者出题超出参考书的范围，所以早点读些其他书非常重要。不管是大一、大二学生，还是正在复习考研的大三学子，给大家的建议就是，先做好复习的准备，然后根据准备按部就班复习，这样不仅能节省很多的考研时间，还能让自己的考研复习更加高效。

(四) 制订合理的学习计划

要根据自己的情况制订学习计划，千万不可盲目跟从别人的经验和进度，那样会扰乱了自己正常的学习计划。表 3-1 给出了研究生入学考试前一年的学习计划。

表 3-1　研究生入学考试前一年学习计划一览表

学习阶段	时　间	具体学习安排及注意事项
基础学习期	3 月 1 日至 5 月 1 日	每天学习外语 2 小时(1 小时的单词复习，1 小时的阅读专项训练)；每天学习数学 1 小时；每天学习专业课 1 小时
阶段调整期	5 月 2 日至 5 月 7 日	做一套模拟试题，针对出现的问题及时调整学习计划
基础学习期	5 月 8 日至 6 月 20 日	每天学习政治 1 小时；每天学习外语 1 小时(0.5 小时的单词复习，0.5 小时的阅读专项训练)；每天学习数学 1 小时；每天学习专业课 1 小时

续表

学习阶段	时 间	具体学习安排及注意事项
期末考试周	6月21日至7月7日	在认真准备学校期末考试的同时，坚持复习考研的相关内容，时间可以稍短，如2小时/天
暑期	7月8日至9月30日	暑期最好能够在校学习，一个好的学习氛围至关重要；与其他考研的同学组建考研互助学习团队；每天学习外语2小时(1小时的单词复习，1小时的阅读专项训练)；每天学习数学1小时；每天学习政治1小时；每天学习专业课2小时(如果有必要，可以选择去正规的辅导机构学习)
阶段调整期	10月1日至10月7日	做两套模拟试题，针对出现的问题及时调整学习计划
基础学习期	10月8日至考研前2周	每天学习政治1.5小时；每天学习外语1小时；每天学习数学1小时；每天学习专业课1小时。考前至少完成五套模拟训练题
冲刺期	考研前2周	认真把数学、政治、专业课从头到尾复习3遍以上；背诵并能够默写4篇外语作文。不要在考试前两天休息，如果要休息，那就在考试前两周彻底放松一下。在此期间主要做模拟训练题

(五) 做好充分的心理准备

心理学的研究表明，只有在一定的压力下，人们才能充分有效地调动体内的积极因素。面对压力，除了需要正确的认知外，还需要合理积极的应对方式，以及直接面对困难和压力、努力解决问题、接受现实和寻求支持的策略。

考研学生要把考研当成自己目前的事业来做。一定要端正考研态度，给自己一个明确的定位，知道自己在做什么、该做什么以及怎样去做。要勇敢地面对考研中遇到的困难和障碍，克服犹豫不决、精力分散、信心不足等消极影响，集中精力积极面对，只要能够在较长时间里保持注意力，并且坚持学习到最后，就没有什么达不到的目的。

第三节　大学生自我成长规划

案 例 导 入

【案例】 唐某，1962年出生于江苏常州，1984年毕业于北京邮电大学后留学日本、美国，并获得博士学位；2002年出任某跨国公司总裁，2004年离开跨国公司出任国内某网络公司总裁，2008年4月加盟某集团，出任总裁兼CEO。

唐某是中国商界的风云人物和领军人物，先后被评为中国年度CEO、中国十大年度商业人物、中国十大CEO、中国十大新经济人物、中国十大科技人物、中国十大营销人物、中华十大英才管理人物和中国十大封面人物，同时也被英国广播公司(BBC)评选为全球年度人物，被美国有线电视新闻网(CNN)评为年度亚洲人物等。

唐某认为，人生规划是他取得成功最关键的一点，没有一个明确的规划，一切便无从谈起。他在人生的每一步都制订了自己的目标和规划。

1. 大学规划：考研

当唐某进入北邮的第一天就定好了自己的大学目标——考研！最终，四年后，他以第一名的成绩考上了研究生。

唐某说："我能考上研究生是因为我在大学四年的时间里，共学了五门课，这五门课都是考研的课程。而别人则是在最后半年里学这五门课！我比别人多出8倍的时间！我没有比别人聪明，但是我考上研究生的概率却比他们大！所以我成功了。"

2. 第一份职业规划：两年成为高管

唐某透露，他当时离开洛杉矶来到西雅图的一家公司，是想用两年的时间成为公司的高管，了解微软的高层管理机密，然后再回去继续创业。但当他加入公司成为12 000名软件程序员之一时，他认为他达到目标的机会非常渺茫。但他没有放弃，而是在完成工作之余努力寻找切入点，为公司创利，最终发明了"唐氏开发模式"。正是这种执着的精神和勇于创新的精神，最终让唐某成为该公司的中国公司总裁，并被公司授予"名誉总裁"称号。

3. 第二份职业规划：成功转型

后来，唐某加入某网络公司，并在四年的时间里让公司成功转型。

4. 第三份职业规划：成为行业老大

再后来当唐某加入一个民办的以传统产业为主的公司时，便为自己定下了目标——让公司为民办企业中的龙头老大。

5. 未来规划：成为"中国职业经理人的标杆"

唐某说，他现在最大的目标是成为"中国职业经理人的标杆"。"所谓的标杆不仅是我比其他经理人都强，而是在20年、30年后，甚至更久的时间里，他们都要以我为标准，如果达到这种高度我也就满足了。"

【案例评析】 唐某的成功主要在于规划。作为学生，他有明确的学业规划；进入职场，他有明确的职业规划。有了正确的规划，学习才更有动力，工作才更有目标，生活才更有内涵，人生才更有意义。

虽然职业生涯规划的本意并不是帮助学生就业，但是良好的规划会让学生有针对性地积累企业所需要的、职位所需要的经验、知识、技能等，以使在求职时更具竞争力。对在校学生的成长规划而言，更多的内容应该放在学习生活规划上。努力学知识，在成长中提升自己的素质，在实践中获得经验，是成为一名优秀大学生必不可少的三个环节。

一、培养健康的兴趣和良好的心态

良好兴趣是大学生实现职业理想、获得幸福的需要。兴趣是影响大学生职业选择的重要因素之一，兴趣与职业理想的结合，可以使人产生一种更明确的目标和方向，并且积极地为未来所从事的职业打好基础。一个人对某一方面的工作有兴趣时，枯燥的工作也会变得丰富多彩、趣味无穷。兴趣可以使工作不再是一种负担，而是一种享受。当代大学生只有积极培养自己的职业兴趣，规划好自己生涯发展的道路，才能享受职业带来的幸福和快乐。

随着知识经济和信息社会的不断发展，良好的心理素质已成为现代人的一个重要标志。心理素质不仅是大学生综合素质的重要组成部分，也对大学生其他素质的发展有很大影响。培养良好的心理素质，大学生应根据个人具体情况而定。树立正确的自我观念，学会客观分析自我，学会自我心理行为的控制与调节，使自己在学校、社会、家庭的活动交往中保持健康的心理状态，即培养良好的心态。

(一) 培养健康的兴趣

1. 提高个人志向水平

兴趣是指积极探究某种事物或进行某种活动的倾向，这种倾向使人在认识过程或活动过程中对某事物带有稳定、主动、持久的指向性，是人们行为的内在动力。学习兴趣是指一个人对学习的一种积极的认识倾向与情绪状态，它是渴望探索未知世界的一种倾向，是学习动机中最积极、最活跃的因素。学习兴趣和学习志向是紧密联系的，个人学习志向水平高，相应的对自己的目标设置就高，对学习抱有较高的期望，也就会对学习产生浓厚的兴趣，并愿意付出更大的努力去学习，以实现自己的目标。如果一个人能经常获得成功的体验，那么他的志向水平就会得到进一步的提高；相反，学习志向水平低，缺乏明确的目标，得过且过，没有足够的学习动力，自然会经常感受失败的体验，导致志向水平越来越低，最终会丧失学习的信心。大学生要提高个人的志向水平，努力刻苦地学习，激发起获得成就的动机。

2. 激发个人学习的需要

心理学认为，需要是主体在存在和发展过程中，由于某方面缺乏而引起的一种攫取状态，这种状态形成了主体生存和发展的客观依据。只有在具有内在动机的情况下学习，才能在学习活动过程中或在学习活动结束时的成功中获得快乐和回报，从而使其他方面的需求也获得满足。另外，要了解时代对大学生的要求与期望，认识到在经济时代只有知识才是发展的核心，将社会外部需求转化为个体内部需要，形成持久、积极的学习动力。

3. 培养健康的课余兴趣

大学阶段，可以自由支配的时间相当多，大学生可以根据自己的实际情况参加第二课堂的教学活动、学生社团、兴趣协会等，培养个人在文学、艺术、体育等方面的兴趣。通过培养课余兴趣，大学生可以扩展知识面，比如培养阅读兴趣，可以了解其他领域的知识；通过培养文艺和体育方面的兴趣以及才能大学生可以展示自我，给自己心灵带来愉悦，还可以提高个人的综合素质等。当然，大学生培养课余兴趣要分清主次，切忌顾此失彼。

(二) 培养良好的心态

1. 了解自己的心理特点

大学生要充分认识、判断自己的心理状态，同时和周围其他同学相比较，发现自己心理品质方面的优势和不足。另外，要善于征求他人对自己的看法，以便对自己的心理特点有更全面、更科学的了解。

2. 建立良好的人际关系

一个人如果能处在一种相互关心、相互谅解、友善和谐的人际关系中，那么必然会感到心情舒畅，也容易保持心理健康。因此，大学生在交往中要以信任、尊重、友谊、礼貌、诚挚、谦让的态度与他人相处，诚恳地赞赏和学习别人的优点，积极地与周围的人建立和发展良好的人际关系，促进自己的心理健康水平的不断提高，从而培养良好的心态。

3. 积极参加各种活动

参加有益活动是大学生培养良好心理素质的有效方法。比如，参加青年志愿者活动，为他人、社会奉献一份爱心，这样便能够感受到社会之美，享受劳动乐趣，丰富道德情感，锻炼心理素质；游览祖国的大好河山，这样便能够感受到大自然的神奇、美丽、博大，能使人心胸开阔、情绪放松，精神为之一振。因此，参加各类社会实践活动，能使我们不断获得新知识，丰富生活内容，同时排解不良情绪，培养良好的心态。

4. 常怀感恩之心

大学生应该常怀感恩之心，不论对父母、对朋友还是对社会。内心充满感恩之情的人，总会笑对生活，觉得生活很美好。大学生感恩不仅是出于礼貌待人的需要，也是锻造良好思想品行的需要。试想，一个只关心自己，不关心他人，没有基本的知恩图报意识的人，能受到人们的尊敬吗？因此，大学生应常怀感恩之心，当你为自己的理想不懈奋斗之时，不要忘记那些谆谆教导你的人；当你终于摆脱失败阴影缠绕之时，不要忘记那些在你遭受挫折的时候给你希望和阳光的人。

5. 正确应对挫折

大学生活中难免会遇到各种挫折，大学生应该学会正确应对。第一，学会从容面对、快乐掌控。面对挫折，不同的人有不同的态度，与其闪避、畏惧、排斥，不如迎难而上。面对不可避免的挫折时，唯一可取的态度是从容面对。第二，学会适度宣泄情绪、尽早摆脱困境。如果心中苦闷，不妨找一两个亲近的人，把心里的话倾诉出来，这样不健康的情绪就会得到宣泄。宣泄是一种自我心理救护，它可以消除因挫折而带来的精神压力。第三，激励潜能、独立自救。面对挫折的打击，有的人一蹶不振，有的人则能激发潜能，自己拯救自己。第四，适当取舍、远离烦恼。放弃是一种智慧和境界，学会取舍，不必事事争第一，"塞翁失马，焉知非福"，舍弃自己还不具备能力与条件的目标不一定是坏事。

二、养成良好的生活习惯

大学生精力旺盛，又处于长身体、长知识的阶段，良好的生活习惯是确保顺利度过大学阶段的一个重要基础。

(一) 养成良好的作息习惯

有关研究表明，有规律的生活能使大脑和神经系统的兴奋和抑制交替进行，时间久了，能在大脑皮层上形成动力定型，这对促进身心健康是非常有利的。大学生应注意培养自我控制和约束能力，增强时间观念，养成良好的作息习惯。

（二）养成良好的锻炼习惯

生命在于运动。在安排好学习的同时，也要根据自身的条件进行适当的体育锻炼，这样不但可以缓解紧张的学习和生活压力，还可以放松心情、增加生活乐趣，有助于提高学习效率。当前不少大学生不懂得体育锻炼的重要性，没有锻炼意识，认为自己年轻、身体好，没有锻炼的必要。其实青少年时期体育锻炼的效果最好，从青少年开始锻炼并形成习惯，对身体、工作和学习都是大有裨益的。

（三）养成良好的饮食习惯

饮食不良现象在大学生中比较普遍，主要表现在以下几个方面：一是饮食不规律。很多学生早晨起床比较迟，不吃早饭便去上课，或匆匆忙忙往教室边赶边吃，有的则在课间饿的时候随便吃些零食。二是不懂营养搭配、荤素搭配。喜欢吃什么就经常吃什么、想吃什么就吃什么，不注意培养搭配。三是暴饮暴食。有些学生由于学习或其他原因错过了开饭时间，于是就随便吃一点东西，等下一顿时再多吃。大学时期应合理安排饮食。良好的饮食习惯包括饮食要定时定量，早饭要吃好、午饭要吃饱、晚饭要吃少，吃饭要细嚼慢咽、不要狼吞虎咽，注意营养搭配、荤素搭配、不挑食偏食，还要多吃蔬菜和水果。

（四）养成良好的上网习惯

时至今日网络生活已成为人们日常生活的重要组成部分，不可否认网络在对大学生的学习和生活中带来极大便利的同时，也对大学生的思想品德、学业、身心、人际关系、情绪情感、兴趣爱好等多方面带来不少负面影响，部分学生甚至到了上网成瘾的程度。目前在大多数高校中都存在一些学生上网成瘾的问题，有的学生经常通宵玩电子游戏，或者沉溺于"网聊"，白天则无精打采，甚至在课堂上睡觉，严重地影响了其身心健康和学业成绩，同时对以后的工作和生活也产生消极影响。因此，大学生在养成良好的作息习惯的前提下还应该养成良好的上网习惯。

（五）养成良好的卫生习惯

生活中有些学生既不注意公共卫生，也不注意个人卫生，随地吐痰，乱丢乱扔东西，不打扫宿舍卫生，被褥长时间不晒、不洗，不及时洗衣和鞋袜，没养成早晚刷牙的习惯等。很难想象基本的公共卫生和个人卫生都不会做或做不好的人工作上能有多大的成就。因此，大学生应该从自身做起，从一点一滴做起，养成良好的卫生习惯。

三、加强人脉建设

大学是人际关系走向社会化的一个重要转折期。踏入大学，就会遇到各方面的人际关系：师生之间、同学之间、同乡之间以及个人与班级、院系、学校之间的关系等。中国人自古以来讲究人和，人脉资源是极为重要的。常言说"一个好汉三个帮，一个篱笆三个桩""一人成木，二人成林，三人成森林"，要想做成大事，必定要有做成大事的人脉网络。所以，根据你的人脉发展规划，可以列出需要开发的人脉对象所在的领域，然后就可以利用现在的人脉创造机会，并采取行动。

(一) 学会改善人际关系

处于青年时期的大学生，思想活跃、精力充沛、兴趣广泛，人际交往的需要极为强烈，他们希望通过人际交往去认识世界，获得成就，满足自己精神上的各种需要。因此，大学生希望被人接受、理解的心情尤为迫切。然而，对大学生而言，他们对人际关系的追求往往带有较多的理想化色彩。从个人角度来讲，大学生必须学会调节自己、改善人际关系。

(二) 学会分享

分享是一种最好的建立人际关系的方式，你分享得越多，得到的就越多。世界上有两种东西是越分享越多的：一是智慧、知识，二是人脉、关系。正如萧伯纳所说："我有一个苹果，你有一个苹果，交换一下每人还是一个苹果；我有一个思想，你有一个思想，交换一下每人至少有两种以上的思想。"同理，你有一个朋友，我有一个朋友，如果拿来分享，交流之后则每人拥有两个以上的朋友。

(三) 学会沟通和赞美

从心理学角度看，赞美是一种很有效的交际技巧，它能有效地缩短人与人之间的心理距离。所谓"良言一句三冬暖"，讲的就是这个道理。会说话的人，首先考虑的是，一句话说出来，是能够表达自己的意思，还是能够让对方喜欢接受，所以要学会说话。会说话的人，才能带给对方欢喜和欢乐，即便不是赞美之词也应该会说，这样才能使自己成为一个受欢迎的人。

(四) 学会交友

交友的一个绝佳途径是参与社团活动。在参加社团活动的过程中可以在自然状态下通过与他人互动建立关系，进而扩展自己的人脉网络。平常太主动亲近陌生人时，容易遭受拒绝，但是参与社团时，人与人的交往在自然的情况下将更顺利。交友的另一个途径是走出个人封闭的小圈子。你如果想扩展你的资源和人际关系网，那么可以多参加同学会、老乡会、联谊会、沙龙聚会等活动。

阅读与训练

 阅读材料

我的大学生活

一、大一，新生备忘簿

1. 参加社团切莫贪多

参加社团不要盲目，可选一到两项，最多也不能超过三项，而且最好先了解清楚这些社团组织到底是做什么的，是否与自己的兴趣相符。有些同学参加了某个社团后不久就开始后悔，但碍于面子又不能退出。

2. 找兼职：安全最重要

找兼职，一来可以减轻父母压力，二来可以接触社会锻炼自己。但大一学生对社会的认知不够，很容易上当。因此，大学新生找工作最好别到中介所，因为中介所的许多信息都有水分，难保不受骗。女生外出最好结伴，不要轻易到陌生人家中。

3. 适应大学寝室生活

很多大学生上大学时都是首次离开父母独立生活，对于大学里的集体宿舍生活，在感到新奇的同时也感到茫然。寝室生活首先要养成良好的生活习惯，尤其是卫生习惯，尊重他人才能赢得别人对自己的尊重。

很多细节方面的问题都需要大学生在日常生活中注意、学习和体会，比如打水是件很辛苦的事情，所以宿舍的每个同学打水时都不应该只拿自己的暖壶，而是多带一些空壶。珍惜寝室生活环境，也会给自己创造一个良好的心境。另外，理智和宽容是大一新生的首门"必修课"，这会让他们很快赢得朋友。

4. 了解大学的学习氛围

一般来讲，大学的校园范围都比较大，教学设施要比中学齐全得多，教学内容所包含的信息量也非常大。大学新生刚入学的时候，在思想上应认识到：要想在学业上获得成功，一定要充分利用现有的学习条件，掌握、运用自己所学的知识，提高自己的能力。

在入学最初的几个月里，大学新生在熟悉新的生活、老师和同学的同时，还要迅速熟悉学校中的教学及辅助设施，如教学办公地点、图书馆、实验室、复印室、录音室及书店的开放时间和注意事项等。

此外，大学生还要学会利用现代高科技的教学手段来掌握、运用所学的知识。在大学里，教学内容所包括的信息量越来越大，单凭坐在教室里苦读书难以掌握，所以大学生必须通过多种渠道(如网络等)获取更多的信息，不断提高自己的能力。

二、大二，一直在路上

曾经的大学，是18岁的梦，充斥着自由、激情这样的美好字眼。那时为了这个梦，在寒冬和酷暑里挣扎，最终破茧成蝶。

然而，18岁的梦境渐渐被20岁的生活取代。大学，渐渐被我们熟悉，却又被我们厌倦。自由，被无日无夜的睡眠取代；激情，被日复一日无聊的课程抹去。20岁的我们，在大学里行走着，却与18岁的那个梦越来越远。

大二时，没有了大一的新鲜感，对于未来不再充满那些不切实际但却很美好的憧憬；也没有大三大四的冲劲儿，对于自己将要做的事和将要走的路，依旧那么模棱两可。畏畏缩缩，不知如何前进，不能看清自己的内心、自己的梦。

在我的大学故事里，我也眼睁睁地看着自己走向迷茫。故事里的我，变得让自己陌生，不再执着地对待自己的梦，对于即将到来的未来更多的是感到彷徨无措。

我没有如我想象的那般安静地在图书馆独坐一隅，也没有在教室里专心聆听，更没有在大学里过得轰轰烈烈。

蓦然回想，在这过去的一年多时间里，这方青春的热土见证了我太多的第一次。第一次开始接触宿舍的小集体生活，开始学习怎么去理解别人、关心别人；第一次加入学生会，知道除了能力以外，人际沟通也很重要；第一次加入社团，试着去学习相信自己，懂得展示自我；第一次发现，不是所有人都会对你的付出表示认可；第一次学习怎么一个人去整理自己的小情绪，然后继续去战斗……太多的第一次发生着……

依然记得大一的一个午后，我去参加一个复试，复试的考题是"我的大学"。对于自己当时的答案已经记不清了，但是那一刻的紧张、迟迟不敢下笔的心情却还能够体会——害怕自己写得不好，害怕自己被否定。幸运的是复试的结果是被录取了。

在很久以后的一次例会上，曾经写过的句子重新回到了我们的手上。部长对我们说，这一页纸值得你们保留，每隔半年就应拿出来看一看，想一想你离你所希望的大学生活到底偏离了多少。

时至今日，那一页纸已经不知所踪，我也不再记得我曾希望的大学生活是怎样的。但是，庆幸的是我还存着激情、存着憧憬。依旧每隔几日就去图书馆逛逛，依旧尽可能地去认真听课，依旧对自己的生活进行规划，依旧对大学生活充满满足和喜悦。

如果非要给我平淡无奇的大学故事命名的话，那么我希望是三个字"在路上"。我一直在路上，我从未停歇，我没有忘记我将要前行的方向，我也没有丢失我的梦想。即使你们眼中的我变得沉默了，但那只是因为我在等待机会飞翔。

我的大学故事，一直在路上。

三、大三，坚持和坚强

让一个大三的学生来写这样一个题目，感觉多少有些奇怪。两年多的日子仿佛只是一瞬，高中的欢笑还那么清晰，但好多细节却都已经记不清了。偶尔和朋友联系的时候，才发现已是几年不见。大三了，连高年级的师兄都在感慨："连你们都快要考研了，真是看着你们长大的。"真是长大了，到了这个年纪，终于对成长有了更多的体会。这是一种心态上的成长，逐渐地知道自己想做什么、该做什么，也知道该怎么样为自己想做的事情好好努力。也许我只是暂时知道我想做什么和该做什么，也许我还会有更多的迷茫，但至少能有这一时的清醒，也至少学会了坚持和坚强。

大三这一年是我上大学以来转变最大的一年。也许是到了高年级，所以心态和想法都有了比较多的改变。一方面，始终没有大三的概念；另一方面，看到低年级的学弟学妹，总觉得他们很小，有些想法还很单纯。与此同时，自己也还很不成熟，很多老问题依旧还没想清楚，然后又增加了许多新的疑惑。

大三上学期开学之初，在教室自习的时候，看到了《求是》版面上贴的文章，写的是北京近郊打工者的孩子的教育问题，还有许多女工的生活状况，看得眼泪都要掉下来了。觉得自己还是对社会尤其是社会底层的民众缺乏了解，总是在象牙塔里过着衣食无忧的日子，考虑的主要都还是自己的生活。看身边的同学都纷纷忙于考托福，自己也身陷其中，想自己有朝一日也将远涉重洋，离开这块生养我的土地，不知道何时才能回来，心里一时间竟乱得难以收拾。这是我第一次如此深切地体会到，我是多么爱我的祖国和人民，我是多么眷恋这片土地。

以前也曾听过、看过许多关于社会下层人民的生活状况的报道，然而感受却从来没有那次那么强烈。我一时间甚至迷失了方向，不知道自己追求的科学到底是什么。

引导我走出这片迷雾的是我的妈妈。她也给我讲了很多社会底层人的真实生活故事。她讲了山沟里的人怎么样逐渐地走进一片更大的天地，了解这个世界，拥有更广阔的生活；给我讲了科学怎样真实地改变着人们的生活，怎样最终能够使最广大的民众受益。小的时候，妈妈就教我以乐观积极的心态去面对这个世界。

我是想要追求科学的。当年进生物系还是多少遇到了一些来自长辈的反对，然而一直没有后悔。我喜欢书本里宁静的感觉，也喜欢专注地做一些事情，而生命的神奇常常能让我激动不已。也许会沿着科学的路一直走下去，但前面的路真的还很长，也许会很难，也许会有许多的失意和无奈，但还是那几个字：坚持和坚强。

四、大四，盘点我的大学生活

四年的大学生活眼看就要结束了，心里隐隐有一种失落的感觉。大学对我们来说只有一次，她的绚丽和多彩是我们一生所不能忘却的。驻足回眸四年来的求学之路，心中已是百感交集，感慨万千，几许苦涩，几许甘甜。

四年前，我怀着对象牙塔的憧憬和向往，带着缤纷的梦想，踏入了这陌生又新奇的校园，开始了我的大学生活。

开始时还保留着高中的学习习惯，认真上好每节课的同时也按时完成老师交给的任务。在勤奋学习之余也尝试着加入一些社团组织，希望能够培养自己的"能力"，幸运的是在系学生会也找到了合适的职位，但忙碌中总有一些盲目。大一就在新鲜里夹杂着学习的忙碌和嘈杂中过去了。

大二我开始醒悟。在大一浪费了太多的时间，我越来越认识到进入大学是新学习的开始，而不是游戏和玩乐的场所。我渐渐离开了那些社团，开始向大学英语四级努力，图书馆、自习室成为我经常去的地方。长期的努力使得我学习成绩自然得以提高，并且通过了国家计算机二级考试，也适应了大学的学习生活。慢慢地我褪去了稚气，开始思考自己前途之类的严肃问题，正巧在一家私立的培训学校找到了一份做兼职教师的工作，这可以说是给我的生活又添了一道风景线。本着学习、工作两不误的原则，自己开始过上经济独立的生活了。尽管有太多的辛酸，太多的无奈，但回头想想那个假期里独自住在校园中的我，也为自己的坚强而自豪。

大三，在身边的同学忙于考研的间隙中，我也给自己做了定位，认真学习专业知识，增强自己的英语、计算机方面的知识，并在社会实践中提高自己的工作能力。这期间，每一项知识的学习都使我的思维得以拓宽，每一项班级工作的完成都使我的能力得以提高，每一次风雨的来临都使我变得更加坚强、成熟。

经过三年的磨炼，终于在大四找到了一份合适的工作。

有人这样形容大学生活：大一不知道自己不知道，大二知道自己不知道，大三不知道自己知道，大四知道自己知道。经历了大学生活的我，也正是经历了一个由"不知道"到"知道"的成长过程。

 操作训练

一、训练题目

兴趣是最好的老师。

二、训练目的

"兴趣是最好的老师"是用来检测自己的兴趣对职业选择、休闲生活以及未来职业发展的影响，目的在于找出那些对你职业产生影响的兴趣，帮助你结合自己的兴趣去更好地选择职业，并分析采取什么样的方式来满足这些兴趣。

三、训练内容

1. 兴趣与职业

在这项活动里，请你思考一下自己喜欢的五件事当中，哪些可能与将来的职业有关，请把它们写在下面的空格中。

喜欢做的事：   有关的职业：

(1) _____   (1) _____

(2) _____   (2) _____

(3) _____   (3) _____

(4) _____   (4) _____

(5) _____   (5) _____

2. 兴趣与休闲生活

或许你会发现，自己喜欢做的事情中，有些和职业并没有多大的关系，但对我们日常生活却非常重要，可以把它当作我们工作之余的一种很好的休闲生活。请把它们找出来，写在下面的空格中。

(1) _____

(2) _____

(3) _____

3. 兴趣发展计划

自己喜欢的五件事中，有的可进一步发展成为未来的职业，有的则可以发展成为调剂生活的休闲活动，所以它们和自己未来生涯发展的关系非常密切。请回想一下，你在平常一般采取什么样的方式来满足这些兴趣？或者你将计划用什么样的途径培养这些兴趣？现在请你从喜欢的五件事中，挑选出三项最喜欢的，然后针对每一项写出未来你将进一步发展该项兴趣的方式或计划。例如喜欢研究计算机的人，会通过如下方式来满足这项兴趣：

不断地通过自觉学习来充实计算机知识；尽量选修学校所开设的计算机类课程；参加校内的计算机培训班；参加校内的计算机类学生社团活动；参加校外的计算机俱乐部；参观每年举办的 IT 产品展示会等。

(1) 兴趣名称：＿＿＿＿＿＿＿＿＿＿＿＿＿＿＿＿＿＿

满足此项兴趣的方法：① ＿＿＿＿＿＿＿＿＿＿＿＿＿＿

② ＿＿＿＿＿＿＿＿＿＿＿＿＿＿

③ ＿＿＿＿＿＿＿＿＿＿＿＿＿＿

(2) 兴趣名称：＿＿＿＿＿＿＿＿＿＿＿＿＿＿＿＿＿＿

满足此项兴趣的方法：① ＿＿＿＿＿＿＿＿＿＿＿＿＿＿

② ＿＿＿＿＿＿＿＿＿＿＿＿＿＿

③ ＿＿＿＿＿＿＿＿＿＿＿＿＿＿

(3) 兴趣名称：＿＿＿＿＿＿＿＿＿＿＿＿＿＿＿＿＿＿

满足此项兴趣的方法：① ＿＿＿＿＿＿＿＿＿＿＿＿＿＿

② ＿＿＿＿＿＿＿＿＿＿＿＿＿＿

③ ＿＿＿＿＿＿＿＿＿＿＿＿＿＿

 思考题

1. 大学各个阶段的规划内容存在显著差别，请结合自己的实际谈一谈如何规划好大学生涯。

2. 在大学的不同阶段会遇到很多问题，通过哪些途径来解决？

3. 大学生考研存在哪些误区，怎样解决？

4. 认真分析自己的考研动因，思考为考研应做好哪些准备。

5. 大学生自我成长包含哪些内容，如何规划？

第四章

大学生
自我认知与定位

老子在《道德经》中说："知人者智，自知者明。"自我认知是职业生涯规划的起点，个人要想获得生活和职业发展上的成功，必须要有清晰的自我认知，了解自己的优势与劣势。倘若对自己想做什么，能做什么都没有概念，那么将很难选择合适的职业发展途径。

通过本章的学习，使大学生了解自我认知的概念、过程和原则；理解兴趣、能力、气质、性格、价值观与职业生涯的关系；掌握自我认知的功能和方法；能够运用兴趣、能力、气质、性格、价值观与职业生涯的关系确定好职业发展的方向。

第一节　自我认知概述

【案例】　小叶性格开朗，善于交流。先后在检察院、证券公司实习过，后从事了五年的销售业务，目前最后一份工作是在一家商贸公司见习。在不断"试错"就业后，小叶突然觉得自己其实想去学习一门技术，然后找一份相对稳定的工作。然而面对各种各样的技能培训，小叶既茫然又无奈，怎么办？未来的路究竟该怎么走？

【案例评析】　从小叶毕业前夕去检察院实习的选择来看，其实从开始的时候他就有了职业稳定性的择业倾向，只是当时他并没有意识到这一点。正式毕业后，小叶选择了做销售业务，但销售岗位不但需要较高的抗压能力，还要具备较强的人际交往能力和广泛的人脉关系，对于刚刚毕业的大学生来说，是一个很具挑战性的岗位。尽管小叶在销售岗位上一做就是五年，但并没有在这一职业上获得成就感，最后选择了改行。小叶的失败在于：一方面在没有分析自己是否适合做销售的情况下贸然选择了销售类的岗位；另一方面，小叶的"试错"时间过长，如果能尽早发现自己不适合销售岗位，及时做出有效调整，就不至于浪费了最为宝贵的几年职业生涯。

小叶在职场上跌撞的最根本原因还在于他没有进行自我分析和评估，对自己的自我认知不够，不知道自己想要什么，能做什么，面对各种各样的工作岗位，没有做好自己的职业定位。因此可以说，自我认知是职业生涯规划的基础，是职业生涯规划乃至职业成功的重要前提。

一、自我认知的含义

自我认知也称自我意识，是个体对自己存在的觉察，包括对自己的行为和心理状态的认知。自我认知是对自己的洞察和理解，包括自我观察和自我评价。自我观察是指对自己的感知、思维和意向等方面的觉察；自我评价是指对自己的想法、期望、行为及人格特征的判断与评估，这是自我调节的重要条件。

如果一个人不能正确认识自我，看不到自己的优点，觉得自己处处不如别人，就会产生自卑感，丧失信心，做事畏缩不前……相反，如果一个人过高地估计自己，就会骄傲自大、盲目乐观，导致工作的失误。因此，恰当地认识自我，实事求是地评价自己，是自我调节和人格完善的重要前提。

自我意识是对自己身心活动的觉察，即自己对自己的认识，具体包括认识自己的生理状况(如身高、体重、体态等)、心理特征(如兴趣、能力、气质、性格等)以及自己与他人的关系(如自己与周围人们相处的关系，自己在集体中的位置与作用等)。

自我意识是一个人对自己的认识和评价，包括对自己心理倾向、个性心理特征和心理过程的认识与评价。正是由于人具有自我意识，才能使人对自己的思想和行为进行自我控制和调节，使自己形成完整的个性。

自我意识是人对自己身心状态及对自己同客观世界关系的意识，包括三个层次：对自己及其状态的认识，对自己肢体活动状态的认识，对自己思维、情感、意志等心理活动的认识。人的发展离不开周围环境，特别是人与人之间关系的制约和影响，所以自我意识不仅是人脑对主体自身的意识与反映，也是人与周围现实之间关系的反映。自我意识是人类特有的反映，是人的心理区别于动物心理的一大特征。

自我意识在个体发展中有十分重要的作用。首先，自我意识是认识外界客观事物的前提条件。其次，自我意识是人的自觉性、自控力的前提，对自我教育有推动作用。人只有意识到自己是谁，应该做什么的时候，才会自觉自律地去行动。一个人只有意识到自己的长处和不足，才能有助于他发扬优点，克服缺点，取得自我教育积极的效果。最后，自我意识是改造自身主观因素的途径，它能使人不断进行自我监督、自我修养、自我完善。可见，自我意识影响着人的道德判断和个性形成，尤其对个性倾向的形成更为重要。

二、自我认知的过程

一个勇敢的人是敢于面对真实自己的人，也是一个能接受现实自己的人。很多大学生面对自己的世界时，感到非常茫然，很想探寻一些答案；也有一些学生因为不能客观认识自己，而出现过度地自我接纳和自我拒绝；甚至有的学生躲在自己的世界不肯出来，出现以自我为中心的倾向。在职业的选择中，客观的自我认知和积极的自我态度本身就是做出正确选择的基础。自我认知的全过程可以总结为"WWHW"，具体内容如下。

(1) "WHY"(为什么)。这一过程自我认知的内容是思想和行为的"动机"和"理由"，它要解决的任务是对是否行动进行决策。这一过程解决不好的人缺乏成功的动机，将很难开发出自己的智慧潜能。

(2) "WHAT"(是什么)。这一过程自我认知的内容是思想和行为的"结果"和"目标"，它要解决的任务是对取得什么样的结果和达到什么样的目标进行决策。这一过程解决不好的人不能合理地估量和揣度事情的结果以及结果对其人生的意义，经常与成功失之交臂。

(3) "HOW"(怎么样)。这一过程自我认知的内容是思想和行为的"方法"和"策略"，它要解决的任务是对方法和策略进行决策。这一过程解决不好的人虽然忙忙碌碌，却总是事倍功半。

(4) "WHERE"(在哪里)。这一过程自我认知的内容是思想和行为的环境因素和自然基础，它要解决的任务是分析个体的优缺点、个性以及有无潜能及条件等问题。这一过程解决不好的人对环境及自己在环境中的位置缺乏清晰的认识，不是高估就是低估自己，从而导致出现自负或者自卑的消极情绪。

三、自我认知的内容

自我认知的内容应该是客观全面的。首先，对自己的认知应该客观，是在正视自己、面对现实基础上做出的，过高或过低的评价都会给自己的求职心态带来不利影响。其次，对自己的认知应该是全面的，既包括自己的特殊素质，又包括综合素质；既包括自己的优点和长处，也包括缺点和不足。

(一) 优势分析

个人优势是求职就业制胜的法宝。我们要找出自己与众不同的地方，形成鲜明的自我定位，在招聘者面前亮出一个独特的招牌，让自己的价值为招聘单位所认识。对于自己的优势可以从以下角度进行分析：

1. 知识

要明确十几年寒窗苦读从专业课程中学到了什么，清楚自己的知识面构成等。专业在一定程度上决定你的职业方向，因而尽自己最大努力学好专业课程是职业规划的前提条件之一，并且要善于从中总结，真正转化为自己的智慧；而且知识面的合理构成也更符合社会对复合型人才的需要。

2. 经验

你具有什么社会经验？你有什么样的人生经历和体验？对于刚毕业的大学生而言，这主要表现在学校期间担任的学生干部职务，曾经参与或组织的实践活动，曾获得过的各种奖励等。这些情况可以从侧面反映出一个人的素质状况。在自我分析时，要善于利用过去的经验选择，推断未来的工作方向与机会。

3. 成绩

你可能做过很多事情，但成功的是什么，最成功的又是哪一件？为何成功，是偶然还是必然？通过分析，可以发现自我性格优越的一面，譬如坚强、果断，并以此作为个人深层次挖掘的动力之源。

(二) 劣势分析

很多人都不喜欢直面自己的缺点和短处。其实，劣势并不总是一无是处。知道自己的劣势，不至于使自己盲目自信，趾高气扬。与优势分析相似，劣势可从以下角度进行分析：

1. 知识不足

无法想象一个什么都不懂的人能为企业带来效益，因此，专业学得不好要尽量弥补，知识面狭窄要从现在开始广泛涉猎。俗话说"活到老，学到老"，而大学生尚且年轻，亡羊补牢，犹未晚也。

2. 性格弱点

一个独立性过强的人会很难与他人进行默契合作，而一个优柔寡断的人也难以担当企业管理者的重任。卡耐基曾说，人性的弱点并不可怕，关键要有正确的认识，认真对待，尽量寻找弥补、克服的办法，使自我趋于完善。

3. 经验缺乏

也许你曾多次失败，总也找不到成功的途径；也许需要你做某项工作，而你之前从未接触过，这都说明经验的缺乏。其实经验的缺乏并不可怕，可怕的是自己还没有认识到，甚至还一味不懂装懂。了解自己的劣势，求职时可以避免突发事件处置不当而导致用人单位产生误会。

四、自我认知的原则

自我认知的主要手段是自我评价。自我评价是建立在自我观察与自我分析基础上对自我身心素质的全面评估。自我评价的具体方法主要包括自省、听取并接受他人评价或自行进行心理测验等。对于择业期间的大学生来说，应当注意使用正确的自我评价方法，既要重视躬行自省，又要广泛听取他人的意见；要重视心理测量结果的重要参考作用，但不应对其产生绝对依赖。不论采用何种方法，都要注意相互之间的参照与综合。把握好以下几个原则，这样才有利于做出准确而全面的自我评价。

(一) 适度性

自我评价应该适当。不适当的自我评价有两种：过高评价和过低评价。过高评价往往使自己脱离现实，意识不到自己的条件限制，甚至狂妄自傲，由自信走向自负；过低评价往往忽视自我的长处，缺乏自信，过于自卑。过高或过低的自我评价对自己都是不公正的。

(二) 全面性

自我评价应当全面。也就是说，既要看到自己的优点和特长，又要看到自己的缺点和不足；既要对自我某一方面的特殊素质进行具体评价，又要对各个方面的整体素质进行综合评价；既要考虑到全面的整体因素，又要考虑到其中占主导地位的重点因素。任何一种片面的、孤立的、不分主次的自我评价，都不可能全面而正确反映自己的整体素质状况。

(三) 客观性

自我评价还应当掌握客观性的原则。尽管是自己对自己进行观察、分析和评价，但仍需要以客观事实作为基础和依据。常言说：人贵有自知之明，自知的可贵之处在于其难度，自知之所以难度大，就在于自知的过程往往会受到个人主观因素的限制和干扰。只有努力克服和排除这种限制及干扰，才有可能使自我评价趋于客观和真实。

(四) 发展性

自我评价时，应以发展变化的眼光来看待自己。今日的自我，已不同于昨日的自我；明日的自我，相对于今天也会有所不同。自我评价不但应当对自己的现实素质做出适当、全面、客观的评价，而且还应当着眼于未来的发展变化，有预见性地估价自己将来的发展潜力和前景。

第二节　大学生自我认知的方法

【案例】 山东某名牌师范大学中文系本科毕业生王某某是一个比较文静、有些内向的

案例导入

女孩，读大学期间学习成绩一直很好，曾多次参加学校的征文比赛并获奖，有较强的文字表达能力，但有些腼腆的她不善于口头表达也不善于人际交往。现在她在一所中学担任语文教师。在近三年的工作过程中，王某某发现自己其实并不适合做老师，虽然具备了工作需要的相应学历，但她并不具备应有的管理学生的能力。课堂上她总是不能很好调动学生的积极性，因此她所带的班级语文成绩不够理想。学校对她的工作表现也不是很满意，王某某自己也觉得非常苦恼。因此王某某想转行从事其他工作，希望能发挥自己的文字特长，但是具体向哪一个行业呢？什么工作适合她呢？

　　【案例评析】 师范类的毕业生去做中学教师似乎是理所当然、顺理成章的事，然而在实践中有很多的例子表明，一个师范类毕业生并不一定就是一个称职的教师。根据职业生涯发展理论，要想职业成功必须具备专业知识、学历资质、良好综合素质三方面因素。根据这个标准，王某某在这个岗位上可以说很难成功。眼前的教师工作的确能给王某某带来稳定的收入和不错的福利，但凭王某某在工作中的表现，这个"稳定"还能维持多久？所以王某某必须果断做出选择，重新择业，找一份真正适合自己发展的职业。而怎样才能找到真正适合自己发展的职业呢？首先要学会自我认知。王某某虽然不擅长管理学生、口头表达能力差，但王某某文笔优美、文字能力强，可以选择一份能够发挥自身文字能力，无需过多与人打交道的工作，这样正好可以扬长避短、发挥优势。

　　自我认知的方法有多种，个人在进行自我探索时，可以考虑综合运用多种手段和方法，全面认知个人特点与需求，为合理的职业生涯规划做好准备。

一、橱窗分析法

　　认识自我、了解自我是非常不易的事，所以常有做事难、做人难、了解自己就更难的说法。心理学家们就曾把对个人的了解比做橱窗，可大可小。为便于理解，人们通常把橱窗放在直角坐标中加以分析。坐标的横轴正向表示"别人知道"，负向表示"别人不知道"；纵轴正向表示"自己知道"，负向表示"自己不知道"。坐标橱窗如图4-1所示。

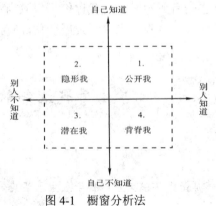

图 4-1　橱窗分析法

橱窗 1：为自己知道，别人知道的部分，称为"公开我"，属于个人展现在外，无所隐藏的部分。

橱窗 2：为自己知道，别人不知道的部分，称为"隐形我"，属于个人内在的私有秘密部分。

橱窗 3：为自己不知道，别人也不知道的部分，称为"潜在我"，是有待开发的部分。

橱窗 4：为自己不知道，别人知道的部分，称为"背脊我"，犹如一个人的背部，自己看不到，别人却看得很清楚。

通过四个橱窗可知，在进行自我认知时，须加强了解的是橱窗 3 和橱窗 4 这两个部分，橱窗 3 是"潜在我"，橱窗 4 是"背脊我"，如果自己诚恳地、真心实意地征询他人的意见和看法，就不难了解"背脊我"。我们可以采取同自己的家人、朋友、同事等交流的方式了解自己；也可以借助录音、录像设备了解自己。要做到这一点，需要开阔的胸怀，确保能够正确对待自己，有则改之，无则加勉。对于橱窗 2，我们可以采取撰写自传或 24 小时日记的方式来了解自我。撰写自传，可以了解我们自身成长的大致经历和自我计划情况等，而通过 24 小时日记对我们的工作日和非工作日经历的对比，也可以了解一些侧面的信息。职场新人需要对此予以重视，尽管我们还年轻，不需要什么自传，但是这是了解自我的一种比较不错的途径。

科学家研究发现，每个人都有巨大的潜能，人类平常只发挥了极小部分的大脑功能。如果一个人能发挥一半的大脑功能，将能轻易学会 40 种语言，背下整套百科全书，拿 12 个博士学位。认识、了解"潜在我"，是自我认识的重点之一。

二、自我测试法

自我测试法也称心理测试法，就是通过自己回答有关问题来认识自己、了解自己，这是一种比较简便且经济的自我认知的方法，如目前各类书籍、资料中的性格测试、气质测试、情绪测试等。这些测试的内容涉及自我认知中包含对自己性格、气质等方面的评估，测试题目都是心理学家经过精心研究设计的，只要如实回答，就能大概了解自己的有关情况。

三、计算机测试法

计算机测试是一种现代测试手段。这种测试与自我测试法相比，其科学性、准确性较高，是了解自己、认识自己的一种有效方法。目前国内外常用的几种测试方法有以下几种。

(一) 人格测试

最常用的人格测试方法有明尼苏达多项人格测验(MMPI)、卡特尔 16 种人格测验、艾森克人格问卷测试以及瑟斯顿人格测验等。

(二) 智力测试

智力具有隐蔽性和抽象性的特点，很难直观地把握，因此有必要了解一些智力测试的方法，以便于我们开发与选择合适的智力测试工具，提高自我剖析的水平。如史丹福—比纳智力量表、韦克斯勒智力量表、瑞文推理量表以及威斯曼人员分类测验(PCT)、基本成就测验(FAS)、高级人员测验(APT)等。

(三) 能力测验

能力测验内容较多，有文职人员能力与机械能力两种测验。文职人员是指工作地点在办公室而主要从事创造力要求较低工作的脑力劳动者，如出纳、秘书、干事等。这类人员的测试方法有明尼苏达办事员测验、一般办事员测验、短期雇佣测验(SET)等。机械能力测验方法有明尼苏达拼板测验、贝内特理解测验等。

(四) 职业倾向测验

职业能力的大小及其发展，与个人对职业的倾向兴趣有很大的关系。职业兴趣的测试有爱丁堡职业倾向问卷、男性职业兴趣问卷表、库德职业偏好记录、明尼苏达职业兴趣问卷表等。

四、绘制生命线

生命线简单来说，就是给自己的寿命定个期限，然后按照时间顺序来自由确定人生的大事件。画生命线的目的是对自己的人生有所展望和安排，以增加人生目的性和规划性，为创造理想人生打下基础。绘制生命线可以从幼年时代开始，回顾过去的生活，挖掘曾经的理想志向，并利用"生命线"对自己的成长事件进行概括、提炼，并以一段时间为单位，确定事业主线，通览生活和工作的整个框架，从而更好地了解自己，特别是对那些"不知道想做什么"的人来说，生命事件梳理尤为重要。

比如现在 20 岁，给自己的生命线的终点定为 70 岁，那就有 50 年的自由支配时间，可以将 20～24 岁定为大学学习期，25～27 岁定为经验积累期，28～30 岁定位去某个行业、公司工作，35 岁为部门主管，40 岁开始创业……

五、求助他人

个人在进行探索的时候，也可以适当向亲朋好友或专业的咨询师寻求帮助，获得他人对自己的评价或专业指导，一般来说，借助他人对自己的评价，会帮助自己更加全面地了解自我。尤其是职业咨询师，会利用其专业的知识与技能，从专业角度分析自我特点。需要指出的是了解个人特质与职业规划都是复杂的事情，在寻求职业咨询师指导的时候，咨询师需要对自己个性、能力、经验，甚至工作、学习、生活环境有一定的了解才能给出科学的指导和建议，这个指导过程是个长期的过程，甚至在咨询中会出现一些反复。

第三节　职业定位

【案例】　NBA 巨星迈克尔·乔丹在效力于芝加哥公牛队并三次赢得总冠军之后，决定退出篮球界转而尝试棒球和橄榄球。不可否认，乔丹是一名伟大的运动员，他深信自己的运动天赋会使他在其他项目上依然表现出色，但是事实证明，除了篮球，没有一项运动能使他的才能发挥得如此淋漓尽致。幸运的是，乔丹很快意识到了这一点，他又回到了 NBA，并带领公牛队取得了第二个三连冠。

【案例评析】　准确的自我定位可以使你找到正确的职业方向。在就业形势日益严峻的今天，求职竞争在很大程度上已经演变为个人核心竞争力的竞争。挖掘自身的核心竞争力就是要进行准确的自我定位，找到自己的优势和劣势所在。但是即使是那些最杰出的人在自己的职业生涯中也难以避免完全不出现方向上的错误。因此，在求职的过程中需要我们每个人结合过去的经验，不断进行自我剖析、自我设计、自我奋斗和自我调整，判断并选择最适合自己的职业方向与机会。

个体差异和社会职业的多样性是职业选择的前提。心理学的研究表明，人与人之间的差异最主要表现在身体素质、智力和个体特征上。个体差异的存在决定了一个人在某种职业上的适应性不同。而社会职业也是种类繁多、千差万别的，每种职业因其自身性质和内容等差异，使得它对任职者的要求也不相同。个体如果能找到符合自身个性特征、兴趣，又有适当能力去完成的职业，就能充分发挥其潜力，最大限度地提高工作效率，取得较好业绩，也能产生工作满意感、自我实现感，从而心情舒畅。如果职员有上述现象，对于组织而言，目标自然就容易实现了。因此，人和职业能否相匹配，对于个体和组织来说都是至关重要的。

一、兴趣与职业选择

在职业选择时，需要了解自己的兴趣，因为不同的人有不同的兴趣，不同的职业也需要不同的兴趣特征。一个热爱技能操作的人，靠他灵巧的双手，可以在技能操作领域工作得得心应手，如果硬要他把兴趣转移到书本的理论知识上来，他就会感到无用武之地。正是这种兴趣上的差异构成了人们选择职业的重要依据。因此，兴趣在职业活动中的作用应引起人们的重视，对于初选职业的人来说更是如此。

（一）兴趣与职业兴趣的概念

1. 兴趣

兴趣是人的认识需要的心理表现，它使人对某些事物优先给予注意，并带有积极的情绪色彩。兴趣进一步发展为从事实际活动的需要时，就变成了爱好，所以兴趣和爱好往往是联系在一起的。

2. 职业兴趣

职业兴趣是指人们对某种职业或工作的积极性态度，是有关职业偏好的认识倾向。通俗地说，就是喜欢某种职业，不喜欢某种职业。人们对某项职业有兴趣，可以是对职业的工作过程本身有兴趣，也可以是对由这种职业带来的某种功利感兴趣。

(二) 兴趣对职业的影响

兴趣对人们所从事的职业有很大的影响，具体来说主要表现在以下几方面：

1. 兴趣是影响职业定向和职业选择的重要因素

人们总是带着情绪色彩和向往的心情对有兴趣的事物给予优先关注。在职业定向与选择过程中，人们往往会像在日常生活中喜欢参加自己感兴趣的活动一样，倾向于寻找与个人兴趣类似的职业，特别是在外界环境限制较小时，人们都会选择自己感兴趣的职业。一个人如果能根据自己的兴趣来选择职业生涯之路，从事自己感兴趣的职业，就能使个人的主观能动性得到充分发挥，并全身心投入自己感兴趣的工作中。因此，兴趣是影响职业定向和职业选择的重要因素。

2. 兴趣可以增强人的职业适应性

研究资料表明，如果一个人对某一工作有兴趣，就能发挥他全部才能的 80%～90%，并且能长时间保持高效率而不感到疲劳。相反，如果一个人对某项工作不感兴趣，在这方面只能发挥全部才能的 20%～30%，也容易感到疲劳、厌倦。因此，兴趣不仅可以促进个人能力的发挥，而且广泛的兴趣可以使人善于应付多变的环境，即使变换工作性质，也能很快熟悉和适应新的工作。

3. 兴趣是影响个人职业稳定性和工作满意度的重要因素

兴趣的本质特征决定了一个人对某事物感兴趣，会激发起他对该事物的求知欲和探索热情，促使他充分调动整个身心的积极性，使情绪饱满，智能和体能进入最佳状态，最大限度地施展才华、挖掘潜力，发挥人的主动性和创造性。一般来说，从事自己不感兴趣的职业很难让人感到满意，也会由此导致工作的不稳定。

(三) 职业兴趣的品质

仅有兴趣是不够的，我们要想使兴趣真正成为事业成功的推动力，还必须具有良好的职业兴趣品质。有无良好的职业兴趣品质，对选择职业和适应职业都有重要意义。职业兴趣品质主要包括以下几个方面：

1. 职业兴趣的广度

有的人天文地理、古今中外知识无不知晓，对各行各业都有兴趣；有的人除了与自己工作、学习有关的活动外，对其他事物视而不见、听而不闻，这就是职业兴趣广度上的差异。马克思有句名言："人类的一切东西对我都不是陌生的。"反映了马克思的广泛兴趣和渊博知识。兴趣广泛是青年就业和成才的基础，一个人如果只在已习惯的、狭小的活动范围内探寻新的活动方式，是不容易成功的，在职业选择面前也会显得束手无策。具有广泛职业兴趣的人，眼界比较开阔，解决问题时也可以从多方面受到启发，有助于确定与其能力倾向一致的职业方向，在职业选择上有更大的余地。

2. 中心职业兴趣

广泛的职业兴趣必须在正确的指导下，与中心兴趣相结合，才能具有良好的职业兴趣品质。只有广泛性而无中心职业兴趣的人，不易集中精力，也不利于自己的成才。只有在广泛职业兴趣的背景上有决定活动基本倾向的中心职业兴趣，才能使人获得有深度的知识，使活动具有创造性。

3. 职业兴趣的稳定性

有的人职业兴趣一经形成就稳定不变，尽管以后兴趣面不断拓宽，但始终保持着原来的职业兴趣。有的人则职业兴趣波动多变，缺乏稳定性和持久性，对某一职业很容易发生兴趣，但很快又被另一种职业兴趣所代替。这种朝秦暮楚的态度，难以有稳定的发展。只有稳定的职业兴趣才能推动人深入钻研问题，获得系统和深厚的知识。

4. 职业兴趣的效能

这是指职业兴趣在选择职业过程中能够产生的效果，包括对职业准备过程和求职行为两方面的作用。职业兴趣的效能水平往往是由职业兴趣的性质所决定的，如果一个人的职业兴趣只停留在期望和等待状态，就缺乏应有的推动力量，不能产生实际效果。只有积极主动的职业兴趣才能产生有效的效果。

(四) 职业兴趣类型及相关职业

为便于大家根据自己的兴趣选择合适的职业，下面将对加拿大《职业分类词典》中的"职业兴趣类型与职业的吻合"进行简单的介绍(自己对哪些职业感兴趣，详尽情况可通过本书附录的测试量表中的兴趣与职业自测量表来了解)。

1. 愿与事物打交道

这类人喜欢同事物打交道，喜欢接触工具、器具或数字，而不喜欢与人打交道。与这类人相应的职业有制图员、修理工、裁缝、木匠、建筑工、出纳员、记账员、会计、勘测人员、工程技术人员、机器制造人员等。

2. 愿与人打交道

这类人喜欢与人交往，愿与人接触，对销售、采访、传递信息一类的活动感兴趣。与这类人相应的职业有记者、推销员、营业员、服务员、教师、行政管理人员、外交联络人员等。

3. 愿与文字符号打交道

这类人喜欢常规的、有规则的活动，习惯于在预先安排好的程序下工作，愿干有规律的工作。与这类人相应的职业有邮件分类员、办公室职员、图书馆管理员、档案整理员、打字员、统计员等。

4. 愿与大自然打交道

这类人喜欢地理地质类的活动，相应的职业如地质勘探人员、钻井工、矿工等。

5. 愿从事农业、生物、化学类工作，喜欢种养和化工方面的实验性活动

与这类人相应的职业有农业技术员、饲养员、水文员、化验员、制药工、菜农等。

6. 愿从事社会福利类的工作，喜欢帮助别人解决困难

这类人乐意帮助人，总是试图改善他人的状况，帮助他人排忧解难，喜欢从事社会福利和助人工作。与这类人相应的职业有律师、咨询人员、科技推广人员、教师、医生、护士等。

7. 愿做组织和管理工作

这类人喜欢掌管一些事情，以发挥重要作用，希望受到众人尊敬和获得声望，愿做领导和组织工作。与这类人相应的职业是各级各类组织领导、管理者，如行政人员、企业管理干部、学校领导和辅导员等。

8. 愿研究人的行为和心理

这类人喜欢谈涉及人的主题，对人的行为举止和心理状态感兴趣。与这类人相应的职业大都是研究人、管理人的工作，如心理学、政治学、人类学、人事管理、思想政治教育等研究工作者以及教育、行为管理、社会科学工作者和作家等。

9. 愿从事科学技术事业

这类人喜欢通过逻辑推理、理论分析、独立思考或实验发现等方式解决问题，对分析、推理、测试活动感兴趣，长于理论分析，喜欢独立解决问题，也喜欢通过实验得出新发现。与这类人相应的职业有生物、化学、工程学、物理学、自然科学工作者以及工程技术人员等。

10. 愿从事有想象力和创造力的工作

这类人对需要想象力和创造力的工作感兴趣，大都喜欢独立工作，对自己的学识和才能颇为自信。这类人乐于解决抽象的问题，而且急于了解周围的世界。与这类人相应的职业大都是科学研究工作和实验室工作，如社会调查、经济分析、各类科学研究工作、化验、新产品开发、创作或设计人员等。

11. 愿从事操作机器的技术工作

这类人喜欢通过一定的技术来进行活动，对运用一定技术、操作各种机械、制造新产品或完成其他任务感兴趣。这类人喜欢使用工具，特别是大型的、马力强的先进机器，喜欢具体的东西。与这类人相应的职业有飞行员、驾驶员、机械制造工等。

12. 愿从事具体的工作

这类人愿从事制作能看得见摸得着的产品的工作，希望能很快看到自己的劳动成果，并从完成的产品中得到满足和乐趣。与这类人相应的职业有室内装饰人员、园林师、美容

师、理发师、手工制作者、机械维修师、厨师等。

根据这种分类，一种兴趣类型可以对应许多种职业，同时绝大多数的职业也都与几种兴趣类型的特点相近，而每一个人往往又同时具有其中几种类型的特点。假如你要成为一名教师，那你就应有愿与人打交道(类型 2)、愿从事社会福利类的工作并且喜欢帮助别人解决困难(类型 6)、愿从事具体工作(类型 12)这三方面的兴趣类型。如果你对其中的某一方面缺乏兴趣，那就应努力培养和发展这方面的兴趣，以适应教师职业的要求，否则，还是选择更适合你兴趣类型的职业为好。

(五) 兴趣的培养

个人的兴趣、爱好只是职业设计和职业决策的重要依据，而非全部的依据，因为只有把兴趣爱好建立在一定能力的基础之上，并且与社会的需要相结合，兴趣、爱好才会获得现实基础，也才有实现的可能。我们知道，兴趣虽然有一定的稳定性，但却不是固定不变的，它可以随着生活条件、自身努力而发生变化。所以，大学生应该努力培养良好的兴趣品质。培养优良的兴趣品质可以从以下几个方面做起。

1. 培养广泛的兴趣

广泛的兴趣是成才的基础。一个人的兴趣越广泛，思想就越活跃，求知欲就越强，涉猎的范围也就越宽，也就越有利于创造性思维的培养，进而促进自己的全面发展。因此，大学生应多参与校内外各种有益活动，培养广泛的兴趣。

2. 要注意培养职业性的中心兴趣

兴趣具有指向性，因此在培养广泛的兴趣的同时，要注意引导树立与职业兴趣相结合的中心兴趣，否则将会变得样样通，样样松，最后一事无成。马克思兴趣广泛，被称为"科学巨匠"，但马克思首先是一个革命家；曹雪芹兴趣广泛，知识渊博，但他主要还是个小说家。只有在广泛兴趣的背景下确立能决定活动基本倾向的中心兴趣，才能使人获得宝贵的知识，使职业活动充满乐趣。

3. 要培养兴趣的稳定性

兴趣的稳定性是指兴趣保留于某一事物上的时间长短，兴趣越持久，则兴趣的稳定性越好。有的人兴趣一旦形成就稳定不变；有的人兴趣则波动多变，缺乏稳定性和持久性，对某一职业很容易发生兴趣，但也很快会被另一种职业兴趣所代替，这种人见异思迁，很难适应长期、稳定的职业。一个人只有具备持久而稳定的兴趣，才能对工作全身心地投入，遇到困难才能迎难而上，最后取得事业的成功。

4. 要积极参加社会实践，强化专业兴趣

人们只有通过实践活动才能够认识社会，了解专业在社会中的地位、前景与意义，明确自身价值，激发自豪感，进而巩固和强化自身的专业兴趣，保证自身的职业发展。

与每个人的兴趣息息相关的就是他的特长，大多数人因为自己的兴趣而爱好某种活动，久而久之这种活动便成了他的特长，只有少数人的特长非自己所好。但无论怎样，当代大学生面对着空前的就业压力，在选择自己的职业时，特长也是要考虑的必要因素，要在自

己的兴趣和特长之间寻找一个平衡，既要让自己尽量快乐地工作，又要让工作得心应手，从而起到相辅相成的作用。

二、能力与职业选择

(一) 能力的含义

概括地说，能力是影响活动效率、促使活动顺利完成所必备的个性心理特征，是人们在社会实践活动中表现出来的身心力量。从这个角度来说，首先，能力关注的是活动的结果，成功完成了任务，才能体现一个人的能力。能力直接影响活动效率，它是促使活动顺利完成的个性心理特征，是保证活动取得成功的基本条件，但不是唯一条件。要成功，必须要有能力，但成功还受其他心理、非心理因素的影响。其次，能力和活动紧密相连，并在活动中得到发展。正如一个有管理才能的人，只有在领导一个企业或学校等的活动中才能显示出来。当一个人能顺利地完成某种活动时，也就多少表现了他在这方面的能力。最后，能力是顺利完成某种活动直接有效的心理特征，而不是顺利完成某种活动的全部心理条件，如思维的敏捷性和语言表达的逻辑性，是直接影响教师能否成功完成教学任务的能力因素，如果缺乏这种因素，就无法顺利完成教学任务。

(二) 能力的个体差异

人的能力存在着个体差异，这主要是从质与量两个方面体现出来的。

从质的角度来说，人的能力类型存在着结构差异，所谓结构差异，是能力在知觉、表象、记忆、言语和思维等方面表现出的具体类型的差异，主要指构成能力的各种因素存在的质的差异，如有的人知觉能力强，有的人记忆力好，有的人思维活跃等。特别是高等教育总体而言属于专业教育，不同专业教育也要求并发展了大学生不同的能力。从能力的性别差异来看，男女智力发展在总的方面并没有什么差异，但在各个阶段上可能有些不一致。从能力本身的研究来看，男女之间可能存在着能力类型的差异，但不存在能力水平的差异。首先，男女智力的总体水平大致相等，但男性智力分布的离散程度比女性大，即很聪明的男性和很笨的男性都比女性多，智力中等的女性比男性多。其次，男女的智力结构存在差异，各自具有自己的优势领域。在空间知觉能力方面，男性明显优于女性；在对声音的辨别和定位方面，女性明显优于男性。男性偏于抽象思维，喜欢数学、物理和化学等学科；女性偏于形象思维，喜欢语言、历史、人文地理等学科。

从量的角度来说，人的能力发展水平和发展速度存在差异。在遗传和环境这两大因素的支配下，通过成熟和学习交互作用，个人的能力才能不断发展。人与人不仅在能力特质的总体发展程度上有差异，而且同一个人各种特质之间也有发展程度上的差异。

(三) 大学生就业应具备的基本能力

大学生面临的主要任务是学习高等科学文化知识，加强自身修养，为适应社会发展需要而打下坚实的基础。但是，知识累积的多少与能力的强弱往往并不成正比，而用人单位在挑选毕业生时更看重的是能力。一个能力欠缺的毕业生即使书本知识掌握得很多，也很难适应工作、做出成绩。尽管不同学校不同专业的大学生所从事的专业不尽相同，但是根据我国高等学校的培养目标，大学生就业所应具备的基本能力还是大体相同的。

1. 社会适应能力

大学生社会适应能力，是指一个人随社会外部环境变化而不断调整改变自己的行为方式、思维方式的个性心理特征。适应社会首先需要调整自己的观念，培养对环境和自身的分析能力，勇敢面对世界、接纳世界。当然，接纳世界并不是要被动接受现实，因为即使在比较困难的条件下和比较差的环境中，每个人都能变不利因素为有利因素，通过自己的努力取得好的成绩。其次，要培养自己的社会交往能力。社会交往能力是指大学生在进行社会交往时应有的礼貌谈吐和处事能力，主要体现在个体与周围人的接触是否融洽、是否能与周围人合作等方面。在当今的竞争社会，社会交往能力显得尤为重要。最后，要培养自我控制能力。自我控制能力是个人根据环境的需要对心理、时间、学习及工作进行自我控制和调节的能力。大学生在学校学习及将来工作中难免会遇到困难、挫折，出现不顺心、不适应、反感、压抑等多种情况，大学生遇事要冷静分析，不要做出偏激的行为。

2. 组织管理能力

现代社会和科学的发展，对人才的管理能力要求越来越高。大学生毕业后不可能每个人都走上领导岗位从事管理工作，但每个人在将来的工作中却都会不同程度地用到组织管理才能。因此每个大学生都应培养和发展自己的管理能力。对于组织管理能力的培养和锻炼，首先要多向别人学习。如果我们没有机会组织别人，势必有机会接受别人的组织，那么我们应以积极的态度配合别人，并不断揣摩别人的长处。其次要珍惜机会，大学里有很多职位对于自己的组织管理能力有一定程度的锻炼，我们应尽可能把握机会，在实际中锻炼自身的能力。

3. 表达能力

表达能力是指把自己的认识、情感及愿望表达出来，并被他人理解和接受的能力，包括口头表达能力、文字表达能力、数字表达能力及图示表达能力等几种形式。这里我们主要强调的是口头表达能力和文字表达能力。口头表达能力，就是我们俗话所说的"口才"，一个人"口才"不佳，如同壶里有饺子倒不出来，那对自己是非常不利的。大学毕业生在求职过程中首先需要展现的才能就是口头表达能力，因为用人单位向你提出的第一个问题可能就是"为什么要来我们单位应聘，说说你的想法和情况"。此时即使你很有才华但如果不善于口头表达，那么用人单位无论如何都会认为这是你的一个缺陷，所以平时要敢于说话、善于说话。文字表达能力也是各类高级专门人才必备的基本素质之一。对于毕业生而言，无论是将来论文的撰写，还是求职信的书写，甚至有关工作计划和总结的撰写以及文件的起草等，都离不开文字的表达。因此，大学生应该充分意识到文字表达能力的重要性。

4. 创新能力

创新能力是各种智力因素和能力品质在新的层面上融为一体、相互制约、有机结合所形成的一种合力，也是以智能为基础具有一定科学根据的标新立异的能力。著名物理学家、诺贝尔奖获得者温伯格说过:"不要安于书本上给你的答案,要去尝试发现与书本上不同的东西。"这种素质可能比智力更重要,往往是最好的学生和次好的学生的分水岭。创新并不是少数人的专利,陶行知先生就曾说过:"处处是创造之地,天天是创造之时,人人是创造之人。"创造学研究表明:凡是能够正常思维的人,都具有创造发明的潜在能力,每个人的创造天赋并没有多大差异。人们的创造能力之所以表现出很大差异主要是由于后天所受教育、环境影响、自身创新意识和主动开发创造潜能等因素造成的。创新能力是开拓型人才的必备条件,大学生的创新能力尚属于开发阶段,随着知识技能的积累,大学生应自觉培养创新性分析问题、解决问题的能力。

5. 沟通能力

现代社会的进步和科学技术的发展要求每个出色的社会成员必须具备较强的沟通能力。每个人都有不同的文化背景,都有自己的社会经验、能力、性格和不同的做事方式,这就需要和别人沟通,同时我们每个人的能力都是有限的,做任何事情都需要别人提供支持和帮助。如何让别人了解自己的想法、困难,并乐意为自己提供帮助,同样需要沟通技巧。培养沟通能力除了需要掌握人际沟通的技巧之外,更重要的是要建立自信,充满自信,既给自己带来信心,也要给企业带来信心。

(四) 职业能力分类

职业能力是在职业活动中发展起来的,直接影响职业活动效率,使职业活动得以顺利完成的心理特征。职业能力一方面要在职业活动中形成和发展,并在职业活动中表现出来;另一方面,从事某种职业又必须以一定的能力为前提。社会分工的发展,使得人们从事的职业领域日益扩大,因而具体的职业能力模式是非常丰富的。美国的"一般能力倾向测验(GATB)"鉴定了9种能力,分别为:一般学习能力、语言表达能力、算术能力、空间判断能力、形态知觉能力、事务能力、动作协调能力、手指灵活度、手腕灵巧度。该测验被认为是职业指导中较好的测验(要想知道自己的能力可以从事什么样的工作可通过本书附录的测试量表中的能力与职业自测量表来了解)。

1. 一般学习能力

一般学习能力是指人认识、理解客观事物并运用知识、经验等解决问题的能力。它包括记忆能力、观察能力、注意能力,其核心是逻辑思维能力。一般学习能力是人在学习、工作、日常生活中必须具备、广泛使用的能力。职业或专业的水平越高,对人的一般学习能力的要求也越高。

2. 语言表达能力

语言表达能力是指对词及其含义的理解和使用的能力,对词、句子、段落、篇章的理解能力,以及善于清楚而正确表达自己的观点和向别人介绍信息的能力。简单来说,它包括语言文字的理解能力和口头表达能力。不同的职业对人的语言能力要求不相同,例如,教师、营销员、公关人员等必须具备较好的语言表达能力。

3. 算术能力

算术能力是指迅速而准确运算的能力。大部分职业都要求工作者有一定的算术能力,但不同的职业对人的算术能力要求的程度不同。例如会计、出纳、统计、建筑师等职业，对工作者的计算能力要求较高，而法官、律师、护士等职业对人的计算能力要求则一般，对演员、话务员、厨师、理发师等工作来说，对算术的能力要求相对就较低了。

4. 空间判断能力

空间判断能力是指能看懂几何图形、识别物体在空间运动中的联系、解决几何问题的能力。如果一个人爱好平面几何及立体几何并且学得很好，通常这个人的空间判断能力就比较强。与图纸、工程、建筑等有关的职业，对空间判断能力的要求较高。对裁缝、电工、无线电修理等工作来说，也要求具有一定的空间判断能力。

5. 形态知觉能力

形态知觉能力是指对物体或图像的有关细节的知觉能力。如对于图形的阴暗、线的长短进行视觉的区别和比较，能看出其细微的差异。对于生物学家、建筑师测量员、制图员、农业技术员、医生、药剂师、画家等来说，需要较强的形态知觉能力；而对于历史学家、政治家、社会服务工作者、普通办公室职员来说，形态知觉能力的要求不高。

6. 事务能力

事务能力是指对言语或表格式的材料的细节的知觉能力，发现错字或正确地校对数字的能力等。像记账、出纳、办公室、打字等工作，都必须具备一定的事务能力。

7. 动作协调能力

动作协调能力是指能迅速、准确、协调做出精确的动作和运动反应的能力。对于驾驶员、飞行员、牙科医生、外科医生、雕刻家、运动员、舞蹈家来说，这种能力是非常重要的。

8. 手指灵活度

手指灵活度是指手指迅速、准确、和谐地操作小物体的能力。打字员、外科医生、五官科医生、护士、雕刻家、画家、兽医等，手指必须比一般人的灵活。

9. 手腕灵巧度

手腕灵巧度是指手灵巧活动的能力。像体育运动员、舞蹈家、画家、兽医等，手腕必须能灵巧活动。

(五) 能力与职业的吻合

对任何一种职业而言，必须要求从业者具备相应的能力。能力是职业适应性首要和基本的制约因素。因此，无论是用人单位在招聘人员时，还是个人在职业生涯规划与择业时，都应考虑到能力与职业的吻合问题。一般来说，一项职业总是需要几种能力的综合，择业时就应考虑自己是否具备这些能力。我国职业教育奠基者黄炎培先生指出："一个人职业和才能相当和不相当，相差很大。用经济眼光看起来：要是相当，不晓得增加多少效能；要是不相当，不晓得埋没多少人才。就个人论起来：相当，不晓得有多少快乐；不相当，不晓得有多少怨苦。"试想一下，倘若鲁迅继续学他的医学，就不会成为伟大的文学家；倘若陈景润还当他的中学教师，便没有举世闻名的"陈氏定理"；倘若达尔文当初听从父亲之命放弃科学考察而去做一名牧师的话，自然界的生物进化之谜不知何时才能解开。

能力的不同，对职业选择就有差异。从能力差异的角度来看，在职业选择时应遵循以下原则：

1. 注意能力类型与职业相吻合

(1) 人的能力类型是有差异的，即人的能力发展方向存在差异。对职业的研究表明，职业也是可以根据工作的性质、内容和环境而划分为不同的类型的，并且对人的能力也有不同的要求，因而应注意能力类型与职业类型的吻合。

(2) 能力水平要与职业层次一致或基本一致。对一种职业或职业类型来说，根据所承担的不同责任，又可分为不同层次，不同的层次对人的能力有不同的要求。因而，在根据能力类型确定了职业类型后，还应根据自己所达到或可能达到的能力水平确定相吻合的职业层次。只有这样，才能使能力与职业的吻合具体化。

(3) 充分发挥优势能力的作用。每个人都具有一个由多种能力组成的能力系统，每个人在这个能力系统中各方面能力的发展是不平衡的，常常是某方面的能力占优势，而另一些能力则不太突出。对职业选择和职业指导而言，应主要考虑其最佳能力，选择最能运用其优势能力的职业。同样，在人事安排中，如能注重一个人的优势能力并分配相应的工作，会更好发挥一个人的作用。

2. 注意一般能力与职业相吻合

一般能力通常又称为智力，包括注意力、观察力、记忆力、思维能力和想象力等。不同的职业对人的一般能力的要求不同。有些职业对从业者的智力水平有绝对的要求，如律师、工程师、科研人员、大学教师等都要求有很高的智商。智力在相当大的程度上决定着其所从事的职业类型。

3. 注意特殊能力与职业相吻合

特殊能力是指从事某项专业活动的能力，也可称特长，如算术能力、动作协调能力、语言表达能力、事务能力、空间判断能力、形态知觉能力、手指灵活度与手腕灵巧度等。要顺利完成某项工作，除要具有一般能力外，又要具有该项工作所要求的特殊能力，如从事教育工作需要有阅读能力和表达能力，从事数学研究需要具有计算能力、空间想象能力和逻辑思维能力。

(六) 能力的培养

高等教育虽说属于专业教育，大学学习过程中也安排有专业见习和实习，但很多人大学毕业后并没有从事与专业对口的工作。同时，为了节省教育开支，相当多的高等学校实践环节十分薄弱，很显然这对于我们从业所需的职业技能的培养是不利的。随着科学技术的发展和社会的进步，特别是知识经济的发展，人们逐渐认识到，教育中除了知识之外，还必须注重能力和综合素质的培养。

1. 积累知识，勤于思考

知识是载体，是基础；能力是展现，是升华；素质是核心，是智慧的结晶。掌握知识是提高能力和素质的前提条件，没有渊博的知识不可能有很强的能力，更谈不上良好的素质。因此大学生在校期间，要注意拓宽自己的知识面，勤奋学习。必要的知识和才干是开拓创新的前提条件，一个人的知识和经验积累得越多，那他开拓创新的能力就越强。除了积累知识外还要勤于思考，积极培养自己想象力、科学的思想方法和熟练的技能技巧。要培养发散性思维能力，就要学会沿着不同方向、不同角度，全方位、多层次寻找解决问题的思维方式，要变被动思维为主动思维，克服随波逐流心理，做到思想解放、冲破世俗、不拘常规、大胆探索，抓住更多的成才机遇。

2. 勤于实践

大学生对社会了解不多，因而在观察问题、分析问题、处理问题时，只凭书上讲的条条框框去解决，缺少理性的眼光。在对自我评价上，有的同学因为学到了一些专业技能便夸夸其谈，纸上谈兵，择业时容易期望值过高，缺乏承受挫折的心理准备。也有的毕业生由于缺乏社会经验，心理上还没有完全成熟，经济上还不能完全独立，社会角色和社会地位还没能确立，面对复杂的环境，常常不知所措。有的则在择业决策上独立性不够，难以摆脱依赖心理。我们知道，能力是在实践过程中培养形成并在实践过程中表现出来的，因此实践是培养能力的重要途径。在法规和校纪约束范围内积极参加一些社团组织，参与一些社会工作，不仅可以陶冶情操，而且也能促进自己各方面能力的提高。

3. 培养竞争能力

要认识到培养竞争能力是自身发展和社会发展的需要，要敢于承担风险，勇于接受挑战。随着毕业生就业逐步市场化，"双向选择"已成为毕业生落实就业单位的唯一方式，每一个用人单位也可在众多的求职者中选定自己的最佳人选，竞争能力强的大学毕业生被他向往的用人单位录用的可能性必然最大。要提高竞争能力首先要提高自己的综合实力，努力掌握更多的技能，善于把握时机，积极参加各项活动，敢于展示自身才华，树立自信。要注意在竞争中保持健康的心态，竞争是众多的人在追求同一个目标，不能达到目标的可能是大多数，要认识到这是一种正常的现象。如果遇到挫折，要重整旗鼓，寻找新的目标继续前进。成功有先后、胜利有迟早，只要目标合乎客观实际，加上自己顽强的努力，人人都能成功。

4. 超越自我

作为一名大学生，要注意发展自己的优势能力，但仅有优势能力是不够的，还必须对前面列出的最基本能力都有所拓展，这些能力是今后生存的需要，也是发展的需要。现代社会面临多维竞争，加大了单一能力持有者的生存难度，同时也增加了企业生存的危机感，近些年用人单位对综合能力强的学生表现出偏爱，正说明了这一点。因此，大学生必须注重全面发展自己的各种能力，要有超越自我的信心和勇气。

三、气质与职业选择

(一) 气质的含义

现代心理学研究认为，气质是指一个人心理活动典型的、稳定的动力性特征。气质这种心理活动的特征，主要表现在人们与外界事物接触中反映出来的感受性、耐受性、反应的敏捷性、情绪的兴奋性以及心理活动的内向性和外向性等特点。气质在人性结构中处于基础地位，它使人的各种心理活动和行为表现染上个人独特的色彩，与性格相比，气质具有更多的先天成分，并在出生以后就表现出来。如有的婴儿一出生就表现得很好动，喜欢吵闹，对外界的事物反应迅速；有的婴儿则表现得比较平稳、安静，对外界事物反应缓慢。

(二) 气质类型及特点

气质类型是指表现为心理特征的神经系统基本特征的典型结合。构成气质类型的各种心理特征多数是某一种神经特性的表现，但有的也可能是两种神经特性的结合。例如，感受性是神经系统强度特性在心理上的表现；反应的速度是灵活性特征在心理上的体现；而情绪兴奋性既体现兴奋或抑制过程的强度，也体现两者的平衡性。由于人们的心理反应可以从多方面表现出神经系统的基本特性，所以，在这些心理特性中就可以既从实验结果又从生活指标中判定不同人的气质类型。

气质是一个古老的概念。早在古希腊时期，希波克里特就认为人体内有四种液体：黏液汁、黄胆汁、黑胆汁、血液，根据液体在人体内占优势的程度不同，他把人的气质分为四种类型：多血质、胆汁质、黏液质和抑郁质。虽然后来的现代生理学研究表明气质的生理基础是人的高级神经活动，气质的类型与人的体液无关，但希波克里特把人的气质分为四种基本类型比较符合实际，所以被许多学者所采纳并沿袭至今。

(1) 多血质(又称活泼型)。这种气质类型的特点是活泼好动、善于交际、乐群性高、容易适应环境，思维敏捷、反应迅速、注意力易转移，容易接受新事物但印象不很深刻，情绪发生快但体验不深刻，具有外倾性。优点是乐观、开朗、灵活、热情、善交际；缺点是不稳定、易动摇、缺乏持久性。

(2) 胆汁质(又称不可遏止型)。这类气质类型的特点是直率热情、精力旺盛，能经得起强刺激，脾气急躁、易冲动，思维、语言动作反应迅速，心境变化激烈但体验不强，具有外倾性。优点是有毅力、坚强、勇敢；缺点是暴躁、易着急。

(3) 黏液质(又称安静型)。这类气质类型的特点是安静、稳重、交际适度，善于忍耐，能克制自己，情绪不易外露，思维动作反应慢且不灵活，注意力稳定不易转移，偏内倾性。优点是稳定、安静、可靠；缺点是固执、刚愎自用。

(4) 抑郁质(又称脆弱型)。这种气质类型的特点是羞涩、好静、孤立，情绪发生慢，不易外露，体验深刻，即使是微不足道的小事也容易引起情绪波动，反应迟缓、敏感，注意自己的内心世界，办事认真，具有内倾性。优点是敏感、细心；缺点是自卑、脆弱。

在现实生活中，具有上述四种气质类型的典型代表只是少数，大多数人是接近某种气质同时又具有其他气质的某些特点。因此，判断一个人的气质，主要是观察和测定某个人具有哪些气质特点，而不能简单用模式去套。

(三) 气质类型与职业选择

大学生在择业时，要根据需要对气质类型进一步划分，以便操作。根据国外职业分类规范和国内心理学的研究成果，气质可以分为以下 12 种类型(具体内容可通过本书附录的测试量表中的气质与职业自测量表来了解)。

(1) 变化型。这些人在新的、意外的活动或工作环境中感到愉快，喜欢工作内容经常有些变化。在有压力的情况下，他们的工作往往很出色。他们追求多样化的活动，善于将注意力从一件事情转移到另一件事情上。典型的职业有记者、推销员、采购员、演员、公安、消防员等。

(2) 重复型。这些人适合连续不断从事同样的工作，喜欢按照一个机械的、别人安排好的计划和进度办事，爱好重复、有计划、有标准的工作。典型的职业有纺织工、印刷工、装配工、电影放映员、机械工、中小学教师等。

(3) 服从型。这些人喜欢按别人的指示办事，不愿意自己独立做出决策，喜欢让他人对自己的工作负起责任。典型职业有秘书、办公室职员、翻译人员等。

(4) 独立型。这些人喜欢计划自己的活动和指导别人的活动，在独立和负有职责的工作环境中感到愉快，喜欢对将要发生的事情做出预测。典型的职业有管理人员、律师、警察、侦察人员等。

(5) 协作型。这些人在与人协作工作时感到愉快，善于让别人按自己的意愿办事，也能按别人的意愿办事，很想得到同事们的喜欢。典型职业有社会工作者、咨询人员等。

(6) 孤独型。这些人喜欢单独工作，不愿与人交往，较适合的职业有校对、排版、雕刻等。

(7) 劝服型。这些人喜欢设法使别人同意自己的观点，一般通过谈话、写作来表达思想，对别人的反应有较强的判断力且善于影响他人的态度、观点和判断。典型的职业有政治辅导员、行政人员、作家、宣传工作者等。

(8) 机智型。这些人在紧张和危险的情况下能很好地执行任务，在危险情况下能自我控制、镇定自如，在意外的情况下工作得很出色，当事情出现了差错也不易惊慌。典型的职业如驾驶员、飞行员、消防员、救生员、潜水员等。

(9) 经验决策型。这些人喜欢根据自己的经验做出判断，当别人犹豫不决时，他们能当机立断，做出决定。喜欢处理那些能直接经历或感觉到的事情，在必要时，他们会用直接经验和直觉来解决问题。典型的职业有采购人员、供应人员、批发人员、推销人员、个体摊贩等。

(10) 事实决策型。这些人喜欢根据事实做出决定，根据充分的证据来下结论，喜欢使用调查、测验、统计数据来说明问题、引出结论。典型的职业如化验员、检验员、自然科学研究者等。

(11) 自我表现型。这些人喜欢表现自己的爱好和个性，喜欢根据自己的感情来做出选择，通过自己的工作来表达自己的理想。典型的职业如演员、诗人、音乐家和画家等。

(12) 严谨型。这些人注意细节的精确，按一套规则和步骤尽可能将工作做得完美。典型的职业如会计、出纳、统计员和档案管理员等。

四、性格与职业选择

人们常说"性格决定命运"。许多企业在进行人才招聘时，往往将性格的测试放在首位，当性格与职业相匹配时，才对其能力进行测试考查。他们认为性格比能力重要，如果一个人能力不足，可通过培训提高，但一个人的性格与职业不匹配，要改变起来，就困难多了。其实性格并无好坏之分，但性格类型与职业类型的匹配度，却对事业的成败有着重要影响。

(一) 性格的含义

一般来说，性格是指个人在先天生理素质的基础上，在社会实践活动和不同环境熏陶下逐渐形成的、对现实较为稳固的心理特征。

在进行职业生涯规划时，正确地测定自己的个性是其中非常重要的环节，职业生涯规划是与职业性格、气质、能力、兴趣、潜力、价值观等因素相关联的，性格若能与职业相匹配，工作中就能更加得心应手、轻松愉快、富有成就感，反之则会不适应、困难重重，给个人和组织发展造成不利的影响。

借助科学手段了解自己的性格类型，有利于进行准确的职业定位，更有利于职业生涯的发展。许多职业对性格品质有着特定的要求，要选择某一职业就必须具备这一职业所要求的性格特征。但是，性格在很大程度上是来源于后天的培养，并不是无法改变的，每个人在社会中都会因为种种外界原因而改变原先的性格，也许这种改变会让你意外地发现自己的潜力。另外，人的个性并不能决定他的社会价值与成就水平。当你发现你的个性与职业的匹配度不高时，可以通过个人努力来弥补自身不足。

(二) 性格的特征

1. 性格的态度特征

性格的特征首先表现在个体对社会、集体、他人以及自己的态度上，包括富于同情心、善交往、为人正直、直率、谦虚、自傲、自信，或者与此相对立的冷漠、孤僻、拘谨、虚伪、自卑、羞怯等。在对劳动和工作态度方面，包括勤劳或懒惰，有无责任心，认真仔细或粗心马虎，有创新精神或墨守成规。

2. 性格的理智特征

个体表现在感知、记忆、思维和想象等方面的特点和个体差异叫作性格的理智特征。这些差异表现在知觉的特点上，可以分为被动知觉型和主动观察型，或详细罗列型和概括型，或粗略型和细致型；在记忆方面，可表现为形象直观或抽象；在思维方面，则可表现为思想深刻或肤浅，思维的稳定或不稳定，善于独立思考或回避问题；在想象方面，则可表现为现实感或脱离实际，内容广阔或狭窄，等等。

3. 性格的情绪特征

性格的情绪特征是指个体依据客观事物对人的不同意义而产生的对该事物的不同态度，包括坚定性、乐观性，情绪的内外倾向性和波动性。一个人的情绪特征会影响他的全部活动。当情绪对个体活动的影响或个体对情绪的控制有某种稳定的、经常表现的特点时，就构成性格的情绪特征。

4. 性格的意志特征

性格的意志特征即人在自己行为的自觉调节方式和水平方面的个人特点，如独立性、目的性、组织性、纪律性、冲动性、散漫性、主动性、自制力或任性、恒心、坚韧性或见异思迁、虎头蛇尾、镇定、果断、勇敢、顽强或优柔寡断、鲁莽、怯懦等。

(三) 性格类型与职业选择

人的性格千差万别，或热情外向，或羞怯内向，或沉着冷静，或火暴急躁。职业心理学研究表明，不同的职业有不同的性格要求，如对驾驶员要求具备注意力集中、动作敏捷的职业性格特征；对医生则要求具备耐心细致、热情待人的职业性格特征。当然，每个人的性格都不能百分之百适合某项职业，但却可以根据自己的职业方向来培养、发展相应的职业性格。不同性格特征的人员，对组织而言，决定了每个雇员的工作岗位和工作业绩；对个人而言，决定着自己事业能否成功。因此，性格是组织选人、个人择业的重要因素之一。

那么，性格与职业如何进行匹配呢？通常个人在选择职业时，应根据自己的性格选择适合个人性格特点的职业和工作。同时，由于每种职业对从业者都有特定性格的要求，用人单位在挑选人员时也应重视有关性格特征的测试，尤其是对一些高层次工作，更应如此。

尽管性格的个体差异很大，却仍有某些带有共性的特征可供分类研究。近年来，一些教育学和心理学科研人员根据我国的实际情况，将职业性格分为九种基本类型，可作为个人职业性格分析与职业选择的参考依据(具体内容可通过本书附录的测试量表中的性格与职业自测量表来了解)。

(1) 变化型。其特点是在新的和意外的活动或工作情境中感到愉快，喜欢有变化的和多样化的工作，善于转移注意力。此类型的人适合从事的职业类型有记者、推销员、演员等。

(2) 重复型。其特点是适合连续从事同样的工作，按固定的计划或进度办事，喜欢重复、有规律、有标准的工种。此类型的人适合从事的职业类型有纺织工、机床工、印刷工等。

(3) 服从型。其特点是愿意配合别人或按别人指示办事，而不愿意自己独立做出决策、担负责任。此类型的人适合从事的职业类型有办公室行政职员、秘书、翻译等。

(4) 独立型。其特点是喜欢计划自己的活动和指导别人的活动或对未来的事情做出决定，在独立负责的工作情境中感到愉快。此类型的人适合从事的职业类型有管理人员、律师、警察、侦察人员等。

(5) 协作型。其特点是在与人协同工作时感到愉快，善于引导别人并想得到同事们的喜欢。此类型的人适合从事的职业类型有社会工作者、咨询人员等。

(6) 劝服型。其特点是通过谈话或写作等使别人同意自己的观点，对别人的反应有较强的判断力并善于影响别人的态度和观点。此类型的人适合从事的职业类型有辅导员、行政人员、宣传工作者、作家等。

(7) 机智型。其特点是在紧张和危险的情况下能自我控制、沉着应付，发生意外和差错时不慌不乱出色完成任务。此类型的人适合从事的职业类型有驾驶员、飞行员、公安、消防员、救生员等。

(8) 自我表现型。其特点是喜欢表现自己的爱好和个性，根据自己的感情做出选择，通过自己的工作来表现自己的思想。此类型的人适合从事的职业类型有演员、诗人、音乐家、画家等。

(9) 严谨型。其特点是注重工作过程中各个环节、细节的精确性，愿意按一套规划和步骤将工作尽可能做得完美，倾向于严格、努力地工作，以看到自己出色完成工作的效果。此类型的人适合从事的职业类型有会计、出纳员、统计员、校对员、图书档案管理员、打字员等。

值得注意的是，绝大部分职业都同时与几种性格类型特点相似，而一个人也都同时具有几种职业性格类型的特点。因而，上面提到的性格与职业的吻合，只是一个很小的方面，不可能适用于每一个人。在实际的匹配过程中，应根据个人的性格与职业的要求，具体情况具体处理，不能一概而论。这里只提供基本的方法，供组织在选人、个人在择业时参考。

五、价值观与职业选择

任何人在选择职业时都会受到一定动机的支配，而择业的动机一般都是由价值观决定的。在选择职业的过程中，人们总是盼望所选择的职业能够满足自己的某种物质和精神需要。

对于个人而言，挑选一份符合自己职业价值观的职业将会使其工作更愉快，更容易获得成功。心理学家研究发现，由于受家庭环境、教育、兴趣爱好等多方面的影响，不同个体的职业价值观是不同的，因而对某一职业的评价和取向也会不同，如有的喜欢同人打交道的职业，有的喜欢同物打交道的职业，有的喜欢运用脑力的职业，有的喜欢社会地位高的职业，有的喜欢安全平稳的职业，有的喜欢经济收入高的职业等。

(一) 价值观的概述

1. 价值观的含义

价值观是指个人对客观事物(包括人、物、事)及对自己的行为结果的意义、作用、效果和重要性的总体评价，是对什么是"好的"、什么是"应该的"的总看法，是推动并指引一个人决定和采取行动的原则、标准，是个性心理结构的核心因素之一。它使人的行为带有稳定的倾向性。价值观是人用于区别好坏，分辨是非及重要性的心理倾向体系。价值观决定、调节、制约个性倾向中低层次的需要、动机、愿望等，它是人的动机和行为模式的统率。人的价值观建立在需求的基础上，一旦确定则反过来影响、调节人进一步的需求活动。人们对各种事物，如学习、劳动、享受、贡献、成就等，在心目中存在主次之分，对这些事物的轻重排序和好坏排序构成一个人的价值观体系。价值观体系是决定一个人行为及态度的基础，受制于人生观和世界观。一个人的价值观是从出生开始在家庭和社会的影响下逐渐形成的，受其所处的社会生产方式及经济地位的影响，在一定程度上是不可逆的。具有不同价值观的人会产生不同的态度和行为。

2. 价值观的特征

(1) 主观性。人们区分好与坏的标准，即我们平常说所的区分得与失、荣与辱、成与败、福与祸、善与恶的标准，是根据个人内心的尺度进行衡量和评价的，这些标准均可以称为价值观。

(2) 选择性。个人价值观是在个体出生后随着社会生活实践的扩展而逐渐萌发和形成的。儿童期的"价值观"是通过对父母和亲人言行的模仿而形成的，这时的"价值观"是照搬成人的价值观，具有明显的感性形式，儿童期的"价值观"称为价值感，还不能成为价值观。只有到了青春期随着自我意识逐渐成熟，才开始主动地、有意识地选择符合自己的评价标准，形成个人特有的价值观。

(3) 稳定性。个人的价值观形成之后具有相当的稳定性，往往不易改变，并在人的兴趣、愿望、目标、理想、信念和行为上表现出来。

(4) 社会历史性。处于不同历史时代、不同社会生活环境里的人的价值观是不同的。

(二) 职业价值观的特征与作用

1. 职业价值观的含义

职业价值观也叫工作价值观，是价值观在所从事职业上的体现，是人们对待职业的一种信念和态度，或是人们在职业生涯中表现出来的一种价值取向。职业价值观是个人对某一职业的价值判断，是个人希望从事某项职业的态度倾向，也是个人对某一项职业的希望、愿望和向往。个人的职业价值观是其人生观、世界观在职业上的体现。价值观的个体系统包括价值、价值取向和价值体系。职业价值观也有与之相对应的职业价值、职业价值系统和职业价值取向。

职业价值观表明了一个人通过工作所要追求的理想是什么，是为了财富，还是为了地位或其他的因素。由于个人的身心条件、年龄、阅历、教育状况、家庭影响、兴趣爱好等方面的不同，人们对各种职业有着不同的主观评价。从社会来讲，由于社会分工的不同和生产力水平的差异，各种职业在劳动性质的内容上、在劳动难度和强度上、在劳动条件和待遇上、在所有制形式和稳定性等诸多问题上，都存在着差别。再加上传统的思想观念等的影响，各类职业在人们心目中的声望和地位便也有好坏、高低之分，这些评价都形成了人的职业价值观，并影响着人们对就业方向和具体职业岗位的选择。

心理学家马丁·凯茨找出了10种与职业有关的价值观：

(1) 高收入：除有足够生活的费用之外还有可以随意支配的钱。

(2) 社会声望：是否受到人们的尊重。

(3) 独立性：可以在职业中有更多自己作决定的自由。

(4) 帮助别人：愿意把助人作为职业的重要部分，帮助他人改善其健康、教育与福利。

(5) 稳定性：在一定时间内始终有工作，不会被轻易解雇，收入稳定。

(6) 多样性：所从事职业要参与不同的活动，解决不同的问题，不断变化工作场所，结识新人。

(7) 领导力：在工作中可以控制事情的发展，愿意影响别人，承担责任。

(8) 在自己感兴趣的领域中工作：坚持所从事的职业必须是自己感兴趣的领域。

(9) 休闲：把休闲看得很重要，不愿意让工作影响休息。

(10) 尽早进入工作领域：涉及一个人是否在意进入工作领域的早晚，是否希望节省时间和不支付高等教育的费用而尽早进入工作领域。

2. 职业价值观的特征

(1) 职业价值观是因人而异的。由于每个人的先天条件和后天经历不同，其职业价值观的形成也会受到不同因素的影响，因此，每个人都有自己的职业价值观和职业价值观体系。在同样的职业环境与客观条件下，具有不同职业价值观和职业价值观体系的人，其职业动机模式不同，产生的职业行为也不同。

(2) 职业价值观是相对稳定的。价值观是随着人们认知能力的发展，在环境、教育等诸多要素的影响下，逐步培养而成的，是决定一个人行为及态度的基础。人的价值观一旦形成，便会相对稳定。但随着个人经验的积累、知识的增长，自身状况的改变和外界环境因素的变化，职业价值观也会随之而改变。

(3) 职业价值观具有阶段性。根据马斯洛的需求层次理论，当人低层次的需求得到满足以后，他就会产生更高层次的需求。从职业生涯历程来看，大多数人的职业价值观是具有阶段性的，特别是随着某一阶段的自身需求满足后，新的职业价值观也就会随之产生并确定下来。

(4) 职业价值观是多元化的。人的职业价值观是多元化的而不是唯一的，人们择业时会有多个动机支配着他的选择，人们常常为选择感到痛苦时，就是因为个人的职业价值观不唯一，而在某一职业中又难以得到全部满足，从而患得患失。因此，对职业价值观要素的内容排序和强度分析就变得非常重要。

3. 职业价值观的作用

价值观决定人的自我认识，它直接影响和决定一个人的理想、信念、生活目标和追求方向。职业价值观对人们自身的职业行为的定向和调节起着非常重要的作用。具体而言，职业价值观的作用可以体现在以下几个方面。

(1) 职业价值观对择业动机有导向作用。人们职业行为的动机受职业价值观的支配和制约，职业价值观对择业动机模式有着重要影响。在同样的外部条件下，具有不同职业价值观的人，其择业动机模式不同，产生的择业行为也不相同，其择业动机的目的方向受职业价值观的支配。在许多场合，人们往往要在一些得失中做出选择，而左右人们选择的，往往就是职业价值观。例如，是要工作舒适轻松，还是要高标准的工资待遇；是要成就一番事业，还是要安稳太平，当两者有矛盾冲突时，最终影响他们决策的是存在于内心的职业价值观。

(2) 职业价值观反映了人们对职业的认知和需求状况。职业价值观是人们对职业及职业行为结果的评价和看法，因而，它从某个方面反映了人们的人生观和价值观，反映了人们主观认知世界的状况和差异。

(3) 职业价值观是判定职业生涯发展状况和人才配置的重要依据。价值观是一种基本信念，它带有主观判断的色彩，代表了一个人对于什么是好、什么是对以及什么会令人喜爱的意见。职业价值观是对自己职业生涯成功与否及其发展状况评价的依据，也是组织进行人力资源配置的重要依据。因此，树立良好的职业价值观，对于个人正确判断职业生涯发展状况以及组织合理开展人力资源管理工作都具有重要意义。

(三) 职业价值观与职业选择

许多职业方面的专家通过大量的调查，从人们的理想、信念和世界观方面把职业价值观分成八大类，即自由型职业价值观、小康型职业价值观、支配型职业价值观、自我实现型职业价值观、志愿型职业价值观、技术型职业价值观、经济型职业价值观和享受型职业价值观(要想知道与自己价值观相匹配的工作可通过本书附录的测试量表中的价值观与职业自测量表来了解)。

1. 自由型职业价值观

该类型职业价值观的人，凭自己的能力拥有自己的小"城堡"，不愿受人干涉，想充分施展本领。适合这类人的职业类型有室内装饰专家、图书管理专家、摄影师、音乐教师、作曲家、编剧、雕刻家、漫画家等。他们希望在工作中可以充分掌握自己的时间和行动，不想受太多的约束，不想与太多人发生工作关系，既不想制人也不想受制于人。

2. 小康型职业价值观

该类型职业价值观的人追求虚荣，优越感很强，很渴望能有社会地位和名誉，希望常常受到众人的尊敬，欲望得不到满足时，由于过分强烈的自我意识，有时反而会很自卑。适合这类人的职业类型有记账员、会计、银行出纳、法庭速记员、成本估算员、税务员、核算员、打字员、办公室职员、计算机操作员、统计员、秘书等。

3. 支配型职业价值观

该类型职业价值观的人有较高的权力欲望，希望能够影响或控制他人，使他人按照自己的意见行动，认为有较高的权力地位会受到他人尊重，从中可以得到较强的成就感和满足感；想当上组织的一把手，无视他人的想法，为所欲为，且视此为快乐。适合这类人的职业类型有推销员、进货员、商品批发员、旅馆经理、饭店经理、广告宣传员、调度员、律师、政治家、零售商等。

4. 自我实现型职业价值观

该类型职业价值观的人不关心平常的幸福，一心一意想发挥个性、追求真理；不考虑收入地位及他人对自己的看法，尽力挖掘自己的潜力、施展自己的本领，并视此为有意义的生活。适合这类人的职业类型有气象学家、生物学家、天文学家、药剂师、动物学者、化学家、报刊编辑、地质学者、物理学者、数学家、实验员等。

5. 志愿型职业价值观

该类型职业价值观的人富于同情心，把他人的痛苦视为自己的痛苦，不愿干表面上哗众取宠的事，把默默帮助不幸的人视为快乐。适合这类人的职业类型有社会学家、福利机构工作者、导游、咨询人员、教师、护士等。

6. 技术型职业价值观

该类型职业价值观的人认为立足社会的根本在于一技之长；会专心钻研一门技术，认为靠本事吃饭既可靠又稳当。适合这类人的职业类型有木匠、农民、工程师、飞机机械师、自动化技师、野生动物专家、机械工、电工、司机、机械制图员等。

7. 经济型职业价值观

该类型职业价值观的人断然认为世界上的各种关系都建立在金钱的基础上，包括人与人之间的关系，甚至父母与子女之间的爱也带有金钱的烙印；确信金钱可以买到世界上所有的幸福。各种职业中都有这种类型的人。

8. 享受型职业价值观

该类型职业价值观的人喜欢安逸的生活，不愿从事任何挑战性的工作，希望工作能够免于危险、过度劳累，免于焦虑、紧张和恐惧，使自己的身心健康不受影响。这类人无固定职业类型。

阅读与训练

 阅读材料

诸葛亮的职业选择

三国时期，群雄逐鹿，人杰辈出。隐居南阳的诸葛亮一出山就投靠了当时最为势单力薄的刘备集团并一生为其奔走效力。在为刘备集团做出杰出贡献基础上，诸葛亮实现了个人事业的成功，而他的成功归根结底取决于他对外部环境的准确评估。

首先，诸葛亮对三足鼎立的政治、军事环境分析透彻，准确把握了各方实力对比以及发展趋势。他认为曹操已经统一了半个中国，实力最雄厚；孙权只求偏安自保；而势力最为弱小的刘备集团却具备快速成长、与曹操和孙权三足鼎立乃至一统天下的可能性。

其次，诸葛亮对刘备集团的组织环境考察全面，正确选择了自己所要投身的组织。诸葛亮从五个方面分析了刘备本人及刘备集团。

第一，刘备始终坚持光复汉室的理想，在全国赢得了相当一批支持者；

第二，刘备品性坚韧顽强，敢于与任何强大的敌人对抗；

第三，刘备待人宽厚谦和，团队凝聚力超强；

第四，刘备是汉朝皇族后裔，具备名正言顺继承"大统"的资格；

第五，刘备集团武将居多，高级参谋人才奇缺。通过分析，诸葛亮认为组织领导人刘备性格、抱负和才能与自己的价值观高度吻合，而且以刘备集团内部的人才构成的状况，自己若去投奔，会获得破格提拔到最高领导层的机会。

最后，诸葛亮对职业要求了如指掌，长期努力积累了"谋略大师"的才干。诸葛亮始终以春秋战国时期两位著名的最高参谋管仲、乐毅为榜样，分析"谋略大师"所要具备的素质，并不断努力完善自我，其才干已具备了实现人生目标的可能。

 操作训练

一、训练题目

填写工作价值清单。

二、训练要求

在表格中，列有 15 个与工作有关的价值项目。请你排列这些工作价值在自己心中的优先地位，1 表示最重视，15 表示最不重视，填在表中的第一栏内。

三、训练内容

假设你有 10 万元(以生命单位计算，代表一生中可以投注于工作的所有时间和精力的总和)，对于各个工作价值项目，你愿意投资多少，也就是你愿意出价多少？请将自己预估的数额填在表中的第二栏内。

注意：

(1) 填写时价格不必每项都写；

(2) 如你想对某一项出价，金额必须是 1000 元的整数倍。

工作价值项目	排序	出价	工作价值清单理由或想法
1. 为大众福利尽一份力			
2. 追求美感与艺术气氛			
3. 寻求创意，发展新事物			
4. 独立思考，分析事理			
5. 有成就感			
6. 独立自主，依己意进行			
7. 受他人推崇和尊敬			
8. 发挥督导或管理他人的能力			
9. 丰富的收入			
10. 生活安定有保障			
11. 良好舒适的工作环境			
12. 与主管平等且融洽相处			
13. 与志同道合的伙伴一起工作			
14. 能选择自己喜爱的生活方式			
15. 工作富于变化，不单调			

分享与讨论：以小组为单位进行讨论，介绍自己的排序和价格并介绍这样做的理由。和小组分享一下这个活动对你有什么启发。

 思考题

1. 什么是自我认知？可以通过哪些内容来更好了解自己？

2. 在自我认知过程中应掌握哪些基本原则？

3. 自我认知的方法有哪些？怎样理解和评价？

4. 兴趣对职业选择有哪些影响？如何培养自己的职业兴趣？

5. 大学生选择职业应具备哪些能力？如何培养？

第五章

职业生涯目标的
确立与实现

个人要获得事业的成功，就需按照人生成功的规律来确定行动的目标和规划。没有目标的人如同航行在茫茫大海中的孤舟，没有方向，不知所终。正如希拉尔·贝洛克说："当你做着将来的梦或者为过去而后悔时，你唯一拥有的现在却从你手中溜走了。"

职业生涯目标的确立与实现是职业生涯规划的核心内容之一。在深入进行自我分析的基础上，对自己有了全面深刻的了解之后，就需要确立自己的职业生涯目标。职业生涯目标是人生总体目标在职业领域理想的具体化，是个人在期望的职业领域中未来某时点所要达到的具体成就。有效的职业生涯目标实现与否，是人生事业能否成功的重要条件。

通过本章的学习，使大学生了解职业生涯目标的内涵与功能；理解影响职业生涯目标确立的因素；掌握职业生涯目标制订的基本方法和步骤，能够结合自身的实际情况确立并实现职业生涯目标。

第一节　职业生涯目标概述

> **【案例】** 一个炎热的夏天，一群工人正在铁路上工作。远处一列火车缓缓驶来，在前面的站台停了下来，一个绅士走下火车，冲着队长喊道："大卫，是你吗？"被称为大卫的工人抬起头来："哦，总裁，是您来了啊。是我，大卫。"他们亲热地聊了一会，火车开走了。大卫的同事立刻把大卫围了起来："头儿，原来你认识我们总裁啊？"大卫笑道："是啊，当年我俩像你们一样一起在这条铁路上抡铁镐呢！""哦，他是怎么成为总裁的，这么厉害？"一个年轻人问道。大卫沉思了一会："23 年前我为 1 小时 1.75 美元的薪水而工作，而他却是为铁路事业在工作"。
>
> **【案例评析】** "志不立，天下无可成之事。"要成功，就要先立志，立志即设定目标。不同的目标，所付出的努力就不同，最终造就不同的人生。而不同的职业目标决定了不同的职业方向和职业高度。
>
> 心理学家洛克的目标设置理论指出，人们只要将目标上升为自觉目标，目标就会对人产生强烈的激励作用，成为完成工作的最直接动机。可见，目标对于职业成败的重要性。职业生涯目标的确立与实现，是职业生涯规划和设计的核心，也是职业生涯规划和设计中最艰难的一步。

一、职业生涯目标的含义

(一) 生涯目标

生涯目标，也就是我们常谈的人生目标，比如要成为什么样的人，该如何度过一生，怎样才能使人生过得有意义、有价值，怎样才能取得成功，怎样才能拥有幸福的生活。所以，生涯目标是指引人生成长和发展的导航标。

(二) 职业生涯目标

职业生涯目标，就是指个人在选定的职业领域内未来时点所要达到的具体目标，包括短期目标、中期目标和长期目标，从而促使个人依据这种明确的职业目标，去规划自己的学习和实践，为实现职业目标进行积极准备和付诸实际行动。职业生涯规划的评估与反馈过程是个人对自己不断认识的过程，也是对社会不断认识的过程，是使职业生涯规划更加有效的有力手段。

大学生职业生涯目标是大学生根据社会期望和自身发展的需要，确立的自我奋斗的目标和发展方向。它不仅可以为大学生的自我发展提供导向，也有利于调动大学生的积极性、主动性和创造性，它既是大学生自我发展的出发点和归宿，也是大学生自我发展中的核心问题。

"志不立，天下无可成之事"，立志是人生的起跑点，职业生涯目标的设定是职业生涯规划的核心，离开了职业生涯目标的设立，就谈不上职业生涯的规划。

二、职业生涯目标的结构

职业生涯目标是未来某时点要达到的预期成就。时点不同，成就可能就不一样，同时每一时点的成就也可能有不同的内容。

(一) 职业生涯目标的时间结构

总的说来，职业生涯目标可以分为两种情况：一是人生目标，这是职业生涯目标的最高点，也是最终职业生涯目标；二是阶段目标，这种目标是在通往人生目标的过程中所设立的，是对人生目标的分解。

阶段职业生涯目标是实现人生目标途中的一盏盏航灯或路标。阶段性职业生涯目标可以定得粗一点，如10年、5年，也可以定得细一点，如1年、半年、几个月、几个星期甚至几天。时间的划分不一定恰好是一个整段时间，如1年或半年，也可能是一个阶段目标完成的时间段，如参加两个月的培训，在某岗位上轮岗8个月等。其实，一次职业生涯计划所设计的职业生涯目标既有长期的，也有短期的。根据目标划分的一般标准，10年以上的目标就被认为是长期目标，5年以上10年以下的目标被认为是中期目标，5年以下的目标被认为是短期目标，1年以内的目标则为年度目标，如图5-1所示。

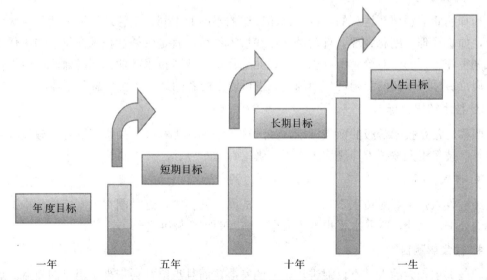

图 5-1 职业生涯目标时间结构

以下是一个职业生涯目标时间结构的例子。

人生目标：成为高级工程师，总工程师，在汽车发动机设计领域成为在国内有一定影响力的设计专家，年收入在10万元以上。

15年目标：成为汽车发动机设计专业的高级工程师，在行业内部有一定影响，成为中层技术管理人员。

10年目标：成为汽车发动机设计专业的高级工程师，独立或领导研发若干有创新的汽车发动机，进入技术管理初级领导岗位。

5年目标：成为微型汽车专业工程师，侧重发动机研制，能够在课题组中承担重要角色，能独立开发某些部件，显示一定的创新意识和创新能力，赴国外参观学习半年左右。

3年目标：参加一次为期半年的继续教育，熟悉汽车设计专业的所有业务，参与别人的新产品开发活动，协助资深工程师开发新产品，努力掌握必要的知识和技能。

2年目标：在生产、销售部门轮岗，熟悉汽车发动机的生产过程，能够解决一些微型发动机生产过程中的技术问题，了解市场上各类汽车，特别是本厂汽车发动机在市场上的反馈信息，能够熟练地向客户介绍本厂产品的性能，特别是发动机的性能。

1年目标：在开发部门的微型发动机分部的各课题组间轮转，了解产品开发的程序、产品开发过程中的关键问题、产品工艺特点，熟悉基本操作，参加为期一个月的岗前培训和定位活动。

在职业生涯发展中，很多人的职业生涯目标并不是在退休时实现的，而是在退休前若干年就已实现，这时需要确立新的人生目标。也就是说，人生目标不是固定不变的。

(二) 职业生涯目标的内容结构

职业生涯目标的内容也不尽相同，一般可以用下面所列内容的一个或某几个方面来表述。

1. 岗位目标

选择的职业领域要达到的岗位目标随领域的不同而不同。在管理领域，就是各级管理岗位，如总经理、副总经理、部门经理；在技术领域，就是荣誉性技术岗位，如主任工程师、副主任工程师。对跨越两种以上的职业选择，如从事技术职业，同时兼职从事管理工作，岗位目标可以在两个领域分别确定，也可以是两者的结合，譬如总工程师。

2. 技术等级目标

职称通常是技术等级的衡量标准，如助理工程师、工程师、高级工程师、教授级高级工程师；技术工人按技术等级称之为"几级工"，如"六级工""四级工"等。

3. 收入目标

经济收入是组织对员工贡献的回报。在成熟的社会中，这种回报机制能够基本做到回报率的公平，因此，收入水平也被视为个人成就的重要标准之一。

4. 社会影响目标

一些贡献较大的人，不仅促进了企业的发展，而且也给社会带来了明显的效益。这些人的贡献不仅得到了企业组织内部的肯定，而且也得到了社会的承认。因而，在设计职业生涯目标的时候考虑到对社会的贡献和社会的肯定，会树立远大理想，对于那些希望自己成为有益于社会的人来说，不失为一个英明的选择。例如可以把职业生涯目标定为：

"本地区劳动模范""在本行业有一定知名度""成为国内某领域的著名专家""成为国际知名专家"等。

5. 重大成果

重大成果也可以成为职业生涯的目标，例如负责一项大型工程建设，设计出世界一流的汽车发动机，出版一部有全国影响的学术著作等。

6. 其他方面

其他可以作为职业生涯目标的方面包括社会地位、接受培训情况等。

三、大学生职业生涯目标缺失的表现

国内调查表明，目前大学生尚无制订或没有考虑职业生涯规划者占90%以上。对于个人而言，职业生涯是人生中重要而又漫长的阶段，需要我们每个人去认真设计、规划。大学生职业生涯目标缺失主要表现在以下几个方面。

(一) 目标意识淡薄

许多大学生在进入高校后会产生茫然感、不安全感，多数学生对自身的生涯没有做过细致的规划，自身定位不清晰，也没有为自己确立合理目标。在面对众多选择且必须由自己来做决定的局面时不知所措，结果不是被动等待就是随波逐流。由于大学生职业生涯目标意识淡薄导致学习目标难以确立，面对浩若烟海的知识领域，哪些需要获取，哪些需要保存，怎样积累才能方便以后更好地使用等都茫然不知。结果四年下来，仍不知自己做了什么、能做什么、适合做什么的大有人在。

(二) 目标定位模糊

从一开始时就知道自己的目标是什么，才能有针对性地将工作集中到一个点上。虽然当前大学生对大学都抱有期望，比如对大学生活的向往、想取得一个大学文凭、为就业做准备等，但对于自己适合学什么、做什么没有正确的认识，脑海中经常处于模糊状态。有些看似忙忙碌碌，最后却与目标南辕北辙，最后往往才能得不到充分发挥，高不成低不就，给自己造成很大的心理压力，也给高校人才培养带来很大困扰。

(三) 目标定向多变

大学生在进行职业目标选择时，容易受外界因素的干扰，对职业选择缺乏坚定的信念，从而导致对职业目标选择的偏移和多变，致使目标和目标之间相互冲突，这样在生涯目标追求中无法有效协调，甚至会相互拆台、相互抵消。比如说有的学生看起来似乎很有目标意识，今天觉得掌握一门第二外语容易找工作，就去报名学第二外语；明天觉得别人有很多特长，自己没有就也去报名学音乐、书法等；后天又觉得考研是一条出路，就又去买书考研，如此不断反复，看上去很有主见、生活得很充实，但回头看看却一事无成，不仅专业荒废，其他方向也劳而无功。

(四) 目标准备盲目

跟着目标走才不会迷路，同样，准备工作也必须要有明确的方向与目标，盲目的准备往往是徒劳的。知道需要准备，但不知道为什么准备，结果很可能该准备的忘记了，不需要准备的倒是准备了不少，等再想回头补救时已经没有了机会。这是许多效率低下、不懂得有效学习和工作的人最容易出现的问题，他们往往把大量的时间和精力浪费在毫无价值的准备工作当中了。

(五) 目标追求功利

任何一个人的职业生涯都必须依附于一定的组织环境条件和资源，都必然受到社会、经济、政治、文化和科技环境的影响。正是这些因素的影响，使得学生在对出现的职业机会进行评估的过程中，会产生功利心理，抱有"先占位置，再图发展"的思想，在自我定位和确立自己的职业目标时，不考虑自身的基础知识和职业技能，不根据自身和职业情况进行匹配，只注重职业的社会地位和职业薪酬。有的学生想，若公务员能顺利考上就从政，不管自己喜欢与否，只看重公务员职位的稳定、社会地位高，若考不上就到企事业从事与所学专业相关的工作。

四、大学生确立职业生涯目标的必要性和紧迫性

职业生涯目标应该是经过各方面的权衡比较和长时间思考后确立的。科学研究表明进行比较、思考的最佳时间应在大学阶段，因为大学生正处于风华正茂的青春年龄，有着意气风发的朝气、日渐成熟的心理，能比较充分地思考自己的人生。在这个阶段确立自己的目标是非常必要的，而且现代社会发展速度与社会需求更加要求大学生必须确立好职业生涯目标。

大学四年生活是自我定位、规划人生的过程，要在毕业之前对外界和自身的情况进行全面、具体的分析，找到自身融入社会的切入点，给自己一个准确的定位，选准适合自己的职业方向。否则四年盲目学习、生活，很容易造成必要知识的欠缺与相关能力的匮乏。许多大学生找不到工作就是因为对职业生涯缺乏规划。

第二节　职业生涯目标的确立

案例导入

【案例】 阿锋是我从小到大的朋友。18岁分开后，阿锋上了大学，什么事都挺顺当。在这分开的十年里，我们每隔两三年见一次面。每一次我都喜欢问他同一个问题——你将来的目标是什么？得到的答案总是不相同。

18岁，高中毕业典礼上：我发誓要当中国首富(好大的口气)！

20岁，春节同学聚会上：我想创立自己的公司，30岁时要有2000万资产。

23岁，大学毕业后阿锋在某工厂当技术员，第二职业是炒股：我正在为离开这家工厂而奋斗，因为在这里工作太没前途了。我将全力炒股，三年内用5万炒到300万元(听起来似乎有点实现的可能)。

25岁，炒股失意却情场得意，开始准备结婚：我希望一年后能有10万元，让我风风光光地结婚(挺现实的想法)。

26岁，不太风光的结婚典礼上：我想生一个胖小子，不久的将来当个车间主任就行，别的不想了。

28岁，所在的工厂效益下滑，也正是妻子怀胎十月的时候：我希望这次下岗名单里千万不要有我的名字(这时候我还能说什么)。

【案例评析】 从上面的案例可以看出，阿锋显然没有对自己的人生进行合理的规划。大学毕业后先是在工厂当技术员，但他没有去细心研究技术，而是去炒股，想赚到300万，后来炒股失败忽而又想当车间主任，最后可能技术也不是很精通，担心下岗名单中有他的名字。他这样一个没有切合实际规划的人生，显然是很容易失败的。

要想在未来职业生涯中获得成功，首先应该确立一个切合实际的职业定位和职业目标，并且把目标进行分解，然后设计出合理的职业生涯规划图，并且付诸行动，经过不断努力和调整，直到实现职业发展目标，获得人生的最大成功。

一、职业生涯目标确立的基本步骤

职业生涯目标的确立是以自己的最佳才能、最优性格、最大兴趣、最有利的环境等条件为依据的。离开了自身的优势，确立的目标就很难实现。职业生涯目标确立的具体步骤如下：

(1) 规划未来发展的总目标。今生今世，你想干什么？想成为什么样的人？想做哪一件或几件大事？想取得什么成就？想发挥自己哪一方面的优势与特长？想成为哪一专业的佼佼者？把这些问题确定后，职业生涯的总目标也就确定了。当然确立目标是建立在自我分析与内外环境分析基础上的，否则目标就失去了意义。

(2) 制订未来十年的大计。根据人生的总目标，想想今后十年，你希望自己成为什么样的人？有什么样的事业？将有多少收入？进行哪些家庭固定资产投资？要过上什么样的生活？你的家庭与健康水平如何？你将获得什么样的社会地位？把这些仔细地想清楚，一条一条记录在案。

(3) 制订未来五年计划。制订五年计划的目的是将十年大计分阶段实施，并将计划进一步具体化、详细化，将目标再进一步分解。

(4) 制订未来三年计划。俗话说，五年计划看头三年。因此，你的三年计划要比五年计划更具体、更详细。

(5) 制订明年计划。制订明年的计划以及实现计划的步骤、方法与时间表，务必要具体、切实可行。如果从现在开始制订目标，则应单独订出今年的计划。

(6) 制订下月计划。下月计划应包括下月应做的工作、应完成的任务、质和量方面的要求、财务上的收支、计划学习的新知识和有关信息、计划结识的新朋友等。

(7) 制订下周计划。下周计划的内容要非常具体、详细并数字化，切实可行，而且每周末提前做好下周的计划。

(8) 制订明日计划。明天计划要做哪几件事？哪几件事是最重要的非做不可的？把它们挑选出来，选取最重要的3～5件事，按事情轻重缓急、先后顺序排好队，明日按计划去做。按照事情的轻重缓急去做事，可以避免"捡了芝麻、丢了西瓜"，这对一个人提高办事效率是大有好处的。

二、职业生涯目标确立的基本方法

人生要确立一个什么样的职业目标，这要根据主客观条件加以设计。每个人的条件不同，所以目标也不可能完全相同，但确定目标的方法是相同的。下面将介绍一些基本方法。

(1) 目标设定。目标设定就是对生活进行控制。如果不知道想要什么，怎么知道该怎么做？又怎么知道是否接近或者达到了目标？因此，要充分了解自己，调整好自己的期望值。

(2) 从想象开始。如果你想拥有一些东西，它们是什么？如果你可以是任何人，你会是谁？想象一下你和一个20年后的人交谈，他是怎么样的？他会怎么说、怎么想？会给你什么建议？再回想一下你童年时代的梦想。这不是无聊的行动，因为没有认真考虑自己，许多人最终并没有得到他们想要的。

(3) 记录目标。记录目标看似简单，但它是你在确立自己的目标当中关键的一步。有人说目标和愿望的不同是因为目标是记录下来的，那么，在纸上写下你的目标。这不但可以让你更明确地"看"到你的目标，而且可以使目标更容易操作、更容易集中、更容易区分优先次序。

(4) 平衡各种目标。不要让你自己仅局限于职业目标(每个人都梦想成功)，在你生活的各个方面都应建立目标。用下面的字头——物质的(家庭、财务、职业、社区服务)和精神的(宗教信仰、社会活动等)——将相关目标写出来。

(5) 实现目标。有些目标是不切实际的，如在五年内成为百万富翁，成为美国总统，居住在塔希提岛，成为宇宙独一无二的。决定什么是可达成的目标很难，但决定什么对你来说是切合实际的目标很容易。要记住：建立过高的目标要优于建立过低的目标。

(6) 使各种目标互相兼容。试想一下，你确立了一个被晋升为公司高层管理人员的目标和一个每周工作不超过40个小时的目标，这两个目标肯定是不兼容的。为什么？因为如果成为管理人员，可以想象你的公司将会要求你在非正常工作时间内处理一些问题，如出席会议和出差。如果你想把更多的时间花在你的家庭上，想减少你的工作时间，那么最好考虑成为公司的首席执行官。所以目标之间是相互影响、相互结合的。

(7) 使各种目标具体化和量化。例如，你想有好的阅读能力，这意味着什么？你需要阅读小说、传记等书籍。那么要读多少本书？什么时候完成？大量实例表明，如果你不能用数字或者数据量化你的目标，那目标就不够具体。

(8) 将长期目标分解成短期的周目标。最后期限是一个有魔力的可以达到目标的方法。写下你的周目标，让你自己有很多的最后期限。如果你知道你五年后想怎么样，你同样会知道你今年该怎么做，这周该怎么做。如果你想在五年内读 60 本经典小说，那么就知道这周你得读《战争与和平》的第四章。这种切割和征服的游戏计划可以给你较小的、立刻的成就感，可以使你有足够的动力坚持下去。

(9) 经常检查你的目标。每日能快速地检查目标是最好的，千万不要忽视每周的目标检查制度。通过你已完成的计划，对后续计划做出调整，比如查看哪些你忽视了？哪些你迅速避免了？通过对目标的检查你可以清楚哪些目标你可以真正达到，哪些仅仅是纸上的梦想而已。如果能根据实际发展变化修改或者放弃某些目标，然后重新考虑那些你很重视的、感觉很好的目标，你就可以很好地安排你的生活了。

(10) 将目标确立看成一个过程。当你安排周计划时，也许将会根据实际做一些调整。这也是一个你发现什么对你来说是最重要的过程。使调整自由些，记住，对目标调整和达到目标同样重要，这是一个很好的保证你持续进行周计划的方法。

(11) 坚持下去。你可自由地改变你的计划并不意味着你必须这样做。实现目标最关键的是坚持。如果你不放弃，有多少目标会失败呢？几乎很少！成功的人可以铲除或者绕过障碍，坚持不懈地朝着既定的目标前进。经验之谈：只有当目标对你失去意义时再修改它，千万不要仅仅因为它太高、太难或者你受到挫折而放弃它。

(12) 从这一分钟开始。是的，从这一分钟开始，翻开你的记事本写下要做的事，马上选定你开始第一个目标的日期。

三、职业生涯目标确立的基本原则

(一) 要注重职业生涯发展环境的分析

在确立职业生涯目标时，对环境的分析是非常重要的环节。进行环境分析主要包括以下三个方面。

1. 对组织环境的分析

对组织环境的分析，是个人着重分析的部分，因为组织是实现个人抱负的舞台。西方有句关于职业发展的名言："你选择了一个组织，就是选择了一种生活。"特别是现代组织越来越强调组织文化建设，对雇员的适应生存能力要求越来越高，因而应对自己将寄身其中的组织的各个方面进行详细了解。在知己知彼的基础上，寻求具有相同价值观的组织，才是个人融入组织的最佳选择。组织环境分析有六个方面的内容。

(1) 组织特色分析。了解组织的风格与经营理念，以判定跟个人的价值观是否吻合，具体包括对组织规模、组织结构、组织文化、人员流动性等内容的分析。

(2) 组织经营战略分析。战略决定了组织未来的发展趋势，也影响着个人的发展空间，具体包括组织发展战略、组织发展措施、组织的竞争实力、组织发展态势分析等。

(3) 人力资源状况评估。根据现状分析个人的发展机会，具体包括人力资源需求预测和组织的升迁政策、培训方法、招聘方式等。

(4) 人力资源管理分析。该项包括人事管理方案、薪资报酬、福利措施、雇员关系等。

(5) 组织工作环境与特性分析。该项包括组织是集权式管理还是授权式管理，组织氛围等。通过对组织环境的分析、了解，判定个人在组织的发展机会与空间。

(6) 组织人际关系分析。弄清个人职业发展过程中将同哪些人交往，其中哪些人将对自身发展起重要作用；工作中会遇到什么样的上下级、同事及竞争者，对自己会有什么样的影响，如何与他们相处等。

2. 对社会环境的分析

个人的发展与组织的发展都离不开一定的社会经济环境。社会环境为人的发展提供了条件和可能性。当前我国社会正处在快速转型期，作为即将步入社会的大学生，应该善于把握社会发展脉搏。这就需要对社会大环境进行分析，主要包括以下三个方面。

(1) 社会政策分析。弄清社会上哪些是可以做的，哪些是不能做的；哪些事是现在可以干的，哪些是将来有潜力的；当前社会热点职业门类分布及需求状况；所学专业在社会上的需求形势；自己所选择职业在目前与未来社会中的地位；自己所选择的单位在未来行业发展中的变化情况，在本行业中的地位、市场占有及发展趋势等。

(2) 社会变迁与价值观念分析。了解当前社会、政治、经济发展趋势；社会发展对自身发展的影响；弄清信息化社会对生涯发展、人才成长、价值观等的影响。

(3) 科技发展的趋势及其影响分析。该项内容包括知识积累和补充、理论更新、观念转变、思维变革等产生的影响。

对这些社会发展大趋势问题的清醒认识，有助于把握职业社会需求，使自己的职业选择紧跟时代发展的步伐。

3. 对经济环境的分析

经济环境对人的生涯发展有着直接、重要的影响，包括以下三个方面。

(1) 经济发展的影响。随着经济的发展，社会将不断出现新行业，使机构增加、编制扩容、就业和晋升机会增加等。

(2) 经济模式变化。市场经济的发展，知识经济的到来，对就业、发展、素质提出了更高要求。

(3) 经济全球化。经营策略的变化、经济法规的调整、对从业人员素质的要求、竞争压力增大等，都会影响个人的生涯发展。

只有弄清了环境对职业发展的作用及影响，才能更好地进行职业目标定位。

(二) 要符合社会与组织的需要

职业生涯目标如同一种"产品"，这种"产品"有市场才有"生产"的必要。故在确立职业生涯目标时，要考虑到内外环境的需要，特别是要考虑到社会与组织的需要。有需求才有市场、才有位置。同时，目标必须是符合党和国家的方针政策，符合道德规范，不损害社会的利益，不会给任何人带来痛苦和损失的，这样的目标才能引导自己走上成功之路。否则，它将引导你走向邪路，走向失败之途，还将对国家和社会造成损失，也将毁掉你的前途。

(三) 要适合自身的特点并建立在自身的优势之上

不同的人有不同的特点和优势。只有将目标建立在个人优势的基础上，才能处于主动有利的位置。要选择与自身长处相符或相近的目标，在目标选择时应注意以下两点：

(1) 人之才能，各不相同。目标选择不能偏离自身长处，否则便是自己跟自己过不去，人为设置前进道路上的障碍。有的人选择目标违背以上原则而误入歧途，他们的失误不是单凭自己的爱好，就是盲目追逐世俗的热点。

(2) 才能相近。所谓才能相近，指的是才能之间跨度不大，如写字与绘画，体育表演与杂技表演，写小说与写话剧，党的工作与团的工作，工业管理与商业管理等。但是，才能相近也需要花费相当的气力才能做到相符。只有自己的长处与自己的目标方向一致，才能势如破竹，事半功倍。

(四) 要高远但决不能好高骛远

一个人追求的目标越高，其才能就发展得越快，对社会越有益，所以不应根据现有能力制订目标。人不可能超过自己设定的目标，因此自我人生目标就是自己发展水平的上限。但人的潜能又是巨大的，只要不断挖掘，就能够取得了不起的成就。

当然，目标也不能过高。如果目标过高，则使人悬于幻想的高空，在现实生活中必然一事无成，目标就失去了意义。值得注意的是，目标不是理想、不是希望，而是理想与希望的具体化。理想是对未来事物的想象或希望，是一种崇高的精神境界，而目标是实的、是具体的。目标与理想的关系是目标指向理想，二者虽有关系，但不能相互替代。

(五) 目标幅度不宜过宽

在目标确立过程中，最好选择窄一点的领域，并全身心投入其中，这样更容易获得成功。一般来说，专业面越窄，所需的力量相对越少，换句话说，用相同的力量应对不同的工作对象，专业面越窄的，其作用越大，成功的机会也越多，所以职业生涯目标的专业面不宜过宽。

(六) 要注意长期目标与短期目标的结合

职业生涯目标应长短结合。长期目标指明了发展的方向，可以鼓舞斗志，防止短期行为。短期目标是实现长期目标的保证，没有短期目标，也就不会有长期目标。特别是在职业生涯发展过程中，通过短期目标达成的成就感和乐趣，可以鼓舞自己为了取得更大的成就而向更高的目标前进，所以长短结合更有利于职业生涯目标的实现。如果只有短期目标，看不到远大的理想，也会影响短期目标的激励作用，还会使事业发展摇摆不定，甚至偏离既定的发展方向。

需要指出的是，职业生涯规划中的职业目标同日常工作目标有很大差异。工作目标是个人在当前的工作岗位上想要完成的任务目标，可以是自设的，也可以是组织给定的。工作目标一般是较具体、同本职工作紧密相关并随时间而变化的短期目标。职业目标相对来说是较为抽象的长期目标，而且不一定完全同当前的工作有关。但是，职业目标的达成，尤其是计划在单一专业或组织内部提升的目标，同当前工作目标的选择及完成情况关系密切。可以说，选择适当的工作目标并很好地实现这些目标是最终达成职业目标的最佳途径。

(七) 目标要明确、具体并可以量化，且同一时期的目标不宜太多

目标越简明、具体，就越容易实现，越容易促进个人的发展。目标应该像射击的靶子一样，清清楚楚地摆在那里，干什么，干到什么程度，要有明确具体的要求，比如从事某一专业，工作到哪年，学习哪些知识，达到什么程度，都要明确、具体地确定下来。目标明确不仅指业务发展目标，而且与之相应的其他目标也要明确具体，比如学习进修目标、思想目标、经济收益目标、身体锻炼目标等，同时要做到互相配合、共同作用，才能促进个人身心、生活和事业的全面发展。

同一时期目标不宜过多，应相对集中。要实现人生目标，成就一番事业，须把目标集中到一个焦点上。集中一个目标，并不是说你不能设立多个目标，而是你可以把它们分开设置。具体来说，就是一个时期一个目标，拉开时间差距，实现一个目标后再实现另一个目标。

(八) 要注意职业目标与家庭目标以及个人生活与健康目标的协调与结合

人生除了事业目标外，还有财富、婚姻、健康等目标。家庭与健康是事业成功的基础和保障，并直接影响着人生事业的发展和生活质量。所以，家庭、健康也是人生的重要组成部分，在制订职业生涯目标时也应加以考虑。人生立志创一番事业，物质基础是必要的，没有一定的物质基础，事业也难以得到发展，所以在制订人生事业目标时，应适当地对个人收入问题加以规划。婚姻也是人生中的一件大事，处理得好，有助于事业的发展，一生幸福；处理不好，不但影响事业的发展，而且终生痛苦。

人的生命与成败掌握在自己手中。规划好你的人生，规划好你的发展，是决定你一生伟大与平凡、成功与失败的关键。

第三节 职业生涯目标的实现

案 例 导 入

【案例】 出生于1947年的施瓦辛格，早在他10岁时就有三个梦想：世界上最强壮的人、电影明星、成功的商人。通过自己的艰苦努力和奋斗，如今他不仅实现了自己儿时的梦想，成为健美冠军、电影明星、亿万富翁，甚至还成为了一名政治家——美国加州州长，并且确立了新的目标——成为美国总统。

【案例评析】施瓦辛格的成功，让我们看到了一个普通人是如何通过自己的努力，一步一步将自己的梦想变成现实的。应该说，政治家并非他的一贯理想，但时机成熟了，就水到渠成，他也就理所当然可以把政治家作为自己奋斗的目标了。

一、确定职业生涯发展路线

(一) 职业生涯发展路线的含义

所谓职业生涯发展路线，指是向专业技术方向发展，还是向行政管理方向发展。不同的发展路线对从业者的素质要求不同，今后的发展阶梯也不同。

发展方向不同，要求也不同。这就如登山，要最快到达山顶，就要选择最佳的登山路线与方式。人们常说条条大路通罗马，讲的是途径多、选择多、办法多的道理。可是那么多途径到底哪条是到罗马最近最好走的路呢？这就是实现目标中的路线选择问题。选择了捷径，就容易进入职业发展的快车道，否则，就会耽搁在路上。而且没有一个职业发展的路线蓝图，就会走错路、走弯路、走回头路，这将直接影响我们的心情和成就，导致我们的努力、动力、能力不能直接作用于目标，出现资源、时间、精力的浪费，在无形中延长了我们取得成功的期限。因此，在职业确定之后，必须对职业生涯路线进行选择，以使今后的学习和工作沿着职业生涯路线和预定的方向发展。

在职业生涯发展路线选择过程中，可以针对下面三个问题进行考虑：

(1) 我想往哪一路线发展？

(2) 我适合往哪一路线发展？

(3) 我可以往哪一路线发展？

职业生涯发展路线包括一个个发展阶梯，我们可以由低阶至高阶步步上升。例如，大学教师的职业生涯发展路线通常是助教→讲师→副教授→教授，而在企业中，财务人员的职业生涯发展路线可以是会计员→主管会计师→财务部经理→公司财务总监。

每个人的基础素质不同，适合的职业生涯发展路线也就不同，如有的人适合搞研究，能够在专攻领域求得突破，有的人适合管理，可以成为一名优秀的管理人员。

(二) 职业生涯发展路线的途径

职业生涯发展路线途径主要有三种，即专业技术型、行政管理型和自我创业型。

1. 专业技术型发展途径

专业技术型发展途径指工程、财会、销售、生产、法律等职能性专业方向。共同特点：都要求有一定的专门技术性知识与能力，并需要有较好的分析能力，这些技能必须经过长期的培训与锻炼才能具备。如果一个人对专业技术内容及其活动本身感兴趣，并追求这方面的提高和成就，喜欢独立思考，而不喜欢从事管理活动，专业技术型发展途径便是他最好的选择。准备走专业技术型发展途径的人的相应发展阶梯是技术职称的晋升，技术性成就的认可，奖励等级的提高及物质待遇的改善。如果一个人在开始时选择了专业技术方向，但仍然对管理有兴趣，并且希望在管理领域做出一番事业，也完全可以跨越发展，即一开始从事某种技术性专业，不断积累和充实自己的专业知识，打下坚实的技术基础，然后在适当的时候转向专业技术部门的管理职位。事实上，现代社会中的很多地方都有这样的客观要求。

2. 行政管理型发展途径

如果一个人很喜欢与人打交道，处理起人际关系问题总是感到得心应手，并且由衷地热爱管理，考虑问题比较理智，善于从宏观角度考虑问题，并善于影响、控制他人，追求权力，那么行政管理型发展途径就是他最恰当的选择。他们把管理这个职业本身视为自己的目标，相应的发展阶梯一般是从基层职能部门开始，然后向中级部门、高级部门逐步提升，管理的权限越大，其承担的责任也越大。此发展途径的人晋升的前提条件是个人的才能与业绩不断地积累和提高，达到了相应层次职位的要求。行政管理型发展途径对个人素质、人际关系技巧的要求很高。那些既有思维能力又善于处理人际关系的人，总是能够成为任职部门的主管干部，甚至做到组织分管技术工作的副总经理、总监、副院长、副厂长等高层职位；而那些虽然善于处理人际关系，但欠缺思维分析力以及感情耐受力较差的人，只能停留在低层领导岗位上。由此可见，不断地学习使自我提高是非常重要的。

3. 自我创业型发展途径

现在，有很多人选择了自我创业的途径。创业自有快乐，但创业途中的艰难也不是常人能够想象的。客观上，创业要有良好的机会和适宜的土壤；主观上，创业人不仅要有强烈的创造与成就愿望，而且还要具备很强的心理素质，他们能够承担风险，善于发现新产品、开拓新领域、开创新思维。

(三) 职业生涯发展路线的类型

1. 典型的职业生涯发展路线

典型的职业生涯发展路线是一个 V 字形的图形。假定一个人 22 岁大学毕业参加工作，即 V 形图的起点是 22 岁。从起点向上发展，V 形图的左侧是行政管理型发展路线，右侧是专业技术型发展路线。按照年龄或时间将路线划分为若干部分，并将专业技术等级或行政职务等级分别标在路线图上，作为自己职业生涯的目标。当然，职业生涯发展路线也可能会出现交叉与转换，这可以根据自身的情况与规划画出相应的职业生涯发展路线(见5-2 图)。

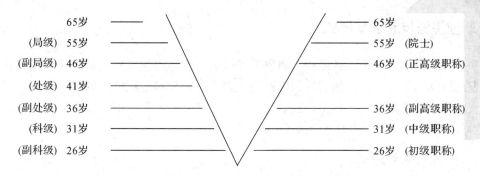

图 5-2　典型的职业生涯发展路线

2. 直线型的职业生涯发展路线

走直线职业生涯发展路线的人一生只从事一种职业，他们不断学习和提高专业技能，积累经验和资历，只在这个职业的一系列职位中发展，最后获得成功。比如只从事教师职业，先后担任助教、讲师、副教授和教授。这一路线只有一个通道，目标清晰明确。从业者通常做垂直运动，目标就是晋级，这不仅需要个人的努力，更需要组织的栽培。

3. 螺旋型的职业生涯发展路线

走螺旋型职业生涯发展路线的人在实现目标的过程中从事两种或两种以上的职业，他们不断学习和提高多种技能，培养灵活的就业能力，不断积累经验，提升人力资本，在不同职业甚至不同行业中寻求发展。如做外贸、信息收集员后，再做某网络公司策划总监，原有的市场经验和信息收集分析经验都为从事策划工作奠定了基础。此种路线的通道不明晰，从业者主要追求心理成就感的满足。从业者目标呈现螺旋型上升趋势，他们的发展主要靠个人的设计与管理。

4. 跳跃型的职业生涯发展路线

走跳跃型职业生涯发展路线的人一生中职务等级或职称等级不是一级一级晋升，而是越级晋升。出现越级晋升的原因主要有：组织因规模扩大等原因，人员紧张，岗位出现空缺，任命于急需之时；为符合政策规定，破格提拔人员；个人在学术、业务方面刻苦钻研，成果显著，脱颖而出等。此种模式可用较短时间到达较高的职业高度，但是需要机遇或个人特别的努力，并非是每个人都能实现的。

5. 双重型的职业生涯发展路线

走双重型职业生涯发展路线的人有两个可以相互跨越的职业生涯发展路线，他们可自行决定其实现目标的发展路线。该发展路线让管理层级和技术等级在各个水平上都有可以比较的报酬、责任和影响力。相对的是单线型职业生涯发展路线，指只能有一个职业生涯发展路线，或是管理型的，或是技术型的。一般技术型人员发展机会有限，在职业地位、薪资、发展机会等各方面都不及管理型人员。走双重型路线的大多为专业技术人员，他们可以从技术发展路线或管理发展路线中选择一条自己最适合的，减少改变职业生涯发展路线的成本。

二、职业生涯发展运动形式

职业生涯发展运动形式是现代人力资源管理的关键。组织为雇员建立科学合理的职业生涯发展运动形式，对调动他们的积极性与创造性、增加对组织的忠诚度、促进组织的永续发展具有重要的意义。职业生涯发展运动形式多种多样，但概括起来主要有三种：向上运动形式、横向运动形式和中心运动形式。

(一) 向上运动形式

向上运动形式是沿着组织的等级跨越职位等级边界向上运动，即通过职位升迁而向权力中心移动，其职业地位、报酬、责任及技能要求都会随之有所提高。在组织中工作的多数人在其职业道路上沿着一个等级维度移动，就是说，他们获得若干次的提升，达到了他们所属的职业或组织中的一定层面，如由部门副经理上升到部门经理。

(二) 横向运动形式

横向运动形式指跨越职能边界的横向运动，通过部门间或不同单位间的调动而积累个人的技能和经历以及发展潜力，为进一步精通某一专业和提升更高岗位打下较宽广的基础。其地位和报酬与原来的工作大致相同，但承担了新的责任，例如，由市场营销部门转到人力资源部门等。施恩认为这些人沿着一种职能或技术维度横向移动，描绘了他们的特长或才干和技能的结合。那些很早进入一种专门领域并且长期在此发展的人相对很少沿着这种维度移动，而另一些不断转换区域的人则沿着这种维度多次流动。

(三) 中心运动形式

中心运动形式是通过赋予员工更大的权利和责任而向权力中心运动的形式。员工虽然没有改变岗位，甚至经济待遇也没有改变，但赋予工作更多的权利和责任，增加了工作的挑战性，员工掌握更多的资源，有更多的决策权、更高的工作意义、更强的成就感。一般来说，按等级向上的运动与进入核心的中心运动是相关的，不过，一个人完全有可能停留在一个给定等级上，由于他拥有经验而更接近核心，受到更多的信任；也有可能他会向上移动，仍置身外围的情况，恰如常言所说的"明升暗降"。也可以说，这是另一形式的横向运动，对于许多无法再往上升的人来说，这种成长仍有可能，并且具有非同一般的意义。

三、职业生涯目标的分解

在职业生涯总目标确定以后，如何将长远的总目标加以细化和落实，这就需要对目标进行分解。职业生涯的实现可以用一系列的阶段来表示。为了顺利进入下一个新阶段，应根据新阶段的特点制订分目标。目标分解就是根据观念、知识、能力差距，将职业生涯长期的远大目标分解为有时间规定的长、中、短期分目标，直至将目标分解为某确定日期可以采取的具体步骤。目标分解的方法一般有两种，按时间分解和按性质分解，详见图5-3。

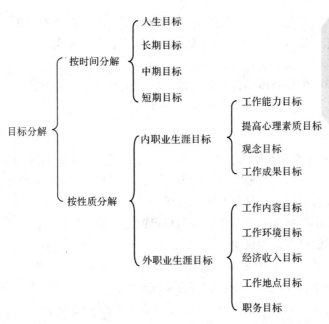

图 5-3　目标分解示意图

(一) 按时间分解

个人职业目标，按时间可以分为短期目标、中期目标、长期目标和人生目标。一般来说，短期目标服从和服务于中期目标，中期目标服从和服务于长期目标，长期目标服从和服务于人生目标。具体实施目标，通常是从具体的、短期的目标开始的。在确定人生目标和长期目标时，要多考虑一些自身因素和社会因素，而确定中期目标和短期目标时，则要更多考虑工作环境因素。通过确定个人的长期目标、中期目标和短期目标，就形成了完整的个人目标体系。

1. 短期目标

短期目标一般为 2 年以内的规划，主要是确定近期目标、规划近期完成的任务。如对专业知识的学习，2 年内需要掌握哪些业务知识等。其主要特征有：

(1) 表述清晰、明确；

(2) 对于本人具有意义，与自我价值观和中长期目标一致，有可能暂时不能完全满足自己的兴趣要求，但可"以迂为直"；

(3) 切合实际，并非幻想；

(4) 有明确具体的完成时间；

(5) 有明确的努力方向，通过努力能达到适合环境需要的能力，实现起来完全有把握；

(6) 目标精练。

2. 中期目标

中期目标一般为 2～5 年内的目标与任务。如规划到不同业务部门当经理，规划从大型公司部门经理到小公司当总经理等。其主要特征有：

(1) 结合自己的志愿、组织的环境及要求制订，与长期目标相一致；

(2) 基本符合自己的兴趣、价值观，使人充满信心且愿意公之于众；

(3) 切合实际，并且未来的发展有所创新，有一定的挑战性；

(4) 能用明确的语言定量与定性说明；

(5) 有比较明确的执行时间，根据外部环境变化可做适当的调整；

(6) 可以发挥自己的能动性，实现的可能性非常大。

3. 长期目标

长期目标一般为 5～10 年的规划，主要设定较长远的目标。如规划 30 岁时成为一家中型公司的部门经理，40 岁时成为一家大型公司副总经理等。其主要特征有：

(1) 自己的选择和组织、社会的发展需求相结合；

(2) 很符合自己的兴趣、价值观，能为自己的选择感到骄傲；

(3) 能用明确的语言定性说明；

(4) 有实现的可能，并有更大的挑战性；

(5) 与志向相吻合，能够立志通过努力实现理想；

(6) 与人生目标相融合，指导自己为创造美好未来坚持不懈。

4. 人生目标

人生目标是整个职业生涯的规划，时间长至 40 年，设定整个人生的发展目标，如规划成为一个有数亿资产的公司董事。

(二) 按性质分解

个人职业目标按性质可以分为外职业生涯目标和内职业生涯目标。

1. 外职业生涯目标

外职业生涯是从事职业时的工作单位、工作地点、工作内容、工作职务、工作环境、工资待遇等因素的组合及其变化过程。外职业生涯的构成因素通常是由别人给予的，也容易被别人收回。外职业生涯因素的取得往往与自己的付出不符，尤其是在职业生涯初期。有的人一生疲于追求外职业生涯的成功，但内心极为痛苦，因为他们往往不了解：外职业生涯发展是以内职业发展为基础的。

(1) 工作内容目标。在现实生活中，能够晋升到高层职位的毕竟是少数。位置越高，留给我们可以选择的机会也就越少，而且能不能晋升，很大程度上并不取决于我们自己。所以不要只盯着职务目标的晋升，而应该把外职业生涯目标规划的重心移到工作内容目标上来。

(2) 经济收入目标。我们从事一项工作，获得经济收入是重要目的，毕竟我们谁也离不开生存的物质基础。在职业生涯规划中列出收入期望无可厚非，但要注意切合实际和自己的能力素质，然后大胆地规划一个具体的数目，不要含糊不清，或者压根就不敢写。

(3) 工作地点目标和工作环境目标。如果个人对工作地点和工作环境有特殊要求就要在规划中列出这两项内容。

(4) 职务目标。职务目标应当具体明确。

2. 内职业生涯目标

内职业生涯是从事一项职业时所具备的知识、观念、心理素质、能力、内心感受等因素的组合及其变化过程。内职业生涯各项因素要靠自己的主观努力才能实现，别人的帮助只是一个助力。而且内职业生涯的构成因素一旦取得，就会成为别人拿不走、收不回的个人财富。内职业生涯的发展是外职业生涯发展的前提，内职业生涯发展了外职业生涯自然也会提升。因此，我们应当充分重视内职业生涯的发展，认清它在个人职业生涯乃至整个人生发展中的关键性作用。

(1) 工作能力目标。工作能力是对处理职业生涯中各种工作问题的能力的统称，如策划能力、管理能力、研究创新能力、与领导无障碍沟通的能力、与同事协调合作的能力等。

衡量一个人的职业生涯成功与否，不在于他是否赚到很多钱、当上很高的官这些外在表征，而在于他在工作的过程中，是否创造了富有实际意义的成绩。很多时候，我们的职业生涯发展是个横向伸展的过程，可能是工作内容范围的扩大，也可能是专业领域的精进，这都需要我们不断地提高个人的工作能力，否则，职业生涯将停滞不前。

从另一个角度来说，必要的工作能力积累是达到职务目标和收入目标的前提。所以，我们在制订个人职业生涯规划时，工作能力目标应当优先于职务目标。职务能够获得晋升，很大程度上不取决于我们自己，但在工作中能否增长知识、提高能力、提高工作效率却是我们可以独立把握的。现在一些组织的管理者在人事管理中，已经把工作能力提高作为改善员工待遇的重要指标。工作能力目标应当切合实际，具有挑战性，并与该阶段的职务职称目标所要求具备的条件相匹配。

(2) 心理素质目标。心理素质在当今社会越来越受到人们的重视，在职业生涯途中，有人成功达到目标，有人半空而坠，区别其实不在机遇和外部条件。每个人的职业生涯发展过程中都会遇到各种困难，只有心理素质合格的人才能正视现实，努力去克服困难并冲向卓越。而心理素质差的人只会怨天尤人、自暴自弃。为了个人的职业生涯规划蓝图能够化为现实，千万别忘记不断提高自己的心理素质。提高心理素质目标包括经受挫折、包容他议，也包括在暂时的成功面前保持清醒和冷静。

(3) 观念目标。观念是对人对事的态度、价值观。现代社会是一个强调观念的社会，各种各样的新观念层出不穷，很多跨国大企业甚至形成了自己的观念文化。这些观念影响着我们的行动，也影响着组织、领导、同事、客户对我们的态度。随时更新自己的观念，让自己总是站在前沿地带，也是我们规划个人职业生涯的重要一步。

(4) 工作成果目标。在很多组织里，工作成果都是进行绩效考核的一个重要指标，出色的工作成果带给我们极大的荣誉感和成就感，也铺砌了通往晋升之途的阶梯。

制订外职业生涯目标与内职业生涯目标是同时进行的，两者是相辅相成、相互促进的，内职业生涯目标的发展可以推动外职业生涯目标的发展，而外职业生涯目标的实现又可以促进内职业生涯目标的实现。

四、职业生涯目标组合

目标组合是处理不同目标相互关系的有效措施。如果只看到目标之间的排斥性，就只能在不同目标之间做出排他性选择，而如果能看到目标之间的因果关系与互补性，就能够积极进行不同目标的组合。目标组合有三种方法：时间组合、功能组合和全方位组合。

(一) 时间组合

职业生涯目标在时间上的组合可以分为并进和连续两种情况。

1. 并进

所谓职业生涯目标的并进，是指同时着手实现两个平行的工作目标或建立和实现与目前工作内容不相关的预备职业生涯目标。有时候，外部环境给予我们的机会很多，这让我们面临多个选择，于是会出现两个或多个不同方向的职业生涯目标。只要处理得好，在一定时期内，就可以做到鱼与熊掌兼得。当然，前提条件是你有足够的精力和能力来应对。对于普通年轻人来说，建议在一段时间内只定一个大目标。

这里所说的"同时着手实现两个平行的工作目标"是指短期内进行不同性质的工作。

而建立和实现与目前工作内容不相关的预备职业生涯目标，多发生在中、青年人身上，意在居安思危、未雨绸缪。例如，学校团支部书记为了今后获得更大的发展空间，在做好本职工作的同时，进修 MBA 课程。并进的目标有利于我们开发潜能，在同样的时间内迎接更大的挑战，发挥更大的价值。

2. 连续

连续是以时间坐标为纽带，将各个目标前后连接起来，实现一个目标后再进行下一个目标。一般来说，较短期目标是实现较长期目标的支持条件。目标的期限性是相对的，随着时间的推移，长期目标成为中期目标，中期目标成为短期目标，短期目标成为近期目标。只有完成好每一个近期目标和短期目标，最终目标才有可能实现。

(二) 功能组合

很多职业生涯目标在功能上存在因果关系或互补关系。

1. 因果关系

有些目标之间存在着明显的因果关系，如前面提到的工作能力目标与职务目标和收入目标，前者是因，后者为果，表现为：工作能力提高→职务提升→收入增加。通常情况下，内职业生涯目标是原因，外职业生涯目标是结果。

2. 互补关系

一个管理人员希望在成为一个优秀的进口部经理的同时取得 MBA 证书，这两个目标之间存在着直接的互补作用。实际管理可以为 MBA 学习提供实践的经验体会；而 MBA 学习又为实际的实践提供理论支持和方法指导。同样的，高校教师往往同时肩负着基础教学和科研两项任务，教学基础为进行科研工作提供了理论基础和方法指导，科研实践又促进了教学内容的丰富、更新和质量的提高。

(三) 全方位组合

全方位组合已超越职业的范畴，它涵盖了人生全部活动。全方位组合指职业生涯、家庭和个人事务的均衡发展、相互促进。事业不是生活的全部，任何一个人都不能离开家庭和休闲娱乐，完美的职业生涯规划不应把生活中的其他内容排斥在外。目标组合可以超越狭隘的职业生涯范围，将全部的人生活动联系协调起来。

阅读与训练

 阅读材料

比赛尔的故事

比赛尔是西撒哈拉沙漠中的一颗明珠，每年有数以万计的旅游者来到这里。可是在肯·莱文到来之前，这里还是一个封闭而落后的地方。这里的人没有一个走出过沙漠，据说不是他们不愿意离开这块贫瘠的土地，而是尝试很多次都没有走出去。

肯·莱文当然不相信这种说法。他用手语向这儿的人问原因，结果每个人的回答都一样：从这儿无论向哪个方向走，最后都会转回到出发的地方。为了证实这种说法，他做了一次试验，从比塞尔村向北走，结果用了三天半时间就走了出来。

比赛尔人为什么走不出来呢？肯·莱文非常纳闷，结果只得雇一个比赛尔人，让他们带路，看看到底是为什么。他们带了半个月的水，牵了两峰骆驼，肯·莱文收起指南针等现代设备，只拄着一根木棍跟在后面。

十天过去了，他们走了大约 130 千米的路程，第十一天的早晨，他们果然又回到了比赛尔。这一次，肯·莱文终于明白了，比赛尔人之所以走不出沙漠，是因为他们根本就不认识北斗星。

在一望无际的沙漠里，一个人如果凭着感觉往前走，他会走出许多大小不一的圆圈，最后的足迹十有八九是一把卷尺的形状。比赛尔村处在浩瀚的沙漠中间，方圆上千千米没有一个参照物，若不认识北斗星又没有指南针，想走出沙漠，确实是不可能的。

肯·莱文在离开比赛尔时，带了一位叫阿古特尔的青年，就是上次和他合作的人。他告诉这位汉子，只要白天休息，夜晚朝着北面的那颗星走，就能走出沙漠。阿古特尔照着去做，三天之后果然来到了大漠的边缘。阿古特尔因此成为比赛尔村的开拓者，他的铜像被竖在小城的中央，铜像的底座上刻了一行字：新生活是从选定方向开始的。

 操作训练

一、训练题目

完成职业生涯目标设定表。

二、训练要求

1. 明确职业生涯目标的确立是建立在对自己职业兴趣、性格特点和环境认知基础上的。

2. 对影响职业生涯目标确立的各要素进行客观评价。

三、训练内容

请结合自己的实际情况完成下表。

职业生涯目标设定表

姓　名		性　别	
年　龄		专　业	
360 度评价			
自我分析			
家人评价			
同学评价			
老师评价			
总结评价			
自我认知小结			
环境认知			
家庭环境分析			
社会环境分析			
行业环境分析			
目标职业分析			
职业生涯目标设定			
从事行业			
职业发展路径			
短期目标 年(__岁)至 年(__岁)			
中期目标 年(__岁)至 年(__岁)			
长期目标 年(__岁)至 年(__岁)			

 思考题

1. 为什么大学生要确立职业生涯目标？大学生职业生涯目标缺失有哪些表现？

2. 确立职业生涯目标应遵循哪些原则？

3. 通过哪些步骤确立职业生涯目标？应掌握哪些方法？

4. 确立职业生涯目标应注意哪些问题？

5. 大学生职业生涯目标发展的途径有哪些？具有什么意义？

第六章

职业生涯决策

有人说人生充满选择，但关键处只有几步。正如下棋，一步之差，可能全盘皆输。生活就是由一系列的选择组成的，在做出选择之前有一个很重要的心理过程——决策。一个人遇到的麻烦和不如意，往往是由于他做出了不合适的决策或未做出决策而产生的。日常生活中的很多决策往往在不经意中就完成了，但职业生涯决策却并非一蹴而就，在做出决策前，需要对自己及环境信息进行检索。所有的道路，不是别人给的，而是自己选择的结果。你做出了什么样的选择，也就有了什么样的人生。

通过本章的学习，使大学生了解职业生涯决策的类型及常见的问题；理解职业生涯决策的影响因素；掌握职业生涯决策的过程和方法，为自己的未来做出英明的决策。

第一节　职业生涯决策概述

【案例】 在辽阔的坦桑尼亚草原上，一只饥饿的鬣狗在四处觅食。它沿着灌木间的小路奔跑，来到一个岔路口。在两条岔路的远方，各有一头山羊绊倒在灌木丛中，正在不断挣扎。鬣狗的口水流了出来，它想先吃其中一条路，却又担心另一条路上的山羊被别的动物抢走。最后它决定左脚沿着左边的路走，右脚沿着右边的路走。但是两条路越分越开，相隔越来越远，最后鬣狗把自己身体劈成了两半。由此，一条古老的谚语在非洲广泛流传："鬣狗难过岔路口"。

【案例评析】 这个故事告诉我们，在面临一些选择的时候，往往是鱼和熊掌不可兼得，要学会取舍，学会决策。良好的决策能力对一个人来说至关重要，个人决策的质量是评估生活有效性的指标之一。重大生活决策，如职业生涯决策往往会对一个人产生多年甚至一生的影响。对于大学生来说学会自主决策、正确决策，是承担自己人生责任必经的一步。

一、职业生涯决策的含义及原则

(一) 职业生涯决策的含义

决策，是个人对将要进行的重要问题，或将要从事的重要工作，做出审慎的最后决定。具体而言，决策是指个人将数据加以组织，然后在许多可能的选择项目中，进行评估、选择、确定，并付诸实施的一个过程。因此，决策是连环发展的过程，而非单一事件，整个生涯发展过程都会不断面临决策的问题。

职业生涯决策是指对职业生涯事件的选择和决定的过程。做决定是人成长过程中的重要环节，一些重要决定甚至可能影响一生。随着年龄的增长，我们不得不自行决定一些重大的事情，例如考试、升学、交友、就业、婚姻等，甚至日常生活中的琐事也都充满着选择。

职业生涯决策是综合了个人对自我的认识以及对教育与职业等外在因素的判断，其构成要素包括决策者个人目标、可供选择的方案与结果，以及对各个结果的评估。而其过程与结果，则受到机会、结构等社会因素以及个人价值观与其他内在因素的影响。

职业生涯决策是一个高度复杂的过程，常常会令人左右为难，很难用简单的方程式概括。人不可能完全理性，但应学会把一些理性方法引入职业生涯决策中。培养理性决策的能力将使你终身受益。

(二) 职业生涯决策的原则

1. 择业的愿望与效果相统一的原则

在很多情况下，人们择业的愿望和最终得到的实际效果总是有一段距离，也就是理想与实际有差异。人们总是从职业理想开始设计职业目标，然后按照其理想职业进行择业。事实上，不少人从少年时代就开始在各种社会因素的影响下，形成了自己的职业理想。例如，有的人梦想长大以后能成为一名解放军战士，有的人梦想当一名科学家，有的人则希望当一名医生或者教师。但是，在他们就业之后，多数人的实际职业与原来的理想职业有着一定的差距，甚至大相径庭。每一个人都是正确愿望与良好教育的统一者。为了使愿望与实际相统一，每个人都要考虑主客观条件，考虑愿望与效果二者的统一。

2. 个人素质与社会需要相统一的原则

个人素质与社会需要相适应，一般来讲，就是既要"人适其职"又要"职适其人"。择业者在选择职业时，必须认清自己所谋求的职业对素质的要求。正如《人类在自然界的位置》一书中赫胥黎在给友人的一封信里所指出的那样："任何科学事业上的成就，都需要有不寻常的才能、勤勉和精力。你若具有上述资质，在日常商业工作之余，将有足够的闲暇为自己在科学界觅得立足之地。你若不具有那种资质，还是一心经商为宜。天下最不足取的事情，莫过于一个年轻人，成为在文学或科学领域里滥竽充数的食客。如同苏格兰谚语所说的那样，匙子没有做成，倒毁了了角。要是去从事其他工作的话，他或许成为社会上有用和有价值的一员。"面对那些素质要求很高的职业，人们大都能够做到"自知之明"，主动放弃对那些不实际的职业目标的追求。但是，绝大多数人面对的都是一般性素质要求的职业，这时则要看他的素质与职业要求的素质是否符合。

3. 职业稳定与调节相统一的原则

职业稳定与职业调节相统一，就能实现人与职业总体和谐，这是社会稳定和发展的基础。敢于和善于充分利用各种就业渠道，去选择自己最喜爱、最有能力做好的职业，这既是择业者的权利也是择业者对社会所承担的一份责任。从国家来说，创造就业机会、提供职业岗位、造就宽松的就业环境是其责无旁贷的任务和使命。但就其一个历史时期来讲，就业机会、职业岗位大体上是一个"定数"，职业的稳定性和劳动者在择业时的自身素质则是一个"变数"，需要随时调节。所以，要实现职业稳定与职业调节相统一，最主要的还是提高劳动者的自身素质。

二、职业生涯决策的类型

职业生涯决策的类型有以下九种。

(1) 宿命型。该类型决策者认为一切都由命运掌握，跟随社会的发展即可，走到哪里就到哪里，事情会自然而然地发生，让外部环境决定。

(2) 直觉型。该类型决策者内心深处感觉是这样的，就这样决定了，跟着感觉走，相信自己的直觉。

(3) 挣扎型。该类型决策者在众多选择中不知道怎么办，在各种选择中不能自拔，前怕狼后怕虎，既想实现远大的理想，又不敢面对现实。

(4) 麻木型。该类型决策者不愿做出选择，每天都在一种无职业意识的状态中度过，对外部世界的变化失去敏感，不愿为自己的职业发展多动脑筋。

(5) 冲动型。该类型决策者不经过策划和准备，很少对未来进行思考和分析，习惯按自己的第一个想法从事。

(6) 拖延型。该类型决策者觉得事情总会解决的，现在不用关心、不用谋划，船到桥头自然直，车到山前必有路，到时自然会有解决的办法，不愿对自己承诺，也不会承诺。

(7) 顺从型。该类型决策者依附于组织或其他人，别人说怎么办就怎么办，"我是革命一块砖，哪里需要往哪搬"，让组织或其他人为自己做决定，按照别人的思路发展自己。

(8) 紊乱型。该类型决策者认真分析过自己和外部职业社会，但职业方向在发展过程中不断变化和调整，没有真正确定过到底要做什么。

(9) 控制型。该类型决策者认真分析自己和外部职业社会，综合考虑各方面因素，果断、自信地决定自己的职业定位与职业方向，敢于自我承诺、自我挑战，有计划、有策略、有控制地发展自己的职业生涯，合理、动态地规划自己的职业发展方向。

三、大学生职业生涯决策常见的问题

不是每个人都能成功地做出职业生涯规划，这当中会有一些阻碍因素，不利于我们做出决定，最终要么使我们职业选择不顺利，要么会造成生涯发展困境且长久无法突破。这些阻碍因素主要包括以下八个方面：

(1) 意志薄弱。有些个人职业生涯选择受父母、他人影响相当明显，因而往往忽略真正适合自己的选择，或虽有少数人能立定志向，但却往往因为不能持之以恒或失去毅力而放弃想要发展的方向。这时该去想一想：我的理想是什么？我的职业生涯目标是否投射了他人的期待？真正适合我发展的方向在哪里？哪些因素影响着我做适当的决定？我应该坚持哪些部分？然后朝自己掌握的方向去努力。

(2) 行动犹豫。许多人虽然有自己的想法与目标，但可能因为担心、害怕或缺乏信心等迟迟无法展开实际行动。像这类只计划却不能付诸行动的人，就属于"行动犹豫"的群体。这时若能先建立信心或利用一些策略进行自我督促便可改善。

(3) 信息探索不足。对目前社会或工作环境的信息获取太过缺乏，或不清楚信息取得渠道的人，属于"信息探索不足"的群体。这类人应强化信息的收集与了解，因为有丰富的信息才能有效率地进行职业生涯探索。

(4) 特质表现不佳。对于个性积极有主见者，在生涯发展路上较容易为自己铺一条适当的路。但有些人个性过于被动且缺乏主见，或没有规划的习惯，抱持"船到桥头自然直"的态度，这些特质长久下来极不利于自己的职业生涯探索，属于"特质表现不佳"的群体。这类人只有调整自己的特质，才有机会改变状态。

(5) 方向选择未定。有些人因未来发展方向模糊而无法有明确的规划，也无法为将来做出预期努力，这是"方向选择未定"的群体。这时应先多花时间去探索自己的兴趣、能力、社会现状等，先找出方向才不会做错选择。

(6) 专业选择不当。若个人所学的领域能与未来生涯相契合，那么将更有助于进入专业领域的生涯发展中，然而许多大学生常因某些因素而进入非原先所期待的专业就读，这就是属于"专业选择不当"的群体。这一群体应先给自己一些时间沉淀，再通过其他方法(如做兴趣测验、与师长讨论等)寻找合宜专业，考虑转专业、转学、修辅系、双学位等的可能性。

(7) 学习状况不佳。在学生生涯中，学习是最重要的一件事。如果有的同学对所处的学习环境不满意，或学习心态不恰当，则可能无法端正学习态度，也会使自己在为未来发展的准备上受到负面的影响，而成为"学习状况不佳"的群体。这类人这时需要去觉察这现象背后的原因，从而在认知与行动上进行调整，这样才能顺利投入学习中。

(8) 学习困扰高。许多大学生会因为与同学、老师互动状况不佳或异性交往出现问题而影响其个人状态，从而无法全心投入学习。恶性循环的结果可能使个人愈加无法达到自己理想的成绩，这是属于"学习困扰高"的群体。这类人需回到根源处寻找困扰的来源或调整学习习惯，才不致错过适当的学习时机。

第二节　影响职业生涯决策的因素

【案例】　小安学的是工商管理专业，专业知识多而杂，缺乏准确就业方向。小安当时的想法只是想当管理层，但是听毕业了的学长学姐们说得多了，知道刚毕业的学生不可能一工作就能成为管理层，必须要从基层做起。但是这个基层范围太广，很多人做了很多基层岗位工作还是升不到管理层。小安现在已经大四了，一眨眼就毕业了，很多同学都开始找实习单位了。那么小安该怎么选择呢？小安现在学的知识出去后能帮自己顺利实现就业吗？现在该做些什么事情呢？

小安希望往专业相关方向发展，但是就业范围太广，他根本不知道切入哪个起点是适合自己的？是有发展前途的？怎么样去发展？

【案例评析】　小安的情况就是比较典型的，他学的是工商管理专业，主修企业管理，专业基础知识涉及管理学、经济学、财务学、法学等方面，多而不专。那么这个时候就必须根据自己的实际情况特点结合主客观条件以及职场行业岗位相关连性以及发展趋势做出正确选择。小安应在确定好他适合的职业发展路线后，必须规划好在校就业准备工作，包括知识的再学习以及相关实习活动，增强自己的核心竞争力，并为其顺利就业做好前期准备。

掌握职业生涯决策方法可以帮助我们做出相对最好的选择。而对于大学生未来的就业而言，了解影响职业生涯决策的因素，可以指导大学生丰富和完善自身的各项能力。

一、个人因素

职业决策时之所以会做出不同的判断，就是源于人的个性化差别，所以个人因素是影响职业决策成功的首要因素，它具体包括以下四个方面。

1. 职业理想

职业理想决定的是这个职业对实现人生理想是否有最大的支持。职业理想是怎样影响择业的呢？设想一下，如果你想成为一名人力资源总监，你会选择什么职业呢？无疑，招聘专员、培训专员等职业都是很好的选择，因为这可以帮助你实现人力资源总监这一理想。和职业理想(大学生一般尚未具备)相比，大学生通常具备的是生活理想和社会理想，例如，买三室一厅的房子就是生活理想，而成为一个有成就的人则是社会理想。但是，生活理想、社会理想等理想只能左右你选择的行业，而职业理想则可以直接影响你选择一个什么职业。

2. 职业兴趣

职业兴趣决定的是这个职业你是否喜欢。理想在客观上决定了你要做什么(因为你要实现理想)，而兴趣是在主观上决定你喜欢什么和不喜欢什么。理想和兴趣不一定完全一致，当理想和兴趣发生冲突时，要么依兴趣而调整理想，要么依理想而培养兴趣。兴趣是影响人择业最主观的因素，也是判别一个职业是否适合自己的关键因素，所以大学生在择业时一定要充分考虑自己的兴趣。这里要澄清的是，此处所指的兴趣特指职业兴趣(共有十种职业兴趣倾向)，而并非你的生活、娱乐兴趣(可以用爱好来概括)，不是你喜欢听歌、打篮球的兴趣，而是你是否喜欢与人或物打交道的职业兴趣。职业兴趣是转换工作的最大影响因素，可以通过职业测评来认知。

3. 职业能力

能力包括职业能力和非职业能力。职业能力特指影响你做好一份职业，影响你在职业上发展的能力，而非指个人的所有能力。如你能很快做好九宫格题，这说明你有运算能力，但这个能力不一定能转化为职业能力，只有当这个能力对你所做的工作有影响时，才可以称作职业能力。职业能力是由具体的职业所客观要求的，如果你要做好这项工作，必须具备最起码的职业能力(专项职业能力)。职业能力其中一个来源是企业通用的商业运作能力，即企业在经营运作中形成一些必要的、基础的职业能力(通用职业能力)，如团队协作能力、商务写作能力等。大学生在择业时更多要考虑自己具备的通用职业能力，只有当在多个职业中选择具体职业时，专项职业能力才会派上用场。

4. 职业经历

职业经历指某个职业你是否做过。大学生做过哪些工作会在一定程度上影响他的择业，因为实践过、体验过，一方面他会通过实际体验来确定自己是否喜欢、是否能胜任，另一方面他会产生路径依赖(因为熟悉而选择)。这就是为什么有的大学生在毕业时宁可选择与专业对口但自己不喜欢的工作，也不选择自己想做但没有接触过的工作的原因。应该说，职业经历是大学生了解和体验职业、验证职业选择的一个很好途径。

二、外在因素

外在的环境因素会影响职业的发展趋势、影响家庭和谐，也会影响个人生活的舒适度和满意度，这些因素具体如下：

1. 政府导向

社会政策会影响一个行业的兴衰。了解国家提倡、优先发展什么产业、行业是很有必要的，很多行业的未来发展趋势是和政府导向密切相关的。每年的政府工作报告、每个部委的文件、行业协会所倡导的方向等都是把握行业发展趋势的途径，尤其要注意政府所支持、倡导的民生、大众产业。

2. 社会需求

社会需求是促进一个行业蓬勃发展的持久动力。一般来说，社会的需求是大学生择业时要考虑的重要外在因素。所以择业时，多分析一下这个职业(行业)在社会中的作用，对社会生活会有什么样的影响。要注意的是，社会需求总是先于政府导向的，因为总是需求先产生，而后才是政府的倡导。如果一个行业(职业)既有政府的支持，又是社会的需求所在，那么这个行业(职业)的发展趋势一定是很好的。

3. 父母和爱人的意见

父母和爱人的意见将影响到生活的舒适和情感的和谐。父母对大学生职业选择的影响表现在两方面：一是父母职业潜移默化的影响，这会导致大学生毕业时选择或不选择与父母相同的职业，如你的父母都是医生，那么你在上学时就很可能选择医学专业，而毕业时所从事的职业也就是医生，反之亦然；二是父母左右你的职业选择，如父母希望你在家乡找工作或在工作地点离自己很近的地方工作，或去他们认为有发展的城市工作等。爱人的影响是对有未来结婚对象或已经结婚的大学生来说的。如果你决定和他(她)生活在一起，那么就要考虑爱人的意见，包括爱人的职业、爱人所在的城市等。这些问题虽然不是影响大学生择业的关键因素，但是如果考虑不周到、协调不好，那么将直接影响你的生活，毕竟事业和家庭是人生的两件大事。

4. 城市环境

城市的自然环境及城市的生活环境将影响行业发展和个人生活。处于不同区域的城市，其定位和发展战略是不一样的，这对大学生的影响直接表现在两个方面：一是你所选择的行业，二是你的生活。一个城市的行业重视程度、战略不同，直接影响你所在的企业，而企业又直接影响着你。另外，城市的文化、品位，城市居民的素质，城市市政环境的建设等都直接影响着你的生活舒适度和满意度。这里尤其要注意公司所在的周边环境，对人的影响也是巨大的。考虑城市对大学生择业影响的意义在于你不能盲目地决定去大城市工作，要结合自己所在的行业和自己对生活的要求综合选择。

三、雇主因素

虽然企业给了你工作机会并让你有施展才华的舞台，但也要考虑企业的具体因素，因为这些因素直接影响你能在这个公司干多久。

1. 企业文化

企业文化及所决定的工作方式、生活方式将决定你是否能和企业走得更久。一个企业怎样对待新员工，有怎样的企业文化、怎样的思维方式，是否要经常加班，是否干涉你的生活，是否给你培训和成长机会等，都影响着你对企业的忠诚度和满意度。如果你不能适应同事间防不胜防的人际关系，不能理解上司和领导对待员工的管理方式，不能接受家族式的关系、官僚式工作方式等，那你很快就会离开这家公司。所以，大学生在应聘前对公司的企业文化、工作方式及其所影响下的生活方式进行详细了解是十分必要的，否则就会发生主动辞职的行为。

2. 收入空间

薪资福利及职业的潜在收入空间将影响你的生活满意程度以及是否进行职业转换。毕竟，大学生就业后的生活基本是依靠薪资收入的，所以薪资收入空间也是一个大学生择业务必要考虑的因素。这里要说明的是，大学生要以岗位的收入空间为择业依据，而不能仅仅以岗位工资作为标准。一个岗位的收入具体来源于岗位本身的工资、公司的福利、岗位的补贴、岗位在公司的上升空间等，这些因素综合起来才是你的收入空间。有的公司岗位工资很少，但岗位补贴、公司福利很多，这也是一种薪酬制度。如果这个岗位的收入令你很不满意，你首先想到的不是转换岗位就是变换公司，如果公司不提供岗位轮换的机会，那么你很可能就要离开公司，所以大学生在择业时多考虑一下公司的薪酬制度和岗位轮换制度是很有必要的。

第三节　职业生涯决策方法

【案例】 某信息学院电子专业的毕业生张某，在校期间专业成绩优秀，曾多次获得奖学金，发表论文若干，且一直担任学生干部工作。但是他性格急躁，容易冲动，而且没有直接的工作经历，只是大学二年级时在一家大型电子公司的人力资源部门实习了半年。现在他想谋取一份人力资源管理的工作，可是他不了解自己是否适合人力资源管理工作，于是到学校就业指导中心请求帮助。

【案例评析】 根据 SWOT 分析法，学校就业指导中心的工作人员首先对他进行了自身优势、劣势分析，以及周围职业环境的机会、威胁分析，然后在这些分析结果的基础上以此制订出各种相关策略(见下表)。整合后最终确定这名学生应该谋取一份大中型外资企业的人力资源管理部门的工作。

张某的 SWOT 分析表

外部环境分析	机会： (1) 人力资源管理部门逐渐受到企业的重视； (2) 加入世界贸易组织后，外资企业的进入导致人力资源管理人才需求量增大	威胁： (1) 人力资源管理方向的毕业生增多； (2) MBA 的兴起； (3) 人力资源管理在很多企业中仍然处于刚起步阶段，其运作很不规范； (4) 比起学历，我国许多企业更看重工作经验
内部环境分析	优势： (1) 学习成绩优秀； (2) 有学生干部管理经历； (3) 有大型公司半年实习经历	优势机会策略(S.O.)： (1) 将大型公司实习经验运用到人力资源管理中； (2) 发挥担任学生干部的管理特长
	劣势： (1) 没有丰富的工作阅历； (2) 专业不对口； (3) 性格急躁，容易冲动	劣势机会策略(W.O.)： (1) 利用较强的学习能力，自学人力资源管理课程，加强英语的学习； (2) 继续加强自己在学校中所培养的口语交流、文字书写等优势

分析后的整体结论：职业发展道路定位在大中型的外资企业人力资源管理部门。

一、职业生涯决策的一般步骤

由于我们的个体差异和个人偏好，很难对职业生涯规划或问题的解决建立一个按部就班的程序。一般来说，职业生涯决策有以下几个步骤。

(1) 认识问题，承担责任。如果你意识到自己对职业前景的困惑，就要采取行动来解决这一问题。职业生涯决策首要任务是界定决定的目标，例如，选择主修专业、选择职业或雇主。

(2) 了解自己。你需要做一个非常彻底的自我分析。如果你现在没做，你应该尽快完成你的个人分析，它将帮助你从你的技能、性格、价值观等方面全面了解自己。

(3) 了解环境。了解你所处的社会、经济、政治、地理环境，从而衡量可能影响你职业选择的环境因素。

(4) 了解职业，收集信息。收集并研究关于你职业前景的准确信息。

(5) 找出可能的职业选项、目标。了解职业，你需要全面研究可供你选择的职业，筛选出自己的目标。

(6) 对比分析。运用人职匹配、SWOT 等方法进行个人与职业的对比分析。一般来说，将个人特质与三个候选目标职业进行比较分析，个人的特质与职业特征最相匹配的职业就是最适合自己的职业。

(7) 做出决定。根据你对自己的特点和职业前景的判断，确定一个职业目标。

(8) 执行决定。通过求职活动将你的职业生涯决策付诸实施。

(9) 获得反馈，评估你的职业生涯决策。如果有太多的负面反馈，那就重复以上过程。

二、职业生涯决策方法

(一) CASVE 循环决策

CASVE 循环决策由五个环节构成：沟通(Communication)、分析(Analysis)、综合(Synthesis)、评估(Valuing)和执行(Execution)，缩写为 CASVE。它们构成了决策的循环，见图 6-1。

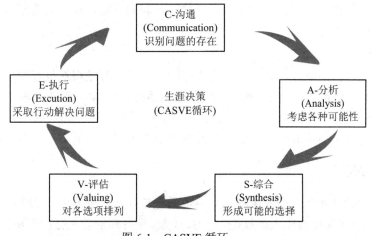

图 6-1　CASVE 循环

1. 沟通

在这个阶段，个体意识到理想和现实情境之间存在差距，于是有了做出职业选择的需要。这一步是决策的开始，如果个人没有意识到自己的需要，后面的步骤则无从谈起。沟通包括内部沟通和外部沟通。内部沟通内容包括情绪信号和身体信号，比如，你所接收到的信息对你的职业计划带来的焦虑感(不满、厌烦、失望)；外部沟通内容包括老师、父母、媒体传递给你的有关就业不容乐观的信息，或者是杂志上关于你的专业正在逐渐过时的文章。

2. 分析

在这个阶段，需要花时间去思考、观察、研究，从而充分了解差距，了解自己的能力。好的职业生涯决策者会避免用冲动行事来减小在沟通阶段所体验的压力或痛苦。因为他们知道，这是无效的，甚至可能令问题恶化。他们应弄清楚，要解决这个问题需要了解自己的哪些方面，了解环境的哪些方面，需要做些什么才能解决问题，以及为什么有这样的感受，家庭会怎看待自己的选择等问题。在这一阶段，职业生涯问题解决者通常会充实自我知识，不断了解职业世界和家庭需要。简单来说，在分析阶段，职业生涯决策者应尽可能了解出现差距的原因。分析阶段还需要把各种因素和相关知识联系起来，例如，把自我知识和职业选择联系起来，把家庭和个人生活的需要融入职业选择中。

3. 综合

在这个阶段，主要是综合和加工上一阶段提供的信息，从而制订消除差距的行动方案。其核心任务是，以确定我可以做什么来解决问题。这是一个扩大并缩小选择清单的过程。首先，尽可能找到消除差距的方法，思考每一种方法，甚至采用"头脑风暴法"进行创造性思考。然后，减少有效方法的数量，通常缩减3~5个选项，因为我们头脑中最有效的记忆和工作容量就是这个数目。

4. 评估

评估阶段将选择一个职业、工作或大学专业。它的第一步是评估每一种选择对职业生涯决策者和他人的影响。例如，如果选择了服兵役，将会给自己、伴侣、父母等带来什么影响？每一种选择都要从对自己和对他人的代价和益处两方面进行评价，并综合物质和精神上的因素。第二步就是对综合阶段得出的选项进行排序，能够最好消除差距的选项排在第一位，较好的排在第二位，以此类推。此时，职业规划决策者会选出一个最佳选项，并且做出承诺去实施这一选择。

5. 执行

这是实施选择的阶段，把思考转化为行动。很多人都觉得在执行阶段制订行动计划是令人兴奋和有价值的，因为他们终于可以开始采取积极行动去解决问题了。

CASVE循环是一个不断重复的过程，在执行阶段之后，职业生涯决策者又回到沟通阶段，以确定选择是不是最好的，是否能最有效地消除理想与现实间的差距。

(二) SWOT 分析法

SWOT 分析法在个人职业生涯规划中也具有较好的分析效果。SWOT 分析是一种功能强大的分析工具，是检查个人的技能、能力、职业、偏好和职业机会的有用工具。通过 SWOT 分析，可以很容易了解自己的优点和弱点，并且可以评估出自己所感兴趣的不同职业途径的机会和威胁所在。其中 S 代表 Strength(优势)、W 代表 Weakness(弱势)、O 代表 Opportunity (机会)、T 代表 Threat(威胁)。S、W 是内部因素，O、T 是外部因素。

1. SWOT 分析法的一般步骤

一般来说，在个人职业生涯规划中进行 SWOT 分析时，应遵循以下五个步骤：

1) 评估自己的长处和短处，进行 SW 分析

天生我材必有用，每个人都有自己独特的知识、技能、天赋和能力。伴随着社会的进步与发展，劳动分工日益细化，人们在职业领域中都会有自己擅长与适合的领域，也同样会有不喜欢或不胜任的岗位。譬如说，有些人不喜欢整天坐在办公桌旁，而有些人则一想到不得不与陌生人打交道时，心里就惴惴不安。进行 SW 分析，可以先做一个四分格的 SW 分析表(参见表 6-1)，在 S 方向列出自己喜欢做的事情和自己的优势。同样，在 W 方向列出自己不喜欢做的事情和自己的劣势。值得注意的是，找出自己的短处与发现自己的长处同样重要，因为这有助于基于自己的长处和短处做两种选择：一是努力去改正自己的缺陷和常犯的错误，提高自己的技能；二是放弃那些自己不擅长、技能要求很高的职业。根据 SW 分析可以列出自己认为所具备的很重要的强项和优势以及对职业选择会产生影响的弱项和劣势。

表 6-1 个人 SW 分析

优势(S)	劣势(W)
1 2 3 ……	1 2 3 ……

2) 找出自己的职业机会和威胁，进行 OT 分析

进行 OT 分析，同样可以先做一个四分格的 OT 分析表(参见表 6-2)。在 O 方向列出某一职业行业存在的际遇和资源，在 T 方向列出可能存在的威胁和危险。这些机会和威胁会影响个人的职业选择和未来的职业发展。如果一个行业所处的外部环境不利，那么它能提供的职业机会将会很少，而且其所能提供的职业升迁的机会也会很少。相反，如果一个行业充满了许多积极的外界因素和良好的外部发展环境，该行业将为求职者提供广阔的职业机会和发展前景。你可以根据个人的情况和兴趣，选择一两个行业，然后认真地评估这些行业所面临的机会和威胁。

表 6-2 个人 OT 分析

机会(O)	威胁(T)
1 2 3 ……	1 2 3 ……

3) 列出未来 3～5 年的职业目标

在仔细地对自己进行 SWOT 分析的基础上，列出未来 3～5 年内最想实现的 4～5 个职业目标。这些目标可以包括：你最想从事哪一种职业，你将管理多少人，你期望的薪酬水平，你想达到的管理岗位级别等。需要注意的是，个人必须充分发挥自己的优势，并使之与所在行业提供的职业机会相匹配。

4) 列出未来3～5年的职业行动计划方案

围绕第三步提出的未来3～5年的职业目标，拟定一份实现每一目标的行动计划，并详细说明为实现每一目标需要做的具体事以及何时完成这些事。如果需要外界帮助，那么，它们是何种帮助和如何才能获取这种帮助。例如，根据个人SWOT分析的结果，为了实现个人理想的职业目标，你需要进修更多的管理课程，那么，在职业行动计划中就应说明要进修哪些课程、什么水平的课程以及何时进修这些课程等。一份详尽的行动计划将有助于个人进行职业生涯决策，就像外出旅游前事先制订的计划将成为你的行动指南一样。

5) 寻求专业帮助

在开展了深入的个人SWOT分析后，要改变自己的缺陷和不足，往往需要父母、老师、朋友、上级主管、职业咨询专家等给予一定的帮助。特别是借助专业人士的力量，会让你更容易发现问题的所在，更容易找到解决问题的捷径。

显然，进行一次详尽的个人SWOT分析需要投入一定的时间和精力，并需要认真地对待，因为详尽的个人SWOT分析，可以为你提供一个连贯的、实际可行的个人职业策略，从而提高个人的求职和职业发展竞争力。

2. SWOT分析法常见不足及对策

1) SWOT分析法的静态性导致的缺陷及对策

职业生涯决策是由一系列不断递进的阶段组成，是某个选择方案被选择、履行和不断调整的结果。决策并不意味着最后的结果，一个决策者可能会从后面的阶段重新返回前面阶段或子阶段。因此，职业生涯决策的过程充满着动态性、连续性和发展性。从整个纵向的职业生涯发展过程来看，不同时期人们进行职业生涯决策的内容又是不同的：在职业进入期，个体主要是面临着选择合适职业的任务；在职业巩固期，个体则需要适应和加强自己的职业素养；在职业维持期，个体主要是保持自己已经取得的地位，不断获取新的知识和技能；在职业衰退期，则主要是为退休后的生活做计划和安排。随着职业决策内容的转变，个体对自己的评估和对周围环境评估的重心也会发生变化。在实际的工作过程中，人们的每一次经历、每一种职业体验以及由于年龄的增长而引起的价值观和需要观念的改变，都会导致对自我的重新认识，从而会修正自己的职业目标，而职业生涯决策所依据的重点也会发生变化。

但是，SWOT分析法本身却是一种基于某个时间段的静态分析方法，它不能够结合过去、现在和未来的发展趋势做出综合评判。而且在职业生涯决策中实施SWOT分析，个体是依据自己已经存在的现实形态和观点来分析自我和周围环境，而很少考虑到未来环境的发展所带来的可能机会和危险，这种目光短浅的做法会导致个体忽略很多新的可能性。

要克服SWOT分析法静态性导致的不足，个体在使用SWOT分析法时就应该重视信息的及时反馈：一方面要加强自我觉察能力，要时刻站在未来老板的立场上衡量自身值得赞赏和仍需要改进的地方；另一方面还需要密切注意市场环境的变化，通过网络、报纸杂志等媒介来追踪最新的就业趋势，根据具体的环境变化及时修正和调整自身的SWOT矩阵，从而做出更加准确的职业决策。

2) SWOT分析法的主观性导致的缺陷及对策

SWOT分析法的主观性导致的缺陷及其个体评估对策是SWOT分析法的主要手段，然而由于评价手段自身的主观性问题也同样导致了SWOT分析方法的准确性降低。心理学研究指出，人们往往会夸大自身优势，忽视自己的缺点。因此在进行 SWOT 分析时，个体可能会做出不太准确的自我评估，从而导致职业决策的失误，并且人格特征也会对 SWOT 分析的结果造成影响。一个悲观主义者总是在机遇中看到不幸的事件，而一个乐观主义者却总是能够在不幸的事情中看到机遇。具有不同人格特质的评价者在面对相同的职业环境时可能会得出截然不同的分析结果。再者，在进行 SWOT 定量分析时，每项因素配以的权重也会因为个体差异而产生不同。这些因素都会直接影响到 SWOT 分析的准确度，继而影响到个体职业生涯决策的成功。所以个体在进行职业生涯决策的过程中使用 SWOT 分析法时，最重要的就是要跳出自我。

(1) 个体必须清楚地认识到，SWOT 评估是为了帮助自己辨清自身的优势和劣势，其结果直接关系着自身未来的职业道路，意义非常重大。在评价过程中，个体应该尽量避免过度的谦虚和过度的理想自我，要敢于面对自己的不足，这样才能在职业计划中有一个良好的开始。

(2) 在优势分析和劣势分析的开始阶段，个体可以尝试列举一些具体的词语来描述自己，出现频率较多的特征词语就构成了你的优点和缺点。

(3) 个体可以寻求外在资源的帮助。一方面，可以使用一些职业测评手段和个人特质诊断工具来帮助自己客观地认识自我，辨清外在机会和威胁；另一方面，个体还可以请教他人帮助诊断。以前的绩效评估、同事和上级的评价，甚至在校时同学和老师的评语统统都可以提供有价值的信息反馈，或者还可以求助于职业辅导专家。

(4) 在构建定量的 SWOT 矩阵时，个体应该尽可能地参考该行业长期经营和管理所形成的每项评判内容的重要程度，或者参考职业生涯规划专家们的看法，而不能仅仅只凭自己的主观印象行事。

个体在使用 SWOT 分析时，应该确保要分析的成分的准确性和新颖性。对享用的数据和资料进行充分的分析是 SWOT 分析取得实效的关键所在。而且，SWOT 分析只是生涯决策过程当中的一项实用技术，要想使生涯决策最优化，仅凭一项 SWOT 分析是远远不够的，还要考虑到其他方法的综合运用，尤其是要对变化的市场环境和竞争环境时刻保持清醒的认识。

(三) 决策平衡单法

"决策平衡单"经常被应用于问题解决模式和职业咨询中，用以协助咨询者系统地分析每一个可能的选项，判断分别执行各选项的利弊得失，然后依据其在利弊得失上的加权计分排定各个选项的优先顺序，以执行最优先或偏好的选项。其在职业咨询中实施的程序主要有下列步骤：

(1) 列出可能的职业选项。咨询者首先需在平衡单中列出有待深入评估的潜在职业选项 3～5 个。

(2) 判断各个职业选项的利弊得失。平衡单中提供咨询者思考的重要得失集中于四个方面，分别是自我物质方面的得失、他人物质方面的得失、自我精神方面的得失、他人精神方面的得失(如表 6-3 所示)。咨询者可依据重要的得失方面，逐一检视各个职业选项，并以 "+5" 至 "–5" 的量表(+5, +4, +3, +2, +1, 0, –1, –2, –3, –4, –5)来衡量各个职业选项。

(3) 各项考虑因素的加权计分。咨询者在各个方面的利弊得失之间，会因身处于不同情境而有不同的考量。因此，在详细列出各项考虑层面之后，须再进行加权计分。即对当时个人而言，重要的考虑因素可计基数分的 1～5 倍分数，随重要性减弱依次递减。

(4) 计算出各个职业选项的得分。咨询者须逐一计算各个职业选项在"得"(正分)与"失"(负分)的加权计分与累加结果，并计算各个生涯选项的总分。

(5) 排定各个职业选项的优先顺序。最后，依据各职业选项在总分上的高低，排定优先次序。职业选项的优先次序即可作为咨询者职业生涯决策的依据。

表 6-3　决策平衡单样表

考虑因素		重要性加权倍数(1～5)	职业选择					
			一		二		三	
			+	−	+	−	+	−
自我物质方面的得失	A. 经济收入水平							
	B. 工作的困难度							
	C. 工作对健康的影响							
	D. 选择工作任务的自由度							
	E. 升迁机会							
	F. 工作的稳定性、安全性							
	G. 从事个人兴趣的时间（休闲时间）							
	H. 其他（如工作接触的人群类型）							
他人物质方面的得失	A. 家庭经济收入水平							
	B. 家庭社会地位							
	C. 与家人相处的时间							
	D. 家庭的环境类型							
	E. 其他（如家庭可享有的福利）							
自我精神方面的得失	A. 工作获得的自我肯定感、成就感							
	B. 工作涉及的自我妥协程度							
	C. 工作对于兴趣的满足程度							
	D. 社会声望的提高							
	E. 工作的创意性							
	F. 工作的挑战性							
	G. 其他（如乐于工作的可能性）							
他人精神方面的得失	A. 父母							
	B. 配偶							
	C. 师长、同学							
	D. 朋友							
	E. 社区邻里							
	F. 其他（如社会、政治团体）							
加权后合计得分								
加权后得失差数								

阅读与训练

 阅读材料

选择无处不在

"我只想谈钓鱼。"这句当时让我倍感沮丧的话，现在回味起来却是如此意味深长。杰克的"钓鱼课"既是一堂人生哲理课，又是一堂职业生涯课。

我并非一名哲学家，也算不上一位成功学家(尽管我的工作与之十分类似)，我更愿意将自己称之为"人生规划师"。因此，我将本书讨论的范围集中在"职业生涯"上：一个自己感兴趣且力所能及的领域，即写作此书的最初选择。

我将书取名为"选对池塘钓大鱼"。将"钓鱼"和"生涯规划"进行比较分析，成为我写作本书的第二项选择。的确，每个人每天所做的每一件事情都是一种选择，而我之所以选择以"钓鱼"为比喻，一方面杰克的"钓鱼课"改变了我，另一方面这个比喻太贴切了，我甚至有些自我陶醉。

钓鱼	职业生涯规划
一片水域	一份适合自己的职业
一口池塘	一家有发展前景的公司
一位教练	一个能给自己带来帮助的老板

人无时无处不在选择之中，但是一旦承担起选择的责任，我们就会体味到选择的困境——选择的两难。譬如我选择"职业生涯规划"这一主题，我就必须放弃以宏大叙事的方式来阐述人生、命运之选择；譬如选择了"钓鱼"，就必须放弃"自助旅行"，尽管我常常梦想去阿拉斯加看雪景；又譬如选择了钓鲨鱼，就不可能同时去钓虹鳟，尽管我从小就羡慕海明威与大海搏斗的波澜壮阔；譬如我们选择这个池塘，就不可能同时置身他处，尽管再走两百米那里也许有更多更大的鱼在等待我的诱饵……

哲学家说："人不可能同时踏入两条河流。"因此，我们必须随时做出选择，必须学会舍弃，必须突破一个又一个两难困境，并且在突破中获得和享受一种力量感——就像钓鱼时所感受到的那种。我的职业生涯设计也是从与杰克相遇后才开始的，在此之前几乎什么都不懂。大学毕业，人生和事业才刚刚开始，似乎很难想象自己能够彻底改变自己的人生轨迹。但是杰克让我对自己有了一个全新的认识，让我感到不安、焦虑，开始迫切地希望重塑自己。

每一种选择都有其合理性，但是这种选择并非唯一的，也并非完全正确。一定有许多更好的选择在等待着我们，也正是这种不确定，构成了选择之美。

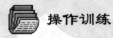 **操作训练**

一、训练题目

根据第五章自己确立的职业目标，选定 3 个相关职业，参考表 6-3 创建决策平衡单，分析得失，做出自己的职业生涯决策。

二、训练目的

通过创建生涯决策平衡单，帮助大学生找到理想的职业。

三、训练内容

步骤一：确定你的职业决策考虑因素，如做销售、办公室工作、技术人员三个方案。

步骤二：把三个方案填入平衡单的选择项目中。

步骤三：在第一栏职业决策考虑要素中，根据对你而言职业选择的重要性和迫切性，赋予它权数，加权范围 1～5 倍，填写重要性加权倍数一栏。权数越大说明你越重视该要素。

步骤四：打分。根据每个方案中的要素进行打分，优势为得分，缺点为减分，计分范围 1～10。

步骤五：计算分数。将每一项的得分和失分乘以权数，得到加权后的得分或失分，分别计算出总和，最后加权后的得分总和减去加权后的失分总和得出"得失差数"，并以此分数来做出最后的决定，即比较三个选择方案的得失差数，得分越大，表明该职业方案越适合你。

 思考题

1. 怎样理解职业生涯决策？在进行职业生涯决策时应遵循哪些原则？
2. 职业生涯决策具有哪些类型？
3. 大学生在进行职业生涯决策时常见的问题有哪些？
4. 影响大学生职业生涯决策的因素有哪些？
5. 如何运用职业生涯决策方法指导自己的职业选择？

第七章

职业生涯实践与管理

职业生涯的实践与管理是职业人士所面临的首要问题，它是对个人职业发展的远景规划和资源配置。然而绝大多数人忽视或者仅仅在表面上关注这一问题，他们希望在工作中一切都得到满足，于是总是"这山望着那山高"，多次"追求发展机会"的结果却只是不断地失去发展机会。因此合理地进行职业生涯实践与管理，可以帮助职业人士确立人生努力的方向，客观公正地评价个人的特点优势，明确职业发展方向，有效地增强个人的竞争力。

通过本章的学习，使大学生了解个人潜能与职业生涯发展的关系；理解潜能开发的途径；掌握职业生涯不同阶段的有效管理方法，挖掘自身的潜能，做好职业生涯自我管理。

第一节　个人潜能与职业发展

【案例】俄国戏剧家斯坦尼斯拉夫斯基在排一场话剧时，女主角因故不能参加演出，出于无奈，他只好让他的大姐担任这个角色。可他大姐从未演过主角，自己也缺乏信心，所以排练时演得很糟糕，这使斯坦尼斯拉夫斯基非常不满，他很生气地说："这场戏是全戏的关键，如果女主角仍然演得这样差劲，整个戏就不能再往下排了！"这时全场寂然，屈辱的大姐久久没有说话，突然她抬起头来坚定地说："排练！"一扫过去的自卑、差涩、拘谨，演得非常自信、真实。斯坦尼斯拉夫斯基高兴地说："从今天以后，我们有了一个新的大艺术家。"

【案例评析】事情非常明显，如果不是斯坦尼斯拉夫斯基的发火使他大姐受到刺激，积聚在大姐身上的表演潜力便不可能迸发出来。人们常常埋怨社会埋没人才，其实由于缺乏信心和勇气或者自卑、懒惰、安于现状、不思进取，自我埋没的现象也是相当普遍的。如果我们能多给自己一点刺激，多给自己一些积极的暗示，多一点信心、勇气、干劲，多一分胆略和毅力，就有可能使自己身上处于休眠状态的潜能发挥出来，创造出连自己也吃惊的成功来。

个人潜能是每个人职业发展中最为现实的方面，是一个人能否进入职业、胜任职业工作的主观条件。无论将来你要从事什么职业都需要有一定的能力保证。人在其一生中要进行各种各样的职业活动，必须具备多种能力与之相适应。大学生正处于个人潜能的提升阶段，因此，如何发现自己的优势能力，正确表达出自己的优势能力，是每一位大学生需要研修的课程。根据自己个人潜能的特点加强学习和实践，努力提升自己的能力，是每一位大学生在大学阶段的重要任务。

一、个人潜能概述

人的潜能只有被发现，才能更好地被开发出来。20 世纪 90 年代《美国心理学会年度报告》中曾说："任何一个大脑健康的人与一个伟大科学家之间，并没有不可跨越的鸿沟，他们的差别只是用脑程度与形式上的不同，而这个鸿沟不但可以填平，甚至可以跨越，因为从理论上讲，人脑的潜能几乎是无穷无尽的……"当然，潜能的释放是有条件的，特别是潜能的瞬间释放、潜能高效度的释放都要靠激发。当代大学生要在以后有所作为，就要学会不断发掘和释放潜能。开发个人潜能的方法很多，关键是要找准自己与职业目标的差距。一般来讲，个人潜能的开发与职业目标之间存在思想观念差距、知识差距、能力差距以及心理素质差距等，如何缩小这种差距，是职业生涯管理的主要任务。

(一) 潜能的含义

潜能又称潜力，它既是一个哲学术语，又是一个教育概念，也是心理学中的一个重要词汇。学术界对潜能的理解存在不同观点，但在以下方面形成了共识：

(1) 潜能是潜在的能力而不是实际的能力。实际的能力(通常所说的能力)属于个性特征，是保证人们成功进行实际活动的一系列稳定心理特点的综合，它表现为个体的"所能为者"。而潜能根本不可能保证人们成功进行实际活动，它只能表现为个体的"可能为者"。个体成功地进行实际活动的能力，便是由"可能为者"向"所能为者"转化的结果。

(2) 潜能是发展的可能性，而不是已发展本身。潜能实现的时候就是现实的，而现实还没有实现的时候就是潜能。任何一个现实的表现，都是在其潜能所提供的发展可能性范围内发展起来的。可以说，任何个体的发展，都是由这种可能性转化为现实性的过程。因而潜能是发展的前提，而不是已发展本身。

潜能具有潜在性、适应性、容纳性、可能性等特点，有遗传方面的特征，但同时也有经过训练后发展的潜在可能性。

(二) 潜能的分类

社会生活当中隐藏着许多达·芬奇、爱因斯坦式的人物，通过训练，有很多人会具有达·芬奇、爱因斯坦那样的聪明才智。每个人都具备十个方面的潜能，通过训练，这些潜能是可以被开发的，这些潜能包括以下几方面：

(1) 创造潜能。创造性不只是可以画一幅画或者会使用一种工具。做一顿晚餐是创造，侍弄花园也是创造，考虑如何让足球队战胜对手也需要有创造性。你可以当个想入非非的人，每天至少浮想联翩十次。你不妨做个试验，把用一根曲别针可以做出来的所有东西都记录下来，看一下想法会不会超过十六种？如果超过，那说明你也像灯泡的发明者爱迪生一样有创造性。

(2) 个人潜能。谁如果能够做到使自己的内心处于平和状态，那么他就可以充分发挥个人的潜能。只有了解自己而且内心充实的人，才能达到充分发挥个人潜能的目的。每天对自己进行评价，目的是对自己生活中积极和消极的事情有更加清楚的认识。

(3) 社会潜能。社会潜能同个人潜能相反，可以理解为组织能力，也可以理解为调动别人积极性的能力。人与人之间的交往就是一种奇迹，其实每天你都在有意识地这样做。你进了剧院，舞台就是建立社会关系的练习场地。在社会交往中，要学会多听别人的意见。

(4) 精神潜能。智慧的人，不会仅仅只看到个人和自己所在集团的利益。他不只是聪明，而且是明智的。如果能明确对自己的价值观，并采取相应的行动，那么你在精神方面就永远是有智慧的人。

(5) 身体潜能。躯体拥有自身的潜能。无论是演员还是运动员，凡是靠体力工作的人都知道这一点，经常锻炼可以挖掘身体的潜能。为了使身体保持灵活，你应该经常跳舞，吃健康的食品，使运动成为习惯。长期坚持，你的身体就会自发产生锻炼的需求。一旦有了这方面的意识，你就要学会遵从自己身体的需要。

(6) 感觉潜能。我们的鼻子有五百万个嗅觉感受器，我们的眼睛可以辨别八百万种色彩，应该尽可能把人体内潜在的五种丰富的感觉能力充分发挥出来。你可以经常进行有意识的锻炼，例如通过聆听各种鸟儿的叫声来练习分辨大自然的声音，通过合体的衣服来体验能使自己皮肤舒服的状态等。

(7) 计算潜能。许多人认为计算能力是一种天赋，这种看法是错误的。每个人都具备计算能力，这种能力需要被激发出来。在你用计算器计算之前，可以先用大脑计算，伟大的数学天才就是这样锻炼自己的能力的。例如数数在每个超级市场的收款台前有多少人在排队，货筐里有多少件商品等。

(8) 空间潜能。空间才能就是看地图、组合各种形状以及使自己的身体正确通过"空间"的能力。舒马赫就是一位空间天才，在赛车道上，他能够驾驶时速为三百千米的法拉利赛车灵活地在其他 F1 赛车之间穿行。调查表明，伦敦的出租汽车司机的头脑随着开车时间增加越来越好使，因为他们把城市的情况都储存在脑子里了，因此社会活动有助于一个人的空间潜能的发挥。

(9) 文字表达潜能。扩展你的文字表达能力，最好的办法是多看书、多练习写作。如果你开始时掌握一千个单词，哪怕每天只增加一个新的单词，那么一年后你的文字表达能力就会提高百分之四十。

(10) 艺术潜能。艺术潜能指人的音乐和绘画天赋。要培养艺术潜能，就要先培养对审美要素的感受力，可以到大自然中感受现实生活中的色彩、线条、平衡、对称、节奏、韵律等美的要素。生动的、鲜活的审美源泉，可以激发人们内在的艺术潜能。

二、大学生生涯潜能开发的内容

在大学阶段，个体的主要任务是学习，掌握生涯发展所必需的专业知识，在此基础上提升个人的综合素质，为生涯发展奠定坚实的基础。大学生生涯潜能开发的内容主要包括智力潜能、人际潜能和心理潜能，如表 7-1 所示。

表 7-1　大学生生涯潜能开发的内容

种　类	项　目	含　　义
智力潜能	观察力	通过感官获取第一手资料、资讯或经验的能力
	理解力	从第一手资料或多元信息中建构认知的能力
	分析力	能针对经验或信息进行解析、选择、判断、评价的能力
	记忆力	将经验、资讯存储进自己的脑海里，以便随时取用的能力
	整合力	对经验、资讯进行整合重组，提出创新想法的能力
人际潜能	沟通	进行人际沟通、协调、合作的能力
	领导力	在群体中解决冲突，并引导集体协调行动、促进集体发展的能力
心理潜能	控制力情绪	对自身情绪的掌控力，包含情绪调适、情绪转化、释放压力等
	意志力	能够勇敢面对并灵活应对各种压力、挑战，克服困难完成任务的能力
	耐挫力	从挫折中走出并重新出发的能力
	洞悉力	从纷繁复杂的现实世界中感悟生命真相的能力，包括理智思考、宏观判断、明智抉择等
	专注力	不受外界干扰、诱惑，专注于手头工作或目标的能力

(一) 智力潜能开发

智力潜能与人的生理、心理条件和脑功能有关，是人发展进步的生长点与重要因素。科学研究发现，智力潜能开发内容大体可归纳为九个方面。

(1) 对思维器官进行训练，如经常使用右手以开发左脑，练习琴、棋、书、画或开展左侧徒手操和使用工具训练开发右脑。

(2) 对思维心理基础进行训练，包括对集中注意力、情感、兴趣、意志、好奇心、自信心的训练等。

(3) 对思维认知基础进行训练，如对感觉、知觉、记忆、阅读、听课、记笔记能力的训练等。

(4) 对思维能力进行训练，如学习能力、解题能力、想象能力、推理判断能力、决断决策能力的训练等。

(5) 对思维形式进行训练，如抽象思维、形象思维、灵感(直觉)思维的训练等。

(6) 对思维方法进行训练，如发散思维和收敛思维、纵向思维和横向思维、顺向思维和逆向思维、静态思维和动态思维训练等。

(7) 对思维创造力进行训练，如用各种创造方法训练创造能力等。

(8) 对思维品质进行训练，如对思维的广阔性、深刻性、敏捷性、概括性等进行训练。

(9) 对思维表达能力进行训练，如语言、写作能力训练等。

智力潜能开发需要科学的方法。比如记忆力的开发，记忆的过程包含信息输入和输出(信息提取)两个环节，记忆力的开发也就是脑神经的信息输入通道与信息输出通道通过训练建立连接的过程。我们经常所说的"记不住"，大多数时候不是"信息输入"过程出问题，而是"信息提取"过程出了故障。常用的"重复法"是通过反复的信息输入与提取，强化信息"输入"与"输出"的神经通道之间的连接，一般用于单个知识点的记忆；"图表法"是通过建立信息提取线索，来促进已输入信息的提取，一般用于系统性知识体系的记忆。

(二) 人际潜能开发

美国著名的人际关系学鼻祖戴尔·卡耐基曾说：专业知识在一个人成功中的作用只占15%，而其余的85%则取决于人际关系。可见，人际潜能对生涯发展的重要性。

人际潜能开发需要以实践为平台。以沟通协调能力开发为例，沟通协调包含四个环节：一是能准确表达自己的观点；二是能准确倾听别人的观点；三是能准确把握双方的认知冲突点；四是能准确寻找到有效沟通的渠道或问题切入点。

这四个环节能否有效完成，决定着沟通协调的质量。由此可见，人际潜能的开发主要是在解决实际问题的过程中逐步完成的，能力水平的提高是在实践过程中逐步积累的。在大学期间，可以通过参与或组织课余文化活动，参加学生组织或学生社团来开发自己的人际潜能。

(三) 心理潜能开发

心理潜能的开发需要以健康的心理素质为基础，要有真实的感情、坚强的意志、良好的性格、广泛的兴趣和正确的三观。心理潜能开发主要有以下五种常见方法：

(1) 信息刺激，学会用脑。信息是大脑的精神营养，对大脑最佳的信息刺激，就是勤学习、多学习。前苏联心理学家赞科夫提出："智力像肌肉一样，如果不给予适当的负担、加强锻炼，它就会萎缩、退化。"开发大脑潜能的关键就在于多练脑、勤动脑、会用脑。

(2) 协同开发，全面塑脑。既重视左脑功能开发，又重视右脑功能的开发，克服"重左轻右"的传统倾向，可以多开展一些左侧活动和从事音乐美术的活动。

(3) 劳逸结合，科学护脑。要有张有弛，科学休息，保证适量睡眠，防止过度疲劳，防止外伤和毒害。

(4) 营养健身，合理补脑。要及时补充能量，养成良好的生活习惯，强身健体。

(5) 情绪乐观，精心益脑。开发大脑潜能必须排除心理障碍，而心境乐观、心理健康，有利于健脑用脑。

三、大学生生涯潜能开发的方法

人一般在两种情况下会暴发潜能：一是遇到危险，自我保护的本能会冲破潜意识，激发人的潜能，避免受伤害，但是这种潜能暴发很难控制，也无规律可循；二是给自己设定有高度、有难度、有挑战性的目标，在意识层面主动地激发自身具有的潜能，以达成目标。

在现实当中，很多人存在潜能开发的误区：一是没有认识到自己有潜能；二是只把着眼点放在某些具体技能上，没有注意到一个人需要均衡发展；三是潜能开发跟做事是两回事，不要每天只注重潜能开发而不落到实处，所以最好的方法是，在边做事情的时候边进行潜能开发。那么，如何进行生涯潜能开发呢？一般而言，大学生生涯潜能开发的主要方法有以下五个。

(一) 走出心理舒适区

所谓心理舒适区，是指人们习惯的一些心理模式，就是让人感到熟悉的、轻松的心理状态，如已经完全上手的工作、自己习惯的办事流程，一旦超出这样的模式，人们就会感到不安、焦虑甚至恐慌。走出心理舒适区意味着走进新的目标领域迎接挑战。心理学研究表明，适当的焦虑或压力可以提升个体对工作的专注程度，有利于目标的达成。走出心理舒适区，进入新的目标领域，个体的工作表现会得到改善，工作技巧也会被优化，因此这个区域被称为"最佳表现区"。所以，生涯潜能的开发就是由旧的心理舒适区到新的心理舒适区的过程，是心理舒适区不断扩大的过程。

回到生命的最初状态，从胎儿到婴儿，是人生第一次心理舒适区的逃离；接着是行走，哪怕跌倒千百次，婴儿也坚持从襁褓中爬出来探索更大的世界。走出心理舒适区，不断成长是每个生命的本能，生活中没有永远的避风港，我们能做的只能是不断提升自己适应变化的能力，实现生涯潜能的开发。

(二) 主动挑战极限

自我设限是妨碍生涯潜能发挥的最大障碍。挑战极限就是不要自我设限，勇于突破极限，突破常规极限，突破自我极限，突破生命极限。

1. 突破常规极限

所谓常规，是指你和身边多数人普遍认同、自觉遵循的观念、思维、准则等，突破常规极限就是以创新精神打破固有的模式和思维定式。鲁迅先生说："其实地上本没有路，走的人多了，也便成了路。"敢走别人不敢走的路，才能看到不一样的风景。所以在一件事情还没有开始的时候不要轻易说自己不行，不要轻易说不可能。在生涯发展中，我们要敢于突破常规思维的束缚，面对真实世界，听从内心的声音，用智慧指引前行，那样，即使面对再大的困难也不会感到迷茫和困惑。

2. 突破自我极限

自我极限就是在自己的心里面默认了一个"高度"，这个"心理高度"常常暗示自己：这么多困难，我不可能做到，也无法做到，成功机会几乎是零。"心理高度"是人无法取得成就的重要原因之一。自我极限让许多人有了借口，导致身体内无穷的潜能和欲望没有发挥出来，它是一块巨石、顽石，在人生及事业成长道路上阻碍了人们前进。必须突破自我极限，才有可能激发生涯潜能。突破自我极限，必须改变观念，保持积极的心态，学会积极的心理暗示——一切皆有可能。

如果你已经具备了自我制订目标并完成的能力，那么你现在所要做的事，就是把这之前那些低目标进一步提高。

3. 突破生命极限

著名学者周国平在对南极进行实地考察的手记中写道："正是在逼近生命极限的地方，人的生命感觉才最为敏锐和强烈。从生命的观点来看，现代人的生活有两个弊病：一方面，文明为我们创造了越来越优裕的物质条件，远超出维持生命之所需，那超出的部分固然提供了享受，但同时也使我们的生活方式变得复杂，离生命在自然界的本来状态越来越远；另一方面，优裕的物质条件也使我们容易沉湎于安逸的状态，丧失面对巨大危险的勇气，在精神上变得平庸。我们的生命应远离两个方向上的极限状态：向下没有承受匮乏的忍耐力，向上没有挑战危险的暴发力，躲在舒适安全的中间地带，其感觉日趋麻木。因此，实质上，对生命极限体验的追求是找回生命的原始力量和最初感觉的努力。"这种"生命的原始力量"应包括两方面的内容：一是对自身潜能的发掘；二是冒险的勇气、高度的自信、坚定的意志和强烈的愿望。

(三) 放松与静思想象

放松和静思想象是容易被人们忽视的开发潜能的最佳方法之一。人们总以为，只有在紧张的劳动中才能发挥潜能，其实，研究中外人才史可以发现，灵感的产生不是在紧张劳动之中，而是在紧张劳动过后的放松情绪之时。

静思是身心完全放松、排除了世间的各种烦扰的一种"忘我"状态。静思可以最大限度开发潜能，释放潜能。古人说"眉头一皱，计上心来"，那个皱眉头，就是瞬间的静思。

想象，则是开动人的成功机制的第一把钥匙。想象力使那些常认为不可能的事情变成现实，极大地丰富了人类的历史和文明。想象力是潜能的构成部分，又极大地开发了潜能。

(四) 催眠激发潜能

催眠术在体力潜能开发方面的应用大致包括三个方面，即消除疲劳、挖掘潜能和调整状态。疲劳包括身体疲劳和心理疲劳。值得强调的是，在许多情况下，身体疲劳是由心理疲劳所引发或加重的。因此，经由心理暗示可以直接消除心理疲劳；经由心理暗示的调节作用，也可以消除身体上的疲劳。催眠师在催眠过程中发出暗示："在催眠状态中，你已经美美地睡了一觉，醒来以后，你感到疲劳已完全消除，你感到精神特别振奋。"受术者醒来以后，果然有这样的感觉。借助于催眠的力量来消除疲劳的方法，在经常做自我催眠的人们当中，得到了最为广泛的运用。那些被紧张的工作折磨得疲惫不堪的人，经过十几分钟的自我催眠后，又变得精力充沛起来。他们不再感到茶饭不香、心力交瘁，以焕然一新的面貌，投入到新的工作和娱乐活动中。这种方法，近年来也被运用到因赛事频频，体力不支而影响运动水平发挥的运动员身上。在洛杉矶奥运会上，我们已经看到催眠师活跃在绿茵场上，为一场接着一场比赛的运动员们进行以消除疲劳为目的的催眠治疗。

(五) 强度攻击法

强度攻击法是国外潜能研究者提出的一种寻找特长潜能及其灵敏点的方法。这个方法的对象是自愿参加者。所有参加者将自己的名字写在纸条上，置于容器内，然后以随机的方式抽出一个名字，被抽中的人就成了被攻击的靶子。他先将自己的人格强度及能力一一列出来，然后问其他人："你们认为我还有什么长处？还有些什么能力没有发挥？"大家便根据这个人的人格、实际具有的能力，以及他为何没有充分发挥这些能力的印象攻击他。结果发现，别人比自己更了解自己的能力，也更了解自己没有充分发挥能力的理由。攻击近尾声时，大家还要对下面的问题进行延伸性的想象："假定从现在起，这个人能够将我们所发现的潜能完全发挥出来，那么五年后将是怎样的光景呢？"据介绍，这种方法既可以发现人的多种潜能，也能发现人的特长潜能及其灵敏点。

第二节 选定和开发个人职业锚

【案例】 日本丰田公司采取五年调换一次工作的方式对各级管理人员进行重点培养。每年1月1日进行组织变更，一般以本单位相关部门为调换目标，调换幅度在5%左右。短期来看，转岗需要熟悉操作的适应过程，可能导致生产效率的降低，但对企业长久发展来看则是利大于弊。经常的有序换岗还能给员工带来适度的压力，促使员工不断学习，使企业始终保持一种生机勃勃的氛围。

【案例评析】 丰田公司对于一线岗位的工人采用工作轮调的方式来培养和训练多功能作业员，这样既提高了工人的全面操作能力，又使一些生产骨干的经验得以传授。员工还能在此过程中发现自己的优势所在，从而进行准确定位，找到真正适合自己的岗位。

一、职业锚的含义

职业锚是由美国著名的职业指导专家埃德加·H·施恩教授提出的。他认为，职业生涯发展实际上是一个持续不断的探索过程，在这一过程中，每个人都在根据自己的天资、能力、动机、需要、态度和价值观等慢慢形成较为明晰的、与职业有关的自我概念。随着一个人对自己越来越了解，就会越来越明显形成一个占主要地位的职业锚。

职业锚这一概念最初产生于施恩领导的美国麻省理工学院斯隆管理学院的专门小组，是从斯隆管理学院毕业生的职业生涯纵向研究中演绎成的。斯隆研究院 44 名毕业生自愿形成了一个专门小组，配合和接受施恩教授所开展的关于个人职业发展和组织职业管理的研究与调查。施恩在他们毕业半年和一年后分别进行了面谈，在他们毕业五年后进行了问卷调查，并在 1973 年请他们返回麻省理工学院，就他们演变中的职业和生活进行面谈和调查。施恩在对他们的跟踪调查和对许多公司、个人及团队的调查中，逐渐形成了自己关于职业定位的看法，并提出了职业锚概念。施恩认为，设计这个概念是为了解释，当我们在更多的生活经验基础上开展了更深入的自我洞察时，我们的生命中成长了更加稳定的部分，以便帮助工作者更好进行职业定位。

(一) 职业锚的定义

那么究竟什么是职业锚呢？职业锚是在个人工作过程中依循着个人的需要、动机和价值观，经过不断搜索所确定的长期职业贡献区或职业定位。通俗地说，职业锚就是当一个人不得不做出选择的时候，他无论如何都不会放弃的职业中的那种至关重要的东西或价值观。正如"职业锚"这一名词中"锚"的含义一样，职业锚实际上就是人们选择和发展自己的职业时所围绕的中心。一个人对自己的天资和能力、动机、需要、态度和价值观有了清楚的了解之后，就会意识到自己的职业锚到底是什么。

可见，职业锚是"自省的才干、动机和价值观的模式"，是自我意向的一个习得部分。具体而言，是个人进入职业生涯早期工作后，由习得的实际工作经验所决定，并在经验中与自省的才干、动机、需要和价值观相符合，逐渐发展出的更加清晰、全面的职业自我观，以及达到自我满足和补偿的一种长期稳定的职业定位。

职业锚是个人和工作情境之间早期相互作用的产物，只有经过若干年的实际工作后才能被发现。职业锚核心内容的职业自我观由以下三部分内容组成：

一是自省的才干和能力，以各种作业环境中的实际成功为基础；

二是自省的动机和需要，以实际情境中的自我测试和自我诊断的机会以及他人的反馈为基础；

三是自省的态度和价值观，以自我与雇用组织和工作环境的准则与价值观之间的实际遭遇为基础。

(二) 职业锚的作用

职业锚作为一个人的自省的才干、动机和价值观的模式，在个人的职业生涯与工作生命周期中，在组织的事业发展过程中，都发挥着重要的作用。

(1) 有助于识别个人的职业抱负模式和职业成功标准。编排经验，识别长期的贡献区，对一个人要求发挥作用的工作情境的性质提出标准，识别抱负模式和个人用以衡量自己的成功标准，是职业锚的重要功能之一。

(2) 能够促进雇员预期心理契约的发展，有利于个人与组织稳固的相互接纳。职业锚能准确地反映个人职业需要及其所追求的职业工作环境，反映个人的价值观与抱负，透过职业锚的建立过程，组织可以获得雇员个人正确信息的反馈。这样，组织才能有针对性地对雇员的职业生涯发展设置合理、有效、可行、顺畅的职业通道与职业阶梯；个人则通过组织有效的职业管理，使自身的职业需要得以满足，从而深化了对组织的情感认同与职业归属。这样一个过程使组织与个人双方相互沟通、深化了解，从而相互接纳。

(3) 有助于增强个人职业技能和工作经验，提高工作效率和劳动生产率。职业锚是个人经过长期寻找所形成的职业工作的定位，是个人的长期贡献区。雇员的职业锚形成后，便会相对稳定地长期从事某项职业，这样必然能够增长工作经验。随着个人工作经验的丰富和积累以及个人知识的扩张，其个人职业技能也将不断增强，从而能够明显提高工作效率和劳动生产率，增加企业的效益。

(4) 职业锚可为雇员中后期职业生涯发展奠定基础。职业锚是在具体工作经验之中习得的，能够清楚地反映当前这一雇员的价值观与才干，也能反映个人进入成年期的潜在需求和动机。雇员个人寻找职业锚并抛锚于某一职业工作的过程，实际上就是个人自我真正认知的过程，认识自己具有什么样的能力、才干，需要什么，职业价值观是什么，自己属于哪种职业锚类型。这同样也是把职业工作与完整的自我观相整合的过程，通过整合使自己找到了长期稳定的职业贡献区，从而也决定了成年期的主要生活和职业选择。所以，早期职业锚是中后期职业工作的基础，中后期的职业生涯发展与早期职业锚是密切联系在一起的。

二、职业锚的类型

职业锚是自我意向习得部分，每个人有各自的动机、追求、需要和价值观，故所寻求的职业锚会有所不同。施恩根据自己对麻省理工学院毕业生的研究，提出了以下五种职业锚：技术/功能型职业锚、管理能力型职业锚、创造型职业锚、安全/稳定型职业锚、自主/独立型职业锚。不同类型的职业锚，也就是不同类型的自我观模式。后来，人们逐渐发现职业锚的研究价值，越来越多的人加入了研究行列。在 20 世纪 90 年代，又发现了三种类型的职业锚，即服务型、挑战型和生活型职业锚。

(一) 技术/功能型职业锚

具有较强的技术/功能型职业锚的人往往不愿意选择那些带有一般管理性质的职业。相反，他们总是倾向于选择那些能够保证自己在既定的技术/功能领域中不断发展的职业。以技术/功能为锚位的雇员，有特有的工作追求、需要、价值观及晋升方式，主要表现出如下特征：

(1) 强调实际技术/功能等业务工作。技术/功能型职业锚的雇员热爱自己的专业技术/功能工作，注重个人在专业技能领域的进一步发展，喜欢面对挑战和独立开展工作，希望不受资源限制而开展自己认为正确的工作，一般多从事工程技术、营销、财务分析、系统分析、企业计划等工作。

(2) 拒绝一般管理工作，但愿意在其技术/功能领域管理他人。追求技术/功能型锚位的雇员，一般不喜欢从事一般的管理工作，因为这意味着他们将放弃在技术功能领域的成就，是一种不让他们施展技术才能的工种，故具有强烈抵制进入一般管理工作的念头。而其对技术/功能方面的职能管理并不拒绝，因为这是他们施展技能必不可少的，也是一种进步方式。

(3) 追求在技术/功能区的成长和技能不断提高，其成功更多地取决于该区域专家的肯定和认可，以及承担该能力区日益增多的富有挑战性的工作。其成长和获得成功看重的主要不是等级地位的大幅度提升，而是其专业地位的提高和技术领域的扩大。当然，职级提升对于抛锚于技术/功能区的雇员来讲，并非不重要。他们也追求向上发展，但是不要求在区域外谋求发展，坚持在能力区内的提升。例如，一位年轻的以技术/功能区为锚位的财务分析员，希望能成为他所在公司的会计或审计员，所设想的或期望的顶峰是成为一家大公司的财务副总裁。

(二) 管理能力型职业锚

具有管理能力型职业锚的人与具有技术/功能型职业锚的人完全不同，他们表现出成为管理人员的强烈动机，他们的职业经历使得他们相信自己具备被提升到那些一般管理性职位上去所需要的各种必要能力以及相关的价值倾向。承担较高责任的管理职位是这些人的最终目标。管理能力型职业锚呈现如下特点：

(1) 具有管理能力型职业锚的雇员追求承担一般管理性工作，且责任越大越好。他们倾心于全面管理，掌握更大权力，肩负更大责任。具体的技术/功能工作仅仅被看作是通向更高、更全面管理层的必经之路。他们在一个或几个技术/功能区工作，只是为了更好地培养和展现自己的能力，掌握专职管理权，他们追逐的最终目标是管理本身。

(2) 具有管理能力型职业锚的雇员具有强有力的升迁动机和价值观，以提升、等级和收入作为衡量成功的标准。管理能力型职业锚的人权欲强，升迁动机盛，追求并致力于提升，且随着等级的上升和所负责任与权力的加大，收入也随之提高，这是他成功的标志，也是其自我价值的实现。

(3) 具有管理能力型职业锚的人具有分析能力、人际沟通能力和情感能力的强强组合。分析能力是指在信息不完全以及不确定的情况下发现问题、分析问题和解决问题的能力。人际沟通能力是指在各种层次上影响、监督、领导、操纵以及控制他人的能力。情感能力是指在情感和人际危机面前只会受到激励而不会受其困扰和削弱的能力以及在较高的责任压力下不会变得无所作为的能力。在三种能力当中，情感能力可能是识别何种人将在高水平的管理角色中取得成功的最重要的能力。就三种能力而言，其他类型职业锚的人也都具有，甚至其中的一两个方面的能力比管理锚的人发展得更高，但是他们没有这些能力的强强组合，而管理能力型职业锚的人善于将三种能力进行最佳组合，因而表现出卓越的管理才能。

(4) 具有管理能力型职业锚的人对组织有很大的依赖性。他们要依赖组织提供工作岗位，获得更大的责任，展示高水平的管理能力。而且，具有管理能力型职业锚的人其认同感和成功感均来自于其所在的组织，其个人与组织的命运是紧紧相连的；个人在公司的职位、公司规模的大小、公司的活动域及其未来发展等组织因素对个人来说都具有特别重要的意义。

(三) 创造型职业锚

创造型职业锚具有如下特征：

(1) 有强烈的创造需求和欲望。对于创造型职业锚的人来说发明创造是他们自我扩充的核心，也是他们工作的强大驱动力。他们具有一种一以贯之的追求，即建立或创造完全属于自己的成就，例如，创造出一种以自己姓名命名的公司或产品。

(2) 意志坚定，勇于冒险。具有冒险精神是创造型职业锚的人具有的另一个非常明显的特征。立志抛锚于创造型的人，所具有的极强烈的创造欲使他们强烈要求标新立异、有所创造并做好了冒险的准备。因此，他们总是力图以坚韧不拔的精神、百折不挠的行动去实现创造的需要。

(3) 创造型职业锚同其他类型职业锚存在着一定程度的重叠。追求创造型职业锚的人要求有自主权、管理能力，能施展自己的特殊才干，但这些并不是他们的主要动机和主价值观，创造才是他们的主要动机和价值观。

(四) 安全/稳定型职业锚

施恩的研究发现麻省理工学院还有一少部分毕业生极为重视长期的职业稳定和工作的保障性。这类雇员追求的就是安全/稳定型职业锚，这种职业锚具有如下特征：

(1) 追求安全、稳定的职业前途，是这一类职业锚雇员的驱动力和价值观。其安全取向主要为两类：一类是追求职业安全，对他们而言安全则意味着所依托的组织的安全性，主要是给定他们组织中一个稳定的成员资格。他们可能优先选择到政府机关工作，因为他们认为政府公务员是一种终身性的职业。因此，安全/稳定型职业锚的人维持以工作安全、体面的收入、有效退休方案、津贴等形式体现出的一种稳定的前途。另一类注重情感的安全稳定，他们觉得在一个熟悉的环境中维持一种稳定的、有保障的职业是更为重要的，包括一种定居、使家庭稳定和使自己融入团队和社区的感情。

(2) 对组织具有较强的依赖性。安全/稳定型职业锚的人，一般不愿意离开一个给定的组织，愿意让他们的雇主来决定他去从事何种职业，倾向于根据雇主对他们提出的要求行事，不越雷池半步。他们都仰赖组织来识别他们的需要和能力，相信组织会根据他们的情况做出最佳安排，因而他们较其他人更容易接受组织。

(3) 个人职业生涯的开发与发展往往会受到限制。安全/稳定型职业锚的人，对组织的依赖性强，个人缺乏职业生涯开发的驱动力和主动性，从而不利于自我职业生涯的发展。要求高度的感情安全，限制了他们做沿着等级维度发展的职业运动。如果经济危机迫使其所在组织裁员，安全/稳定型职业锚的雇员由于在开发个人职业方面缺乏训练，加之不能自主、顺从的个性，常常使他们处于被动的境地。

(五) 自主/独立型职业锚

施恩的研究还发现麻省理工学院的有些学生在选择职业时似乎被一种自主决定自己命运的需要所驱使着，他们希望摆脱那种因在大企业中工作而依赖别人的境况。这些毕业生中有许多人还有着强烈的技术或功能导向。然而，他们却不是到某一个企业中去追求这种职业导向，而是决定成为一位咨询专家，要么是自己独立工作，要么是作为一个相对较小的企业中的合伙人来工作。具有这种职业锚的其他一些人则成了工商管理方面的教授、自由撰稿人或小型零售公司的所有者等。这种职业锚有如下特点：

(1) 希望随心所欲安排自己的工作方式、工作习惯、时间进度和生活方式。他们追求能施展个人职业能力的工作环境，最大限度地摆脱组织的限制和约束，追求自由自在、不受约束或少受约束的工作生活环境。

(2) 具有自主/独立型职业锚的人追求在工作中享有自身的自由，有较强的职业认同感，认为工作成果与自己的努力紧密相连。以自主、独立为锚位的人认为，组织生活太限制人，是非理性的，甚至侵犯个人私生活。因此，自主/独立型职业锚的人在选择职业时决不放弃自身的自由，而且视自主为第一需要。

(3) 自主/独立型职业锚与其他类型的职业锚有明显的交叉。具有自主/独立型职业锚的人可能同时具有技术/功能型职业锚，或者同时具有创造型职业锚。但追求技术/功能型职业锚的人，往往将其追求的职业也看作是一种向较高层面位置的过渡，他们很少为了自由的需要而放弃晋升的机会。自主/独立型的人与创造型的人也共同享有某些认知，如创造型的人(企业家)一旦成功，便也享有了自主权和自由。然而二者又不相同，追求创造的人全力以赴要追求、创造和建立某种东西。对于追求自主/独立的人来说，自主的需要较其他方面的需要(如技术/功能展示、安全/稳定、管理需要或创造需要)更强烈。

(六) 服务型职业锚

服务型的人一直追求他们认可的核心价值，例如帮助他人、改善人们的安全、通过新产品消除疾病等。他们一直追寻这种机会，即使这意味着变换组织、转换职业，他们也不会接受不允许他们实现这种价值的工作变换或工作提升。

(七) 挑战型职业锚

挑战型的人喜欢解决看上去无法解决的问题，战胜强硬的对手，克服难以克服的困难和障碍等。对他们而言，从事职业的原因是工作允许他们去战胜各种不可能。新奇、变化和战胜困难是他们的终极目标，如果事情非常容易，他们马上会表现出厌烦。

(八) 生活型职业锚

生活型的人希望将生活的各个主要方面整合为一个整体。正因为如此，他们需要一个能够提供足够弹性的职业环境，让他们实现这一目标，甚至可以牺牲他们职业的某些方面，如提升所带来的职业转换。他们将成功定义得更为广泛。他们认为自己如何生活、在哪里居住、如何处理家庭事务以及在组织中的发展道路是与众不同的。

以上的描述，也许每一条都有似是而非的感觉，为了更好地明确自己的职业定位，可以尝试以下方法：拿出一张纸，仔细思考以下问题，并将要点记录在纸上。

(1) 你在中学、大学时，主要在哪些知识上投入了巨大的精力？尤其是你的课外时间，主要用于学习哪些知识？

(2) 如果同样付给你年薪 100 万的薪水，并且你不会遭遇失败的话，你情愿选择做什么样的工作？

(3) 你开始工作时的长期目标是什么？

(4) 哪些知识和哪种学习、工作的方式是你最喜欢和最不喜欢的？你觉得怎么样才能更好地体现你的价值？

正如许多分类一样，上述的几种分类也无好坏之分，之所以将其提出是为了帮助大家更好地认识自己，并据此重新思考自己的职业生涯，设定切实可行的目标。

在人生的进程中，梳理自己的职业经历，明确自己的职业定位，就可以让自己少走弯路，大步迈向成功。

三、职业锚的开发

职业锚是在个人早期职业发展过程中逐步确立的职业定位。在职业锚的选定或开发过程中，个人起着决定性作用。

(一) 提高职业适应性

一般而言，新员工经过认识、塑造、充实规划自我等诸多职前准备，经过科学的职业选择进入组织，这本身即代表着员工个人对所选择职业有一定的适合性。但是，这种适合性仅仅是初步的，是主观的认识、分析、判断和体验，尚未经过职业活动实践的验证。

职业适应性是在职业活动实践中验证和发展了的适合性。每个人从事职业活动，总是处于一定的物质环境和心理环境之中，个人从事职业的态度受到诸多主客观因素的影响，如个人对工作的兴趣、价值观、技能、能力，客观的工作条件、福利情况，他人和组织对自己工作的认可及奖励情况，人际关系以及家庭成员对本人职业工作的态度等。个人的职业适应性就是能尽快习惯、调适、认可这些因素，也就是员工在组织的具体职业活动中，使职业工作性质、类型和工作条件，与个人的需要和价值目标融合，促使自身在职业工作生活中获得最大的满足。

职业适应的结果不仅能保证员工个人在较长一段时间内从事某种职业活动，而且能保证员工在职业活动中高效率地完成各项工作任务，同时有利于员工个性的全面协调发展。因此，员工由初入组织的主观职业适合，经由职业实践活动，转变为职业适应的过程，即员工搜寻职业锚或开发职业锚的过程。职业适应性是选定职业锚的前提和基础。

(二) 借助组织的职业计划表选定职业目标，发展职业角色形象

职业计划表是一张工作类别结构表，是将组织所设计的各项工作分门别类进行排列，形成一个系统反映组织人力资源配给情况的图表。员工应当借助职业计划表所列工作类别、职务升迁与变化途径，结合个人的需要与价值观，实事求是地选定自己的职业目标。一旦瞄准目标，就要根据目标的工作职能及其对人员素质的要求有目的地进行自我培养和训练，使自己具备从事该职业的充分条件，从而在组织内树立良好的职业角色形象。

所谓职业角色形象，是员工个人自我职业素质的全面展现，是组织或工作群体对员工个人职业素质的一种根本认识。职业角色形象的构成主要有两大要素：一是职业道德素质，主要通过员工的敬业精神、对本职工作热爱程度、事业心、责任心、工作态度、职业纪律等来体现；二是职业能力素质，主要考察员工所具有的智力、知识、技能是否胜任本职工作。员工个人应当从上述两个主要的基本构成要素入手，塑造自己的职业角色形象，为自己确定职业锚创造条件、打好基础。

(三) 培养和提高职业决策能力和决策技术

职业决策能力是指个人习得的用以顺利完成职业选择活动所需要的知识、技能及个性心理品质，是一种重要的职业能力。决策能力的大小、决策的正确与否，往往影响着个人整个

职业生涯的发展乃至人生发展。在个人的职业发展过程中，特别是在职业发展转折关头，如在首次就业、选定职业锚、职业转换等时，具有职业决策能力和决策技术十分重要。所以，个人在选择、开发职业锚时，必须着力培养和提高以下几个方面的职业决策能力：

(1) 善于搜集相关的职业资料和个人资料，并对这些资料进行正确的分析与评价；

(2) 制订职业决策计划与目标，独立承担和完成个人职业决策任务；

(3) 在实际决策过程中，不是犹豫不决、不知所措、优柔寡断，而是要有主见性，能适时、果断做出正确决策；

(4) 能有效地实施职业决策，能够克服计划实施过程中的种种困难。

当职业决策能力运用于实际的职业决策之时，需要讲求决策技术，以便掌握决策过程。首先，搜集、分析与评价各项相关职业资料及个人资料，要对几种职业选择的后果与可能性进行分析和预测。其次，对个人预期职业目标及价值观进行探索，确定个人的职业价值倾向是什么，由此决定的职业目标是什么。个人需要不断理清、明确和肯定职业价值倾向，否则无法做出职业决策。最后，在上述两项工作的基础上，将主观愿望、需要、动机和条件，与客观职业需要进行匹配和综合平衡，经过权衡利弊得失，确定最合适、最有利、最佳的职业岗位。这一决策选择过程，是找到自己爱好和擅长的领域，发展一种将带来满足和报偿的职业角色的过程。

第三节　职业生涯阶段管理

案例导入

【案例】　有一个人，名字叫失败，他干什么都不成，从来就没有成功过。有人就给他提了一个建议，说某某地方有一个圣人，曾经指点过很多人，使他们从失败走向成功，你可以去请教他，让他帮助你成功。于是，失败找到了这个圣人，向他请教如何走向成功。圣人首先问他究竟想往哪个方向努力而达至成功。失败就告诉圣人，只要能够成功，什么方向都无所谓，你给我指点吧。结果这个圣人说，如果是这样的话，那么你走哪条道都无所谓了，你走吧。

【案例评析】　当一个人要想真正达至成功目标的时候，他首先需要去确定一个发展的方向，如果没有方向，认为什么方向都无所谓，那他永远都不会成功。

不同的时期由于个体生命特征和职业生涯特征的不同，其所面临的职业生涯发展问题与任务也各不相同。因此，不同阶段的职业生涯管理任务也存在着明显的差别。从自我管理角度出发，职业生涯管理可分为职业生涯早期管理、职业生涯中期管理和职业生涯后期管理。

一、职业生涯早期管理

职业生涯早期阶段是指一个人结束职前学习，由学校进入企业或其他组织并在组织内逐步"组织化"，为组织所接纳的过程。这一阶段通常发生在一个人20岁至30岁之间，是一个人由学校走向社会，由学生变成员工，由单身生活变成家庭生活的过程，也是人生事业发展的起点。一系列角色和身份的变化，必然会经历一个适应的过程。这一阶段职业生涯的发展情况，会直接关系到一个人一生事业的成败。

(一) 职业生涯早期的特点

在职业生涯早期阶段，员工个人年龄正值青年时期，这一阶段无论从个人生物周期、社会家庭周期还是从生命周期来看，其任务都较为单纯、简单，个人的主要任务是个人的组织化，也就是个人受聘进入用人单位后，由一个自由人向组织人转化所经历的发展过程，要求个人要尽快适应进入组织的节奏，学会如何工作，调整个人心态，摆正自己在组织中的位置，进入角色，接受组织文化并逐渐融入组织进入社会，完成向成年人的过渡。

职业生涯早期管理通常包含两个阶段：进入组织前的职业探索阶段和进入组织后的职业适应阶段。职业探索阶段包括试图尝试新的工作、尝试不同的职业转换和变换工作岗位。职业探索并不是将现在的职业看作是最理想的职业，而是积极寻找或探索其他有利于自我实现的职业。职业适应阶段是指个人在进入确定的组织后，要逐步适应新环境、新岗位，检验自己的知识、技能、经验和能力是否适应新岗位的需要，通过不断地适应、不断地学习，在组织中建立自己的地位。

(二) 职业生涯早期面临的问题

职业生涯早期阶段是个人职业生涯发展的关键时期，在这一时期正确选择适合自己的职业，进入适合的组织并迅速适应组织的发展是极其关键的。但是，由于个人缺乏对组织的足够了解，与领导、同事相处还处在磨合期，对组织的需求还不完全清楚，因此可能出现以下问题：

(1) 与组织内老员工之间融合困难。由于年龄与时代的差异，同一组织内新老成员之间的代沟是不可避免的。企业中的老员工经常会对新入职的成员抱有某种偏见，认为新成员幼稚、不成熟、经验不足、自视清高等。另外，新员工初入企业时，会引起老员工的某种不快，新人往往被视为一种威胁，因为后者比老员工有更好的教育背景、更高的学历和较高的薪资，因此，老员工会不自觉地去证明新员工的不足。这种竞争关系的存在让新成员很难得到需要的信息，与组织成员的隔阂会加重新成员对组织的不适性。因此，学会与老员工相处是一件迫切而艰巨的任务。

(2) 经受职业挫折。职业挫折是人们从事职业活动和个人职业发展方面的需求不能得到满足、行动受阻、目标未能实现等所造成的一种心理状态。产生职业挫折的基本原因是个人职业目标未能实现而导致的失落感。对于刚入职的新员工来说，他们最初的职业期望或职业目标第一次面对企业生活的现实，经受现实冲击和产生失望感是经常发生的事。因此，要想获得职业发展成功就必须克服职业挫折带来的失落，调整好自己的心态，维持正常的行动。

(3) 承受现实的冲击。现实冲击是指由于新员工对其工作所怀有的期望与工作实际情况之间存在差异所引起的心理冲击，这种冲击通常发生在一个人职业生涯的最初时期。比如，年轻的大学生可能满怀希望去寻找第一份富有挑战性的、激动人心的工作，他们希望这种工作能让他们发挥自己在学校所学到的知识，证明自己的能力。可是，在现实工作中，大学生们常常会发现自己被安排在一个并不重要的工作岗位；或者刚刚入职，就陷入了错综复杂的部门冲突和政治斗争中；或者遇到一位让人感到沮丧的上司。

(4) 难以担当重任。新人在刚刚进入企业时，对企业的人员和环境都不了解，企业对其也缺乏深入的了解，因此，不可能马上取得上司的信任。在这种情况下，上司都会等到新员工真正了解了公司的运作情况后，才可以让其承担重要工作，所以最初交给新人的工作往往是很容易或很乏味的工作。当然，如果新员工进入企业后的最初数周内，企业采取这样的方法是可以理解的。但是，如果数月甚至更长时间后一直维持这种不信任的态度，就会大大减弱新员工的工作积极性，影响其未来职业生涯的发展。

(三) 职业生涯早期的自我管理策略

在职业生涯早期管理阶段的个人，要注意从以下几个方面着手，有效进行职业生涯管理。

1. 融入组织

在进入职业生涯之前，做好思想准备工作十分重要。要有取得成功所必需的态度和价值观，还要有积极的工作态度。

(1) 要对企业进行积极的认知和理解，做好充分的思想准备，接受企业的文化。

(2) 要培养积极的情感，要以饱满的热情投入工作，这是事业成功的重要法宝。

(3) 要树立积极的意向和正确的价值观，对于自己所选的职业，要认识到它对自己的重要性，并对做好这份职业有充足的信心。

要想了解一个企业，先从企业的文化开始，如果你不能认同企业的文化，很可能很快你就会离开企业。比如，华为以狼性为企业的文化，很多人不适应或不能融入该文化，最后的结果就只能选择离开。

2. 熟悉环境，树立良好形象

进入组织后，了解和熟悉工作环境是非常重要的环节。只有熟悉了整个组织的运行模式和工作流程，才能更好地配合，做出优异的成绩，树立良好的形象。作为刚入职的职场新人，在工作中特别要注意以下几点：

(1) 要有时间观念；

(2) 着装要适当得体；

(3) 明确职责，出色完成第一件工作；

(4) 积极利用正式场合熟悉周围的同事；

(5) 多总结自己，改进工作；

(6) 讲究职场交往的技巧；

(7) 熟悉企业的文化、体制和运作模式。

3. 培养能力，适应要求

新员工在进入组织并承担一定的工作任务后，更重要的是培养自己的职业能力，适应职业要求，顺利完成各项工作，提高个人的职业适应性。要尽快习惯、调适、认可各种素质，使职业工作的性质、类型和工作条件与个人需求、组织目标最大程度保持一致，保证自身在职业工作中获得更大的满足感，进而提升个人在职业中的效率，获得大家的认可。我们可以从不断学习、大胆工作、保持好心态、制订专一目标和培养个人工作能力等几个方面入手，来提高我们的职业适应性。

4. 优化观念，激励自我

一个价值观出现问题的人，知识越多越反动。一个人价值观的形成与个性、生活环境及后天的培养都有关系。积极向上的观念可以改善一个人看待事物的偏差，纠正错误的态度，提供有建设性的解决方案。初入职场的新人，其职业价值观在组织看来往往有很多幼稚和可笑之处，但是如果双方都能意识到各自在观念上的局限性，就能很快寻求到解决问题的途径。就个人而言，优化自我的价值观不是一件容易的事，要想获得个人价值的实现，就必须积极采取措施，消除不足，再接再厉。

5. 适应环境，真诚交往

新员工进入组织后必然经历一个适应组织环境的过程，这也是新员工做好工作、实现发展的必要条件。要在全面了解组织的基础上，认真分析组织的人际关系，明确个人职业生活中将同哪些人交往，其中哪些人将对自身发展起重要作用，哪些人将成为自己工作中的竞争者，哪些人可以交朋友，哪些人不宜交往太多以及如何与这些人相处。要注意与同事们保持适当的交往距离，避免介入组织人际关系上的是是非非，卷入复杂的人际纠纷之中，要将时间和精力用在工作上。要尽快完成由学生到职场人的角色转换，虚心向领导和老员工学习，充分尊重他人。对同事要真诚相待，和睦相处，主动关心集体和他人，培养团队意识和协作能力，为自己的发展营造良好的人际关系。

新员工在入职初期必须尽快适应组织环境，需要注意以下几个方面：接受现在组织现实的人际关系，即使这种关系很复杂，甚至有很多弊端；尊重领导，学会与其融洽相处，这也是刚刚结束学校生活的新员工进入组织后需要完成的重要转变；确定恰当的自我定位，帮助个人获得更多的支持，建立畅通的交流沟通渠道，可以增进与同事之间的感情，增长知识和技能，激发创新意识。

6. 借助关系，拓展空间

大多数新人在刚刚进入职场的时候都需要他人的鼓励、表扬和支持。众多支持的力量中，家人的帮助影响最大，父母、兄弟姐妹的建议和关心对新人来说极其重要。而且有研究表明，在职业生涯早期管理中，新人求助的对象也往往是家人，通过家人的扶持获得职业发展的信心。

二、职业生涯中期管理

个人职业生涯在经过了早期阶段，完成了个人与企业或组织的相互接纳后，就要步入个人职业生涯中期阶段。这是一个时间周期跨度大(年龄跨度一般从 30 岁到 50 岁)、富于变化，既可能获得职业生涯的成功，又有可能出现职业生涯危机的很宽阔的职业生涯阶段。

职业生涯中期开始的标志有两种表现形态：一是获得晋升，进入更高一层的领导或技术职位；二是工资福利增加，在选定的职业岗位上成为稳定的贡献者。所以，我们把个人职业生涯中期又划分为职业成长和职业成熟两个阶段。职业成长阶段，面对个人的职业成长需求，个人与组织的匹配主要体现在共同开发职业锚上；职业成熟阶段，面对个人的职业生涯危机，个人与组织的匹配主要体现在共同应对职业生涯高原(指在个体职业生涯中的某个阶段，个体获得进一步晋升的可能性很小)和工作家庭冲突问题上(见图 7-1)。

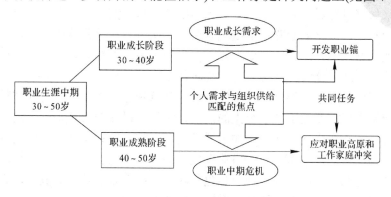

图 7-1　职业生涯中期

(一) 职业生涯中期的特点

职业生涯中期是人生最重要、最漫长的时期，这一阶段个人职业生涯处于向上发展并逐步达到顶峰的态势，同时也是家庭关系最为复杂、家庭任务及负担最重的时期，职业发展面临的问题很多，管理任务也很重。其主要特点表现在以下几个方面。

1. 个人职业特点

每个人的职业生涯发展状况各不相同，但是仍然能表现出一些共性的特点。职业生涯中期长达 20 多年的时间，在中期的初始阶段，职业发展轨迹呈现出由低到高逐步上升的趋势，在职业生涯中期的中间阶段出现职业高峰，经历过高峰之后，职业轨迹就会呈现下降的趋势，整个过程类似一个余弦曲线的形状。不同人的职业发展曲线差别很大：事业成功，大有作为的人的曲线顶峰平而长；事业的成功只是昙花一现的人，其形状如山峰，峰高顶尖；事业发展平平的人，曲线低而平缓，无明显突出。在职业生涯中期，员工在组织中已经具有了一定的地位，一般都是作为骨干在发挥着作用。同时，处于这一阶段的人往往具有一些创造辉煌业绩的潜在实力。这主要是由于在职业生涯中期，个人的职业能力不断得到提高，各方面逐渐趋于成熟，通过长期的工作实践积累了比较丰富的职业工作经验，这一阶段也正是个人创造力最强、工作卓有成效、能够创造出辉煌业绩的时期。在本阶段，每个人都经历了较长时间的职业工作，拥有了比较稳定的人际关系网，社会交往面扩大，职业视野不断拓宽，获得各种有效信息的渠道和机会增多，因此将给个人的事业发展带来许多机遇，利用好这些资源优势，对个人获得职业发展的成功十分关键。人到中年，已经有了相当的生活阅历，具备处理人际关系和各种事务的技能经验；个人价值观更加成熟，事业心和责任心更强，逐步形成了沉稳、踏实和一丝不苟的工作作风；个人对组织有较为稳定的长期贡献后，确立了在组织中的威信。

2. 个人环境特点

在个人职业生涯中期阶段，每个人都面临着工作、家庭和个人发展三个方面的问题，正确处理好这三者的关系，求得一种适当的平衡，也是这一阶段必须完成的重要任务。个人由单身变为有家庭和子女，并且子女也逐渐长大成人，这时的家庭关系最为复杂，任务最重，既要学会担当家庭责任，又要处理好与配偶、子女的关系，还要抚养、教育子女，为子女的将来做好打算。人到中年后，开始面临梦想与现实成就之间的冲突，青春期曾发生的选择职业和生活道路的矛盾再度出现。随着"父母"角色程度的加深，子女对自己的价值观和成就未必认同，同时还要处理好与父母的关系，如果夫妻双方因为赡养父母、解决父母困难等问题产生分歧，就会引起家庭问题。

如果想在工作上力求取得更高层次的发展，就意味着给予家庭的时间和精力会很少；如果沉迷于业余爱好，专注于从事个人的活动，虽然可以使个人获得一定的满足感，却将以牺牲职业工作和家庭生活为代价；如果感觉到在工作上前途渺茫而不思进取，把大部分精力和时间投向家庭，也会给个人的事业发展带来一系列问题。一个人要想成为成功的职业者，就必须注意及时完成好各种社会角色的转换，维系好事业、家庭与个人发展之间的和谐关系，为自己职业不断追求更高层次的成功创造坚实的基础。

3. 个人身心特点

个人职业生涯发展中期，由于工作状况和家庭状况的变化，个人的心态也发生了不同于职业生涯早期的一系列变化。个人到了中年会逐渐意识到职业机会随年龄的增长越来越受到限制，个人更加难以做出职业选择，从而产生焦虑不安的情绪，表现在以下几方面：

一是因为金字塔式的职位结构的存在，使得越向上路越窄、职位越少，所以正在攀登的人或专业技术水平达到一定程度的人会感到发展道路遭到阻塞，产生焦虑和忧虑；

二是平时工作稳定，但出于某种变化有调换职位的欲望，却由于自身的年龄和经历等原因无法找到新的职业岗位；

三是有一些人面临个人职业理想和实际成就不一致，感到一事无成，而产生失望、郁闷的情绪，丧失信心；

四是由于年龄增大，个人学习能力逐渐下降，需要补充新知识而又感到力不从心，常常会出现抑郁、焦虑的心态，产生心理负担。

(二) 职业生涯中期面临的问题

从职业生涯中期的发展特点我们可以看出，这个阶段主要存在以下几个问题：

(1) 个人职业生涯发展机会减少，个人的发展愿望不能得到满足，遇到个人发展的瓶颈；

(2) 个人对职业生涯的发展产生困惑：是探索新的职业发展还是继续过平庸的生活；

(3) 在职业生涯上升时期，家庭需要投入，进而产生个人发展与家庭需要之间的冲突；

(4) 家庭、工作等方面的压力增大，身体健康容易受损。

1. 危机问题

职业生涯中期阶段，正是复杂人生的关键时期，面临诸多问题，导致部分员工出现职业问题，形成了"职业生涯中期危机"，具体表现在以下几个方面：

(1) 缺乏明确的组织认同和个人职业认同，这种情况往往会出现两种结果：一是放弃职业，更多地转向职业之外的自身发展和家庭生活；二是对工作本身失去了兴趣，其积极性、兴奋点、注意力已经不在工作上，而是更多地放在了组织福利报酬上。

(2) 现实与职业理想不一致，有些人在职业发展中会纠结于自我矛盾之中，因为其现在的职业发展同早期的职业目标、职业理想不匹配，因而会产生自卑现象，不认可自己，因为没有达到自己期望的成就。

(3) 职业生涯发生急剧转折或下滑。由于年龄增长，个人学习能力逐渐下降，需要补充新知识却又感到力不从心，想重新选择适合自己的职业却又顾虑重重，与年轻的员工相比，感到职业机会越来越少，想要达到更高的职业发展层次难度越来越大，因此经常会出现抑郁、焦虑的心态，产生很大的心理负担，这也必然会导致职业生涯的急剧转折与滑坡。

2. 瓶颈问题

职业生涯发展的瓶颈首先来自于组织结构的制约。组织对各类人员的需求量不同，初级层次的人员数量大，中间层次次之，高级层次最少。由于对初、中、高级人才的需求呈现金字塔形状，初期和中期的竞争可能不是十分激烈，但争取高级职位就比较困难。有些人由于缺乏竞争力，对未来的前途感到迷茫。产生职业瓶颈的一个很重要的原因就是不能坚持学习。不好学，就难以明白道理，受到环境影响，便会随波逐流。学习犹如逆水行舟，不进则退，我们必须终身学习，才能保持清醒的头脑，才能不落伍，避免瓶颈的出现。

3. 健康问题

进入职业生涯中期，特别是人到中年之后，不仅要想方设法在专业领域保持领先地位，努力获得更多的报酬和更高的地位，同时也要面对职业生涯发展机会减少的现实，承受激烈的竞争所带来的压力。再加上对家庭的关注，精神压力会更大。由此可见，中年是人生最辛苦的阶段，事业发展、子女教育、父母赡养都需要精力，如果不能妥善地处理这些事情，往往会引起身体的不适。

(三) 职业生涯中期的自我管理策略

在职业生涯中期阶段，各种问题矛盾比较集中，机遇也常常不期而至，如不能妥善处理，就会成为个人职业生涯发展的致命伤害。这一阶段，个人要克服职业生涯中期所发生的职业问题，应付人到中年时面临的生命周期的变化，担负起阶段性的特定的管理任务。在这一阶段，如何根据自己的特点，采取有效的职业生涯管理策略，担负起特定的管理任务，具有特殊的意义。

1. 正视问题，克服障碍

研究表明，个人在职业生涯中期产生的忧虑、不安与个人对职业发展状况的了解程度密切相关。个人要想处理好职业生涯中期的思想变化、职业生涯高原、落伍及职业选择等问题需要对职业生涯发展规律有清晰的认识，意识到问题的存在和产生有其普遍性，而不是个人运气不好。只有通过正视存在的问题，个人才能端正心态，更积极、更健康、更坚强地度过职业生涯中期。我们要学会运用辩证的思维来看待问题，既要意识到职业生涯高原会给自己带来痛苦，也要意识到职业生涯高原同样能给个人发展和成熟带来积极的影响，因为这是一段相对稳定的时期。个人还需要认识到，工作仅仅是人生中的一部分，追求生命的快乐才是终极的目标。"获取快乐"是个人调整心理机能最应遵循的基本原则。

职业生涯中期阶段，是一个人一生的关键时期和转折点，这一阶段遇到的问题相对较多，个人承受的压力也相对较大，容易出现职业倦怠现象。这一现象的存在对个人职业发展将产生许多消极的影响。如果能够保持积极进取的精神状态，调整心态，自我激励，寻找工作中的乐趣或新的兴奋点，正确面对挫折和失败，积极寻找解决问题、化解矛盾的方法，就可能获得更多晋升和发展的机会。个人要在日常工作中培养这种意识，改变自己的心态，树立积极的就业观，接受积极的正能量。

2. 挖掘潜力，寻求机遇

处于职业生涯中期阶段的员工，对于成功和自主权的需要依然很强烈。对个人而言，快速摆脱职业生涯高原的痛苦，就是转变对晋升、报酬的关注，挖掘当前工作的潜力，改进工作方式和思维模式，使工作成为具有多样性、挑战性的任务。此外，促使自己保持对新技术的跟踪和学习，明确自己的工作职责和绩效目标，及时获取同事和领导对自己的反馈，也是有效找到突破职业生涯高原的方法。在获得了对自身潜力挖掘和对最新技术的学习后，个人可以通过在组织中申请工作轮换和平缓调动的方法来驱使自己远离职业生涯高原的困扰，这样，可以为个人带来足够新鲜的挑战，同时可以有新的技术和合作对象来改善沉闷的心情，降低做同样事情所产生的厌倦感。我们需要做的就是不断挖掘自己的潜力，充实自己。

3. 注重学习，提升自我

职业生涯中期阶段，人都处于中年时期，是人生负担相对较重的时期，只有科学应对，化解压力，才能顺利度过这一重要阶段。组织的调整、改变，新技术的运用，新产品的开发，同事的晋级、加薪，都会给职场人带来巨大的压力。所以，要注意学习，树立终身学习的理念，将学习作为个人生活的必然组成部分，更新专业知识和技能，突破事业发展的高原，提高自信心，以积极的心态去应对挑战，通过阅读专业书刊，参与专题讲座、研讨会或培训，努力提升自己。保持学习的积极主动性，并将学到的知识运用到工作中，不断改善自己的工作质量，提高绩效水平。

持续地接受教育和学习还可以让个人在面对裁员或非自愿重新择业的时候有足够的信心，比较顺畅地实现工作内容的转变或行业的转换。大量事实表明，终身学习能力的维持是个人适应快速变化的环境、应对组织变革的最佳方法。在信息技术高速发展、知识更新速度加快的外部环境压力下，个人可以通过学习来结交更多志同道合的朋友，拓展自己的社会网络，优化自己的知识结构。所有这些都将帮助个人在面对职业生涯规划时获得足够的时间、资源和智力援助。

4. 健康身心，笑对人生

由于受到三个生命周期的影响，中年时期是人一生中负担相对比较重的时期，所以对于个人身心的健康就应该特别注意。如果不注意身心健康，家庭、事业也都会受到影响。应对人生职业生涯发展的"高原"，首先要保持良好的心态，积极面对人生的各种挑战。我们可以通过学习新的知识和技能来提高自己的信心，增强自己战胜困难的能力，避免依靠自己的阅历、地位、关系和权力来压制新人，出现不公平竞争。其次要定期进行身体健康状况检查，及早发现问题，及早治疗，注意饮食和休息，保持健康平和的心态，加强体育锻炼，戒除一些不良的生活习惯，提高身体素质，也可以参加一些保健讲座，多看一些保健或健康养生方面的电视节目，细心呵护自己的健康。再次要加强心理保健，心理健康和身体健康同等重要，二者是相互影响的，很多疾病都是由心理因素造成的，中年人由于压力大，有时还会因为一些名利和地位问题患得患失，产生焦虑、不安等负面情绪，这样的状态就很容易导致疾病的发生。

"境由心造"，一个积极的人，做事为人都很积极、正面；一个消极的人，思考问题可能就很消极、负面。所以大家无论在什么时候，都要积极面对人生，笑对人生。事业固然重要，但在繁忙的工作之余，还要注意锻炼身体，进行合理的休闲活动，以减轻快节奏生活带来的压力。

三、职业生涯后期管理

职业生涯后期阶段，从年龄上看，是指 50 岁至退休年龄(60 岁或 65 岁)之间的一段时期，这一阶段是人生职业发展的转折期和相对稳定期。处于此阶段的人的职业发展轨迹一般呈现出下降趋势。职业生活和生理、心理状态都发生了一些变化，比如职业能力衰退，核心骨干、中心地位和作用逐渐丧失，职业进取心相对减弱，对家庭的依赖感加强，自我意识上升，关注身心健康，容易怀念过去等。传统意义上的职业生涯后期是指个人由工作状态逐渐走向衰老并最终以退休方式退出组织的过程。对于从事技术研究类工作或者职位较高的管理人员，尤其是职业生涯中期事业非常成功的人来说，这一阶段仍可获得不断的发展，但是无论是在事业上继续发展，还是面临退休，做好生涯规划和管理仍然非常重要(见图 7-2)。

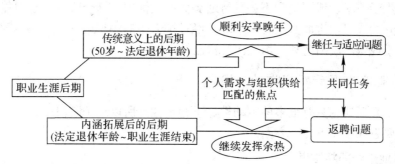

图 7-2　职业生涯后期

当今社会，随着人类平均寿命的普遍延长，以及社会对处于职业生涯后期的员工所拥有知识和技术的需要，许多人退休后开始寻找兼职工作代替原来的全职工作。退休人员被返聘或再就业现象的增加，使得职业生涯后期的含义拓展了，职业生涯后期完全可以是另一个新篇章的开始，可以创造更多的价值。

(一) 职业生涯后期的特点

1. 个人职业特点

在职业生涯中期，正值员工年富力强、职业发展至顶峰时期。随着年龄的增长，个人的体力、精力、生理机能开始退化，学习能力下降，知识、技能明显老化和退步，也已经无力更新与恢复，职业工作能力明显衰退，进取心也逐渐下降，深感力不从心。同时，曾经夺目的光环逐渐消失，个人在组织中的领导职务被年轻人取代，领导地位被新员工替代，权力与责任被削弱，核心骨干、中心地位和作用逐渐丧失。但是，和年轻员工相比，他们有长期职业生涯积累的丰富经验和业务知识，如技术、处理特定问题的经验等，而且他们拥有丰富的人生阅历，见多识广，能冷静处理各种复杂的人与事、人与人之间的矛盾。因此，他们依然能够在企业中发挥自己独特的优势。

2. 个人环境特点

处于职业生涯后期的员工，子女多数已经成家立业，家庭出现空巢现象，夫妻相依生活，拥有温馨的家庭和享受人生的天伦之乐成为这一时期员工的最大需求。许多人开始重新构建自己的社交圈。社交活动的目的不再是为了职业发展而有计划的"觥筹交错"，而是变成了三两知己共叙友情或老友们的"家庭聚会"。

3. 个人身心特点

处于职业生涯后期的员工，在饱尝了生活和工作中的酸甜苦辣之后，健康问题逐渐显露，身体不适增多。50岁后，个人的体能和精力不断退化，让大部分人看到了自己职业生涯的尽头。这种身体机能的变化让人陷入对死亡、赡养、老年护理及隔代孙辈抚养等问题的思考。这个阶段，个人自我意识上升，怀旧感加强。这时的员工觉得自己已经工作一辈子了，现在到了安享晚年、追求兴趣爱好的时候了，同时也开始怀念曾经的人和事。还有一部分人，在职业生涯后期会产生比较严重的心理障碍，对前途感到迷茫，自信心明显下降。这些人中，有的人会变得更为冷漠，有的人变得偏激，有的人对未来没有了自信，有些人因为职业生涯中期的理想和抱负没有实现而满腹抱怨，有些人担心晚年经济收入不稳定、家庭生活不幸，或因受到不公平待遇等而产生忧虑。这个阶段，学习能力开始下降，工作能力开始减退，进取心也逐渐削弱。经过了人生的漫长里程，酸甜苦辣尽在心间，个人逐步安于现状，淡泊名利，坦然面对自己的人生。

(二) 职业生涯后期面临的问题

职业生涯后期也具有很多的流动性、不稳定性，所以这个阶段个人需要面临的问题也很多，主要表现在以下几个方面。

1. 职业生涯即将结束

个人在过了50岁之后，就要面临从现在岗位上离开，把位置交给新人的局面。但是，由于我国现有的政策更多地倾向于在岗员工，所以造成许多老员工不愿意退下来，这种情况影响了组织的更新交替和发展进程。

2. 心理恐惧感增大

个人一旦从工作岗位退下来，经济收入就会减少，但市场消费水平却可能有所提高，在社会保障体系还不够完善的前提下，生活来源就会成为个人最大的精神负担。如果能健全保障制度，及时足额发放退休金，使个人的衣食住行有保障，那么个人在经济上的心理恐惧感就会减弱。在职业生涯后期，个人大都已经进入人生暮年，他们开始寻求心理的归宿，害怕被子女、社会和家庭所冷落。所以，年轻人要积极主动地从各个方面来关心老人，让他们的心理安全感增强。同时，在这个阶段个人由于年龄增大，身体各项机能减退，患病的概率增大，这也造成个人的心理负担加重。

3. 不适应突变的生活

很多时候，当一个人养成了一种习惯，就很难改变，处于职业生涯后期的员工也是如此。他们已经习惯了每天用工作来充实自己的时间，突然离开了工作岗位，离开了自己朝夕相处的工作环境，就会感觉很难适应，生出许多失落感和无奈感，面对未来的生活感到不适和迷茫。如果这个人在岗时还是一个工作狂的话，那就更难从失落中解脱出来，空闲时会感到无所适从。

职业生涯后期阶段是每个职场人必须经历、必须面对的一个过程。这个阶段，我们可以通过转移自己的注意力，多培养自己的兴趣爱好等方式来调整好个人的心态。

最后要指出的是，职业生涯的发展不是一个间断的、前后无关的过程，而是一个相互影响、相互联系的过程。对这个过程前一阶段的管理都会影响到后一阶段的发展和管理策略。在校大学生越早着手进行职业生涯周期的管理就越能为自己赢得时间和机会。

作为一名朝气蓬勃的年轻人，我们认为最重要的是要有坚定的信念，积极向上的价值观和良好的心态，只有内心具备了这些东西，才能产生无穷的正能量。一个人所具有的正确的信念、价值观、心态、智慧和知识等都属于正能量。所以，希望每一个年轻人都能成为一个内心强大的人，给自己奋斗的力量，拓展生命的里程。

阅读与训练

 阅读材料

人的潜能是无限的

一位音乐系的学生走进练习室，在钢琴上，摆着一份全新的乐谱。

"超高难度……"他翻着乐谱，喃喃自语，感觉自己对弹奏钢琴的信心似乎跌到谷底，消磨殆尽。已经三个月了，他很困惑自从跟了这位新的教授之后，不知道教授为什么要以这种方式整人。他勉强打起精神，开始用自己的十指奋战、奋战、奋战……琴音盖住了教室外面教授走来的脚步声。

教授是个极其有名的音乐大师。授课的第一天，他给自己的新学生一份乐谱。"试试看吧！"他说。乐谱的难度颇高，学生弹得生涩僵滞、错误百出。"还不成熟，回去好好练习！"教授在下课时如此叮嘱学生。

学生练习了一个星期，第二周上课时正准备让教授验收，没想到教授又给他一份难度更高的乐谱，"试试看吧！"上星期的课教授也没提。学生再次挣扎于更高难度的技巧挑战。

第三周，更难的乐谱又出现了。同样的情形持续着，学生每次在课堂上都被一份新的乐谱所困扰，然后把它带回去练习，接着再回到课堂上，重新面临两倍难度的乐谱，却怎么样都追不上进度，一点也没有因为上周练习而有驾轻就熟的感觉，学生感到越来越不安、沮丧和气馁。教授走进练习室，学生再也忍不住了，他必须向钢琴大师提出这三个月来何以不断折磨自己的质疑。

教授没开口，他抽出最早的那份乐谱，交给了学生。"弹奏吧！"他以坚定的目光望着学生。

不可思议的事情发生了，连学生自己都惊讶万分，他居然可以将这首曲子弹奏得如此美妙、如此精湛！教授又让学生试了第二堂课的乐谱，学生依然呈现出超高水准的表现……演奏结束后，学生怔怔地望着老师，说不出话来。

"如果，我任由你表现最擅长的部分，可能你还在练习最早的那份乐谱，就不会达到现在这样的程度……"钢琴大师缓缓地说。

人往往习惯于表现自己所熟悉、所擅长的领域。但如果我们愿意回首、细细检视，就会恍然大悟：往日看似紧锣密鼓的工作挑战，难度渐升的环境压力，不也就在不知不觉间养成了今日的诸般能力吗？人确实有无限的潜力！

 操作训练

一、训练题目

职业目标分解。

二、训练目的

帮助学生对自己的职业目标进行分解，明确自己在各个阶段的任务。

三、训练内容

1. 准备

播放舒缓的背景音乐，活动进行时房间灯光关闭，创造一个安静、和谐的环境。

2. 指导成员进入想象世界

请大家选择一个舒适的姿势坐好，跟我一起做深呼吸，体会身体放松的感觉，让自己的身心都放松下来，再深深地吸气、呼气。

想象我们现在正在一面镜子前，你看到了自己的模样，看到了更远的未来。想象一下未来的你是什么样子的？在做什么工作？获到了怎样的成就？大学毕业后的你是怎样的？在做什么？是工作了还是在读研究生？每天都在做什么？30 岁的时候，你是什么样子的？穿着什么样的衣服？在哪里工作？办公室是怎样的？每天的事情有哪些？当时间继续往前走，你会看到 40 岁时候的你，那时你是不是已经有很大的变化？你在哪里？在从事什么样的工作？到达了怎样的岗位？此时的你正在向更好的职业前景发展，此时的你一定有很多的成长与骄傲。接下来，我们可以看到 50 岁时候的自己，你在哪里？在做什么？过着怎样的生活？你的职业生涯是否达到了自己的目标？还是早已超越了设置的目标？你对此满意吗？有什么话要对自己说吗？时间飞快，到了你 60 岁的时候，你是什么样的？在哪里？在做什么？当你回头看自己的职业历程时你有怎样的感受？你怎样评价你的职业生涯？接下来请想象一下自己的晚年，那时的你是怎样的？你享受自己的晚年生活吗？当我们走完人生的路程，沿途欣赏了自己的职业生涯状况，我们是否有很多感受？请你看看镜中的你，对自己说一些鼓励和赞扬的话，激励自己为自己的目标而努力。最后慢慢睁开眼睛回到现实中。

3. 分享

每个阶段的你是什么样的？需要表达怎样的状态？这个游戏对你设置的阶段目标是否有帮助？你准备怎样分配自己的时间和生命历程来完成自己的职业生涯？

思考题

1. 开发个人潜能应从哪几个方面入手？
2. 职业锚的类型都有哪些？
3. 什么是职业生涯管理？其意义是什么？
4. 个人职业生涯早期、中期、后期管理的关键问题分别是什么？
5. 结合自己的职业理想，制订一份职业生涯自我管理策略。

第八章

职业生涯反馈与评估

职业生涯规划的反馈与评估过程是个人对自己不断认识的过程，也是对社会不断认识的过程，是使职业生涯规划更加有效的有力手段。整个职业生涯规划要在实施中检验效果，要及时诊断生涯规划各个环节出现的问题，找出相应对策，对规划进行调整与完善。评估与反馈的过程是完整生涯规划的重要组成部分。对职业生涯规划的评估与反馈主要包括职业的重新选择、职业生涯路线的重新选择、人生职业目标的修正、实施措施与计划的变更等。

通过本章的学习，使大学生了解职业生涯反馈与评估的内涵和意义；理解职业生涯反馈与评估过程中应注意的问题；掌握职业生涯反馈与评估的方法，能正确评估职业生涯，针对实际问题及时修正职业生涯、开发职业生涯。

第一节　职业生涯反馈

【案例】 小林，大学毕业后进入一家规模较大的公司做销售，至今已经3年了。刚开始工作时小林热情很高，业绩也很好，但是最近她心情异常烦躁，觉得自己的职业生涯发展非常不顺利，离自己的预期目标越来越远。

在上大学时，小林就从网络上了解和收集了很多有关职业生涯规划的知识，在辅导员和心理咨询师的帮助下，她在大二上学期就制订了详细的职业生涯规划，并按照计划认真执行。与别的同学相比，较早进行职业准备为小林在大学期间的学习和生活明确了方向，也让她找到了与自己目标吻合的工作。

正因为如此，小林不明白为什么自己有详细的职业生涯规划做指导，但工作之后职业发展情况却不如想象中那么顺利。在日渐阴郁的心情下，小林走进了专业的职业咨询机构，希望从职业指导专家那里得到答案。

职业指导老师仔细分析后发现，尽管小林很早就为自己制订了详细的职业生涯规划，并取得了一些成效，但小林在工作以后处于相对复杂的人际关系网络中，受到同事以及朋友的影响，加之经历了一些风雨，自身的性格、价值观发生了改变，她的兴趣点有所转移；并且她目前所从事工作的具体内容、工作对象以及工作的环境、氛围与小林的预期差别也较大。针对这些变化，小林没有重视，更没有及时结合实际对自己大二时制订的职业生涯规划进行修正，而是一直按照原计划在前进，时间一长，问题就暴露出来了。

在了解到原因之后，小林认识到，在长达五年的时间内她没有对自己进行全面的再认识和再评价，导致没有及时修正职业目标和计划，这是造成她职业发展不顺利、心情烦闷的根本原因。

最后，在职业指导老师的帮助下，小林重新开始了一个新的职业生涯规划的过程。

【案例评析】 由于原定的职业生涯目标总会因为受到不确定因素的影响而与实际产生偏差，因此，对规划进行再认识、再发现并及时调整是非常必要的。职业生涯反馈要求我们时时注意内外环境的变化，不断审视、调整自我，不断修正策略与目标，以保证个人职业生涯规划的有效性。

一、职业生涯反馈的内涵与意义

(一) 职业生涯反馈的内涵

在人生的发展历程中，由于社会环境的巨大变化和一些不确定因素的存在，会使我们的实际和原来制订的职业生涯目标与规划有所偏差，这时需要对职业生涯目标与规划进行评估和做出适当的调整，以便符合自身发展和社会发展的需要。职业生涯规划的评估与反馈过程是个人对自己不断认识的过程，也是对社会不断认识的过程，是使职业生涯规划更加有效的有力手段。因此，职业生涯的反馈与修正就是在职业生涯规划实施的过程中根据实际状况，通过职场信息反馈，相继调整、修正职业生涯目标，反省策略方案的可行度、契合度和成功概率，使之适应职场现状的要求，并为下一阶段职业生涯规划的实施提供参考与依据的过程。职业的重新选择、目标实现的时限调整、职业路线的设定以及目标本身的修正，都属于反馈与修正范畴。

(二) 职业生涯反馈的意义

在职业生涯规划实施和运行的时候，由于每个人的自身条件和外部环境不一样，对未来目标的设定也有区别，并且不可能对未来外部情况了如指掌，对自己的一些潜在能力也可能了解不足，这就需要在实施中不断根据反馈来修正规划，使之更符合当时的客观环境。要充分认识与了解相关的环境，评估环境因素对自己职业生涯发展的影响，分析环境条件的特点、发展变化情况，把握环境因素的优势与限制，结合本专业、本行业的地位、形势以及发展趋势，对职业生涯目标与策略等进行取舍与调整。因此，我们可以通过职业生涯规划的反馈与修正过程总结经验和教训，评估职业生涯规划，修正对自我的认知。通过反馈与修正，可以纠正最终职业目标与分阶段职业目标的偏差，保证职业生涯规划的行之有效。同时，通过评估与修正还可以增强自信心，对自己的发展机会有一个更清晰的了解，找出关键的有待改进之处，并为这些有待改进之处制订详细的行为改变计划，从而促进职业生涯目标的实现。

总之，反馈与修正是职业生涯规划的重要环节，也是保障职业生涯规划能否顺利实施的关键环节。只有通过反馈与修正才能保证目标的合理性和措施的有效性，也才能最终促使职业生涯目标的实现。

二、职业生涯反馈的方法与内容

(一) 职业生涯反馈的方法

在职业生涯规划实施的过程中，通过反馈与修正评判一个人的职业生涯规划是否有效，一般可以从三个方面入手：一是 PDCA 循环法；二是检查落实者是否具有目的意识和问题意识，即对目标及风险的意识和管理；三是目标管理法(MBO)。

1. PDCA 循环法

PDCA 循环又叫戴明循环，是计划(Plan)、实施(Do)、检查(Check)、行动(Action)的英文单词首字母的组合。它最初是全面质量管理遵循的科学程序，但目前已经被引入到许多管理活动领域。对职业生涯进行管理，同样应该遵循 PDCA 的循环体系，即整个过程可以分为计划、实施、检查与行动四个步骤。不同的步骤间紧密相连，形成封闭的循环链条。当一个 PDCA 循环完成时，下一个 PDCA 循环又会开始，从而为职业生涯管理提供一个长期的、持续的支持与反馈活动。

1) P——Plan(计划)

计划阶段根据生涯目标的要求，制订科学的计划。当你清楚自己真正想要的目标时，你就要为这个目标定下时间表，告诉自己一年之后应该做得怎样，两年以后做得怎样，并尽可能把目标进一步分解成更小的目标，把时间分得更精确，这样可以让你知道接下来该干什么。没有目标的人只能虚度时光，到头来一事无成。

为提高工作效率，对于某一项具体的工作任务也必须有明确的工作计划。如：工作需要做到什么程度，应尽可能用数字表示；工作所需的时间、资金、人员等，也就是成本有哪些；工作期限，即工作何时开始，何时结束，各阶段要完成什么任务；所有参与此项工作的人有哪些，主要负责人是谁，参与者如何分工等。

2) D——Do(实施)

执行阶段也就是实施计划。这一步对于刚刚就业的社会新人来说不是问题，但这一步却是处于事业、职业徘徊期的人最难迈出的一步。有无数人每天会产生无数的想法要改变自己的生活状态，羡慕别人的成功，又不停地对自己说，要是我在他那个位置上也会……。需要指出的是，只有规划没有行动永远无法成功。不惧风险、排除风险、立即行动才能使你拥有理想的工作和生活。

3) C——Check(检查)

检查阶段就是检查计划实施的结果与目标是否一致。每个有志于掌握自己命运的人，在工作了一个阶段过后，都应该反省一下自己今天所做到的与自己的理想还有多远。如果以其他人为参照的话，也可以了解一下自己的选择和努力是否让自己满意。俗话说："不怕不识货，就怕货比货。"拿现在的自己和过去的自己、拿自己和别人、拿现状和理想进行比较，虽然这好像攀比，会有嫉妒、痛苦，也会有得意、自足，但这种"吾日三省吾身"的环节，通过不断的"自检"及时发现问题、解决问题，是走向成功不可缺少的过程。

4) A——Action(行动)

行动阶段就是纠正错误、调整方向，在对以往行动的结果进行检验的基础上，对方案进行修正和完善后再执行的阶段。当反省之后，你会得出一些结论，这些结论可能会让你满意，也可能会让你失望，但生活一直在继续，你不能总期望着志得意满。不管怎样，机会仍然掌握在你自己的手中，你可以"百尺竿头，更进一步"，也可以"柳暗花明又一村"，总之要把你获得的经验和教训带到下一个 PDCA 循环中去。

每个人的职业生涯都如同一场长达几十年的马拉松比赛，考验的是人的韧性和耐力。只要你有足够的坚持，不断改进和提升，就一定能够拥有属于你自己的理想职业、幸福生活。所以说，生命不息，PDCA 循环不止。PDCA 循环过程可以使我们的职业生涯管理向良性循环的方向发展，通过实施并熟练运用，一定能在工作中不断提高效率，从而成就不平凡的职业生涯。

2. 目的意识和问题意识

为保证工作的顺利进行和职业生涯目标的实现，职业工作者还必须具备明确的目的意识、问题意识，这也是评判其工作方法是否有效的重要标准。

目的意识就是行为主体对行动目的的认知。我们经常会看到某些人所做的很多事情与最终目标没有多大关系。这样的人工作可能很卖力，但是组织在衡量一个雇员的工作业绩时，看重的是其目标的实现程度与投入成本的比较，而不是只看重工作量。

问题意识即风险管理，其核心在于职业工作者对现阶段工作可能出现的问题所做的心理准备，并对可能出现的问题制订相应的防范措施。必须具备问题意识的前提基于以下两个方面的原因：

(1) 收集的资料不可能完全准确、齐全、客观。此外，判断本身就是一个主观行为，有可能存在偏差。

(2) 事物总是处于发展变化中，有些突发因素不可能出现在你制订计划之前，而是出现在你实施计划的时候，并且会影响目标的实现。

当前的职场环境也使具备问题意识变得十分必要。职场竞争日益激烈，职业生涯机会来之不易，而且市场千变万化，如果没有问题意识，可能要付出沉重的代价。

3. 目标管理法(MBO)

目标管理法是美国著名管理学大师彼得·德鲁克提出的。德鲁克认为，每一项工作都必须为达到一定的目标而展开，评价一个雇员或管理者是否称职，就要看其对目标的贡献或实现程度。在职业生涯管理中，同样需要采用目标管理法对人生目标与阶段性目标进行管理，以确保自己的行动朝着目标方向努力并实现目标。通过目标管理，可以最大限度激发个人实现人生目标所必备的两项基本素质：

(1) 自我超越，即永远要有主动达成甚至超越目标的自我要求。

(2) 能够创造一个环境，促使自己和身边的人追求卓越并积极寻找解决问题的方法与途径。

因此，生涯发展的目标管理能够激发个人的积极性，具有明显的激励作用。职业生涯发展目标管理主要包括以下四个方面的内容：

(1) 设定目标。目标的内容要兼顾结果与过程。根据个人当前的岗位职责和人生整体目标，设定目标方案。根据组织结构和职责分工，明确目标责任者和协调关系，配置相应的资源，支持目标的实现，编制目标记录卡片，绘制出目标图。

(2) 要自己动手，制订工作计划，强调自主和自觉。其中最重要的内容就是设计阶段性目标，提出达成阶段目标的策略和方法。一个不能对终极目标进行阶段性分解、不能自己选择工作方法的人，是难以有所发展的。

(3) 定期进行"进展总结"。个人要定期对目标实施状况进行检查，分析现状与预期目标的差距，找到弥补差距、完成目标的具体措施。当出现意外、不可预测事件严重影响目标实现时，也可以通过一定方式修改原定的目标方案。

(4) 在目标任务终止期进行总体性的生涯发展绩效评估。如果超出预期，或者达成了当初看上去难以完成的目标，则要分析成功的原因，并与别人分享经验。分享成功经验是激励自己和帮助他人的一种有效实践，并在此基础上讨论下一阶段目标，开始新循环。如果目标没有完成，就分析原因、总结教训，切忌指责别人和丧失信心。

(二) 反馈与修正的要点

一般说来，任何形式的评估都可以归结为自我素质和行为对现实环境的适应性判断，分析自己现在的状况，特别是针对变化的环境，找出偏差所在，并做出修正。

1. 抓住最重要的目标

猎人如果同时瞄准几只猎物，那么他可能一只猎物也打不到。同样的，在我们的评估过程中也不必面面俱到，而是应该抓住一两个关键的目标和最主要的策略方案进行追踪。在职业生涯的一个阶段，如一年、两年，或者 3～5 年内，可能同时存在好几个需要完成的目标，但必定有一个最重要的目标，其他目标都是指向这个核心的。你可以通过优先排序，重点评估那些可能达到这个核心目标的主要策略执行的效果。

2. 发掘出最新的需求

职业生涯是一个漫长的发展过程，我们很清楚在这个过程中，不论是环境还是我们自身，都会发生很多的变化，针对变化了的内外环境，要善于捕捉最新的趋势和影响。一定要与时俱进，在改变自己陈旧观念的同时要善于发现新的变化和挖掘新的需要，并注意与自己的职业目标有机结合。对于新的变化和需求，要全面思考怎样的策略才是最有效而且最有创意的。

3. 找准突破方向

职场竞争就像下棋一样，常常会有"一招制胜"的情况发生。有时候，在某一点上取得突破性的进展将使整个局面发生意想不到的改变。想一想，先前规划中的策略方案，哪一种方案对于目标的达成应该有突破性的影响？目标达到了吗？如果没有达到，那么为什么没有达到？如何寻求新的突破？这样的分析和总结有利于在后面的进程中找出突破口，少走弯路，从而取得事半功倍的效果。

4. 弥补最弱点

管理学中有个著名的"木桶理论"，即一只沿口不齐的木桶，其容量的大小，不取决于最长的那块木板，而取决于最短的那块木板。在反馈评估过程中，首先要肯定自己取得的成绩与长处，明白自己的优势，但最重要的是切合变化的环境，发现自己的素质与策略的"短木板"，也就是阻碍自己发展的劣势。想办法弥补、修正"短木板"，或者把这块"短木板"换掉，或者取长补短，唯有如此，你的职业生涯这只"木桶"才能有更大的容量。

一般来说，职业生涯评估走到这一步时要停下来给自己更多思考分析的时间，看看自己在制订目标和策略之前分析得出的劣势在经过这一阶段行动的努力后是否有所改观？如果没有，原因是什么？是否有新的问题产生，为什么？差距到底在哪里？我们可以从以下四个方面来分析原因：

(1) 观念上的差距。在前面我们也曾提到，社会是不断进步的，职业发展所处的内外环境随时都在发生变化，而陈旧的观念往往会使我们停滞不前，甚至会造成策略上的失误，直接导致行动的失败。例如：很多人追求完全稳定的职业状态，希望能够找到一份"铁饭碗"的工作，然而随着人事制度的改革，除了公务员以外，绝大部分的企业和单位都坚决打破"终身制"，采取聘用制。这样的现实使得追求"铁饭碗"的人就业遭遇瓶颈，都去挤公务员的"独木桥"，结果得不偿失。其实，大学生应该及时转变观念，认识到职业的安全和稳定取决于自身核心竞争力的形成，而不在于工作岗位、工作职位的稳定。

(2) 知识上的差距。很多时候，目标的难以实现是因为按照实施策略所积累的知识仍然不足造成的。很多技术性的职业对于从业者自身知识储备、职业素养要求很高，而知识的积累需要一个长期的过程。所以，要耐心地学习，并且理智地分析，究竟是策略的制订出现了问题，还是自身努力不够，或是选错了方向。

(3) 能力上的差距。能力的培养是一个渐进的过程，并且需要持续和有意识的锻炼。环境在变，对人的能力的要求也在不断变化。一段时期你通过种种努力提高了某些能力，但下一时期可能又会出现新的差距。另外，对前一段时期的总结很重要，如是否坚持按计划措施来培养提高能力？有多大的进步？遇到了哪些具体的困难？这对下一阶段的努力会是一个重要的启发。

(4) 心理上的差距。有些时候，我们会发现，没有取得预期的进步，并不是规划得不够明确，或者措施不够完善，而是一些其他原因造成的，比如缺乏持之以恒的态度，对目标不够坚定，陷入自我怀疑的误区中，缺乏乐观积极的情绪等。这些原因我们都归结为心理上的差距，是心理素质不够好造成的。

特别是我们参加工作之后，学习和技能培训与纯粹的学生时代不同了，可能要谈婚论嫁，可能工作十分繁忙，可能朋友应酬非常多，这些都会影响自我职业生涯发展的规划。参加工作后时间不再是整块的，而是要靠自己去挤，通常较多的是牺牲节假日和八小时以外的时间。牺牲时间时需要毅力，需要亲戚朋友的理解和支持，否则计划很难长期执行。一旦起初的计划落空，以后也容易放弃。在一个人的职业生涯发展过程中，健康的心理状态是获得职业生涯成功的重要因素，因此在职业发展过程中，要重视对心理的调适，以最好的状态投入工作、学习、生活中。

(三) 职业生涯反馈与修正的内容

1. 职业生涯反馈内容

在职业生涯实施过程中，反馈是伴随其全过程的，反馈内容包括：

(1) 自我条件重新剖析。在实践的基础上，重新认识自己、分析自己，找到自己的优势与不足。

(2) 职业生涯机会重新评估。结合现实的组织环境和社会、经济环境，分析自己未来发展的空间及可能性。

(3) 职业生涯目标修正。根据实际情况，重新思考与确定自己的人生与职业发展目标，使其更加适合自己的情况，更加有利于自己的发展。

(4) 调整职业生涯发展策略。根据新的情况和目标，重新制订和调整生涯发展策略，强化自己的优势，弥补自己的不足。

(5) 落实职业生涯规划的修订。积极落实新的生涯规划方案，进入一个新的规划、实施、修正与反馈期。

在职业生涯反馈期间要做到谨慎判断，果断行动。谨慎判断就是无论变化多大，都要在理清来龙去脉后再做判断；果断行动就是要在判断后立即采取行动，重新修订自己的生涯规划，从而保证职业生涯的健康顺利发展，最终实现人生的职业理想。

2. 职业生涯规划的修正

在评估反馈结束以后，接下来就是要根据评估的结果进行目标和策略方案的修订。修订的内容包括职业的重新选择、职业生涯路线的选择、阶段目标的修正、实施措施与行动计划的变更等。总结起来，应该从以下三个方面来修正：

（1）职业方向的修正。通过对评估结果的仔细分析，有的人会发现自己职业生涯发展不顺利的原因是一开始方向就搞错了，方向错误或者是缺乏对内外环境的客观分析，或者缺少对工作的真实体验，或者是自己的兴趣爱好发生了变化等原因造成的。方向正确与否是职业生涯成功的关键，这就要求我们必须重新进行全面的自我认识和评价，并重新评估外在环境，从而做出正确的职业选择。

应该说，职业方向上的选择错误对于年轻人，特别是缺乏工作经验的学生而言是很正常的。我们应该正确认识自己在选择职业时的错误，不要沮丧甚至丧失信心，而是要冷静地分析、积极地改正。

职业的选择错误会直接导致职业目标以及职业生涯路线选择上的错误。在正确选择适合自身职业的基础上，我们要对职业目标、职业生涯路线、阶段性目标进行修正。总结前一阶段所取得的成绩、经验，保留与修正后相一致的目标，删除一些没有实际意义，或者与现在的选择相冲突的目标，并调整限定的时间。

（2）策略和措施的修正。如果我们从评估结果中发现，职业选择是正确的，职业目标的制订也是科学合理的，但是我们职业生涯发展并不顺利，总是不能很好地完成目标，那么真正的原因很可能在于为实现目标所制订的策略和措施出现了问题。在分析自身实际与目标之间的差距之后，我们应该制订一些措施，比如参加技能培训、学习进修、实践锻炼等，而这些措施又可以细化到参加什么样的技能培训班，选择哪个老师、哪本教材进行学习，应该去哪家公司的具体岗位实习锻炼。这些细节化的措施都会影响我们目标的实现，都是我们应该注意的地方。

（3）行为和心理的调整。在前面的叙述中曾经讲到，在评估反馈的过程中我们会发现，职业生涯发展的不顺利往往不是因为目标的错误，也不是策略和措施制订的不当，而是因为心理和行为的不配合造成的。因此，在职业生涯发展的过程，要善于调节自己的心理，保持最佳的状态。

总之，职业生涯规划是一个动态过程，有效的职业生涯规划需要不断地反省并修正职业生涯目标。反省策略方案是否恰当，是否能适应环境的改变，同时可以作为下一轮规划的参考依据。

三、职业生涯反馈与修正过程中应注意的问题

在职业生涯发展的反馈与修正期，作为一个"职场新人"可能会遇到意想不到的发展际遇，也可能会遇到难以想象的困难局面，甚至是跳槽、失业等各种状况，只有树立正确的态度，才能进行正确的反馈与修正，也才能保证职业生涯线路朝着正确的目标前进。在职业生涯发展的反馈与修正期，需特别注意以下几个方面的问题。

(一) 信心百倍，抵制诱惑

在职业生涯的反馈与修正阶段，个人既可能面临各种诱惑，也可能面临各种失败和挫折，因此，增强目标意识、坚持人生目标、学会抵制各种诱惑及对未来充满必胜的信心是十分重要的。

(二) 培养应变能力和创新意识

职业内容的不断更新和新型职业的不断产生决定了现代职业对人的素质有了更高的要求。新资源的开发、新技术的发明与应用、生产工具的革新、生产组织的改革和管理水平的提高，要求人们不仅要具备更高的科学技术知识和操作技能，而且要打破旧的传统观念，解放思想，开阔思路，树立时间观念、效率观念和合作观念，摒弃"一次选择定终身"的传统的职业选择观，适时调整自己与外界的关系，不断提高自己的职业素质，以适应不断发展的职业要求。

创新能力是初入职场的人应重点培养的一种能力和必备的素质。开拓创新能力的实质是一种综合能力，它是各种智力因素和能力品质在新的层面上融为一体而形成的一种合力。社会的进步需要创新，市场需要能解决问题的人才。著名物理学家温柏格说过："不要安于书本上给你的答案，要去尝试发现与书本上不同的东西，这种素质可能比智力更重要，往往是最好的学生和次好的学生的分水岭。"

终身学习是应变能力培养和创新意识形成的保障。当今社会发展日新月异，知识更新速度不断加快，职场工作者如果不在工作中注意更新知识，就难以适应社会发展的需要。因此，在工作中不断学习，接受继续教育，吸收新知识，掌握新技术，保持和增强自身的优势，增进个人的职业适应性，是实现职业生涯发展目标必备的素质。

(三) 提高身心健康水平，培养良好的职业品格

现代社会充满了竞争，现代科技的高速发展造就了一个紧张的社会环境，这种环境给人类社会带来了巨大的心理压力。加上工作的繁重，从而导致人们精力不足、体质减弱和许多心理疾病的发病率提高。一个身体孱弱、心境烦闷、情绪低落的人不可能有充沛的精力去胜任自己的工作，适应激烈竞争的职业世界。因此，提高身心健康水平是现代社会对职业人的基本要求。

良好的职业品格也是处理好各种人际关系所不可缺少的。比如，一个对别人热情友好、乐于助人的人能得到同事的好感；一个具有强烈事业心和责任感的人能得到领导的赏识；一个谦虚好学、踏实肯干的人能得到师长的赞扬。很难想象一个不讲奉献、自私自利、贪图安逸的人能得到领导、同事的青睐。

(四) 学会在顺境中发展和在逆境中奋起

顺境就是在职业生涯中因个人特点与职业环境相吻合而具有的良好工作情景。顺境和逆境是辩证和互逆的动态过程。也就是说，随着环境和时间等条件的变化，顺境可能转变为逆境，反之亦然。因此，要做到在逆境中振作精神、奋力拼搏并积极寻找新的突破口，在顺境中认真分析自己仍然存在的潜在不足，并抱着积极的态度努力改造。切忌在顺境中忘乎所以，夜郎自大。在顺境中需要注意以下常出现的几个方面的问题：

(1) 目中无人，自以为是。有些人在人生道路中，由于一切都太顺利，比如从小学一直上到大学，都没有留过级，就很可能会瞧不起那些留过级、落过榜的人。因其行为从来没有受到过检验或者挑战，常把错误的东西当成正确的东西来对待，往往听不进别人善意的劝告，总以为自己的想法是正确的。

(2) 喜好奉承。有些人因为在学业、事业上一直很顺利，也就很少有人指出其身上的缺点和不足。特别是一些当了一官半职的人，总认为自己能一路升迁是由于自己的能力和有众多的人拥护，因而他们喜好奉承，听不进有相反意见的话，这样使其最终在被奉承中迷失了方向。

(3) 忧患意识差。人无远虑，必有近忧。有些人由于其生活道路一直很顺利，自己的一切来得很容易，因而很难体验到身处逆境的人所体验到的那种艰难感，从而也不会做太多的"假如明天我失业了"等这样的假设，更不会为这些假设进行素质上的准备。

(4) 缺乏同情心。一个人如果长期生活在优越的生活环境之中，或者他所追求的一切都能顺利得到，那么他就很少体验到困难、不如意是什么滋味，考大学不被录取是什么心情。正因为他们缺少这种体验，所以对别人的挫折、对别人遭受的歧视和人生打击就很难产生心灵上的共鸣。

(5) 难以自律。"人往高处走，水往低处流"这话本来不错，可对于一些在人生路上没有受过挫折、经过打击的人来说，想得更多的是发更大的财、当更大的官。这些人往往会因为顺利而忘记了发财和升官应该遵循的原则。

(6) 满足现状，不思进取。如果一个人把一时的顺利看成一生的顺利，那么这样很容易消磨创新的意志。只有在顺境中常想到逆境的人，才能在顺境中成长，在逆境中不乱。

对于身处逆境中的人来说，在逆境中奋起应注意以下两个问题：

(1) 要保持正常的心态。人的一生不可能是一帆风顺的，逆境往往对人的锻炼价值更大。由于人在逆境中心情一般不好，所以处在逆境中的人一定要注意保持正常的心态，这样才能正确分析、处理问题，切不可形成一种偏激或灰心丧气的心态，这对正确决策和走出困境是十分不利的。

(2) 要认真反思，寻找出路。人不可能不犯错误，可怕的是重复去犯同样的错误。不管是谁给自己造成目前不利的处境，都要尽快摆脱困境。反思是摆脱困境需要做的第一步，要科学审视问题，找出出现问题的原因和解决问题的方案。

(五) 正确对待"跳槽"，选好"跳槽"时机

想通过跳槽谋得一个理想的工作岗位是职业生涯发展中的正常现象，但跳槽应小心稳重，切莫轻率。轻率跳槽可能会造成经济受损失、心理受压力、事业受挫折，最直接的麻烦是导致失业。导致轻率跳槽的原因很多，主要有：

(1) 只为了增加一点工资，就贸然辞职走人；

(2) 与领导、同事闹意见，赌气一走了之；

(3) 见异思迁，总希望去工作舒服且工资优厚的单位，因此一次次跳槽，也一次次失望；

(4) 盲目随大流，看见本单位有些人跳槽出去发展很好很是羡慕，于是也就盲目跟着跳槽。

需要指出的是，盲目跳槽，往往适得其反，因此，三思而后行，选择恰当的跳槽时机非常重要。一般而言，一个人从提出辞呈到完全离开公司，大概都要两个星期以上的时间。就业规则上所规定的时间多半是一个月。因此，先考虑自己的工作性质，然后在自己的工作告一段落的时候，向公司提出辞呈，如此才不失为明智之举。跳槽要为公司留出一个缓冲期，来重新指派接替你的人。不要以为辞职是自己的事情，就依照自己的方便轻率

决定离职日期。虽然辞职是依据个人去留的意愿，单位不能有丝毫勉强，但是在辞职的过程中，必须以较客观的态度考虑对方的立场，尽量以和为贵。

(六) 正确选择岗位和自主创业

立足岗位、谋求发展、实现岗位成才是大多数人的选择。要实现岗位成才的目标，必须注意以下问题：

1. 要选择自己喜爱的工作，珍惜工作机会

社会的发展，给人们提供了越来越多的自由选择职业的机会，无论通过什么渠道找到了一份适合自己的工作，都要珍惜自己的选择，努力工作，不断培养自己的兴趣，尽力把工作做好。

2. 注重积累工作经验和资历

第一份工作可以给你很实际的工作经验，为你职业生涯的发展打下基础。假如你的工作是重复单调的，那么可以使你体会到就业的气氛，锻炼你的耐性；假如你的工作是富有挑战性的，那么可以使你感受到竞争的气氛，锻炼你应变的能力。资历往往能发挥意想不到的作用，如果你曾在比较著名的机关、公司工作过，那么这对你无疑是一次宝贵的经历，别人会认为你受过的训练或工作经验比较丰富。

3. 重视岗位培训和知识的更新

公司对新录用的职员一般都要进行一番培训，这也许是你第一份工作所获得的最重要的东西。知识的更新是每个职场工作者都必须认真思考的问题。转变思维方式，培养综合分析问题和解决问题的能力以及终身学习的能力，是岗位成才必须具备的素质。

4. 自主创业

自主创业是近年来逐步兴起的一股热潮。自主创业不仅要求个人能结合专业特长，根据市场前景和社会需要搞出自己的创新成果，而且要直接面向市场、面向社会，把研究成果转化为产业，创造出可观的经济效益。它也包括那些发现市场商机，抓住机遇创办自己的经济实体，以商业经营创造出社会价值的行为。自主创业要注意以下问题：

(1) 尽量涉及自己熟悉的专业。俗话说"隔行如隔山"，自主创业项目的选择要优先考虑自己所学、所从事的专业和自己的知识结构，做到知己知彼，这样可避免走很多的弯路，缩短自己成功的距离。

(2) 选择市场对路的产品和朝阳行业。市场经济条件下，市场具有最终的决定权，产品没有销路，企业就面临着亏损和倒闭，所以市场调查是必须重点对待的，这对你的决策将起到关键的作用。涉及的是朝阳产业还是夕阳产业，这对一个公司、企业有着战略性意义。因为朝阳产业将为今后企业的发展扩大提供良好的环境和外界发展空间。

(3) 量力而行，从小做起。创业初期，人力、财力及社会各种关系都有限，切不可贪大求全，脱离实际，要有从小做起的准备，一方面资金有一个积累的过程，另一方面也可以积累一些经验。

(4) 要有百折不挠的决心和承受失败的能力。创业失败是正常的现象，必须有失败的心理准备，否则，将会对身心产生不利影响。

第二节 职业生涯评估

【案例】 小韩毕业于某知名高校计算机专业，在大学四年期间打下了很好的软、硬件技术基础。毕业后，小韩在一家计算机系统维护服务的公司找到了工作。工作两年间，小韩觉得自己在公司里面混得不那么得心应手。尤其令小韩窝火的是，老板总是爱对自己开空头支票。在老板又一次爽约之后，小韩一气之下辞掉了第一份工作。

辞职后小韩广递简历，不久，他在一家外资网络技术公司的一个下属办事处找到了工作，还是负责客户单位计算机软、硬件系统的维护。办事处规模小，办公室也就三四个人，工作环境轻松很多，公司的各项规章、制度也比较正规。一开始，小韩对新工作感到很满意。可是，工作了一年多以后，小韩又开始对他的工作状态感到焦虑和不安起来。由于公司一直以办事处的形式存在，客户较少，平时接触的技术问题也比较有限，小韩在技术上几乎没什么进步。眼看着自己在公司的技术提升和晋升空间都已达到了一个短时间之内不可能得到突破的瓶颈，再呆下去除了混口饭吃以外纯属浪费时间，经过再三考虑，小韩决定：必须得换份更有前途的工作。

吸取前一次跳槽的经验和教训，这一次小韩对以后的职业发展进行了一番思考，进一步完善了简历。经过酝酿和准备之后，小韩辞去了他的第二份工作。

原本踌躇满志，可令小韩没想到的是，尽管自己跳槽事先已经做好了准备，但这次跳槽似乎更加困难。辞职近三个月，新工作竟一无所获。精神上的压力及生活所迫，小韩放弃了之前对新工作的一些思考，随意找了份计算机相关产品销售的工作，甚至与自己曾经所掌握的知识都不十分对口，和以往的工作经历也缺乏一个较好的延续性。自然，小韩对自己的新工作依旧是不满意的。如此苦闷了几个月，转眼间到了春节，眼看别人开心地迎接新春，而自己却苦闷不堪，小韩终于在春节期间向生涯职业规划咨询机构提出了寻求帮助的请求。

【案例评析】 成功的职业生涯需要一种叫作"预警"的控制系统，用来检查职业生涯规划是否如所想的那样进行。很多人错误地认为，只要制订一个科学详尽的职业生涯规划就能一劳永逸，其实不然，职业发展如登山，山的高度决定了你的期望值大小和目标的高低，也影响着你的激情和动力。当然，高山不可能一口气攀登到山顶，需要有计划和日程，包括心理准备和物质准备，这就相当于是职业生涯规划。因为计划在先，实施在后，所以攀登了一个阶段后你需要歇一下，想一下哪些计划是错的，哪些计划是对的，并对计划进行修正，这就是职业生涯评估的内容。在现实生活中不少人或不懂职业生涯评估，或评估不当，还有人因不能正确对待职业生涯评估而导致种种困惑，这些都不同程度影响了个人的发展。

一、正确看待职业生涯评估

(一) 职业生涯评估的含义

职业生涯评估是指在实现职业生涯目标的过程中有意识地搜集相关信息和评价，不断地总结经验和教训，自觉地修正对自我的认识，适时地调整职业生涯目标。俗话说"计划不如变化快"，在我们的职业生涯进程中，无论是社会、行业环境，还是我们自身，都会随时发生这样或那样的变化，并且其中很多变化是事先难以预测的。这些不确定因素的存在可能导致实际结果偏离或背离预期的目标。要使职业生涯规划行之有效，就要求我们随时注意内外环境的变化，不断地审视自己，科学地调整自我，有意识地修正策略和目标，这个过程就是反馈评估。作为个人职业生涯规划的最后步骤但并非终止步骤，反馈评估过程确保了个人职业生涯规划的有效性，并为规划者尽早建立起一种成功的良性循环。

(二) 职业生涯评估的作用

1. 正确的评估可以检查职业生涯策略是否恰当，是否能够让人更接近目标

我们制订职业生涯规划时，在客观分析自我的基础上会为自己定下目标，并根据目标制订相应的策略，包括详尽的学习计划、培训计划、工作计划等，这一系列措施是要保证目标的实现。但是，这些措施的制订都是建立在主观分析和经验的基础上的，实际效果如何，不得而知。这就要求在实施过程中，定期对措施的实际效果进行检验。我们必须经常反省，问问自己下面的问题：

(1) 对于制订的策略和措施，其适当程度如何，它有作用吗？(目标与策略的一致性)

(2) 是否有了离目标更近的感觉？

(3) 是否与自己的正常生活相互冲突？

(4) 是否能如期完成既定目标？

2. 正确的评估可以检查目标本身是否适当，即是否能够继续坚持这一职业生涯目标并有望实现

目标的确定来源于对自我全面认识和对环境的客观分析。然而，世事多变，世界每天都在发生变化，远到社会经济结构的发展、科学技术的飞跃、政治形式的多变及国家政策的调整，近到企业组织的制度调整、机构改革、领导人更换，乃至个人家庭、健康水平的变化，我们所处的环境存在太多影响个人目标制订的客观因素。对自我的认识是一个长期、持续、复杂的过程，在校大学生由于心里的不成熟和经历的单一性，对自身价值观、兴趣、性格、能力的认识尚不全面，这就造成了很多人在制订职业目标时极度盲目，特别是学校与社会的差异性造成很多学生就业后才发现自己的职业目标缺乏可操作性。所以，这些实际情况要求我们必须进行阶段性的职业生涯评估，总结经验教训，甚至在必要的时候修正自己的职业目标。有些问题，必须在探索途中才能找到答案，如：

(1) 你正在做的是最想做的事吗？

(2) 你真的适合做这个职业吗？

(3) 是否将重心放在了最重要的地方？

(4) 你是否仍然相信自己瞄准的工作与职业目标相一致？

3. 经常进行再评估很容易使我们发现改善的途径

通过再评估可以发现的改善途径包括以下几方面：

(1) 确定精确位置，判断实际效果与期望值的偏差；

(2) 探究导致失败结果的根本原因；

(3) 采取及时、适当的纠正措施；

(4) 调整策略，并相应改变行动计划。

经常自省是必要的，它可以使我们很容易发现和找出自己的不足。美国职业指导专家林达·A·希尔建议至少应该一年进行一次职业生涯规划的评估。一般而言，根据自己的职业生涯规划，宜在每一个规划阶段进行一次系统全面的评估，每年或每半年进行一次。再按照计划努力一段时间后，有意识地回顾得失，检查验证前期的策略和措施的执行效果，纠正分阶段目标中出现的偏差。

二、如何进行职业生涯评估

进行持续的职业生涯评估最基本也最难的一条是看清形势，在适当的时间，对目标和策略做出修改。我们发现，在管理决策领域存在一种"升级效应"，即尽管不可能成功，但人们仍坚持采取行动。这是为什么呢？研究表明，一些人对于"理由越来越不充分的做法"仍坚持不改，无非是为了向自己和别人证明，自己以前的决策没有错，而且存在这样想法的人在大学生中比例越来越高。这种做法与有效的职业生涯管理是相悖的，有效的职业生涯管理要求我们要经常"回头看"，收集尽可能多的信息进行分析，必要时应修改以前的决策。

(一) 职业生涯评估应注意的问题

(1) 不要自欺欺人。如果目标的进展不是很顺利，就要认真思考是自己最初决策出了问题，还是环境发生了变化。

(2) 不要太过在意别人的评价，更不能一味强求自己向别人证明最初决策是正确的。

(3) 要"闻过则喜"，无论真的问题还是看似有问题。俗话说"忠言逆耳"，要善于从别人的意见中吸取对自己有用的信息。

(二) 评估的类型

参考职业生涯理论专家的建议，可以把评估活动按照正式程度和密度分为三种类型：每年一次的评估、每3～4年一次的评估以及每7～10年一次的评估，见表8-1。现在分别就它们的具体内容进行介绍。

1. 每年一次的评估

以一年为期，对目标完成情况和生活各个方面的满意度进行评价，看存在什么问题。一般这种短期的评估需要的时间不多，根据自身实际情况，一般1～2天即可。最好能够结合工作的年终考核和总结进行，这样比较容易看出效果。

2. 每 3～4 年一次的评估

这样的评估主要针对职业生涯的中期目标，对自己的变化和面临的机会进行分析。看看自己是否需要这样的变化。这样的评估最多需要一周的时间，可以一次完成，也可以在几个月内分散完成。在进行评估的时候要注意多收集相关信息，判断信息的可信度以及正确性，特别要与自己生活中重要的人进行交谈，从他们那里了解更为客观的认识。一般在评估之后，再结合实际情况对自己的职业生涯规划进行较大的改动。

3. 每 7～10 年一次的评估

这样的评估主要针对职业生涯的长期目标，重新进行全面的自我认识和评价，并根据环境的变化对职业机会进行再评估。这种定期的再评估需要的时间相对来说比较长。这样的评估可以求助专业机构，比如职业评价中心或专业的职业生涯顾问。在定期的评估之后可以自己安排 3～4 个月的时间来静想和"充电"，去一所学校进修或者开始一项新的兼职，让自己有更丰富的体验。

表 8-1　定期从事职业生涯评估活动

活　　动	强　　度	频　　率	投入和求助途径
评价一年的绩效、对生活各方面的满意度，看有什么问题？	需要用 1～2 天的时间	一年一次	以组织为导向的正式绩效评估
对自己的变化和自己面临的机会进行分析。你是否需要这种变化？	最多需要一周时间，可以一次完成，也可在几个月内分散完成	每 3～4 年一次	与自己生活中重要的人进行交流，再用 3～7 天修改职业生涯规划
对自己和这些机会做出基本评价	根据实际情况而定	每 7～10 年一次	评价中心、职业生涯顾问、3～4 个月的大学进修

应该说职业生涯规划的评估与反馈是一个持续的过程，所以从长远看，短期的非正式的评估活动效果可能会更加持久和显而易见。职业生涯规划评估的真正重要性在于它的思维方式，有效评估的核心是一种精神状态，一种对自我利益和环境中的机会与约束的意识，一种对自身和周围环境变化的敏感性，一种做出认真决策和相应修改计划的意愿。

(三) 评估的步骤

在确定了什么时候对自己的职业生涯规划进行评估之后，我们面临的问题是如何条理清晰地开展评估工作，第一步该做什么，第二步该做什么，这就涉及职业生涯评估的步骤和具体操作问题。很多人对评估和其他评估工作者有着相同的目的，都是为了检查工作的开展情况和实际效果，因此，在具体操作流程上有着类似之处。

1. 确定评估目的和任务

在每次正式的职业生涯规划评估工作开始时，都应该首先确定下最主要的目的和最重要的任务是什么。一般情况下，评估应该围绕着以下三个任务进行：

(1) 检查目标的设定是否合理；

(2) 检查计划、措施的制订是否科学；

(3) 检查实际的执行情况是否顺利。

2. 进行自我评价

任何评估工作最基础的部分都是自评。因为从某种意义上来讲，自己是最了解自己的人，特别是针对自己制订的职业生涯规划，应该更容易把握一些。自评可以按照以下方面进行：

(1) 按照完成时间评估。在前面的章节讲到过，目标的实现会被分解成很多小步骤，每个小步骤的完成都会有一定的时间限制。我们可以按照这些规定的时间来检查我们该做的工作是否完成。如果在限定的时间内目标完成比较顺利，说明目标和措施制订得比较合理，计划的执行情况良好，可以进行下一步的工作。如果在限定的时间内无法完成，就应该进一步反思问题出在哪里。另外，保证至少每三个月检查一次你的工作进度。过程监督可以发现进度计划的问题，考察计划的落实情况，并且有针对性地提出解决方案。

(2) 按照完成性质评估。按照时间评估仅仅是从时间的限定上来检验目标完成情况，但对于目标完成效果并没有做出准确的评价。这就要求我们必须客观评价目标的完成情况，如有没有充分利用时间体现效率，或者是否扭曲了自己的生活。如果感到工作和生活过于舒适，那就意味着目标定低了，需要进行调整，适时适当地调高目标，这样就可以使自己的目标难度更合理，使成就水平更高。如果感到自己的生活节奏很慢，效率很低，没有实现原计划的职业生涯目标，首先要考虑自己的动机水平是否足够，如果不是职业目标太难，就应该加强紧迫感，使自己不要脱离职业规划的轨道。一旦长期偏离自己规划的轨道，个人就会脱离原来的计划，使计划成为一纸空文。造成这种情况可能是因为有时应酬太多，所以我们应该学会拒绝应酬，以增加在职业生涯目标上的精力投入。

3. 全面收集反馈信息

要做到对信息的全面收集，至少应该抓住两个方面：工作与非工作领域。工作与非工作生活构成了一个人生活的全部，并且工作与非工作生活也是相互影响的。因此了解全面的反馈信息，必须包括以下两个方面：

(1) 工作领域。工作领域包括上级主管、同事、下属、客户等其他有密切接触的人员。这实际上就是要你尽量形成一个网络来相互反馈、相互指导、相互支持和相互鼓励。应该尽量从上级那里了解自己当前的表现，包括人的优势和劣势以及组织对你有哪些需要。要把自己的经验和感受讲给信赖的人听，同事之间坦率的讨论对大家都是有益的。首先，别人能看到你自己不了解的一面；其次，别人亲口说出来的目标、愿望、保留意见和战略，能帮助你理清自己的感受；最后，其他人也可能愿意把自己工作中(这些环境与你有关)的成功、失败和启迪讲给你听。

(2) 非工作领域。这是从工作之外寻求信息反馈。职业目标的实现离不开工作，更离不开社会、家庭、朋友等工作之外的因素。不仅工作决策会影响家庭生活，而且家庭状况也能够影响你的工作生活。例如，有的人为了表现自己的勤勉和忠诚，经常会主动加班，可能这是他职业生涯规划中的一个发展措施，但是要考虑一下是否影响家庭和谐。因为人们常容易误解家人、朋友的感受和态度，从而产生一些误会，影响到个人情绪，所以与家人、朋友沟通是协调工作与非工作活动的必要手段，也是制订职业生涯目标和措施的前提。

4. 分析反馈信息的准确性和可用性

收集到的信息，由于客观原因存在一定的偏差和误区，所以我们一定要就反馈信息的准确性和可用性进行仔细的甄别和分析，筛选对自己有用的，过滤一些负面的信息。我们强调在对反馈信息进行分析时，一定要结合自我认知进行，这样得出的结论才会是全面且客观的。

5. 运用合适的评估方法

这里的评估方法是指在自我评价、收集信息、全面分析时所使用的科学方法，在后面的部分会专门讲到。

6. 得出结论

通过上面的评估步骤，最终会得出评估结论。这些结论是对一开始确定的评估目的和任务的客观回答。能够获得正确的回答，就表明评估工作顺利完成了。

三、职业生涯评估方法

在进行职业生涯评估时，可以根据个人的实际情况采用适当的方法。比如反思法，即通过回顾自己的职业生涯规划实践过程，反思各个规划环节是否科学、合理，符合自己的情况，计划实施效果如何，还存在哪些问题等。也可以将自己的职业生涯规划告诉亲朋好友，邀请他们从旁观者角度审视自己的规划方案及实施的效果。虚心、主动征求别人对自己计划的看法，往往会受益匪浅。另外，在职业生涯规划时还应多比较、多思考、多学习，吸取别人科学的方法，对别人职业生涯规划的分析和观察，往往有助于自己对职业生涯规划的修改。

下面介绍两种在西方职业生涯管理领域广泛认可的职业生涯评估方法。

(一) 个人职业生涯的 PPDF 法

PPDF 的英文全称是 Personal Performance Development File，中文是个人职业表现发展档案，也可译成个人职业生涯发展道路。PPDF 主要用于组织对员工的职业生涯管理，我们可以将其运用到个人的职业生涯管理上来。首先介绍一下 PPDF 在组织中的应用。

在发达国家的不少企业里都为其员工建立起了个人职业表现发展档案(PPDF)。这份档案看起来很简单，但是作用却非常大。有不少的企业靠它将自己的员工形成了一种合力，使员工愿意为了单位的目标去努力实现自我价值。为什么它能起到这样的作用呢？主要是它将所有员工的个人发展同企业的发展紧紧联系在一起，它为每个员工都设计了一条经过努力可以达到个人目标的道路，使员工明白：只有公司发展了个人的目标才可以实现。这实际上是一种极有效的人力资源开发的方法，正因为如此，许多企业纷纷采用该方法。

每个人对自己的一生都有良好的理想设计，这些理想有的可以实现，有的可能就不会实现。当一个人在一个单位工作时，如果这个单位的管理者能够为他去进行发展和提升设计，他的发展就会更顺利。管理者给员工进行具体的职业发展设计时，应当将他们的职业生涯计划建立在现实的、合理的基础上，并且通过必要的培训、职务设计及有计划的晋升或职务调整，为员工个人的职业生涯发展创造有利条件。

1. PPDF 的主要目的

组织中 PPDF 是对员工工作经历连续性的参考。它的设计使员工和他的主管领导对该员工所取得的成就以及员工将来想做些什么有系统的了解。它既指出员工现在的目标，也指出员工将来的目标及可能达到的目标。对于个人而言，它让你清楚知道自己如果要达到这些目标，在某一阶段应具有什么样的能力、技术及其他条件等。同时，它还帮助员工在实施行动时进行认真思考，以明确目标以及个人应具备的能力和条件。

2. 使用 PPDF 的方法

PPDF 是两本完整的手册，当你希望去达到某一个目标时，它为你提供了一个非常灵活的档案。将 PPDF 的所有项目都填好后，交给你的直接领导一本，自己留下一本。你要告诉你的领导你想在什么时间内以什么方式来达到你的目标。他会同你一起研究，分析其中的每一项，给你指出哪一个目标你设计得太远，应该再近一点儿；哪一个目标设计得太近，可以将它往远推一推。他也可能告诉你，在什么时候应该和业余培训单位联系，也可能会亲自为你设计一个更适合的方案。总之，你应单独和你信任的领导一同探讨你该如何发展、奋斗。对于个人而言，在实际操作中可以将 PPDF 的所有项目填好后交给你的职业指导老师(学校的辅导老师、工作上的良师或者值得信任的长辈)一本，自己留下一本。

3. PPDF 的主要内容

PPDF 的主要内容包括个人情况、现在的行为和未来的发展。

1) 个人情况

(1) 个人简历：个人的生日、出生地、部门、职务、现居住地址等。

(2) 文化教育：初中以上的校名、地点、入学时间、主修课程、研究课题等，所修课程是否拿到学历，在学校负责过何种社会活动等。

(3) 学历情况：填入所有的学历以及取得学历证书的时间、考试时间、课题以及分数等。

(4) 曾接受过的培训：曾受过何种与工作有关的培训(如在校、业余还是在职培训)等。

(5) 工作经历：按顺序填写你以前工作过的单位名称、工种、工作地点等。

(6) 有成果的工作经历：写上你认为以前能体现自己成绩的工作是哪些，不要写现在的。

(7) 以前的行为管理论述：写出你对工作进行的评价，以及关于行为管理的事情。

(8) 评估小结：对档案里所列的情况进行自我评估。

2) 现在的行为

(1) 现时工作情况：应该填写你现在的工作岗位、岗位职责等。

(2) 现时行为管理文档：写上你现在的行为管理内容，必要时可以加一些注释。

(3) 现时目标行为计划：设计一个目标，同时列出和此目标有关的专业、经历等。这个目标是有时限的，要考虑到成本、时间、质量和数量的问题。如果有什么发展瓶颈，可以立刻同你的上司(职业指导老师)探讨解决。

(4) 如果你有了现时的目标，它是什么？

(5) 怎样为每一个目标设定具体的期限？

3) 未来的发展

(1) 职业目标：在今后的 3～5 年里，你准备达到什么目标。

(2) 所需要的能力、知识：为了达到你的目标，你认为应该拥有哪些新的技术、技巧、能力和经验等。

(3) 发展行动计划：为了获得这些能力、知识等，你准备采用哪些方法和实际行动。其中哪一种是最好、最有效的，谁对执行这些行动负责，什么时间能完成。

(4) 发展行动日志：此处填写发展行动计划的具体活动安排，如所选用的培训方法(听课、自学)、所需时间、开始时间、取得的成果等。写这些不仅仅是为了自己，也是为了了解工作。同时，你还要对照自己的行为和经验等写你从中学到了什么。

从对个人的职业生涯 PPDF 法的使用中，我们可以看出，如果严格按照它的要求去做，在记录 PPDF 手册的同时，我们也就相应完成了职业生涯规划的评估工作。个人职业生涯的 PPDF 法不仅对企业员工的职业生涯规划有积极的意义，而且对大学在校生的个人职业生涯规划也同样有着积极的意义，可操作性很强。

(二) 360 度反馈评价法

360 度反馈评价法是企业进行员工绩效管理经常用到的一种评估方法，对我们个人职业生涯规划进展进行评估也是非常有意义的。

所谓 360 度反馈评价，又可以称为多源评估或者多评价者评估。不同于自上而下，由上级主管评定下属的传统方式，360 度反馈评价将上级主管、同事、下属、客户等其他存在密切接触的人员的评估，与员工自我的评估结合起来全面评价。其评价结果会反馈给被评价者，一方面，这样将促使员工全面认识自己，为员工的个人发展(如培训计划的制订)提供信息，促使员工提高管理技能和工作业绩，改善团队工作；另一方面，对于整个企业来说，它可以增进评价的效果，激励员工参与组织变革，提高培训效益和员工满意度，建立新型的企业文化，从而最终促进企业的发展。

360 度反馈评价法有哪些作用呢？可以从企业增效和员工发展两方面来说明。

1. 企业增效

360 度反馈评价有利于作业管理，增加了员工对于绩效管理的参与度，也为薪酬设计调整提供了新的依据，有助于提高员工的工作效率，以至从整体上提高组织的绩效。

2. 员工发展

360 度反馈评价的结果可以作为员工培训的依据，也可以作为对于员工是否掌握了岗位所需知识、技能的评价，了解员工需要接受哪些方面的培训。从更为长远的角度来说，360 度反馈评价的结果也能为员工的个人职业生涯规划提供依据，并以此来增强员工的归属感和自信心，进而增强团体凝聚力，促进组织变革与发展。

通过对 360 度反馈评价的了解，我们可以看到，在我们个人职业生涯过程中，需要"打开窗户"，向其他人征求意见，这些人可以是学校的老师和同学、单位的领导和同事，也可以是朋友、亲人。其中，来自直接上级和直接同事、直接下级的意见最为重要，因为他们与你共处的时间最长，相关利益最密切，他们往往能够在第一时间发现你的变化，捕捉到你的失误。在个人的职业生涯发展中，及时有效的沟通和全面的信息交流是非常有必要的。

运用 360 度反馈评价搜集信息时，针对不同的群体要设计不同的调查问卷。针对直接上级的信息搜集，目的在于了解自己的发展前景与企业发展轨道是否相同，目标制订是否得当，差距体现在何处；针对同事及工作伙伴的信息搜集，目的在于全面了解自己的工作表现，在工作中的优势和劣势，取得的成绩和工作失误，人际关系发展是否顺利等；针对家人和朋友的信息搜集，主要侧重于是否能处理好工作与生活的关系，职业发展目标与人生阶段是否协调，计划制订与日常生活是否存在冲突等。

第三节　职业生涯开发

【案例】　20世纪80年代，福特公司在组织结构上进行了一系列重大改革。这些改革包括对各级雇员的放权，鼓励他们参与公司事务，同时认识到雇员发展是组织事业成功的根本。在公司改革的初期，改革的重点主要集中在高级管理层和基层人员。此时，中层管理人员提醒公司的领导者，他们也需要改革以适应剧烈变化的工作环境。因为在实施这一变革之前，中层管理人员一般遵令行事，工作墨守成规，缺乏创造性和主动性。从事雇员职业生涯开发工作的管理人员被认为是多余者，人们普遍持"问题上交"的态度。中层管理人员的状况直接影响着公司改革的成败与方向，因此加强中层管理人员的职业生涯开发变得越来越重要。

最终，为期一年的为满足中层管理人员需求而设计和推广的开发计划开始了，其名称为"领导层培训与开发"，该计划旨在面向全公司3000名中级管理人员进行开发和放权工作，其中包括海外人员。

然而，对于"领导层培训与开发"计划，公司的部分领导人认为无此必要，担心占用的时间与资源太多。基于以上情况执行顾问委员会进行了需求评估和基准评价的工作，最后，确定有必要对中层管理人员进行培训。

他们选中了由罗伯特·奎恩设计的竞争价值观模型，因为它为分析公司的困境和矛盾提供了一个实用的框架，而不是简单提出一个解决方案。在6个月的时间内，福特公司与密西根大学合作，共同开发、创办和开展了"领导层培训与开发"项目的教学。

在每一期"领导层培训与开发"活动中，大约50名参加者进行了为期5天的集训，地点一般是在密西根大学的"在职教育中心"。每一个班级的教学由一名大学教师和福特公司的一名高级决策人共同进行。

这5天的核心课程内容覆盖如下领域：个人学习风格、中层管理人员在福特公司中的作用、竞争价值观模型、以顾客为中心、质量问题、系统化思维、改革和持续改进、人事领导与职能领导以及行动的规划。这一周活动的重点是团队精神，将人员从一次"接力赛跑"队员转变为"一支橄榄球队"队员。该计划的目标在于唤醒人们的意识，也可促进员工本职岗位上的发展。

经过6～8个月的时间，学员再重新聚到一起进行为期3天的追踪课程。他们讨论自己对"领导层培训与开发"概念的应用及各自未来的计划。在这些计划中，他们交流和吸收彼此的成绩、挫折和心得。

由于教学工作取得了良好的人才开发效果，所以福特公司让在职学员轮换参加。企业与高等学府联合培养人才是一种新的教学经验，其结果是一种双赢的形势：公司受益于大学的研究实力和广阔的分析视野，而大学则得益于与福特公司实际工作人员的合作。

"领导层培训与开发"项目的宗旨是采用成人教育的原则。它强调放权给学员，使他们可以反思自己的学习，利用在实习中掌握的技术，将所学内容应用到实际工作之中，而且进行深入的跟踪学习。这一过程在设计上是可以重复的，因此管理人员可以将自己所学到的东西应用到自己的下属身上，以此放权给自己的工作团队。

这一项目的成功已经在几个方面得到充分的证明。不仅项目本身受到不懈的支持，而且有充分的证据证明管理人员已经参加了"领导层培训与开发"的后继项目，即那些直接改进公司的工作、为公司大幅度节省财政开支的项目。这些项目直接支持福特公司的业务发展目标，其范围远远超出管理人员的日常职责。

高级管理人员在私下与项目的参加者进行了面谈，征求他们对本项目的坦率反馈意见。此外，密西根大学与福特公司合作，开展追踪调查，同时还开发出一项衡量放权程度的措施。"领导层培训与开发"计划已经建立起一个巨大的数据库，密西根大学将利用它对各种工作环境问题进行深入研究。总之，这一项目充分证明它是一次放权给管理人员进行卓有成效工作的改革，中层管理人员据此获得了新的职业生涯发展机会和空间。

【案例评析】 随着社会经济的快速发展和知识经济时代的来临，各类职业对从业者的思想素质、生理与心理素质、技术素质以及各种知识与能力的要求越来越高，职业竞争也越来越剧烈。进行职业生涯开发，不仅是组织发展的重要任务，也是雇员自身实现其职业生涯发展目标的重要手段和措施。

一、职业生涯开发概述

(一) 职业生涯开发的含义

职业生涯开发是指一切通过传授知识、转变观念或提高技能的手段，来改善当前或未来工作绩效、发展与职业生涯目标相应的潜在职业能力的过程。职业生涯开发以人自身为开发对象，工作重点是提高从事职业所要求的伦理观念、知识技能水平等。个人职业生涯开发是指为了获得或改进个人与工作有关的知识、技能、动机、态度、行为等因素，以利于提高其工作绩效、实现其职业生涯目标的各种有计划、有系统的努力。

(二) 职业生涯开发的意义

1. 职业生涯开发可以提高个人的思想素质和决策能力

从业者要做好本职工作，就必须要有一定的思想水平和决策水平，否则就很难正确理解和贯彻组织的各项方针和政策，就不可能正确认识和处理工作中出现的各种复杂的新问题。因此，通过各种职业生涯开发活动可以提高个人的思想素质以及其思维的广度和深度，掌握决策的基本原理，如决策的程序、原则与方法等，可以培养个人意志自觉性和果断性，从而提高职业决策素质和能力，促进职业生涯发展。

2. 职业生涯开发可以提高个人的创造性思维

创造性思维对个人的职业生涯发展具有十分重要的作用，只有具有较高的创造性思维水平，思路灵活，提出新的设想、新的观念，才能不受传统思维和习惯的束缚。因此，有必要通过职业生涯开发来提高个人的创造性思维能力。当然创造性思维能力的培养，一方面是个人平时要注意自身创造性思维的训练，进行思维流畅性的练习，养成独立思考的习惯；另一方面，组织要提供创造性思维的社会环境，鼓励雇员畅所欲言，勇于思索和辩论。

3. 职业生涯开发可以提高个人的科学文化和专业技术知识水平

现代职业的从业者只有掌握丰富的现代科学文化知识和必要的专业技术知识，才能适应社会与职业发展的需要。特别是随着知识经济时代的来临，知识的半衰期越来越短，知识更新的步伐越来越快，不断学习和掌握新的科学文化知识和专业知识更为重要和必要，否则就会落伍。个人职业生涯开发活动通过各类教育和培训手段，正好能满足从业者科学知识和专业知识的需求，从而能够更好实现职业发展的目标。

4. 职业生涯开发可以提高个人的生产技能和工作成效

职业生涯开发活动与从业者的生产技能和工作成效有着非常密切的关系。许多研究都表明，从业者的工作积极性和工作成效在很大程度上取决于其所接受的培训和所掌握的专业知识与技能。在职业生涯开发活动中，从业者通过各种学习和培训，不仅可以改善自身的工作态度，提高工作积极性，而且还可以提高生产技能和工作效率，进而改善工作业绩，为进一步的职业发展做准备。

二、职业生涯开发的内容

个人职业生涯开发的内容和形式多种多样，下面主要从个人要素开发和社会资本构建两个方面加以介绍。

(一) 个人要素开发

1. 能力的开发

能力不是抽象的素质，它关系着从业者的表现与职业生涯发展。事业发展高度和能力之间有着不容置疑的关联。能力开发对于个人的职业发展具有极为重要的意义。

能力是衡量一个人能否胜任某项任务的主观条件，是个人综合素质与本领的表现，是个人发挥出来的潜力。一般而言，能力包含三个方面的内容，即基础能力、业务能力和素质能力。基础能力包括知识、技能和技巧。业务能力包括理解力、判断力、应用力、规划力、开发力、表达力、交涉力、协调力、指导力、监督力等。素质能力包括智力素质、体力素质、性格、态度、人生观等。

知识是指胜任本职工作所需要的基础知识、业务知识和理论知识。技能技巧是指完成本职工作所需要的技术、技巧、业务熟练程度、经验。理解、判断能力是指充分认识职务的意义和价值，根据有关情况和外部条件分析问题、判断原因，选用适当的方法、手段的能力。应用、规划、开发能力是指在充分认识职务意义和价值，根据有关情况和外部条件分析的基础上，具有预见性，通过调查、研究、推理思考，总结归纳具体对策、方法的能力。表达、交涉、协调能力是指为顺利完成任务，正确解释自己的看法、意见，说服他人与自己协助配合，同时维持良好的同事关系的能力。指导、监督能力是按照部下、后辈的能力和适应性适当分配任务，并在工作中予以指导帮助，同时启发其集体观念和劳动热情的能力。

一个人在职业生涯中无论扮演何种职业角色，都要有一些特定的能力。在一个公平的社会里，人们之所以获得新角色，是因为他们已经具备必要的能力，或者因为有权决定别人职业发展的人相信他们能够获得这些能力。因此，有针对性地进行自我能力开发对个人职业生涯发展具有决定性影响。凡是希望职业生涯有所进展的人，都要做到以下三方面：

(1) 如果可能，要有胜任新工作的能力。

(2) 向"挑选人"证明你具有必要的能力。

(3) 能够迅速取得新能力。

在职业生涯发展中具备相关的能力最为重要。凡利用不正当手段或裙带关系拓展事业都是很危险的，因为大家不会一直忽略你缺乏必要能力的事实。发展能力的培养是一项长期计划，这是需要多年辛勤工作。此外，你还要偶尔做出能让你获得新能力的大决定，特别是在关键性的事业变动时，新能力的获得特别重要。有时候我们会发现，目前的职位和向往的职位之间有明显不能跨越的鸿沟。如果存在这种情况，就必须去寻找连接的桥梁，而能力就是桥梁，它能使人跨越至他们想去的地方。

对于以事业为主的人而言，生命中主要的转折点有：中学至大学(教育程度)、大学毕业至工作(投入的领域)、工作至精通专业(专门化过程)、精通专业至权力(高位)、权力至最高限度(停止增长)、最高限度至退休(生活形态的选择及衰退)。

在遇到每一个生命转折点之际，人们都面临新的困难和机会，而这些困难和机会与自己以前经历过的任何事都不相似。每一个转折点都代表个人发展的一次挑战，所以预先对未来的转折点做好准备是件紧要的事。职业往往限定了它们的从业者，因此新能力的获得很困难，所以我们必须不断学习以便发展。改变的发生也许每五年或十年一次，而且是无法逃避的，虽然有的人可能忽略或有意回避下一个转折点，但是生物年龄的逻辑和事业焦点的意外变化却是无法逃避的。

2. 态度的开发

良好的思维方式可以让你拥有正确的处事态度，而这种态度是个人职业生涯成功的关键。态度其实是你的一切，它是你每天对生活的回应。作家罗本森指出："态度是一个人的信仰、想象、期望和价值的总和。它决定了事物在个人眼中的意义，也决定了人们处理事情的方式。"

态度令人们成功。每个人都会经历各种艰难，然而乐观的、积极的态度会让他们重新崛起。

态度决定着一切。良好的态度是一种负责任的体现。作为一个人，我们要承担许多责任。在处理问题时，我们有责任使自己表现得富有创造性；在教育下属时，有责任表现得令他人敬畏。

态度会影响你的行为。如果你带着积极的态度，那么你的决断就会表现得慷慨、英明且富有创造性；如果是消极的，那么在处理问题时你就会显得乏力、软弱、缺少突破，因为这时你的情感非常脆弱并缺乏安全感。因此，必须学会正确处理头脑中的想法，学会用一种有益而不是有碍你职业发展的方式去思维。下面介绍几种培养正确态度的方法。

(1) 选择自己的态度。你应该确定什么态度是你所希望拥有的。比如，你原本也许想给下属更多的爱护，但表现出来的却是挑剔，这就违背了你的初衷。尽管态度决定着一个人发挥其潜力的程度，但只有将态度付诸行动以后才会实现。选择了一种特定的态度，也就选了你自己未来的位置。因此，你必须知道自己现在的位置，明确自己有哪些思想及情感上的问题，然后选定合适的目标来改变自己的态度。确定目标是态度变化的必要因素，因此首先要确定目标，分析自己目前的状况以及未来的发展方向，这样才能更好地促进态度的转变。

(2) 做记录。你可以每天将日记写在笔记本上或软盘上。第一天，先描述你的目标，你希望转变的原因及将如何进行转变。每天增加你如何表现新态度的具体例子。如果在转变过程中犯了一些错误，同样也记录下来，并将这些错误列出来，然后把注意力集中在如何成功转变态度上。需要注意的是，你的目标是逐渐提高自己，而不是马上变得完美起来。

(3) 付出时间。改变需要花费时间，因此，下决心将转变态度的工作贯穿你的一生。如果你是一个园丁，就会知道其中的原因：尽管你每年都努力工作，但花园中仍然会滋生杂草。你会将这些杂草拔掉，因为你知道如果不拔掉它们，来年这些杂草就会大量繁殖并排挤花园中的其他植物。同样道理，应该经常剔除错误的态度，留出空间给正确的态度。

(4) 自我审视。作家硕庄这样解释自我审视的重要性："不要指望从别人那里得到足够的赞美，可以用来武装自己和维持自尊，然后激动地把工作干得更好。"你要学会赞美自己，经常进行自我肯定是成功所必要的。

不幸的是，我们总是在审视自己时不自觉地选择自我否定。这种自我否定是与生俱来的。要对付这种情况，有三种方法可以帮助你：

第一，想象你与别人交谈时，如果对方否定你，你会如何反应。其实，这种反应决定了自我评价时采用的方式。如果你在自我审视时，觉得自己只有在花钱方面做得还算过得去，那么你就列出自己在其他方面做得好的例子，以此来说明自己在其他方面做得也不错。

第二，与自己争论。不要将任何否定自己的言论都当作事实，将事实与无稽之谈分开能帮助你更准确地评价自己。要学会像保护你最好的朋友一样保护你自己。

第三，不要随便确定失败或拒绝，应该去思考引起问题的可能原因。如果一个雇员见到你时没有打招呼，不要以为他是因为讨厌你而不愿理睬，而应想他是因为要忙别的事情而顾不上与你打招呼。你要尽量去考虑最小的消极因素，让积极的态度占上风。

3. 职业资本的开发

职业资本是一个人选择职业、发展自我、运作金钱和创造财富等能力的总和，它是在与生俱来的先天基础上，通过后天的社会生活和教育改造而逐步形成的，主要包括职业素质、职业技能和职业阅历等多个方面。

职业素质主要涉及一个人的气质、性格特质、智商、职业兴趣等多个方面。不同的工作需要有不同的智力水平、气质和人格。而个人的气质和人格特质又决定了一个人所适宜从事的工作、价值观和冒险精神，二者需要在动态中相互适应与变化。职业技能是在职业素质基础上，通过后天的职业教育和训练形成的从事某种职业的能力和本领。寸有所长，尺有所短，取他们之长是职业匹配的基本要求。未来的职业生涯能否取得杰出成就，与一个人最初是否选择适合自身特点的工作有密切关系。职业阅历是从事某种相关工作的资历，以及在从事这种工作中所积累的经验、教训和实战技能等，这是当代社会人们择业的一个重要筹码。在同等条件下，企业一般优先聘用有工作经验的人。

因此，一个人只有自身拥有雄厚的职业资本，才能获得更大的择业自由，获得更多的就业机会和职业生涯发展与成功的机会。

职业资本的保值和增值是没有终结的人生课题，提高职业资本的附加值，可以从以下几个方面做起：

(1) 努力汲取知识营养。这不仅是指接受系统的学校教育，更是指在离开学校后的自我修炼。知识是知识经济社会最重要的生产要素，不掌握最新的职业知识，就无法为企业、社会和国家做出更多的贡献。没有一个老板喜欢不学习的雇员，靠经验和感觉去处理问题的时代已经一去不返，持续的学习和知识更新已成为必然。活到老，学到老，进行终身学习，已成为现代职业发展的必然要求。

(2) 树立效率观念，强调功效。在这个瞬息万变的时代，没有效率就谈不上竞争，只有提高工作效率才能降低成本(生产成本与机会成本)。"苦劳"是传统美德，但市场经济不相信也不承认"苦劳"。不要告诉老板你工作时间有多长，而是要告诉老板你的成绩在哪里，这是现代企业的用人标准。因此，一个人除了应该讲求勤奋、诚实之外，还要注重效率和实绩。提高效率、合理规划与利用时间是实现职业生涯成功的重要措施。

(3) 高瞻远瞩，树立国际化观念。站得高才能看得远，随着全球化与国际化步伐的加快，没有国际化的思路，没有广博的知识与先进观念就不能跟上时代发展的步伐，特别是外语、计算机和涉外法律等。因此，职业生涯的开发与发展，必须从全球化的角度进行思考，按照国际人才标准要求自己，并从全球的角度进行职业定位。

(4) 脚踏实地，积极参与。职业生涯能力的培养需要从小处着手，从大处着眼，现代社会不欢迎那些"一屋不扫"而想"扫天下"的空想家。在职业生涯发展过程中要积极参与各项开发活动，这不仅可以锻炼能力，而且可以扩大和传播思想、更新观念，从而能够更好地促进个人的发展。

(二) 社会资本构建

1. 社会资本的内涵与功能

社会资本是指处于一个共同体之内的个人或组织，通过与内部、外部对象的长期交往、合作、互利形成的一系列认同关系，以及由此而积淀下来的历史传统、价值理念、信仰和行为方式。

随着社会的进步与发展，影响人类发展的因素将逐渐由物质资本向人力资本转化，资本的智能化是知识经济发展的必然结果。人力资本的无限性、稳定性与普惠性使其成为现代社会经济发展中的真正资本与首要财富。

社会资本作为影响个人行动能力以及生活质量的重要资源，在任何经济体制下都有着重要的作用。特别是在我国社会经济转型期，社会资本作为沟通个人和制度的中间物，能够提供个人与制度的缓冲，影响制度的开放性，造成不平等竞争，如职业知名度和职业信用度等都是非常重要的社会资本。一个在某种行业、某个领域有影响力的人，无论在哪个角落里，都会有人去请他支持工作。相反，一个人尽管满腹经纶，但是无人知晓，就像一块埋在沙里的金子，无人发现他的闪光之处，他也没办法为个人和社会创造财富。同样，职业信用度也是一笔宝贵的个人无形资产和社会资本，在同样遭受一种毁灭性的打击下，信用度良好的人可以很快获得别人的帮助而东山再起，相反，那些信用较差甚至以骗为生的人则会遭到灭顶之灾。因此，在个人的职业生涯发展中积极开发与利用社会资本，注重个人形象传播和个人公关等社会资本，对促进个人职业生涯发展具有重要意义。

2. 社会资本构建的途径

职业社会资本的开发可以从如下几个方面入手：

1) 服饰与仪表

很多人都认为，许多优秀的管理人员在能力和工作绩效上存在的差距并不大，往往一些外在形象和个人风格上的细微差别决定了他们的升迁和最终的职位。服饰与仪表虽然是外在的东西，却能反映一个人的职业特点和内在修养。因而对个人的职业生涯发展有时会起到非常重要的作用。注重职业形象的雇员往往选择那些更能体现权力的颜色(如灰色或红色)，而避免穿"4P 的服装(带格花呢的 plaids、伸缩尼龙的 polyester、带褶皱的 pleab 以及尖领的 pointed collar)"。优秀的管理人员往往站立标准、胳膊自然下垂、双足分开成军人姿势、面部表情准确到位，通常显示出积极向上的情绪，适时地流露不满。

2) 对权力关系的把握

一般情况下，领导都喜欢通过一定的方式表达自己的权威和权力，聪明的雇员和管理人员总是善于把握这点，并依此规范自身的行为，显示出对领导权威的尊重，达到升迁的目的。如：领导的座位总要高于来访者或下属；领导总是背光而坐，来访者或下属则必须面向领导，向光而坐；领导在接见来访者或下属之前总要让其等一段时间；领导总是将烟灰缸放于来访者刚好够不着的地方，必须稍微欠身将烟灰弹入烟灰缸内等。他们常常用这种细微的方式表达自己的权力。那么，如果你明白了这一点，并据此行动，对那些致力于往上晋升的雇员将有很大的帮助。

3) 争取领导的注意

要想升迁，一个很重要的问题是怎样获取上司和领导的重视。在军队，不主动要求任务，一切听从指挥是一个基本的原则，而在公司或企业则不同，管理人员必须主动争取任务，这样才能获得与上司、领导接触的机会。晋升迅速的雇员总是争取那些相对短期而且能够很快显示绩效的工作任务，这样，他们才能够被赏识和重视。

不仅仅在工作范畴，在社交领域也需要注意保持与领导的接触，获得他们的重视。致力于晋升的雇员应该参加那些领导喜欢的运动，或者去那些上司常去的餐厅用餐，以增加和领导的接触并获得注意。在处理与老板的人际关系上应该注意以下三点：

(1) 加深和老板的关系；

(2) 熟识老板私人及公务生活的喜好；

(3) 对投老板所好而获得的职位升迁感到受之有愧。

4) 人际关系的处理

一个人在职业生涯上想要获得成功，就要注重用负责任、勤于做事、注意仪表的态度来为成功铺路。同时，还要注意经营人际关系，因为良好的人际关系是达到晋升目的的重要手段和途径。

人际关系确实可以作为事业发展的工具，但这需要上级自动予以协助才有最佳效果。在处理职业发展领域的人际关系时要注意以下几方面的问题：

(1) 要让自己受欢迎。获得良好的人际关系、争取信任和友谊最有效的方法是替别人解决问题，减轻别人的痛苦，特别是去寻找那些导致某些有权者困扰的问题。同时还要注意，别太拘谨和倔强，切记：最高大的树虽因强风而弯曲，但风过之后却仍然保持直立。当然不同的机构可以采用不同的方法。总之，要注意使自己合乎未来上司的品位，即使你有意见时，也不要表示出强烈的反对，因为老板总不喜欢座椅下有芒刺。

(2) 要表明自己的晋升愿望。要获得晋升，一方面要找出在你之上的那些职位需要些什么能力，塑造自己去吻合那些需要，但不要损及你的品格；另一方面表明你准备晋升和变动也是很重要的。要设法使自己进入本公司或其他著名结构所保留的、准候选人的基本名单中，这对个人的职业生涯发展会非常有帮助。同时，还要积极培养继任人员，以使自己的晋升或调动成为可能，但要留意勿使自己完全变成多余的人。因此，时间的把握很重要，既要为自己铺好路，又要让人觉得缺你不可，这样你就可以等待成功带来的益处了。

(3) 要建立合理的心理契约，并坦诚布公。追求晋升时个人会比较容易受伤，因为可能会被别人利用。因此，在你进公司时先订出良好的合约，一份完善的合约会详细说明你的位置和责任。正如影片剪辑玛丽所说的那样："我是自由影片剪辑，也就是说我替有影片要剪辑的人按日、按月或按年工作。我已经学到一点，当接受一个新工作时，我要弄清楚我需要的设备、我的工作水准以及我在制作部门中的地位。我不愿接受一个刚刚受训 5 周、一切还不稳定的牛津毕业生指挥，即使他自认为是大卫的化身也一样。我知道如何去做好我的工作，我尽量用一切方法表现自己，使每个人都知道我的位置。"因此，知道自己的位置和责任是很重要的。

5) 构建职业人际关系网

职业生涯成功在很大程度上取决于你拥有多大的权力和影响力，而与恰当的人建立稳固的人际关系对此很关键。

几年前，组织都是由自我独立的单元构成的。在这些单元中每个人都职责分明、分工程度、次序及内部程序都是规定好的，任何被指派的人都很了解这一切。今天的组织已截然不同，等级森严、分工明确、秩序井然的组织结构已经被可变的、有机的和充满活力的架构所代替。

这种新的架构能够快速响应组织不断变化的需求。人们不再把各层面的工作定义为一些毫无人情味、纯技术性的工作。企业评判雇员业绩的依据是他们对变革的适应能力、反应能力和应变能力。他们的成功取决于如何编织他们的关系网络。

在打造关系网的过程中，目前你已经认识的人是很重要的，它是铺造你未来关系网的原料。他们都有自己的熟人，而他们所熟识的人又有自己的熟人。

成功建立关系网的关键是和适当的人建立稳固的关系。良好的人际关系能拓宽你生活的视野，让你了解周围所发生的一切，并提高你倾听和交流的能力。构建职业人际关系网应注意以下几个方面的技巧。

(1) 构建稳固的内部圈。

当你对职业人际关系有所意识，并开始选择可以助你一臂之力的人时，你可能不得不卸掉一些关系网中的额外包袱。其中或许包括那些相识已久但对你的职业生涯无所裨益的人。维持对你无益处的老关系只会意味着时间的浪费。

良好、稳固、有力的人际关系的核心必须由 10 个左右你能靠得住的人组成。这首选的

10 人可以包括你的朋友、家庭成员和那些在你职业生涯中彼此联系紧密的人。他们构成你的影响力内圈，因为他们能让你发挥所长，而且彼此都希望对方成功。这里不存在钩心斗角的威胁，他们不会在背后说你坏话，会从心底为你着想。你与他们的相处会愉快而融洽。

当双方建立了稳固关系时，彼此会激发出强大能量。他们会激发对方的创造力，使彼此的灵感达到至美境界。为什么将你的影响力内圈人数限定为 10 人呢？因为强有力的关系需要你一个月至少维护一次，所以 10 人或许已用尽你所能利用的时间。

还有就是，你应该同可以成为你 10 人强力关系圈后备力量的至少 15 人保持联系。假定你的一位主要人际关系成员退休或移民国外，最好的替补就是你的后备军。事实上，只要你能每月定期和他们联系，无论是通过电话、传真、聚会、电子邮件或信件，这个团体的人数都可以超过 15 人。

(2) 为人要慷慨大方。

在试图与你建立关系时，人们总会问你是做什么的。如果你的回答平淡似水，比如只是一句"我是一名 IBM 经理"，你就失去了一个与对方交流的机会。比较得体的回答是："我在 IBM 负责一个小组的管理工作，主要为我们的军事侦察卫星开发监视软件。我也喜欢骑马，常常打网球，并且热爱写书。"在不到 15 秒的时间里，你不仅使你的回答增添了色彩，也为对方提供了几个话题，说不定其中就有对方感兴趣的。当他这样回答："哦，你喜欢打网球？我也喜欢"时，你们的关系就拉近了，也有了深入了解的话题了。

建造关系网络必须遵守的规则：不是"别人能为我做什么"，而是"我能为别人做什么"。在回答别人的问题时，不妨再接着问一下"我能为你做些什么"。

保持联络是成功建立关系网络的另一关键。《纽约时报》记者问美国总统克林顿，他是如何保持自己的政治关系网的。当时他回答道："每天晚上睡觉前，我会在一张卡片上列出我当天联系过的每一个人，注明重要细节、时间、会晤地点和其他一些相关信息，然后添加到秘书为我建立的关系网数据库中。这些年来朋友们帮了我不少。"

要与关系网络中的每个人保持积极联系，唯一的方式就是创造性地运用你的日程表。记下那些对你的关系特别重要的日子，比如对方的生日或周年庆祝等。打电话给他们，或者送一些礼物，让他们知道你心中想着他们。

(3) 掌握人际关系的维护技巧。

观察他们在组织中的变化也同样重要。当你的关系网成员升职或调到新的组织中去时，祝贺他们。同时，也让他们知道你个人的情况。去度假之前，打电话问问他们有什么需要。

当他们落入低谷时，打电话给他们，并主动提供帮助，这是表现支持的最好方式。

富有建设性地利用你的商务旅行。如果你旅行的地点正好邻近你的某位关系成员，不要忘记提议和他共进午餐或晚餐。

出席对你很重要的关系网成员的社交活动，不论是升职派对，还是其女儿的婚礼等。如果你不去，他们也会知道，所以要去露露面。

至少每三个月变动一下你的关系网。要多提类似"为什么要保留这个关系？"的问题。如果你不定期更新，你的关系网络就会陈旧。

为你的关系网络和组织提供信息，时刻关注对网络成员有用的信息，并定期将你收到的信息与他们分享，这是非常关键的。

优秀的关系网络是双向的。如果你仅仅是个接受者，无论什么网络都会疏远你。搭建关系网络时，要做得好像你的职业生涯和个人生活都离不开它似的，因为事实上的确如此。

(4) 建立职业关系网的七点忠告。

如果你认为建立关系网仅凭个人魅力和漂亮外表就能大功告成，那就错了。受人喜欢固然很棒，但更重要的是别人需要你。

① 关系网络成员不要个个都像你，应多样化。要吸收持不同意见的人，这样你就能从不同的意见中有所收获。

② 不要以为你有资本从中发号施令。在关系网络中，谁也不在乎你是业界最强大公司的董事长、行政总裁还是主席，关系网络中人人平等。

③ 不要小气。当某位关系网中的人帮了你大忙时，请他吃一顿饭回敬对方，小小的付出往往令你得到意想不到的回报。

④ 尽快回复电话。当你不在时，某位关系网中的人给你留言了。如果你希望继续保持联系，就应尽快回复电话。

⑤ 不可低估私人接触的价值。在英语中两个最有力的词仍然是"谢谢"和"请"，在中国也不例外。

⑥ 不要敷衍。他们问你问题，你不知道答案时，应当诚实相告。如果你知道谁能回答，主动推荐或帮对方去询问。

⑦ 学会区分消息和流言。无论是在你的职业生涯还是私人生活中，决不能给流言留有任何地步，它对提高你的思想和生活毫无益处。

三、职业生涯开发与规划的整合与调适

在个人职业生涯发展过程中，职业生涯开发与职业生涯规划之间有着非常密切的关系，开发是为了保证规划目标的实现，规划则是对生涯发展目标和步骤以及其他措施的一种安排。开发与规划只有经过不断的整合与调适，才能相辅相成，更好地促进职业生涯目标的实现。

雇员要想做出最为有效的职业生涯规划，并与职业生涯开发紧密结合，应该特别注意以下十个核心要素与抉择要点。当然，帮助与指导人们进行职业生涯规划的人力资源开发专业人员也应该充分考虑这些要素和要点。

(一) 技能和要求

人们在初次选择自己的职业以及之后的整个职业生涯中，都必须考虑自己的技能特长和个人的职业爱好与要求。否则，做出的职业选择很容易导致对现在工作的不如意，从长期来说，还会造成对职业道路的失望。况且，人的技能和要求会随着时间的推移发生变化，人们有必要据此不断重新思考当初的职业选择，并在合适的条件下开发新的职业技能，培养新的职业爱好，做出必要的职业变动，实现职业生涯开发与未来职业技能要求的统一。

(二) 机会成本

在工作中，人们必须学习与本职工作相关的知识和技能，而这需要花费大量的时间和精力，因此，这势必会影响个人的生活，形成职业生涯开发或职业成功的机会成本。在每一职业阶段，人们必须认真考虑这种成本，为了个人或家庭生活，权衡能够放弃哪些晋升的机会；或者为了职业上的发展，能够放弃哪些个人生活。如果这个问题不能很好地解决，则人们做出的职业开发与发展选择都将很不稳定，容易走向极端，顾此失彼，不能很好地协调家庭、朋友和同事之间的关系，让人总有一种矛盾的心理，工作和生活都感到不愉快。

(三) 工作和家庭的协调

虽然许多人希望工作和家庭互不相干，但现实中工作和家庭总是难以分割的，就像许多人所说的那样：人们有时拒绝承认上班和下班后做出的决策相互影响。他们希望上班和下班完全分离开来，他们需要获得某种"自由"。可是，他们马上发现，这是不可能的，人们的生存空间已经是一个联系越来越紧密的整体，而且这种联系是在不断增多而不是减少。那些不能理解或者不能接受这一事实的人，将会无所适从。因此，在职业生涯开发与规划中注意工作、学习与家庭的协调十分重要。

(四) 业绩与职业成功

工作业绩在职业成功中所起的作用是职业生涯开发与规划要考虑的又一要素。在每一职业阶段，那些被认为工作业绩突出的雇员通常承担更具挑战性的工作，接受更多的培训以及得到公司领导更多的重视。那些教导人们如何"轻轻松松升职"的方法对人们的职业生涯开发与规划产生了不良的影响。它使人们将主要的精力放在了那些外在形象和社会关系的处理上，而忽略了事情的关键，即从长远来说，那些真正业绩突出的优秀雇员升职比那些平庸的雇员更快。因此，在职业生涯规划中，任何雇员都必须思考这个重要的问题："我怎样做才能提高我的工作绩效和工作技能？"而不仅是"我怎样才能升职？"因为过多地考虑升职的问题往往使人们偏离了职业生涯开发与成功的轨道。

(五) 发展和稳定

在每一职业阶段，人们必须做出的一个基本的决策是选择职业生涯发展还是保持现状。"明哲保身"的策略被证明，在短期内它可能给人带来一定的满足，但从长期来说，它不是一种有效的职业生涯规划方法。

通常，发展意味着压力，发展需要不断进行新的知识与技能的开发，往往会引起人们的不安，而且可能给个人和家庭生活带来波动。而保持现状则刚好相反，可是要做到这点并不容易。通常，组织希望雇员要么力争上游，要么离开。试图终生稳定几乎不可能，特别是对于那些刚进入中年的人来说，做到这一点更加困难。因此，只有持续不断地进行职业生涯的开发，才有可能保持职业生涯的发展与稳定。

(六) 际遇与职业

毫无疑问，际遇在职业的发展中起着很重要的作用。然而，际遇靠人们自己把握，他们可以创造际遇，也可能使际遇从身边溜走。更多的社会交往、积极参与民间和行业组织活动能扩展一个人的社会关系网，也可以带来潜在的际遇。过于封闭则会使一个人的社交圈越来越窄。积极地表达自己的愿望并努力地争取一些特别的工作任务，能使一个人得到更多的机会，而消极等待和隐藏愿望与抱负则刚好相反。因此，如果说一些瞬间的际遇给人带来了机会，那么，有计划创造际遇则是自身的责任，也是自身所能做到的。

(七) 独立和连续的职业抉择

在做出职业决定之前，人们有必要知道：每一个职业抉择都会在很大程度上制约以后的职业选择机会。例如，假定某人决定在学校就某个领域继续深造，那么这个决定就一定程度上使得他以后在别的领域的深造成为不可能，因为：一方面财力耗竭，另一方面当初待在学校做学生的热情已经消失。因此，在做职业生涯开发与工作的选择时，人们不能仅仅考虑眼前，还应该考虑当前的决定对将来选择机会可能造成的影响。

(八) 职业陷阱及如何避免

现实中，许多人由于陷入职业陷阱，丧失了许多升迁及职业成功的机会。比如，有些雇员被组织误导，相信自己不适合变换工作、技术不能转换或能力不足以在别处找到好的工作。组织采取这种策略并不一定就是出于恶意，也许是因为组织不想失去优秀的雇员或者组织确实认为这些雇员不能适应别的工作。但组织的这种误导作用确实使雇员陷入了一个不能变动职业的陷阱。还有，当雇员在面临两难抉择，如是否为更大的职业挑战而牺牲目前稳定的保障、是否为更多的升迁机会而牺牲目前更高的薪酬待遇等时，不知所措。在这种情况下，他们往往会进行自我暗示：目前的工作处于"没有退路"的状况，并以此自我安慰自己的决定。

卡尔博特为此提出了一个避开职业生涯规划陷阱的一般观点，他认为，人们有必要认识到，在组织中，个人需求和组织需求在很大程度上是冲突的，最终人们还得靠自己为所做出的职业选择负责。不管组织在职业开发上花费多少时间和金钱，组织为个人设计的职业计划与个人自己的追求总会有不一致的时候。

(九) 准确的信息

在个人职业生涯开发与规划中，获取对当前形势、潜在机会、可能的成功和失败以及雇主情况等的准确信息非常重要。但是由于职业选择通常在时间上有限，因此人们有时根据头脑中固有的观念做出判断，而不是在认真搜集并分析客观资料后做出决定。实际上，在每一职业阶段，做出良好的职业抉择不但需要关于客观环境精确的信息资料，还需要对自我进行深刻的分析。扩展信息的搜集面，对其进行认真的分析并系统的对自身主观和旧有的一些观念提出疑问，将使职业生涯规划与开发更为有效。

(十) 单一职业和多种职业

在人们的职业生涯中，从事单一的职业还是多种职业是进行职业生涯开发与规划要考虑的一个首要问题。这直接决定着人们将从事什么样的工作、为此必须进行什么样的培训以及怎样设计自己的家庭和社会生活等。然而，在一个相当长的时期从事单一的职业，这种可能性已经越来越小了。科技以及商业环境急剧的变化，使得工作内容和组织本身的性质在很短的几年内就会发生很大的变化。因此，选择单一的一种传统工作的职业生涯规划已经很困难，因此为未来的多种职业选择进行职业生涯的开发将变得越来越重要。

阅读与训练

 阅读材料

杨澜的职业生涯转型

提起杨澜，很多人都说她太幸运了。从著名节目主持人到制片人，从传媒界到商界，她一次次成功地实现了人生的转型。杨澜是幸运的，但这种幸运，并非人人都有，也不是人人都能驾驭。它需要睿智的眼光、独到的操控能力，是职业经历累积到一定程度厚积薄发而来的。就像杨澜自己说的那样："一次幸运并不可能带给一个人一辈子好运，人生还需要你自己来规划。"

第一次转型：中央电视台节目主持人

在成为中央电视台节目主持人以前，杨澜是北京外语学院的一名大学生，还是一个有些缺乏自信的女生，甚至曾因为听力课听不懂而特别沮丧。直到后来听力水平提高了，才逐渐恢复了自信。她说："我经常觉得自己不是一个有才华和极端聪明的人。"可这一切并没有影响到杨澜后来的成功。勤勉努力的她，不仅大胆直率，看问题也通常有自己独特的视角。

1990年2月，中央电视台"正大综艺"节目在全国范围内招聘主持人。杨澜以其自然清新的风格、镇定大方的台风及其出众的才气逐渐脱颖而出。但是，由于她长得不是太漂亮，在第六次试镜时还只是在"被考虑范围之列"。杨澜知道后，就反问导演："为什么非得只招一个女主持人，是不是一出场就是给男主持人做陪衬的？其实女性也可以很有头脑，所以如果能够有这个机会的话，我就希望做一个聪明的主持人。我不是很漂亮，但我很有气质。"就是因为杨澜这些话，彻底打动了招聘方，毕业后，杨澜正式成为"正大综艺"的节目主持人。直到现在，杨澜也一直坚持主持人不一定非得漂亮，头脑更重要的观点。

进入中央电视台后，杨澜终于感觉到，这次的选择是非常正确的，做传媒就是她喜欢的事情。靠着自身的实力与魅力，杨澜获得了"十佳"电视节目主持人、金话筒等奖项。这是很多人一生都无法企及的知名度和影响力，也彻底改变了她未来的人生道路。

四年中央电视台主持人的职业生涯，不仅开阔了杨澜的眼界，更确立了她未来的发展方向：做一名真正的传媒人。但渐渐地，杨澜对这种重复性工作开始有点儿厌烦了。也许是一切来得太容易了，也许觉得自己还可以做更多的事，最重要的是，她开始觉得有点虚："一开始中央电视台让我一下子进入一个殿堂，但是我往下一看，空空如也，下边的基础都不是我自己建立起来的，是一个庞大的机构赋予你、支持你，我觉得特别不踏实，所以我得自己从下边垒砖头，慢慢起来，这样才会踏实。"

第二次转型：美国留学生

1994 年，当人们还惊叹于杨澜在主持方面的成就时，她又做出了一个令人惊讶的决定：辞去中央电视台的工作，去美国留学。

在事业最明亮的时候选择急流勇退，这就意味着她要放弃目前所拥有的一切，包括唾手可得的美好未来。但资助她留学的正大集团总裁谢国民先生说了这样一句话："我觉得一个节目没有一个人的发展重要。"这给杨澜留下了很深的印象。

26 岁的时候，杨澜远赴美国哥伦比亚大学，就读国际传媒专业。在异国他乡的生活，比想象中的还要艰苦。有一次，杨澜写论文写到半夜两点钟，好不容易敲完了，没有来得及存盘，电脑就死机了。杨澜当时就哭了，觉得第二天肯定交不了了。宿舍周围很安静，除了自己的哭声，只有宿舍管道里的老鼠在爬来爬去。但最后，她还是擦干眼泪，把论文完成了。谈起这段生活，杨澜说："有些人遇到的苦难可能比别人多一点儿，但我遇到的困难并不比别人少，因为没有一件事是轻而易举的，需要经历的磨难委屈，一样儿也少不了。"

虽然如此，但这段生活给杨澜带来的收获要远远比磨难多。她的视野开阔了许多，更亲身接触到了许多成功的传媒人和先进的传媒理念。

业余时间，她与上海东方电视台联合制作了"杨澜视线"——一个关于美国政治、经济、社会和文化的专题节目，这是杨澜第一次以独立的眼光看世界。她同时担当策划、制片、撰稿和主持的角色，实现了自己从最底层"垒砖头"的想法。40集的"杨澜视线"发行到国内 52 个省市电视台，杨澜借此实现了从一个娱乐节目主持人向复合型传媒人才的过渡。

第三次转型：凤凰卫视主持人

1997 年回国后，杨澜开始寻找适合自己的机会。当时，凤凰卫视中文台刚刚成立，杨澜便加盟其中。1998 年 1 月，"杨澜工作室"正式开播。

凤凰卫视的两年，在杨澜的职业发展上起了重要作用。她不仅积累了各方面的经验和资本，也同时预留了未来的发展空间。

在凤凰卫视，杨澜不只是主持人，还是"杨澜工作室"的当家人，自己做选题，自己负责预算，组里所有的消费，她都必须精打细算。这种经济上的拮据，对杨澜来说是一个非常好的锻炼，使她知道如何在最低的经费条件下把节目尽量完成到较高的程度。

在随后的两年时间里，杨澜一共采访了 120 多位名人。这些重量级的人物也构成了杨澜未来职业发展的一部分，不少人在节目之后仍和她仍保持着密切的联系。这种联系除了会给杨澜带来一些具体的帮助之外，精神上的获益也不可忽视。同时，与来自不同行业不同背景的嘉宾交流，也让她的信息量更丰富了。

第四次转型：阳光卫视的当家人

1999 年 10 月，杨澜辞去了凤凰卫视的工作。从凤凰卫视退出之后，杨澜曾一度沉寂。2000 年 3 月，她收购了良记集团，更名为阳光文化网络电视控股有限公司，后来成功地借壳上市，准备打造一个阳光文化的传媒帝国。

　　由电视界转向商界，对于这次转变，杨澜表示，她投身于商界不是简单地为了赚钱，还为了实现她过去不能实现的媒体理念。

　　与大多数商人的低调不同，杨澜选择了始终站在阳光卫视的前面。在报纸杂志网站上，经常可以看到关于杨澜的报道。她变成了一个传媒名人。这种对传媒资源运用的驾轻就熟，使得她的阳光卫视一出生就有了许多优势。

　　但杨澜创业不久，就遇到了全球经济不景气，杨澜立刻感觉到了压力。她几乎天天都想着公司的经营。由于市场竞争的压力，杨澜将公司的成本锐减了差不多一半，并逐渐剥离了亏损严重的卫星电视与香港报纸出版业务，同时她还将自己的工资减了40%。

　　2001年夏，杨澜作为北京申奥的形象大使参加了在莫斯科成功申奥的活动。同年，她的"阳光文化"接触了中国门户网站之一——新浪网，开创了网络和电视相结合的时代，又与四通合作成立"阳光四通"，开始进军网络和IT行业。

　　这一切都给公司所有员工带来了信心。终于，阳光文化在后来扭转了亏损，实现了盈利。之后，阳光文化正式更名为阳光体育，杨澜同时宣布辞去董事局主席的职务，全身心地投入到了文化电视节目的制作中。

　　由中央电视台的名主持到远涉重洋的学子，再到凤凰卫视的名牌主持，最后到阳光卫视的当家人，杨澜的职业角色在不断变化。而以一位文化经营商的身份出现在公众的视野里，则是杨澜人生最重要的一次角色转换。但无论如何转变，杨澜始终把自己定位为传媒人，而她的变化就在于她制订的目标层次一直在提高。杨澜在她的《凭海临风》一书中，曾写到了乘热气球的经历。热气球的操作员能做的只是调整气球的高度以捕捉不同的风向，而气球的具体航线和落脚点，就只能听天由命了。这正是乘坐热气球的魅力所在：有控制的可能性，又保留了不确定性，所以比任何精确设定的飞行都来得刺激。"其实人生的乐趣也是如此，全在这定与不定之间"，杨澜这样认为。

 操作训练

　　一、训练题目

　　职业力场分析。

　　二、训练要求

　　职业力场分析是用来检测自己的职业目标是否可行的一种方法，是对影响个人的思想、情感和行为因素所进行的一种研究。你的周围和内心都充满了各种各样影响你的因素，有的推动你向自己的目标前进，而有些则将你推离目标。这个练习的目的在于分析那些影响你职业目标的因素并帮助你发现自己可以采取哪些行动来应对这些因素。如果做这个练习时你需要更多的空白，请另外使用白纸。

　　三、训练内容

　　1. 陈述你首要的职业目标，哪怕这个目标在目前还只是尝试性的

　　这个目标应当用清楚、具体的语言来描述，像"在一份令人满意的职业中愉快工作"

之类的目标就太含糊而没什么意义了。用更详细的语言来表述,例如:"在四年内成为一个成功的机械工程师"。实现这样一个职业目标的结果似乎会是令人愉快和满足的。

2. 列出支持和反对你目标的各种因素

支持因素指的是对实现你的目标会有帮助的任何东西,而反对因素则是指任何使你难以达到自己目标的东西。因素可能来自于外界,也可能来源于你的内心。积极因素(+)的例子包括某种技能或能力倾向、家庭的支持、可以选修的某门课程、很强的动力、充裕的时间、经济资助、良好的态度等。消极因素(−)则可能是缺乏这些东西,或是有其他的障碍,你应该尽可能写下各种因素。在你列表记录的时候不要去审查自己的想法,跟其他可以帮助你举出更多影响因素的人一起把这个列表再重新浏览几遍。有些因素的作用可能是矛盾的——既有利于你实现目标又阻碍你实现目标,你可以在自己的"力场分析图"上把它们在两种因素中都列出来。把那些你认为最能影响你职业目标的因素圈出来。

3. 确认你可以采取哪些措施来扩大积极因素的力量而消除消极因素的影响

在可以加强的积极因素和可以削弱或转化为积极因素的消极因素后面都画上一个加号(+)。对于可以采取的措施要尽量详细列举出来,说明由谁来采取这些行动,将要做些什么,以及需要哪些资源。如果你不可能对某种因素(尤其是负面因素)采取任何行动来影响它,就在它后面写上"不可能采取行动"。

4. 评估你职业目标的可行性

如果积极因素超过了消极因素,或者你能够采取措施来削弱或扭转消极因素,那你的职业目标就是可行的。当然,你必须实事求是地履行自己所列出的行动步骤。如果你的职业目标实际可行,就再列出你下一步的计划。否则的话,你下一步需要做的就是: (1) 使你的目标更加具体化; (2) 把它分为两个或更多的独立的目标; (3) 修改你的目标; (4) 放弃这个目标,重新选择一个职业目标。

职业力场分析

职业目标_____

支持你的目标因素:

1+_____

2+_____

3+_____

4+_____

5+_____

反对你的目标因素:

1−_____

2−_____

3−_____

4−_____

5−_____

能将积极因素最大化的行动:

1._____

2._____

3._____

评估你的职业目标可行性和现实性程度:

1._____

2._____

3._____

思考题

1. 对于个人而言，是否存在最佳的职业生涯规划？
2. 什么是职业生涯反馈？它对职业的发展具有什么意义？
3. 在职业生涯规划反馈与评估过程中应注意哪些问题？
4. 职业生涯评估的主要方法有哪些？如何进行职业生涯评估？
5. 什么是职业生涯开发？联系实际谈一谈如何进行职业生涯开发。

第九章

大学生
职业生涯自我管理

在大学阶段，大学生要掌握职业生涯自我管理方面的能力，学会学习、学会生活、学会面对各种困难和挫折。一个职业生涯自我管理能力强的人不一定能够成为职业成功人士，但是一个职业成功人士绝对是一个职业生涯自我管理能力强的人。良好的职业生涯自我管理能力是大学生适应社会发展的必然要求，职业生涯自我管理有利于提高大学生的情商，锻炼大学生的自制力，帮助大学生赢得未来。

通过本章的学习，使大学生了解当前大学生时间管理的现状和时间管理的方法；理解大学生容易产生不良情绪的原因及其调节方法；掌握压力管理策略；能结合自身实际情况合理安排时间，有效调节情绪，缓解各种压力。

第一节　大学生时间管理

【案例】　李某是一名大二机械制造及其自动化专业的学生，对他而言，大学生活是紧张无序的。他说："进大学快两年的时间，我的生活是丰富的，参加了三个社团，并担任了职务；我是学生会的宣传委员，每次举办活动都由我出海报；我有很多朋友，时常约我一起出去玩。另外，我还在校外找了一份兼职，每周五、周日晚要去上班。刚开始时，我还觉得挺充实，可时间一长，我发现有些不对劲，我根本就没有真正属于自己的时间，有时候好不容易完成了手头的工作，刚想轻松一下或做些别的重要的事，结果突然一个电话就会把我的计划打乱了。例如，我周六上午想去自习室看看书，一出门不巧遇见朋友来找我，说××今天请大家出去玩，盛情之下我只好放下书包跟他前去，结果大半天时间又浪费了。其实，有不少重要的事情等着我去做。我学的是机械制造及其自动化专业，这方面的很多专业书我都想阅读，可就是没有时间，我经常是把书从图书馆借了出来还没来得及读就已到归还日期了。而且我一直打算读研，想早点着手准备，可一直没能真正开始。眼前的事情太多了，让我顾不上将来的事，我觉得有些乱，仿佛不是我去做事，而是事逼着我去做。这学期专业课特别多，再过一个多月又要期末考试了，真不知道会考成什么样子。"

【案例评析】　在职业生涯规划与发展中要学会时间管理和目标管理，能处理好做事的优先顺序和轻重缓急，是行事次序的标准。"轻重"是指事情对个体的重要程度、价值大小，"缓急"则是指事情对个体而言的时间紧迫程度。这两个方面都很重要，缺一不可，且不能相互取代。在实际运用中，许多人主要考虑的只是事情的"缓急程度"，而较少顾及"轻重程度"。为了使自己的工作、学习优先次序能够履行，学会说"不"是必要的保证。像李某一样，许多感到时间紧迫的人都有一种倾向，那就是由于害怕得罪人或碍于情面经常勉强接受新的任务，结果打乱了自己的步调，也浪费了自己的时间。

一、时间管理概述

英国博物学家赫胥黎有一句非常有哲理的话："时间最不偏私，给任何人都是 24 小时；时间也最偏私，给任何人都不是 24 小时。"其差异就在于人们能否合理和充分地利用时间。时间管理是所有大学生不可回避的问题，不会把握时间是大多数大学生的共同体验。在校期间，养成良好的时间管理习惯，不但会使学业有所长进，也会使未来的职业发展领先一步。

(一) 时间管理的含义

美国时间管理学者杰克·弗纳对时间管理的定义是有效地应用时间这种资源，以便有效地达成个人的重要目标。需要注意的是时间管理本身永远也不应该成为一个目标，它只是一个短期内使用的工具，一旦形成习惯，它就会永远帮助你。如果我们想要成功，就必须把时间管理工作做得更好。

也有人认为，"时间管理"所探索的是如何减少时间浪费，以便有效地完成既定目标。由于时间所具备的独特性，所以时间管理的对象不是"时间"，而是指面对时间进行的"自我管理的管理者"。

还有人认为，时间管理是在日常事务中执着并有目标地应用可靠的工作技巧，引导并安排自己的生活，合理有效地利用可以支配的时间。

综上所述，时间管理是为了提高时间的利用率和有效性而对时间进行的合理计划与控制、有效安排与运用时间的管理过程。时间管理可以使工作系统化、条理化，使工作更有效、更有成果。大学生的时间管理行为是一个包含想法、行动和控制的整合过程，包括时间管理意识(指大学生对时间的敏感性以及主动管理时间的自觉性)、时间管理规划(指时间的优先次序及时间分配等)、时间管理行为控制(指大学生对自身的控制能力)三个方面。

对大学生而言，时间管理就是学会如何面对时间的流逝而进行自我的管理，其所持的态度是将过去作为现在改善的参考，把未来作为现在努力的方向，从而好好把握现在，运用正确的方法做正确的事。大学生时间管理的关键就是对事件的控制，即把每一件事情都能够控制好。大学生时间管理的目的在于提高工作和学习效率，既要抓紧时间，合理利用时间，又要在单位时间内取得更大的工作成果和学习成果。

(二) 大学生时间管理特点

1. 闲暇时间总量增加

大学生闲暇时间的充裕是以上课时间的减少和生理必需时间的压缩为前提来实现的，因为时间总量是不变的。

2. 制度特点明显

大学生活具有很强的制度性，如学制的安排、学习内容的选定等。生活在这种环境中的大学生不可能不受这种制度性环境的影响。与此相适应，大学生时间的安排及运用也显示出明显的制度性特点。最明显的例子就是相对固定的作息时间。除此之外，节假日闲暇时间的分布也是制度安排的结果，如"十一"长假、寒暑假等。

3. 个体差异明显

有关大学生的课余时间的管理现状调查表明，在周一到周五的课余时间安排中，自习是处于第一位的，但是在第二位要做的事情中，大一和大二、大三的学生表现出了明显的不同，大一选择了学生会等社团活动，大二、大三选择了上网和谈恋爱。无论他们选择的理由是什么，我们可以看出在时间管理上，因为年级不同而存在着差异。

二、大学生时间管理现状

目前大学生的时间管理现状并不尽如人意，表现在以下几个方面。

(一) 时间安排不合理，利用质量差

随着大学生独立自主意识的增强，受社会文化多元的影响，他们对业余时间的安排与利用呈现多样化的趋势。大学生群体大多不喜欢循规蹈矩，在学习和工作中不愿按计划使用时间，从而效率低下，浪费了大量时间。有部分大学生并不是不愿意规划自己的时间，而是时间规划得不合理，没有将时间进行具体分配。如许多人在业余时间沉迷于网络、游戏、聊天、玩乐等。大学生对课余时间的利用效率低、质量差，严重影响了学习，影响了身心健康，甚至出现行为偏差等不良现象。

(二) 缺乏时间意识和自我管理能力

大学与中学最大的区别是，大学业余时间增多了。很多大学生对忽然增多的大量业余时间感到茫然，对时间没有安排、不重视，或安排带有很大的随意性和盲目性。盲目追赶潮流是对精神和智力的扼杀。随意、盲目安排业余时间，这说明部分大学生缺乏时间意识，没有明确的人生目标，没有科学合理的人生规划，自我管理能力差。

(三) 闲暇时间安排过于享受化

当今的大学生多数是独生子女，在物质经济上没有压力，无忧无虑，致使部分大学生对闲暇时间的安排过于宽松，网络语言这样形容大学生——消费白领化、上课梦境化、寝室网吧化。一些大学生虽然怀揣着雄心壮志进入大学，但因为不知道自己应该做什么，不知道如何管理好大学时光，最后后悔莫及。

三、大学生时间管理技巧与方法

(一) 时间管理需要建立合理目标

我们可以把一段时间的几个目标写出来，根据主次关系及对自己的影响大小依次排列，然后依照自己的目标设定详细的计划，并严格依照计划进行。

在确定了总体目标后，要根据自己的实际情况以及实施的能力将计划分为小块。把自己将要做的每一件小事情都写下来，列一张总清单，这样做能让你随时明确自己手头上的任务，在列好清单的基础上进行目标的分化。

(二) 时间管理需要设定详细计划

很多计划实施时遇到的难题都是由未经认真考虑而行动引起的。在制订有效的计划中每多花费 1 小时，在实施计划中就可能节省 3～4 小时，并会得到更好的结果。如果你没有认真做有效的计划，那么时间还是无法得到合理的分配。把每天的时间分配记录下来，找到浪费时间的根源，你才有办法改变。

(三) 时间管理应遵循 20：80 定津

用你 80%的时间来做 20%最重要的事情，就是集中时间做更加重要的事情，会使自己的生活不那么紧张。生活中肯定会有一些突发困扰和亟待解决的问题，如果你发现自己天天都在处理这些事情，那表示你的时间管理并不理想。一定要了解，对你来说，哪些事情是最重要的。成功者往往花最多时间去做最重要但不是最紧急的事情，而一般人往往将紧急但不重要的事放在第一位。因此，必须学会如何把重要的事情变得紧急。这里有个建议，大家可以采纳一下：每天在制订第二天的计划时，将所要做的事情分为非常重要、重要、次重要、不重要的事情，将其写在纸上按顺序排列；第二天实施的时候再根据情况添加一些紧急的事情，然后按照顺序去做这些事情，这样生活将更加条理化。

(四) 时间管理应有明确的价值观

据研究，我们在生活中，每隔几分钟就会被打搅一次。假如每天可以有一段完全不受任何人干扰的时间去思考一些事情，或是做一些你认为最重要的事情，那么这一段时间可以抵过一整天的工作效率，甚至可能比三天的工作效率还要高。规划自己的时间，同时为自己创造不被打搅的环境，如背英文单词时要尽量找一个清静无人打扰的地方大声朗读出来。当然，价值观如果不明确，就很难知道对自己来说什么事是重要的，什么事是不重要的。当价值观不明确时，就无法做到合理分配有效的时间。时间管理的重点不在于管理时间，而在于如何分配时间。你永远没有时间做每件事，但永远有时间做对你来说最重要的事。因此价值观很重要，应在生活中逐渐形成。

(五) 时间管理应提高工作效率

巴金森在其所著的《巴金森法则》中这样写道："你有多少时间完成工作，工作就会自动变成需要那么多时间。"如果你有一整天的时间可以做某项工作，你就会花一天的时间去做它。而如果你只有一小时的时间可以做这项工作，你就会在一小时内迅速做完它。提高效率，为自己规定尽可能短的时间去做重要的事情，以节省时间。

(六) 克服时间拖延习惯

时间管理的最大挑战是拖延。拖延是一种心理学现象，是指在开始或完成一项外显或内隐的活动时有目的地推迟。拖延使目标任务在最后期限内无法完成，或者目标任务在快到最后期限时才刚刚启动。拖延不仅会难以按时完成计划中的工作，养成拖拉懒散的坏毛病，还会使你产生无用感、空虚感和挫折感，下面介绍一些方法来克服拖延习惯。

1. 用"想做"代替"必须做"

"我必须去做某件事"这种想法是造成拖延的一个主要原因。当你对自己说必须去做某件事的时候，你就在暗示自己你是被强迫去做那件事，那么你自然就会有愤恨和极不情愿的感觉。这时，你就会把拖延作为远离这种痛苦的防卫工具。如果你所拖延的工作有时间期限，那么当期限逼近而工作还没开始时，这项任务原本带来的痛苦又会被更大的痛苦所代替。

解决办法：应该认识到你不用做任何自己不想做的事情，没有人强迫你用目前的方式工作，是你所做过的所有决定把你带到了今天这样一个状态。如果你不喜欢这样的自己，那就大胆做出不同的决定，那么随之而来的就是新结果。就算是最差的拖延者都会有某些他们从不拖延的地方，比如你从不会错过最喜欢的电视节目，或者你每天总能抽出时间去你最喜欢的论坛。任何情况下你都有选择的自由。所以，如果你推迟了某件你觉得"必须做"的工作，请记住，这条路是你自己选的，如果你选择"想做"一件事，那么拖延的可能性就很可能会降低。

2. 用"开始"代替"结束"

也许你总把必须完成的工作想得很困难，心理畏惧会让你推迟这个工作。当你总把注意力集中在完成一项看不到前景的工作时，你就会产生一种被任务压倒的感觉。于是你就把这种痛苦与这项任务联系在一起，尽可能地延迟这项任务。比如你对自己说，"今天我必须把作业交了"或者"我必须完成这个报告"，你就很可能会有压迫感，从而推迟工作。

解决办法：别总想着要去完成整个工作，先开始完成这项工作的一小部分，用"我现在能先做一点什么？"代替"我要怎么完成这个任务？"只要你迈出足够多次的一小步，那一定会积跬步终至千里。

3. 用"人无完人"代替"完美主义"

一次就要把工作做到完美的这种想法会阻碍你开始这项工作。老想着要把事情做到最好，导致的结果就是产生压力，接着你又会把这些压力与任务联系在一起，从而条件反射地逃避任务。最终，就会以拖延工作到最后一分钟告终。即使到了那最后一分钟你还会为自己找到借口，因为现在已经没有时间去把工作做到完美了。但是，如果一项任务没有具体的时间期限，那么完美主义也许会让你无限期地推迟下去。

解决方法：允许自己做个正常人。要知道今天完成不完美的工作比无限期拖延完成完美的工作强得多。完美主义与把整个任务想得太大也密切相关。别老想着要完美地完成整个大工作，要想着先走出不完美的第一步。比方说，你想写一篇 5000 字的文章，那就从100 字的初稿开始。

第二节　大学生情绪管理

案 例 导 入

【案例】张某在大一的时候是一个性格开朗、活泼的女生，长相比较秀气，善于与人交往而且很健谈，有亲和力及组织协调能力。也许正因为如此，刚进入大学她就被任命为班长，并有幸加入了校学生会。时间一天一天过去了，她现在进入大三了，同学们无论是准备考研的，还是打算找工作的，都忙碌起来了。而对于小张来说，她却没什么心情。爸妈经常吵架，她感觉自己压力很大，希望能得到家庭的温暖。同时，她越来越不愿意学

案例导入

习，觉得自己笨，缺少主见，不懂得为人处世。每次和同学产生误会就责怪自己，心情每况愈下，对什么事都没有太大兴趣，对未来一片迷茫，不知道如何是好。

【案例评析】张某所遇到的问题在大学校园中时有发生，这是大学生不良情绪的表现之一，对于本案例我们可以从两方面来加以解读。一方面，她很渴望幸福温暖的家庭，但是她压抑真实的自己而不敢表达，因为她的内心是恐惧的。这种情绪未能很好地疏导，不断积压之后她就会觉得很累、很沉重，甚至觉得生活没有什么意义。这与她在更早时期未能很好建立信任感、安全感有关，也与她自身较为敏感的气质有关。在以后的发展中，虽然她很渴望与他人建立亲密关系，但内心深处的不信任感、不安全感使其总觉得和别人有距离，难以建立亲密关系，所以在与同学交往过程中这种不安全感再度出现，导致心情更加糟糕。另一方面，她的自我认知出现了失调，觉得自己处处不如人，对自己的外表和内在感到伤心和失望。

情绪是客观事物与人的需要相互作用产生的一种整合性心理过程。情绪会影响学生的学习、生活和健康，影响学生对自己和他人、人生以及社会的看法和态度。正确的认识情绪可以帮助我们更好地、更快乐地工作和学习。

一、情绪管理概述

(一) 情绪的含义

情绪一词在人们的生活中经常被使用，人们在使用这个词时并不感到困难，在认识和理解上也没有多大的分歧和误解，但要给情绪这一概念下一个严格的、科学的定义就不那么容易了。由于情绪本身的多样性和复杂性，使得人们在定义它时众说纷纭，出现了许多的分歧和争议。

我国古代汉语最初只有"情"字，到了南北朝以后，才出现"情绪"两字的连用。"绪"是丝端的意思，"情绪"连用便表示了感情复杂之多如丝如绪。李煜的名句"剪不断，理还乱"就形象地表达了情绪的复杂性及其难以辨清和加以控制的特点。

心理学家们曾给情绪下过许多定义。如美国心理学家阿诺德的定义为情绪是对趋向知觉为有益的、离开知觉为有害的东西的一种体验倾向。心理学家利珀则把情绪定义为是一种具有动机和知觉的积极力量，它组织、维持和指导行为。而苏联心理学家为情绪作出了一个十分概括的定义：情绪是对事物的关系或主观态度的体验。

国内的心理学教科书一般把情绪定义为人对客观事物和对象的态度的体验。为了便于理解，我们把情绪定义为人们对外界刺激引起的生理和心理变化的一种主观体验。比如电影中的悲伤镜头会催人泪下，成功会使人异常惊喜等。情绪是由刺激、认知、主观体验、情绪的行为反应几方面组成的反应过程，这几方面的关系如下：

刺激情境→对情境的认知评价→产生主观的情绪体验→表现出不同的情绪反应(包括行为反应)。

人的情绪有愉快和不愉快之分，愉快情绪以喜乐为主，不愉快情绪以悲愁为主。不愉快情绪一般指焦虑、愤怒、恐惧、沮丧、不满、忧郁、紧张等，被心理学家称为负性情绪(不良情绪或消极情绪)。

(二) 情绪管理的含义

情绪管理是一种善于掌握自我，善于调节情绪，对生活中矛盾和事件引起的反应能适可而止的排解，能以乐观的态度、幽默的情趣及时缓解紧张的心理状态。情绪管理不是要去除或压制情绪，而是在觉察情绪后，调整情绪的表达方式。有心理学家认为情绪调节是个体管理和改变自己或他人情绪的过程，在这个过程中，通过一定的策略和机制，使情绪在生理活动、主观体验、表情行为等方面发生一定的变化。

(三) 情绪管理的功能

1. 激发心理活动和行为

每个人都有情绪表现，情绪能够以一种动机形式来引导和激发我们的行为。消极情绪若不适时疏导，轻则破坏情致，重则使人走向崩溃，如恐惧和自卑则会降低活动的积极性；而积极的情绪则会激发人们的热情和潜力，例如，快乐可以提高人的活动的积极性。

2. 调节人的身心健康

中国传统医学认为，怒伤肝、喜伤心、思伤脾、忧伤肺、恐伤肾，意思是说，心理上生病，如过度焦虑、情绪不安或不快乐，会导致生理上的疾病。另外，情绪和心血管、肌肉、呼吸、泌尿、新陈代谢和内分泌也都有密切的关系。据有关研究指出，一个人常常有负面或消极的情绪产生时，如愤怒、紧张，人体内分泌将受影响并导致内分泌失常，而形成生理上的疾病。由此可见，时常面带微笑，保持愉快心情，并以乐观态度面对人生，则有助于增进生理健康。

3. 影响人际关系

人际关系取决于一个人情绪表达是否恰当。一个人倘若常在他人面前任由负面情绪泛滥，丝毫不加控制，如乱发脾气，久而久之，别人会视他为难以相处之人，甚至将他作为拒绝往来的对象。反之，一个人若常面带微笑、多赞美他人，以亲切态度与别人和谐相处，人际关系自然会逐渐改善。

(四) 大学生情绪特点

1. 丰富性和复杂性

从人的生理发展阶段来看，大学生正处于青春期的中后期，这一时期是人生面临多种选择的时期，学习、交友、恋爱等人生大事基本在这一阶段完成。大学生作为特殊群体，生理基本成熟而心理尚未完全成熟，处于心理断乳期，易受到外界的干扰。对人、对事、对社会等各种现象特别关注，对友谊与爱情执着追求，对新鲜事物十分好奇，对学业和未来充满信心，朝气蓬勃、积极进取，拥有许多积极情绪(增力情绪)。但大学并不是伊甸园，也有竞争与压力，如考试不及格、朋友误解、恋爱失败，甚至天气变化等都可以导致消极情绪(减力情绪)的产生。可以说，大学生情绪极其丰富又极其复杂。

2. 激情性和冲动性

由于知识水平和认知能力的提高，大学生对自己的情绪能够有所控制，但大学生群体兴趣广泛，对外界事物较为敏感，加之年轻气盛和从众心理，因而在许多情况下，其情绪易被激发，带有很大的激情性和冲动性。如果这种激发结果是积极的，有利于大学生成才，如见义勇为等，会奏响正义的凯歌；如果激发是消极的，甚至是反面的，如为了哥们义气或小团体利益不惜违反校规校纪甚至犯罪，就会成为愚蠢的举动。

3. 波动性和两极性

社会、家庭、学校及生活经历，都会对大学生的情绪产生影响，如社会的变迁、体制的变革，社会面临新与旧的更替，正义与邪恶的较量。在社会转型过程中，大学生面对复杂的社会现象易产生困惑和迷茫，如价值的判断、认知的取舍、前途的选择等都会产生许多矛盾；家庭的变故，家庭成员关系的亲疏以及学习、交友等个人生活经历也会影响大学生情绪，使大学生情绪摇摆不定、跌宕起伏，时而热情激动、时而悲观消沉，表现出极大的波动性。这种情绪的极端形式就是情绪的两极性，大学生很容易从一个极端跳到另一个极端。

4. 外显性和内隐性

大学生很多情绪是一眼就能看出来的，考试取得第一名或赢得一场球赛，马上就能喜形于色。但大学生在成长过程中，面临学习、交友、恋爱和择业等具体问题时，有些影响往往深藏不露，具有很大的内隐性。在某些场合和特定问题上，有些大学生常常隐藏或抑制自己的真实情感，不像少儿时期那么坦率直露。比如，在对异性的态度上，明明乐意接近，却表现出无所谓的态度。

5. 独立性与依赖性并存

随着离开家庭进入大学以及其自我意识的增强，大学生的成人感迅速增强，他们已经获得了一种独立于父母的自主感，自信心和自尊心也有很大提高。所以，一方面他们有着强烈的独立意识，渴望独立生活，希望社会承认并相信他们独立生活的能力；另一方面，由于受社会经验和认识习惯的局限，还无法完全依靠自己的力量来处理学习与生活中的一系列复杂问题，对家庭、学校和社会有明显的情绪依赖性。这种依赖性与迅速发展的独立性并存的特点，常使大学生产生强烈的情绪冲突。

6. 理想与现实的冲突引起的情绪矛盾

大学生正处于身心发展并趋于成熟的时期，他们精力充沛，朝气蓬勃，想象力丰富，生活视野不断扩大，可以说，青年期是人生最富于理想的时期。作为青年群体中的有较高知识层次的大学生，想象力更丰富，创造力更强烈。严格的学业训练和独特的校园生活的陶冶，使他们有着较强的自我意识，对社会、生活及未来事业充满信心。然而，理想与现实总是有一些距离，特别是当理想在现实中受挫时，许多大学生就会表现出强烈的情绪冲突。

二、大学生常见的不良情绪

(一) 抑郁情绪

抑郁是一种持续时间较长的低落、消沉的情绪体验，它常常与苦闷、不满、烦恼、忧愁等情绪交织在一起，是最常见的情绪障碍之一。抑郁的症状表现为看问题的消极感。在大学生中有抑郁现象的比较多，究其原因，主要是受到了各种不顺心的生活事件的影响，如学习成绩落后、失恋、人际关系紧张等。抑郁容易引起的行为变化包括与他人交往时退缩，不像以往那样从事许多享乐或愉快的活动，也无法振作起来参与一些活动。比较严重的抑郁情绪会对大学生正常的学习、工作和生活产生明显的影响。

一般来说，这种情绪多发生在性格内向、孤僻、敏感多疑、依赖性强、不爱交际、生活遭遇挫折、长期努力得不到回报的大学生身上。不喜欢所学专业，或因人际关系处理不当、遇到失恋等问题的大学生也会产生抑郁情绪。

(二) 焦虑情绪

焦虑是人们在生活中预感到一些可怕的、可能造成危险的或者需要付出努力和代价的事物将要来临，而又感到对此无法采取有效措施加以预防和解决，因此心理产生紧张的心情，表现出忧虑、不安、担心和恐慌。这是大学生所体会到的最令人烦恼的情绪之一。焦虑的生理反应是掌心冒汗、肌肉紧张、心跳加速、双颊发红、头昏眼花和呼吸困难。

当人们对一件事情情况不明，感到没有把握、无能为力，而产生担心、紧张的情绪时就是焦虑。在大学生中，焦虑常常表现为闷闷不乐、性情大变、脾气古怪、注意力不集中等，产生的焦虑情绪主要原因有担心考试、学习和就业等。

(三) 自卑情绪

自卑是一种带有自我否定倾向的情绪体验，是对自我的轻视或不满，总觉得自己不如别人。自卑情绪表现为对自己能力或品质评价过低，怀疑自己，看不起自己，担心失去他人尊重的心理状态。

一般来说，轻微的自卑大多与某些具体的挫折经历或者失败经历密切相关，经过及时调整，很快可以克服。过度的自卑则可能与屡遭失败有关，而且会自我泛化，即把具体的失败体验无根据地泛化到所有的事情上，从而导致长时间的消沉。大学生自卑主要表现为害怕失败、遇事退缩、封闭自己等；也有的学生用别的方式表现出来，如不承认自己的不足并竭力掩饰，以使他人觉察不到自己的自卑，为此常常夸张自己的行为，有时还表现出较强的虚荣心，对自己的不足和别人的评价很敏感，这一切其实是为了掩饰自卑。

(四) 自负情绪

自负是与自卑相反的一种情绪体验，它是一种过度的自我接受和自我评估，通常表现为自以为是、轻视他人和过度防卫。当一个人只看到自己的优点，看不到自己的缺点时，往往会产生自负的情绪。自负的人往往取得一点小小的成绩就认为自己非常了不起，并且将这些成绩完全归功于自己的主观努力，而失败时则完全归咎于客观条件的不合作。他们常常过分的自恋和以自我为中心。大学生的自负情绪并不少见，比如爱挑别人的毛病，很难对别人进行肯定性评价，对于别人的言行或成绩不屑一顾等。自负情绪的产生往往与自我认知和对他人的评价有关。通常那些家庭条件优越、知识面宽、学习好、个人经历顺利、某方面能力较强的大学生，容易产生自负情绪。也有人因为自我评价过高，而对他人评价过低而导致这种情绪。但不论何种原因，自负情绪都会助长自私心理，容易破坏人际交往。

(五) 愤怒情绪

愤怒是当客观事物与人的主观愿望相悖时产生的强烈的情绪反应。引发愤怒的事件类别因人而异，例如，有的人可能因排队而愤怒，但却能镇静地倾听班主任对其行为表现的批评；有的人可能可以安心地排队，但对同学批评他的缺点却会强烈地反击。引发愤怒的事件类别与个人的经历、信念等有关。对大学生而言，偶尔的愤怒是非常正常的，但太频繁的发怒可能会产生问题，因为发怒对一个人的身心健康有伤害。另外，发怒会降低人的理智水平，阻塞思维，导致损物伤人，甚至违法犯罪。

(六) 冷漠情绪

冷漠是一种情绪反应强度不足的情绪体验，表现为对人对事漠不关心的消极状态。处于冷漠情绪状态的大学生，在行为上常表现为对生活没有热情和兴趣；对学习漠然置之，无精打采；对周围的同学冷漠无情甚至对他人的冷暖无动于衷；对集体生活漠不关心，麻木不仁。大学生活本该是一生中最多姿多彩、富有朝气和热情的时期，然而有的大学生却表现出一种对人对事都漠不关心的情绪。从表面上看，冷漠的人似乎对什么都不感兴趣，对周围的人和事总是无动于衷，实际上，他们有一种"说不清"的压抑感，他们的内心充满痛苦。有心理学家认为，冷漠是个体对挫折情境的一种自我逃避式的退缩性心理反应，它带有一定的自我保护或自我防御性质，是一种对环境和现实的自我逃避的减缩性心理反应，它会导致当事者萎靡不振、退缩逃避和自我封闭，并严重影响身心健康。

(七) 恐惧情绪

恐惧是一类带有强迫性质的，不能以人自身的意志和愿望为转移的情绪体验。如对过去一些本来并不感到可怕的事情产生一种紧张恐惧的情绪体验，或者对常人一般不害怕的事物或情景感到恐惧，他们自己也能意识到这种恐惧是完全不必要的，甚至自己也能意识到这是不正常的表现，但却完全不能控制自己，即使尽了很大努力也依然无法摆脱和消除，因而感到极为不安和痛苦。

常见的大学生恐惧情绪主要是"社交恐惧"，也就是大学生在人际交往时，害怕见生人，特别是人多的场合或有异性在场的情况下，产生紧张、焦虑，以致手足无措、语无伦次的情绪反应，从而导致令人尴尬的场面出现。

(八) 嫉妒情绪

嫉妒是指他人在某些方面胜过自己而引起的不快甚至是痛苦的情绪体验。其主要特征是把别人的优势视为对自己的威胁，因而感到心理不平衡，甚至恐惧和愤怒，于是借助贬低、诽谤以至报复的手段来求得心理的补偿或摆脱恐惧和愤怒的困扰。如在求职问题上，看到别人某些方面求职条件好，或找到比较理想的工作时，产生羡慕，进而陷入痛苦又不甘心的心态，甚至为了不让他人超越自己，采取背后拆台等不良手段。

三、大学生情绪管理方法

(一) 合理情绪疗法

合理情绪疗法也叫认知疗法，由美国心理学家阿尔伯特·艾利斯(Albert Ellis)所创，主要基本理论是 ABC 理论。在 ABC 理论模型中，A 指诱发性事件，B 指个体在遇到诱发事件之后对这一事件的看法、解释和评价，C 指个体的情绪及行为结果。人们通常认为，情绪的行为反应是直接由诱发性事件 A 引起的，即 A 引起了 C。但 ABC 理论指出，诱发性事件只是引起情绪及行为反应的间接原因，而人们在遇到诱发事件之后对这一事件的看法、解释和评价才是引起人的情绪及行为反应的更直接的原因。因此，要改善人们的不良情绪及行为，就要劝导、干预非理性观念的发生与存在，而代之以理性的观念。等到劝导、干预产生了效果，人们会产生积极的情绪及行为，心里的困扰就会因此消除或减弱，人也就会有愉悦充实的新感觉产生。

大学生运用合理情绪疗法时要把握三点：第一，要认识到不良情绪不是源于外界，而是由于自己的非理性信念所造成的；第二，情绪困扰得不到缓解是因为自己仍保持过去的非理性信念；第三，只有改变自己的非理性信念，才能消除情绪困扰。

(二) 适度宣泄法

水管阻塞了，如果不及时疏导，可能会有破裂的一天。情绪也是如此，如果不及时将不良情绪释放出来，郁结在心里，将会越积越大，最终导致情感的崩溃。情绪宣泄可分躯体和心理两个方面。躯体宣泄，如哭、大吼、击打非破坏性物件(如枕头、布制玩具、沙袋等)、体育运动和文艺活动等。心理宣泄是指借助他人来调整个体的认知状况，以改变一些不合理的信念。比如，向可依赖的人倾诉苦闷、写信、与朋友讨论等。长期压抑自己，不仅使自己生理功能出现紊乱，也容易引起障碍性情绪的泛化，所以为了身心健康，不良的情绪需要及时宣泄，愉快的情绪也需要恰当释放。

(三) 自我暗示法

自我暗示是运用内部语言或书面语言以隐含的方式进行自我调适情绪的方法。自我暗示对人具有很大的影响，它影响人的认识和判断。自我暗示包括积极的自我暗示和消极的自我暗示，前者让人自信乐观，后者令人消沉悲观。积极的心理暗示既可以用来释放十分紧张的情绪，也可以用来自我激励。例如，第一次参加求职面试时，可以在进入面试前做几个深呼吸，告诉自己"放松点儿""我一定能行"…… 因此，我们要学会运用积极的暗示，消除不良的自我意象。特别是对于有自卑情绪的学生来说，可以经常在心里默念"我能行""我会发挥得很好""我一定能成功"等语句，或者写在纸上，或者找个旷野大声地喊出来。这些对走出自卑、消除怯懦有一定的作用。

(四) 注意力转移法

注意力转移法是指主观上有意识地将注意力从消极、不良的情绪状态转移到其他事物上的一种心理调节方法。当不良情绪出现时，可以采取转移注意力的方法寻找一个新的刺激，激活新的兴奋中心以抵消或冲淡原来的兴奋中心，使不良情绪逐渐消失。如不高兴、紧张或烦闷时，去看一场电影或是踢一场球，回来后心情就会舒畅许多。

(五) 放松训练法

放松训练是指使有机体从紧张状态松弛下来的一种练习过程。放松有两层意思，一是肌肉松弛，二是消除紧张。放松训练的直接目的是使肌肉放松，最终目的是使整个机体活动水平降低，达到心理上的松弛，从而使机体保持内环境平衡与稳定。常用的放松训练方法有深呼吸、肌肉放松训练、冥想放松训练。放松练习可以帮助人减轻和消除各种不良身心反应，如焦虑、恐惧、紧张、失眠等症状。

(六) 音乐调节法

在国外，音乐调节已应用到了外科手术和治疗精神病、抑郁症、焦虑症等病症上。如忧郁烦恼时可以听《蓝色多瑙河》《渔舟唱晚》等意境广阔、充满活力、轻松愉快的音乐，失眠时可以听莫扎特优雅宁静的《摇篮曲》、门德尔松的《仲夏夜之梦》等乐曲，情绪浮躁时可以听舒伯特的《小夜曲》等宁静清爽的乐曲。每个人都可以根据自己的情绪状况，选择适合的音乐来调节自己的情绪、情感状态。

第三节 大学生压力管理

【案例】 大四学生耿某，考研前夕突然感到身体不适，据他自己描述，时常感觉眩晕、恶心、没有食欲、很疲惫，想睡觉还不敢睡，害怕一睡下去就醒不过来了，一吃饭就觉得肚子里面不舒服，一看书更是觉得有一种想要晕倒的感觉。次日，该同学在其室友的陪同下前往医院，做各种身体检查，但检查结果都显示耿某身体并无异常，在医生的建议下，他开始了心理咨询。在心理咨询中，耿某表示这些症状最开始出现在距离考研一个月的时候，有一天他突然发现自己政治科目复习完的是之前考纲的内容，与本年度的考试有较大出入，顿时觉得自己的努力都白费了，有一种天要塌了的感觉，感到自己不认真是咎由自取，又感觉太倒霉了，怎么会赶上修订考纲，对自己和考试感到失望和愤怒。自此之后就逐渐出现了上述的症状，并且越来越严重。

【案例评析】 大学生告别了中学时代家长和老师的监督，学习和生活中很多重大的事件都要自己去面对，想要正确应对这些事件带来的压力，对大学生来说是一种挑战。不能正确认识、面对压力和挫折，不仅会影响心理健康，而且也会使身体上出现不良反应。压力过大会出现血压增高、肠胃失调、溃疡、意外受伤、身体疲劳、心脏疾病、呼吸问题、汗流量增加、皮肤功能失调、头痛、肌肉紧张等生理变化，同时各类癌症、情绪抑郁等现象都和压力有着很大的关系。因此，正确应对压力和挫折至关重要，只有我们做到对压力和挫折"知己知彼"，才能快乐生活、轻松学习。

一、压力概述

在社会生活中压力无处不在。小孩子有升学和成长的压力，年轻人有就业和婚恋的压力，中年人有升职和家庭的压力，老年人有养老的压力，有人戏称为"压力山大"。但是如果没有压力，我们也会失去前进的动力。面对这些压力，有些人选择积极面对，担起责任；有些人却选择逃避，认为逃避就可以把压力卸掉，殊不知，逃避只会加重压力。既然这些压力是我们必须要承担的责任，正如山就挡在前进的路上，必须要爬过去一样，逃避是没有用的，为什么不化压力为动力，激励自己奋起前进呢？我们无法改变压力的客观存在，但是我们能改变面对压力的态度。社会生活中，面对许许多多的压力，有些人甚至因为压力过大而放弃生命，这是任性的、不负责任的行为。正视压力，把压力转化为动力，激励我们前进，这是勇于担当的青年人的选择。对于困难，我们只有去坦然面对，努力解决它，才能真正消除压力。

(一) 压力的含义

压力是指人们在社会适应过程中，对各种刺激做出的生理和行为反应，是一种紧张的心理体验和感受。压力至少有三种不同的含义。第一种含义：压力指那些使人感到紧张的事件或环境刺激；第二种含义：压力指的是一种身心反应；第三种含义：压力是一个过程。

(二) 压力产生的原因

压力产生的原因是复杂的，我们将这些具有威胁性或伤害性并因此带来压力感受的事件或环境称为压力源。生活中的压力源可能存在于人们自身，也可能存在于环境中。但是，人类最主要的压力源是人际关系。心理学家在研究中把造成压力的各种生活事件进行分析，提出了四种类型的压力源。

1. 躯体性压力源

躯体性压力源是指通过对人的躯体直接发生刺激作用而造成身心紧张状态的刺激物，包括物理的、化学的、生物的刺激物，如过高或过低的温度、微生物、变质食物、酸碱刺激物等。这一类刺激是引起生理压力和生理反应的主要原因。

2. 心理性压力源

心理性压力源是指来自人们头脑中的紧张性信息，例如心理冲突与挫折、不切实际的期望、不祥预感以及与工作责任有关的压力和紧张等。心理性压力源与其他类型压力源的显著不同之处在于它直接来自人们的头脑中，反映了心理方面的困扰。生活中的压力事件处处可见，但为什么有的人无动于衷，有的人却耿耿于怀呢？这是因为人们内心对压力的认知不一样。如果过分夸大压力的威胁，就会制造一种自我验证的预言：我会失败、我应付不了，长此下去，会产生所谓的长期性压力感。

3. 社会性压力源

社会性压力源主要指导致个人生活方式发生变化，并要求人们对其做出调整和适应的情境与事件。社会性压力源包括个人生活中的变化，也包括社会生活中的重要事件。个人生活的改变常常会给人带来压力。

4. 文化性压力源

文化性压力源最常见的是文化性迁移，即从一种语言环境或文化背景进入到另一种语言环境或文化背景中，使人面临全新的生活环境、陌生的风俗习惯和不同的生活方式，从而产生压力。若不改变原来的习惯，适应新的变化，常常会出现不良的心理反应。

(三) 正确理解压力

1. 压力对身心的积极作用

一般来说，适度的压力有益于身心健康，它使人的生活变得有动力，会更积极地去追求生活，从而使人生更有意义，这类压力称之为良性压力。事实上完全没有压力的生活是不可想象的，也是不真实的，正是生活中方方面面的压力推动着我们不断走向人生新的高度。有一幅漫画展现了这样一个场景：一个人坐在文件堆积如山的办公桌旁，右手拿着笔，左手拿着一枚定时炸弹，漫画的题目叫作"我只有在巨大的压力之下才能高效率地工作"。我们每个人在生活中或许也都有过这样的体验。

心理学研究表明，早年的心理压力是促进儿童成长和发展的必要条件。经受过生活压力的青少年在以后的生活和工作中更容易适应环境，更容易取得成功；反之，早年生活条件太好，没经历过挫折和压力，则如温室里成长的花朵，经不起生活的风吹雨打。对于大学生而言，适度的压力是维持正常身心功能活动，激发大学生的积极性和主动性，锻炼和培养其良好意志品质的必要条件。

2. 压力对身心的消极影响

一般而言，造成心理压力的事件大都是消极的事件，对大学生而言，比如未完成的作业、即将来临的考试、必须面对的冲突等。这些心理压力如果得不到及时的干预与处理，就会对大学生的健康发展带来一系列的消极影响，甚至影响他们的身心健康。过度的压力或者压力长期得不到缓解和消除，会产生多方面的不良后果。不仅影响到日常生活、工作和学习，使心态变得消极，而且还会使人处于慢性心理应激状态，时间一久便容易引发一系列的身心症状，如：病人会产生呼吸困难、易疲劳、心悸和胸痛等生理症状，并伴有紧张性头痛、焦虑、抑郁、强迫行为、回避、退缩等心理症状。

破坏性的压力，比如灾难、战争等，这些压力容易使人患上创伤后压力失调或创伤后应激障碍，造成感知、情绪、行为等方面的问题。

二、大学生常见的压力来源

在整个大学生涯的不同阶段，压力是始终存在的。在大一阶段，主要面临着适应新的校园生活的压力，面对新的学习方式、陌生的人际关系、相对宽松自由的校园环境，许多大学新生无所适从，当难以把握自我的压力时容易丧失人生的方向。大二大三阶段面临着情感、交往、学习等新问题，让许多大学生难以应付。毕业阶段面临着就业、考研等人生的大课题，大学生会深深体会到社会竞争的残酷性带来的压力。

(一) 源自大学环境的挑战

1. 适应压力

这一情况主要出现在大一新生中间。一些大学生由于远离了亲人，尤其是第一次这么长时间、这么远距离地离开家人，所以不同程度地表现出思念亲人和朋友，怀念家乡等情绪。由于新环境中的同学和朋友关系还未发展建立起来，因此大一新生也不同程度地体验到了孤独和寂寞。

同时，在来到大学之前，大多数大学生都对大学生活充满了希望甚至幻想，但来到大学之后却发现有些方面与自己的想象有一定差距，于是感到失望。大学生上大学前都曾经是学校里的佼佼者，由于成绩好，所以得到老师、同学和父母的宠爱，心理上有种优越感。但到大学之后发现自己的周围都是这样的人，甚至一些人比自己还优秀，于是一些大学生就开始怀疑自己，总是在想"那个曾经优秀的我哪里去了"，心里感到失落。

这些不适应如果得不到及时调整，便会产生失落、自卑、焦虑、抑郁等心理问题，有的学生还会因为长期不能适应大学生活而导致退学。

2. 学习压力

大学生在学习方面也会出现不适的情况，表现在对大学学习方法、学习习惯、学习内容宽度与深度的不适应，以及学习的独立性和自主性不强等方面。学习是大学生活的主旋律，大学的很多活动都是围绕学习而展开的，但由于种种原因，多数大学生感受到了来自学习的压力。大学生学习的专业性强，学习的目标不再是对知识的单纯理解和储存，而是通过知识学习向能力和素质转化，重视对知识的实践和应用，鼓励对未知领域的探索和创新。但有越来越多的资料证明，在影响心理健康的各种因素中，传统的、片面的对知识死记硬背式的学习方法造成的学习压力和考试焦虑占了重要位置。因此，学会学习成为很多大学生在大学期间面临的重大挑战。

3. 人际交往压力

大学生人际交往的压力主要来源于日常生活中与老师、同学关系的处理上。一些学生对人际交往缺乏正确认识，唯我独尊，不注意尊重他人和理解他人，事事处处都希望符合自己的心愿，不顾及他人感受；另一些学生又谨小慎微，生怕与同学发生分歧或矛盾，所以一再忍让，宁可自己不舒服也不愿意表达真实感受，而一旦同学之间发生不愉快，就束手无策，不知如何处理；还有一些学生则封闭自己，心里很想与别人交往，但不知道如何交往，不知道说什么、做什么；更有一些学生则完全缺乏与他人交往的意识，远离人群，整日生活在自己的世界里。

尤其随着网络的发展，大学生的人际交往出现了一个新的发展趋势，一些大学生热衷于网络交往，在虚拟世界中发展所谓的人际关系，把网络当成排遣孤独和寂寞的渠道。但虚拟世界的交往和活动往往使他们更加难以融入现实生活，甚至沉溺于网络游戏和虚拟世界中难以自拔，严重影响了其学习和生活。

从大学生身心发展的特征来看，他们处于青春期，情感丰富，内心有强烈的与他人交往，进而发展、建立友谊的需要，但由于以上种种因素的影响，导致大学生的这一需求得不到满足，从而使他们产生孤独、焦虑、自卑、抑郁等情绪。

4. 情感压力

大学生谈恋爱的情况是比较普遍的，但是由于其心理成熟程度不够，处理情感方面的经验不足，当他们面临情感方面的纠葛和问题时往往难以有效应对。经常为此而情绪波动，苦恼不堪，有些人难以自拔，甚至放弃学业，丧失生活热情。大学生活中出现的一些危机事件，许多都与情感问题有关。

5. 经济压力

随着缴费上大学的时代来临，当代大学生经济困难的情况越来越突出，尽管党和政府，包括高校都加大了对贫困学生的资助力度，但还是难以完全解决困难学生的实际问题。为了解决学习、生活费用，这些大学生往往是一边节衣缩食，另一边勤工助学，他们面临着学业和经济的双重压力。同时，面对同学，他们还会有自卑、退缩的心理，最终生活负担和心理负担都很重。

6. 就业压力

近年来，由于大学毕业生人数急剧上升，同时整个社会用工需求不足，导致大学生的就业形势日趋严峻，就业市场竞争日趋激烈，大学生找工作或找到比较理想的工作越来越困难，这对大学里众多高年级学生造成很大的精神压力和心理压力。可以说进入大四后，很多同学就在为找工作而奔波，个中艰辛和困苦是他们人生中从未遇到过的。由此也使他们因焦虑、自卑而失去安全感，一些心理问题也随之而来。

(二) 源自内在的自我冲突

唯物辩证法认为，事物的变化发展是内因和外因共同作用的结果，外因通过内因起作用。外部世界是外因，真正的原因是内因。压力本质上来自于人们的想法、观念。前面我们说了外因的问题，现在看看内因有哪些。

1. 期望超越现实

大学生激情澎湃，所处的生命阶段决定了他们会比其他人产生更多的期望和现实之间的冲突。未来还有很多的不确定因素，而正是这种不确定性让大学生对未来抱有很多美好的设想。但是，大学生又不得不面对现实中的多重因素，例如成绩普通、恋爱被拒、求职无门等。在期望和现实夹缝中生存的大学生，必将承受巨大的心理压力。

2. 完美主义人格的束缚

但凡优秀学生都有完美主义的个性特征。完美主义者往往比一般人更认真、更负责、更细心，并因此成就了他们的今天。然而，一些完美主义者过度追求高标准，不但表现在对自己的过高期望、过分苛求上，也表现在对他人和环境的过高期望和过分挑剔上，习惯用完美尺度去衡量自己，衡量他人，衡量周围环境，衡量生活中的一切。然而，无论是自己还是这个世界都不是完美的，他们终究要因为不能接受而陷入失望与痛苦中。而且，因为追求完美，这样的人还过分在意别人的评价，害怕失败，容易有嫉妒、敌视心理。

3. 盲目比较的思维模式

人们发现自己比别人强的时候会充满力量。大学生曾经都是"比较"的获益者，与同龄同学相比较，他们是成绩的佼佼者，还有的同学当了班长、团支书，或拥有各种特长，是其他同学羡慕的对象。然而，盲目比较却让人远离了自己的内心需要，盲目比较会让人盲目自信，认为自己最强，别人的成功都是靠关系。盲目比较也会让人们自卑，认为自己处处不如别人，怀疑自己。盲目比较让人忘记了上大学的根本目的，有时候比较中的"别人"也变成了自己的奋斗目标，例如与艺术学院的人比才艺，与体育学院的人比运动素质，甚至比相貌、穿着。

4. 动机冲突

动机是激发和维持个体进行活动，并导致该活动朝向某一目标发展的心理倾向或动力。如果动机只有一个，人们就会直接去行动，如一个人想："我要好好学习，取得好成绩"，那么动机就直接驱动他去行动了。但是如果他既有想好好学习的动机，又有想好好玩的热情，而且自己又不能将两者整合，动机之间就出现了冲突，而冲突会带来压力，使人产生不适感。

三、大学生压力管理策略

压力无处不在，无法逃避，关键在于我们如何对待。为了能很好的适应大学乃至今后的学习、生活和工作，大学生有必要学习有效的压力管理方法，提高自己的压力适应能力。

所谓压力适应，是指个体在压力反应之后能很快恢复正常的身心特征，或者面对持续压力其反应不处于极端状态而能保持身心健康的能力。

所谓压力管理，是指针对可预见的压力源进行必要的干预，维护身心健康，提高处理问题的效率，保证学习生活目标顺利实现的管理活动。我们建议大学生从以下几个方面着手进行压力管理。

(一) 构建自己的社会支持系统

当一个人独自面对压力的时候，其应激反应的消极作用会比较大。要想不在压力面前孤立无助，最好构建自己的社会支持系统，这其中包括自己的亲人、朋友、同学、老师等。社会支持系统可以在你需要的时候给你情感安慰、行动建议，帮助你渡过难关。强大的社会支持会让你不再感到孤立无援，可以迅速恢复你的信心和勇气，使你积极面对挑战、解决问题。因此，平时你需要在建立和增进友谊、密切亲情方面多做些努力。

(二) 觉知和调整自己的生理状态

生理状态是压力最直接的指标。要想有效管理压力，首先要有压力意识，要能觉察压力的信号。人在应激状态下，本能会驱动机体的防御机制，这是自发的。有效的压力管理，需要我们建立一个对付压力，尤其是那些慢性压力的预警机制。为此，你需要做到以下几方面。

(1) 有意识地觉知自身的紧张、焦虑等情绪状态。当你处于应激状态时，自己的生理和情绪上会有什么样的不适反应？记录自己的这些压力反应，然后锁定这些反应指标，以后每当你产生这些不适反应时，便对自己发出警告。你的压力预警，就像战争中的雷达一样，让你保持必要的警惕。

(2) 学会控制自己的不良生理指标。当你的压力知觉性提高时，你还需要提高生理指标控制力，比如心跳、呼吸、血压等。

(三) 减轻和消除自己的心理负担

应激，即便是本能反应，也足以使我们身心疲惫。现在，必须卸掉我们身上由压力带来的紧张和焦虑。否则持续性的压力累积效应，迟早会让我们垮掉。消除心理负累的方法有：

(1) 理性辨析和积极归因。找来纸笔，将你面临的核心问题写下来，接下来你需要围绕着这个问题逐步回答：这个问题是如何产生的？这个问题真的与我有关吗？这个问题真的就是一种威胁吗？这个问题真的就不能解决吗？通过如此反复进行自我辨析，理清问题症结所在，从而有效缓解焦虑。

(2) 学会经常进行放松训练。放松训练是通过一定的练习程序的学习，有意识地控制和调节自己的身心活动，以达到降低机体唤醒水平的目的，调整因紧张而紊乱的身心功能，从而使机体内环境保持平衡与稳定的过程。

(四) 掌握积极的减压方式

(1) 直面问题不回避。直接面对问题，而不是逃避、转嫁或迁怒于无关的人或事。要理性地评价、选择解决问题的方案。解决问题的策略要与现实相符，其出发点是对问题的真实估计，而不是自我欺骗或自暴自弃。

(2) 管理自己的情绪和行为。学会认识和抑制毁灭性的或潜在危害性的各种负面情绪，即学会情绪管理；学会控制自己具有危害性的习惯性行为；努力保证自己的身体不遭受酒精、药物的伤害，加强锻炼，保证睡眠。

(3) 坚持适当和必要的体育锻炼。当你感到有压力的时候，你需要做的不是坐在那里发愁或者抱怨，而是应该走出去，让身体活动起来。慢跑可以让神经和身体放松下来。体育活动是非常有效的减压方式，可以迅速改善你的某些生理系统及其功能，让你充满活力，找回控制感，从而有效减轻你的心理负荷。坚持体育锻炼还有一个好处是培养自己的毅力，而毅力是我们面对压力和挫折最好的武器之一。

(4) 从事一些与艺术有关的活动。你可以看电影、听音乐、欣赏书画作品，任何让你真正能够感受到美的东西，你都可以尝试。在欣赏和感受美的过程中，你会放松身心，找回人性的光辉、世界的美好和生活的希望。

(5) 郊游或者远足。暂时离开给你带来压力的环境，放下那些烦恼和不愉快，把自己交给大自然，在大自然的怀抱里，转移心情，放松身心。户外活动和拓展训练也是有效的减压方式。

(6) 阅读书籍，吸取榜样力量。当你面对压力感到不知所措的时候，可以看一些人物传记等，从榜样身上寻找力量。杰出人物毫无疑问都经历了无数的挫折与压力，他们的经验和成长，会激励和启发我们。

(7) 寻求专业人士的帮助。如果上述方式都无济于事，那么你可以寻找学校的心理老师或者社会的心理咨询人员，让专业人士引导你排除压力，走出困境。

阅读与训练

 阅读材料

李开复谈时间管理

人的一生中两个非常大的财富：你的才华和你的时间。才华越来越多，但是时间越来越少，我们的一生可以说是用时间来换取才华。如果一天天过去了，我们的时间少了，而才华没有增加，那就是虚度了时光。所以，我们必须节省时间，有效率地使用时间。如何有效率地利用时间呢？我有下面几个建议：

（一）做你真正感兴趣、与自己人生目标一致的事情

我发现我的"生产力"和我的"兴趣"有直接的关系，而且这种关系还不是单纯的线性关系。如果面对我没有兴趣的事情，我可能会花掉 40% 的时间，但只能产生 20% 的效果；如果遇到我感兴趣的事情，我可能会花 100% 的时间而得到 200% 的效果。要在工作上奋发图强，身体健康固然重要，但是真正能改变你的状态的关键是心理而不是生理上的问题。真正地投入到你的工作中，你需要的是一种态度、一种渴望、一种意志。

（二）知道你的时间是如何花掉的

挑一个星期，每天记录下每 30 分钟做的事情，然后做一个分类(例如，读书、准备 GRE、和朋友聊天、社团活动等)和统计，看看自己什么方面花了太多的时间。凡事想要进步，必须先了解现状。每天结束后，把一整天做的事记下来，每 15 分钟为一个单位，例如，1:00—1:15 等车，1:15—1:45 搭车，1:45—2:45 与朋友喝茶……在一周结束后，分析一下，这周你的时间如何可以更有效率地安排？有没有活动占太大的比例？有没有方法可以增加效率？

（三）使用时间碎片和"死时间"

如果你做了上面的时间统计，你一定发现每天有很多时间流逝掉了，例如，等车、排队、走路、搭车等时间可以用来背单词、打电话、温习功课等。现在随时随地都能上网，所以没有任何借口选择再发呆一次。我前一阵和同事一起出差，他们都很惊讶为什么我和他们整天在一起，但是我的电子邮件都可以及时回复。后来，他们发现，当他们在飞机和汽车上聊天、读杂志和发呆的时候，我就把电子邮件全回了。重点是，无论自己忙还是不忙，你都要把那些可以利用时间碎片做的事先准备好，到你有空闲的时候有计划地拿出来做。

（四）要事为先

每天一大早挑出最重要的三件事，当天一定要做完。在工作和生活中每天都有干不完的事，唯一能够做的就是分清轻重缓急。要理解急事不等于重要的事情，一定要注意不要成为急事的奴隶。有些急但是不重要的事情，你要学会放掉，要能对人说 no！而且每天这三件事里最好有一件重要但是不急的，这样才能确保你不会成为急事的奴隶。

（五）要有纪律

有的年轻人会说自己没有时间学习，其实，换个说法就是学习没有被排上优先级次序。曾经有一个教学生做时间管理的老师，他上课时带来两个大玻璃缸和一堆大小不一的石头。他做了一个实验，在其中一个玻璃缸中先把小石、沙倒进去，最后大石头就放不下了。而另一个玻璃缸中先放大石头，其他小石和沙却可以慢慢渗入。他以此为比喻说："时间管理就是要找到自己的优先级，若颠倒顺序，一堆琐事占满了时间，重要的事情就没有空位了。"

（六）运用 80%：20%原则

人如果利用最高效的时间，只要 20%的投入就能产生 80%的效率。相对来说，如果使用最低效的时间，80%的时间投入只能产生 20%的效率。一天中，最需要专心去做的工作应该放在头脑最清楚的时候做。与朋友、家人在一起的时间，相对来说，不需要头脑那么清楚。所以，我们要把握一天中 20%的最高效时间(有些人是早晨，也有些人是下午或晚上。除了时间之外，还要看你的心态，血糖的高低，休息是否足够等综合考量)，专门用于最困难的科目和最需要思考的学习上。许多同学喜欢熬夜，但是晚睡会伤身，所以还是尽量早睡早起。

（七）平衡工作和家庭

我对于家庭的时间分配有下列原则：

(1) 划清界限、言出必行——对家人做出承诺后，一定要做到，但是希望其他时间得到谅解。制订较低的期望值以免造成失望。

(2) 忙中偷闲——不要一投入工作就忽视了家人，有时 10 分钟的体贴比 10 小时的陪伴更受用。

(3) 闲中偷忙——学会利用碎片时间。例如，家人没起床的时候，你就可以利用这段空闲时间去做你需要的工作。

(4) 注重有质量的时间——时间不是每一分钟都是一样的，有时需要全神贯注，有时坐在旁边上网就可以了。要记得家人平时为你牺牲很多，度假、周末是你补偿的机会。

 操作训练

一、训练题目

朗读"减压 26 式"，学会给自己减压。

二、训练要求

每人一张"减压 26 式"表格，如下表所示。

减压 26 式：FROM A TO Z

A	Appreciation	接纳自己接纳人，避免挑剔免伤神
B	Balance	学习娱乐巧安排，平衡生活最适宜
C	Cry	伤心之际放声哭，释放抑郁舒愁怀
D	Detour	碰壁时候要变通，无须撞到南墙头
E	Entertainment	看看电影听听歌，松弛神经选择多
F	Fear Not	正直无惧莫退缩，哪怕背后小人戳
G	Give	自我中心限制大，关心他人展胸怀
H	Humor	戴副"墨"镜瞧一瞧，苦中作乐自有福
I	Imperfect	世上谁人能完美，尽力而为心坦然
J	Jogging	跑跑步来爬爬山，真是赛过食仙丹
K	Knowledge	知多一些头脑清，无谓担心全减少
L	Laugh	每天都会哈哈笑，压力面前不会垮
M	Management	不怕多却只怕乱，时间管理很重要
N	NO	适当时候要讲"不"，不是样样你都行
O	Optimistic	凡事要向好处看，无须吓得一头汗
P	Priority	先后轻重细掂量，取舍方向不难求
Q	Quiet	心乱如麻自然慌，心静如水自然安
R	Reward	日忙夜忙身心倦，爱惜自己要牢记
S	Slow Down	坐下停下喘口气，不必忙到脑麻痹
T	Talk	找人聊聊有人听，被人理解好开心
U	Unique	人比人会气死人，自我突破最要紧
V	Vacation	放放假或充充电，精力充沛展笑脸
W	Wear	穿着打扮用点心，精神焕发好心情
X	X—ray	探寻压力找源头，对症下药有计谋
Y	Yes. I Can	相信自己有潜能，勇往直前步青云
Z	Zero	从零开始向前看，每日都是新起点

三、训练内容

每个成员在小组内轮流读一句，然后大家一起分享自己的体会，也可以讲具体的例子。

思考题

1. 你采取过哪些有效管理时间的方法或措施？通过本章的学习，你认为自己在时间管理上还需怎样改善？

2. 大学生具有哪些情绪特点和不良情绪？

3. 在大学生活中，当发生一些事情让你情绪很差时，你通常采取哪些有效的方法调节自己的情绪？

4. 结合个人实际，分析大学生的主要压力源。

5. 既然压力是不可避免的，那么我们可以从哪些方面着手应对压力？

第十章

职业生涯辅导

职业生涯规划是大学生就业最基础的一项准备工作，也是大学生实现职业理想和职业目标的关键一环。因此，大学生要对自己和职位进行客观的分析，实现个人兴趣和职业的匹配，进而取得事业的成功。然而，面对人生道路上的每一次重要抉择，大学生将会遇到比以往任何时候都复杂的问题，如社会、环境、家庭、学校教育及自我认知等矛盾都会带来很多的困惑，因此，做好大学生职业生涯辅导就显得非常必要。

通过本章的学习，使大学生了解职业生涯辅导的内涵和意义；理解职业生涯辅导的过程和技术；掌握职业生涯辅导的内容和途径，能运用科学的方法调节在职业生涯发展中出现的各种矛盾和困惑。

第一节 职业生涯辅导的内涵和意义

【案例】从上学开始，小汪一直很优秀，他对自己也充满信心。对于求职择业他也从未想过会失败。自择业开始，他就为自己未来的工作画了一个蓝图：北京、上海或深圳，国际、国内有一定影响力的跨国公司，年薪十万以上，要有很好的个人发展机会和空间。在学校组织的人才招聘会上就有好几家用人单位向他抛来了"橄榄枝"，希望能与他进一步接触和交谈。小汪曾参加过其中几家单位的面试：第一家单位是北京的某企业，人力资源部门的主管亲自面试，表示可以解决进京指标，希望签约并许诺要对小汪进行重点培养，但小汪认为这"馅饼"来得太容易，何况这是家国有企业，不符合自己的要求，于是第二天就打电话婉言谢绝；第二家单位是深圳的某保险公司，公司待遇不错，但小汪认为该公司规模较小，在市场中缺乏竞争力；第三家单位是上海的某公司，基本符合小汪的条件，可是小汪却在第二轮面试时被淘汰。面对失败，小汪有些怅然，只能等着下一次机会的到来，但在等待中他有些按捺不住，他认为论人品、学历、专业、能力，自己都不比别人差，怎么就会找不到理想的工作呢？突然一下子没有了目标，变得慌乱不已，免不了开始手忙脚乱地投简历。之后，他又联系了几家单位，或是嫌公司规模小，或是觉得单位地理位置不理想，或是觉得单位薪水太低，都未能与用人单位达成协议。最后心不甘、情不愿地随便找了家单位签约。

【案例评析】在小汪一帆风顺的学习经历背后蕴含着一颗脆弱的心，在失败的打击下暴露出了心理问题。求职的过程是对一个人综合素质的考验，它不仅是对个人思想道德素质、专业素质、文化素质的全面检验，也蕴涵着对毕业生心理素质的考验。在求职的过程中会面临各种各样的问题，需要选择、等待，要承受拒绝、失败等一系列心理挫折，若没有足够的思想准备，心理承受力弱，就会失去心理平衡，陷入焦虑、自卑、怯懦、冷漠等心理问题之中。

职业生涯辅导就是要使每一个学生获得当今社会所需要的各种品质，通过科学的、行之有效的途径，使其充分发挥个人的天赋，提高素质水平；同时，通过教育、实践、锻炼、培养，使他们在某些本来不具备的或者是心理、能力上有缺陷的方面得到弥补和完善，从而提高职业竞争力。

一、职业生涯辅导的含义

在职业生涯辅导一词出现以前，职业辅导早就为人们所熟知。到了20世纪70年代，随着生涯教育概念的提出，学校也采取了相应的措施来实施生涯教育的目标，大大丰富了原来职业辅导的内容，至此，职业生涯辅导的概念便逐渐从职业辅导中脱离出来，同时也拓展了传统职业辅导的理论深度和应用广度。

(一) 职业生涯辅导的概念

职业生涯辅导是指依据一套有系统的辅导计划，通过辅导人员的协助，引导个人探究、评判并整合运用有关知识、经验而开展的活动。这些知识经验包括对自我的了解，对职业及其他有关影响因素(如工作者的态度、训练)的了解等，对休闲活动和个人生活的影响与重要性的了解，对生涯规划和生涯决定中必须考虑的各种因素的了解，对在工作与休闲中达到成功或自我实现所必须具备的各种条件的了解。

(二) 职业生涯辅导的着眼点

职业生涯辅导是以个人的生涯发展为着眼点的。发展任务是指个体在其特定年龄阶段所应完成的任务，如果个体能成功地完成他的发展任务，那么便可以获得愉快和舒畅的体验，并且有利于下一阶段的发展；反之，则会感到不愉快。职业生涯辅导的着眼点包含以下三个层面。

1. 职业生涯发展的时间

生涯发展的时间是指职业生涯发展的阶段或时期，包括成长期(0～14 岁)、探索期(15～24 岁)、建立期(25～44 岁)、维持期(45～64 岁)及衰退期(65 岁以上)五个发展时期。

2. 职业生涯发展的广度

职业生涯发展的广度指个人一生所要扮演的各种不同的角色，如儿童、学生、公民、休闲者、工作者等角色。

3. 职业生涯发展的深度

职业生涯发展的深度指个体扮演每一个角色所投入的程度。有的人在工作者角色上投入程度多一点，而有的人在家庭角色上投入多一点。

职业生涯发展并非一成不变，而是一个持续不断的过程，人的过去是现在的一部分，现在又影响到未来。现在的行为与对未来的期望都会影响人的职业生涯发展，在发展中有时候也可改变过去的错误，职业生涯辅导就落实在协助和促进个体生涯发展的过程之中。

(三) 职业生涯辅导的目标

职业生涯辅导的目标是促进个体的生涯成熟，即协助个人达到他应该达到的职业生涯发展阶段。具体地说，职业生涯辅导就是要帮助任何年龄、各个社会阶层的个体，努力达到下列目标：

(1) 具有适用于快速发展的社会的基本学习技能及良好的工作习惯；

(2) 能够选择有意义的工作价值观，以激励自己的工作欲望和热情；

(3) 具有确定的事业发展方向，有寻找和获得工作的技能；

(4) 具有相当程度的职业技能，以顺利就业，并在职业社会里获得相当程度的成功；

(5) 能依据个人意愿、教育机会及职业机会等所有因素，对职业和事业发展做出合理的决定；

(6) 离开正规学校教育系统后，通过某些途径继续接受教育；

（7）在教育和职业上，都能够有成功的表现；

（8）能将工作价值观融入个人的整体价值结构中，以便能选择自己所向往的生活方式。

在职业生涯辅导的过程中，上述目标对于每个个体来说是不同的，所以在具体实施职业生涯辅导过程中，要依据个体所处的年龄及生涯发展阶段等实际状况，确定适宜的目标。

二、职业生涯辅导的意义

（一）顺应社会发展的要求

1. 科技的发展与变革

进入 21 世纪，人类面临着科学技术加速发展和急剧变革的挑战。当代科技迅猛发展，呈现出三个基本特点：一是在发展速度和发展过程上具有超常规发展、急剧变革的特点；二是呈现出既高度分化又高度综合并且以高度综合为主的整体化趋势，21 世纪将是不同领域科技创造性融合的时代；三是科学技术转化为生产力的速度越来越快，而且还在以更猛的势头发展着。

2. 知识经济的到来

科技的加速发展和急剧变革，必然引起社会经济的变革，知识经济也越来越引起人们的关注，以知识为基础的社会正在形成。如果说"工业经济"是以能源材料创造财富的话，那么"知识经济"则是依靠知识来创造财富，以智能为代表的人力资本，以高科技为特征的科技知识正构造着新的生产力体系。随着计算机的普及，因特网的出现，产品和服务的知识化、智能化和数字化，经济效益将越来越依赖于知识的创新而不再是有形的资产。

随着时代变化节奏加快，变化的幅度与强度增大，原来平稳缓慢发展的格局被打破，一个重视未来、强调发展、立足变革的时代已经到来。变化要求人能用发展的眼光来看待问题。

3. 工作世界的变化

伴随知识经济时代的到来，传统工业经济也在发生根本性的变化，知识信息流贯穿于生产、生活和服务的全过程。从产品、技术的创新到产业结构的改变，从企业劳动组织的改善到企业间的兼并与重组，都体现了这样的变化。计算机集成控制的运用，生产过程的自动化、智能化和远程化，服务行业高技术和高情感的结合，使工业经济走向信息经济。近年来，即时的、个性化服务的提供，在国际互联网上电子商务、电子数据交换、电子资金转账等技术的运用，也使我们的工作世界发生了根本的变化。

工作世界的变化，也影响着社会职业的内涵和人们从事职业的方式。结构性失业将不可避免，即使在一些高科技行业，面对激烈的市场竞争，拥有高智能的高科技人才也同样有下岗和转岗的可能。如果说在以往的职业社会中，个体以聪明加口授心传的经验和技术能保持职业岗位的延续和稳定，那么从今往后人们只有对职业技能永不松懈的追求，拥有相当宽泛的职业知识基础，才有可能不失业。

职业生涯辅导就是从发展的角度来看待个体一生的，使个体能够适应社会的快速变迁，了解社会职业变化的方向，规划和决定个体生涯发展的目标。

4. 树立终身学习的意识

从终身教育的观点来看，生涯教育是整个终身教育体系的一个组成部分，人的发展问题不是普通教育所能全部解决的，无论是何种形式的教育，迟早总是要与社会职业相衔接的，每个人学习后的价值总是要通过服务于社会来实现的，所以学生在普通教育阶段为生涯发展、个性发展和继续教育打好基础是非常重要的。职业生涯辅导是以学生的学习、人格的形成以及个体的自我实现为基础，进而实现人生的远大目标，实现个体和社会之间价值的转换。

具体地说，职业生涯辅导最终要实现终身学习型社会所要求的人的发展目标，它包括以下四个方面的培养目标。

(1) 学习能力的培养目标。这种学习能力包括理解能力、消化吸收能力、知识系统化的能力，掌握具体和抽象的关系、整体和个体关系的能力，把知识和行动联系起来的能力，这些都是满足每个人在学校和工作中不断发展所必备的能力。

(2) 应付多种情况和参与集体工作的能力的培养目标。现代科学技术的高速发展，使得知识和信息对生产系统的支配作用日趋突出，专业资格概念变得有些过时，个人能力的概念则被置于首要地位。这种培养目标内容包括通过技术和职业培训获得严格意义上的资格、协作能力、首创精神和冒险精神等。因此，它要求个体在人生各种社会经历中要学会做事，学会应对各种问题，以便提升各种能力。

(3) 参与、合作精神的培养目标。学会合作是解决不同国家、不同民族、不同群体之间冲突的途径，是世界和平共处共同发展的基础，可以有两条辅导途径：一是通过教学使学生了解人类文化的多样性，认识各民族之间的共同性和相互依赖性；二是通过让学生参加共同的项目和活动(如文化体育、扶贫、救援等)，使他们从小就在家庭、学校、社区、国家和国际社会与人合作、和谐相处的实际经验中，养成为共同目标而工作的态度与能力。

(4) 适应和改造自己的培养目标。此培养目标强调尊重人的个性，发展人的个性，使人能够肩负自己的责任，做出自己的决定，解决自己的问题，发展的最终目标是使个人的价值得到充分实现。

职业生涯辅导的重要作用是要使个体发展潜力、发挥才能、把握未来，并掌握所需要的思维、判断、想象、创造的能力，所以它是一种与个体不断成熟、发展相适应的教育和探索的历程。

(二) 实现素质教育的目标

我国基础教育的基本性质和任务是培养全体学生成为适应社会需要的"四有"新人，即培养学生成为适应21世纪发展需要、具有高度时代感与责任感的新型公民。培养大学生具备高度的政治觉悟、崇高的理想、现代民主法治观念和文明生活习惯、较高的科学文化素养，从而为培养和造就更多的适应社会主义现代化建设的各级各类人才奠定最广阔的人力资源基础。

职业生涯辅导是实现素质教育的途径之一，具体表现在以下几个方面：

1. 使学生潜能得到发展

职业生涯辅导的重点是把学生的潜能变成发展的现实，使每个学生的潜能都得到发展，而不是只注重一部分学生潜能的发展，更不是只注重少数学生潜能的发展。让学生的潜能都能得到发展，不仅是民主的基本理念，而且是每个学生的基本权利，所以我们应该尊重这种权利，保护这种权利，并为学生实现这种权利创造条件。

2. 使学生得到全面发展

党的二十大提出，教育、科技、人才是全面建设社会主义现代化国家的基础性、战略性支撑，教育是国之大计、党之大计。教育必须为社会主义现代化建设服务，必须与生产劳动相结合，培养德、智、体、美各方面全面发展的社会主义事业的建设者和接班人。当前社会主义现代化建设面临着种种挑战，只有全面发展的人才能适应这种挑战。

职业生涯辅导强调每个学生的全面发展。全面发展是人自身发展的需求，也是社会生活发展多样性的要求。社会发展的程度越高，对人的全面发展的要求也就越高。人的全面发展是一个不断前进、没有终点的目标，职业生涯发展的目标就是要尽可能实现人的全面发展。如果只是把指定课程的得分看作第一重要的事情，把能否升学看作第一重要的事情，把考上名牌大学看作第一重要的事情，那么人的发展就本末倒置了。

3. 使学生富有个性的发展

我们的教育不仅满足每个人一般的、共同的发展，还应鼓励并竭力创造条件促进个性的发展。学校应该成为促进每个学生特点、优势都得到发展的场所，而不是把不同的人变成相同的人的场所。

让学生尽可能全面发展，是对所有学生的共同要求，但每个学生都是独特的个体，有其个性，即不同的认知特征、不同的兴趣爱好、不同的欲望要求、不同的价值指向、不同的创造潜能，因而彼此千差万别。职业生涯辅导承认每一个学生都具有自己的独特性，尊重他们每个人都是唯一的一个，在教育教学上应注意避免完全趋同、整齐划一的生涯发展目标。每个学生在学习中不是站在同一起跑线上，也不具有同样的速度，他们沿着不同的途径前进，也将达到不同的终点，所以职业生涯辅导就是要积极研究学生的差异，发展学生的个性特长，使学生人尽其才，才尽其用。

(三) 促进人的发展

人的现代化是社会现代化要求的反映，也是社会现代化的根本保证。个体要与社会现代化相适应，就必须在人生态度、情感方式、思维模式和价值取向等方面从传统的文化心理素质转向现代的文化心理素质，使自己的主体意识、平等意识、效益意识、创新意识得到充分的发挥，简而言之，就是要成为现代化的人。

职业生涯辅导能促进人的现代化。人在现代化过程中，不但要发展自己的社会性，还要特别地发展自己的现代性，以适应现代社会的要求，推动现代社会的发展。

21世纪基础教育的价值最终体现为：基础教育为社会发展和学生的终身发展服务。学校应把每个学生的潜能开发、健康个性发展、自我教育、终身学习的意识和能力的形成，为祖国和人民奉献志向的确立，作为最根本的任务。

对21世纪就业者的培养教育，不仅是培养学生的认知能力，更重要的是培养学生的生存能力和创造能力。职业生涯辅导和教育是为人谋求终生幸福服务的，旨在培养学生具备较强的生存能力，进而创造成功的人生。在以社会分工不同为特点的现代社会，每个人都有发挥自己才能的舞台，都能找到属于自己应有的位置。

三、职业生涯辅导与职业辅导的关系

(一) 职业生涯辅导的主要特性

职业生涯辅导是一个牵涉面很广、内容很丰富的教育和咨询活动，职业生涯辅导的实施，具有下列主要特性：

(1) 发展性。职业生涯辅导的实施须遵循人类生理、心理、职业及社会发展的原理，通过对个体进行有关生涯的意识、认识、试探、引导、准备、规划、决定、体验、自我的实现、评价等一系列有步骤、有阶段的辅导活动，实现学生的职业生涯发展目标。

(2) 广泛性。职业生涯辅导的内容是很广泛的，工作价值、职业观念及服务精神的培养，以及个人志趣、潜能及特质的最大发挥，均为职业生涯辅导的重要内容。职业生涯辅导同时要满足个人、社会及国家的实际需要，还应注重人类认知、学习、职业、社会、休闲及娱乐生活必需的知识及技能的辅导。

(3) 综合性。职业生涯辅导需要各政治、经济、文化、教育专家及学术团体和高校教师、行政人员、辅导咨询人员、社会团体、家长、学生团体、社区等多方面互相配合，共同为职业生涯辅导服务。

(二) 职业生涯辅导与职业辅导的关系

生涯教育、职业生涯辅导、职业教育或职业辅导，常使人混淆不清。究其定义与内涵，生涯教育包含个人一生全部的教育活动，包括职业教育，外延极广。广义地说，学校的整体教育活动都属于生涯教育的范畴；狭义地说，生涯教育又可看成是学校内实施的，以达成个体生涯发展为目的的教育手段，包括职业生涯辅导中各种学习的课程与活动，从这个角度来说，生涯教育又是职业生涯辅导的实施方式之一，所以生涯教育与职业生涯辅导从范围上看是有合有分的。职业辅导只是职业生涯辅导的一个环节而已，换句话说，职业生涯辅导包含了职业辅导。

第二节 职业生涯辅导的过程和技术

案 例 导 入

【案例】某信息学院计算机专业的高某，毕业后到一家计算机公司工作了三个月，他感到公司销售业务量大，技术工作量小，学不到东西，于是跳槽到一家软件公司，以为这样就有了学习机会，结果技术跟不上，工作做不好，而且非常吃力，质量和进度都不能满足公司要求，老板很不满意地说："我这儿是公司，不是培训班。"于是，高某被老板辞掉了。随后，高某找到一家专搞弱电的公司，公司业务很丰富，电子、通讯、计算机都用

 案 例 导 入

得上。但是单调重复的工作、紧张疲惫的加班和公司沉闷压抑的气氛，让高某又有了想离开的念头。正在此时，IT业大裁员震撼了全球，也震住了高某，他觉得那么多精英都被裁下了，有工作就先干着吧。于是，一年中的三次跳槽，暂告一段落，但心中去500强公司的梦依然天天在做。

【案例评析】 有不少刚毕业的新人自恃能力高，总觉得现在的工作太屈才，刚踏进单位就计划着跳槽。结果跳来跳去，发现还是原来的单位最好。这个时候就需要保持良好的心态，懂得自己平衡心理问题。良好的心理状态是至关重要的，抱着一颗平常心，选择与自己匹配的职位。职业的选择往往也是对机遇的一种把握，错过机遇，你将会与成功失之交臂。

其实，找工作就是人岗匹配，要选择适合自己的，不能高攀，高攀了很难胜任，也不能低就，低就了就会浪费自己的资源，导致心态失衡，引发跳槽。职业规划就是找到这个最佳匹配点及未来各阶段的发展平台。每个人都要结合自己的内、外优势，市场行情、行业信息、职位状况去具体分析。

相对于社会求职人员来说，大学生群体工作热情高，求知欲和接受新知识的能力都非常强。所以，企业在招聘时一般会根据其职位需要，选择具有一定专业背景知识，具备某些专业特长，思路开阔，善于与人合作的大学生。

一个充满热情的人是很受人欢迎的，他的活力和热情很容易感染别人，同时这样的人也是老板所喜欢的类型。每个人应该从上班的第一天，就开始锻炼自己各方面的能力，取长补短，为未来的发展做好准备。要保持谦虚的心态：虚心、耐心、热心、诚心，这是职场新人必须具备的基本素质。培养扎扎实实的工作作风、敬业精神，企业就会欣赏你，自然你的心态就会变得豁达开朗，也就不会再为付出的跳槽成本而感到压抑。

一、职业生涯辅导的一般过程

职业生涯辅导员在辅导中，往往带有个人的风格、信念、认知形态、理论依据以及人际互动的取向。每位辅导者处理问题的方式，常会因个人的专业理念、训练背景的不同，而有所差异，而且职业生涯辅导是一种互动的过程，也是辅导员和辅导对象双向沟通的过程，所以职业生涯辅导的过程在不同的案例中结果是不同的。

一般地说，职业生涯辅导的过程大约可分为建立关系、收集和分析资料、寻找可能答案、执行方案、评估结果及结案五个过程。

(一) 建立关系

初步接触和了解后，辅导者便会与辅导对象建立起适当的关系及期望。辅导者必须同辅导对象进行充分的沟通，理清辅导对象的需要，并表明可提供的资源及可提供的协助。通常情况下，辅导员和辅导对象彼此之间要共同设定目标和期望，在这个过程中充分表达

开放和弹性的尊重态度。

(二) 收集和分析资料

在这个阶段，重点放在界定问题和了解症结上，并且发展出适当的目标、计划和理想中的结果。这个阶段往往需要使用面谈、心理测试的方法，或者准备文件档案记录等技术和工具。在这个过程中，除了可以收集到所需信息外，同时还可能接触到更多的人员，所以第一阶段建立关系的技巧，在这个阶段要同时采用。

沙因指出，收集资料是一种介入的形式，人们常常会因为加入或离开某一团体而改变态度，并有不同的行为反应。另外，在正式讨论之前，可先与个别人员私下讨论，这样经常可发掘出较敏感、非正式的特殊问题。

(三) 寻找可能答案

此时常使用的方法就是脑力激荡，而且辅导者必须更新审视的问题、确立的目标，这样辅导员和辅导对象的想法及结论才能更切合问题的核心。

在决定这些方案的可行性方面，最好也与辅导相关的人员或与方案有直接影响的人共同进行，以便于寻找出最适合的方案。

(四) 执行方案

在执行方案的阶段，要让所有参与者了解自己的责任、职务、资源和时间进度计划。沙因建议在正式实施之前，要提供理念使参与者有充分的心理准备。可能的话，将所有目标和进度列成明细表。

实施后的结果报告也是同样重要的，因为评估结果和实行方案并非绝对分离的，不定期做一下评估，可以使方案实施得更为完善。如果在反馈信息中显示方案有欠缺，应及时修正方案中的计划和做法，以使方案更加适宜和完整。

(五) 评估结果及结案

评估不一定要到结束时才进行，应该在执行方案的过程中随时进行，评估活动可以获得系统、连续的反馈资料，使辅导员可确定合适的执行计划，并能很快认清问题的动向。对于整体结果的评估，则有助于了解目标达成和问题解决的程度。

此外，评估工作开始推行时，表示辅导员的工作可以告一段落了。当然，如果评估的结果不理想，那么再次设定计划，重新实施是很重要的。在这时，辅导员和辅导对象的接触并非立即终止，而是在协商同意的情况下，逐渐减少互动依赖的关系，可依据反馈资料调整退出的速率。如果需要的话，辅导员可以再随时提供协助。

二、职业生涯辅导技术

和其他类型辅导一样，职业生涯辅导需有良好的辅导关系，辅导者需要积极倾听，尊重辅导对象，真诚接纳对方及富有同情心。职业生涯辅导作为心理辅导的一部分，也共享心理辅导的理论和技术，但职业生涯辅导又有其特殊性。职业生涯辅导中可运用的技术较多，辅导员应依据辅导对象的问题和需要，选择一些特殊的辅导技术。以下介绍一些常被职业生涯辅导员采用，有实际资料支持，并具有一定效果的特殊技术。

(一) 幻想技术

辅导员与辅导对象分析所收集的资料之后，常发现资料所能提供的信息有限，所以在职业生涯辅导的实际操作上，经常采纳"幻想"的技术解决职业选择的困扰。

1. "幻想"的内容

(1) 荣誉庆典的幻想。幻想自己正参加一个特殊荣誉的庆祝酒会，而这项荣誉是因辅导对象拥有特殊的能力而获得的。这一类幻想是为了帮助辅导对象的目标具体化，并思考自己的动机。

(2) 异性角色的幻想。幻想自己正承担通常由异性担任的工作。

(3) 异族的幻想。本活动促使封闭的辅导对象敞开内心，幻想自己从小到大一直是在异族环境中长大的。

(4) 职业生涯改变的幻想。幻想自己改变种种职业的可能性，并刺激思考。

(5) 退休的幻想。这种方式青年人、老年人均可使用。此活动要求辅导对象幻想自己以往的工作生涯、兴趣、能力、价值，来决定生涯的安排。

2. 幻想技术的实施过程

幻想的技术可在个别辅导的情况下进行，也可在团体辅导的情况下进行，幻想的主题基本上由辅导员和辅导对象共同决定。而有效的幻想技术需要辅导员做适当的引导，具体过程如下：

(1) 辅导员口头(或放录音)温和柔顺地引导辅导对象调整自己的姿势，放松身体，使辅导对象进入身心松弛的状态。

(2) 辅导员以低柔的声调、缓慢的语速，引导辅导对象进入想象的世界。在引导的过程中，避免用会限制辅导对象思考的句子，尽可能给辅导对象保留最大的思考活动空间，使其自由扩展思考方向与内容，想象越广泛越丰富，越能产生有价值的幻想体验。

(3) 辅导员使用其他语句引导辅导对象进入不同的情境。

(4) 幻想活动结束后，辅导员与辅导对象或团体成员共同分享整个幻想过程与感受，并讨论幻想经验与个人生涯发展间的关联。

"幻想"技术在职业生涯辅导上，可用来协助辅导对象探索不同的可能性，并从中预先体验各种选择的可能后果，有助于生涯探索和对生涯决策的评估。

(二) 模拟个案研究

在辅导情景中要求辅导对象投入某种情景，认同其中某一角色，了解、体会、思索、解决问题。模拟个案研究要求辅导员以个案研究方式，针对某一辅导对象的情况，分析其问题背景，并为其考虑各种可能的解决途径，整个过程使辅导对象犹如身临其境，又能从客观的立场学习整个问题决策与解决的过程，因此效果可能更好。模拟个案研究的过程如下：

(1) 辅导员介绍问题的决策与解决技术，让辅导对象或团体成员了解并练习做决定的方法与过程，待有初步基础后，即正式开展活动。

(2) 辅导员向辅导对象或团体成员说明"个案"的各种情形及活动的目标、内容。

(3) 辅导员准备"个案"时，应注意提供和引导成员收集下述资料：辅导对象的目标与问题；影响个人生涯发展的因素，如家庭和个人的能力倾向、兴趣、经验、身体状况等；环境资料，包括各种相关职业和教育环境；辅导对象的生活状态、发展方向。

(4) 辅导员将"个案"的所有资料提供给辅导对象或全体成员，让他或他们自行进行个案研究，辅导员可以补充资料，并协助、引导辅导对象或成员寻求正确的研究方向，掌握分析的方法。如果是团体辅导，每位成员均需提出研究报告，说明他所做的决定及其理由。

(5) 完成作业后，辅导对象各自分别提出报告，并与其他成员分享做决定的经验，辅导员就辅导对象提出的方法及经验的优缺点和特色，提出讨论。

(三) 情景模拟

情景模拟就是让辅导员营造出一个与工作环境类似，但充满学习与个人发展气氛的环境。这个环境的营造使得辅导对象能适应他所处的组织环境。情景模拟可以达到如下的目的：

(1) 改变个人的行为。给予辅导对象一个与工作相类似的环境，使他可以尝试许多不同的行为来协助自己更好地面对工作。

(2) 提供一个较好的教育与体验的环境。这是为帮助那些在学校、家庭、现实社会中，不能真正得到生涯发展的个体考虑的。

在情景模拟的过程中，辅导员除了要了解辅导对象的家庭、文化背景外，还要求辅导对象进行自我分析，并且在情景模拟下能有所改变。有时辅导员还要与辅导对象的其他相关人员相互配合辅导，如同教师、家庭成员等沟通，了解他们对辅导对象的期望，以便安排适宜的环境，共同促进辅导对象的生涯发展。

(四) 职业家庭树

家庭成员对个人职业选择乃至生涯发展都有深远的影响，职业家庭树即以图画方式，刺激辅导对象评估家庭的影响，促进辅导对象的生涯认知。其操作步骤详见本书第二章"操作训练"部分内容。

(五) 价值澄清法

一个人的生涯选择中，其价值观是很重要的决定因素。价值澄清法强调的不是价值观本身，而是获得价值观的过程，所以必须注意价值观念的澄清与确定。

1. 价值澄清的步骤

价值澄清的方法很多。辅导员应和辅导对象共同讨论并选择一种适当的方法进行辅导。一般而言，价值澄清要经过下述几个步骤：

(1) 自由选择。一个人的价值观必须让个人自由选择，经过自由选择而确立的价值观才能真正起到引导个人行为的作用。

(2) 从各种不同的途径中选择。具体做法：辨别与问题有关的价值观；辨别其他可能有关的价值观；整理上述每一种价值观及其可能对生涯选择产生的后果。

(3) 对各种途径产生的后果三思后进行选择。感情冲动、大脑欠冷静时，贸然选择的价值观，不能代表他真正的价值观，只有对各种不同途径的后果经过认真考虑和衡量比较后做出的选择才是有意义的选择，才能具有真正的价值。

(4) 重视和珍惜所做出的选择。一般来说，我们对自己认为有存在价值的东西都会重视和珍惜，并以它为荣。只有为我们所重视和珍惜的价值观，才有可能成为我们真正价值观的一部分。

(5) 公开表示自己的选择。如果我们的选择是在自由环境中经过认真思考做出的，而且我们非常重视和珍惜它，那么当有人问起时，我们会很自然地对外公开宣布。

(6) 根据自己的选择采取行动。一个人的价值观能左右他的生活，能对他的日常行为产生举足轻重的影响。如果一个人认为某种东西有价值，就会非常乐意为之付出自己的时间、精力、金钱以至生命，去尝试、去实践、去完成并拥有它，百折不挠，锲而不舍。

(7) 重复根据自己的选择所采取的行动。如果一个人的某种观念、态度或兴趣已经上升为他的价值观，那么他就会在各种不同的时间与场合一而再、再而三地表现在行为上。价值观将持久地支配着人们的行动。

2. 价值澄清的方法

(1) 澄清反应。澄清反应是价值澄清法中最基本、最主要的方法。它是指辅导员根据辅导对象的所作所为、所说所感，运用适时、适地、适人的语言，引发辅导对象的行为动机，刺激辅导对象的思想，在不知不觉中进行一番慎思明辨的内省，从而澄清其价值观。

(2) 价值表决。此方法事先由辅导员拟订并提出一套辅导对象关心的问题，让辅导对象表明自己的意见并做出选择。

(3) 价值排队。此方法让辅导对象在三四种事物之中，按其认为的重要性为它们排名次，并说出这样排的原因。

人们在日常生活中常常会遇到必须要进行选择的情况。排队法就是为辅导对象提供这种选择的机会，使辅导对象通过对各种情况的衡量比较，分出优先次序，从而进一步明了各种事物的价值，并且公开表示自己的选择。

(4) 公开提问。此方法由辅导者直接提问，让辅导对象公开回答辅导者的问题。

(5) 生活馅饼。辅导者画一个大圆圈(馅饼)，然后让辅导对象根据他们自己生活中各项内容所占比例将馅饼进行分割。比如，用大圆圈表示一天二十四个小时，让辅导对象说出以下活动，如睡眠、玩、做作业、看电视、吃饭、做家务、独自活动、与父母聊天或其他活动所占的时间，并按照各项活动所占时间的多少分割圆圈。生活馅饼的主要作用是帮助辅导对象对自己的生活做客观、具体、系统的分析和检查，使他们的生活朝着更为理想的境地发展。

(6) 魔术箱法。辅导员可告诉辅导对象，魔术箱是一个可大可小、有伸缩口的箱子，它装着许多人想要的各种各样的东西，包括肉眼看得到和看不到的东西。然后，向他们提出一些问题，比如：① 你想从魔术箱中拿出什么送给妈妈？② 你想拿出什么送给爸爸？

③ 你想拿出什么送给要好的朋友？④ 你想拿出什么送给世上的穷人？⑤ 你最想要的东西是什么？⑥ 你最不想要的东西是什么？⑦ 你认为世界上最不好的东西是什么？

魔术箱的目的在于帮助辅导对象认真回顾和思考他所珍视和痛恨的东西，从而进一步形成正确的价值观。

(7) 展示自我法。展示自我的方法为辅导对象提供了一个自由发言的机会，让他把和自己有关的事情讲出来给大家听，借此机会公开自己的价值。

价值澄清的范围可涵盖个人生活、学习、工作各个层面。诸如生活方式的检讨，过去经验的整理，未来发展的方向与目标等，均可运用价值澄清的方法加以探讨。辅导员可视辅导对象的需要，选择适宜的主题进行此类活动。

三、职业生涯辅导的任务

(一) 生涯规划及生涯决策能力的培养

生涯发展包括一连串的生涯规划与决策的过程。生涯规划最重要的就是确定自己的职业性向，充实自己的知识，训练自己的技能，然后选择一份适当的工作，实现自我价值。生涯规划是在一系列生涯探索基础上进行的，具体为对自我的探索，包括对自己的兴趣、能力、性格、价值观以及以后的生活形态的探索，它是确定生涯目标的前提；对职业与教育资料的探索，在职业信息的掌握方面必须通过个人的主动出击，收集信息或请教该领域的老师、前辈、实务工作者来增进对自己的了解；邀请相关领域的从业人员进行经验分享等；对环境资源的掌握，应善用个人基础资源，增进生涯发展，包括家人、师长、朋友的协助，社会资源的助力，来自不同意见的限制和阻力等。

(二) 个人价值的澄清

这里个人价值主要指人生价值。人生价值是一个人在一生中对人类社会的延续与发展所做出的贡献和所起的作用。人生价值取向是指人们根据自己的价值观而产生的一种心理上和行为上的稳定趋向，是人们在社会化过程中形成的，一般受社会价值的影响和制约。大学生人生价值是一个复杂的体系，包括对人生意义的认识，即对人的一生怎样度过更有意义持何种态度；人生苦乐观，即对人生经历痛苦、挫折的态度和对人生欢乐与幸福的态度；对人的内在价值的看法，人的内在价值包括体力、智力(才能)、道德力量三方面因素，即对人具有的内在品质的看法；对职业表现与人的价值的看法，即职业评价、学习目的，重点在职业选择和专业选择上。生涯规划与决策均需要个人对自我的观念及价值观清晰明了，并对有关职业和生涯发展方面的资料有深入的了解，才能做出适当的选择。

(三) 合理的选择

升学与择业是每个人生涯发展所要面对的任务。人不能脱离一定的社会实践和社会条件提出自己的需要。个人的需要必然受社会历史条件、社会需要以及所学知识和专业结构等因素的制约。首先，个人选择应立足于社会需要。其次，个人选择应建立在正确认识自己、扬长避短的基础之上。

(四) 自身潜能的开发

每个人的才能是不同的，职业生涯辅导承认每个人的才能是有差别的，但更重要的是在职业生涯辅导的过程中发现并发掘个人的潜能，给予个人充分的机会，以独特的方式去发展及表现他的才能。

人本主义心理学家马斯洛提出"需求层次论"，该理论把需求分为生理、安全、爱与归属、自尊、自我实现几个层次。自尊和自我实现的需求是较高层次需求，正是人们的这些需求，才使自身潜能的开发得以进行，从这个意义上讲，自身潜能的开发与自我实现是一致的。因此，不同层次的需求反映出不同的人生价值观，不同价值观决定了人们对人生各种角色的重视程度。不同时期不同角色的组合就构成了我们的生涯形态的全部。

第三节　职业生涯辅导的内容和途径

案例导入

【案例】　小李第一次参加人才招聘会是在省展览馆里。当时场面很壮观，上千名应届毕业生拿着记载着自己过去辉煌成绩的简历在为未来的前途奋争着。"对不起，我们不要女生。""女生，我们不考虑。""尽管你说得很对，但是我们还是不招女生"……招聘会上她听得最多的就是这样的答复，她旁边的好几位女生已经流下了伤心的眼泪。但小李坚信自己的实力，暗下决心一定要向对性别的不公正挑战。

终于，在经过概率为5%的资料筛选和一场让她晕头转向的商务能力测试后，她进入某公司的第一轮面试。由于之前做了充分的准备，对这家公司有深入的了解，她非常顺利地通过了第一轮面试。等到了第二轮面试的时候，周围剩下的很多是名牌大学的学生。在等待面试时，一个名校的 MBA 因为她是一般学校的本科生，言语间流露出明显的不屑。这令小李回想起求职以来因为学校名气、性别给她带来的种种不公，感觉受到了深深的伤害。但她不停地对自己说："不能放弃，放弃了就等于承认不公，就等于否定自己。"轮到她面试时，她抬起头，带着自信的微笑走进了面试的房间。一同走进面试室的有 6个人，4 个主考官将他们随机分成两组，分为正方和反方，给出一个辩题，让他们在 2分钟的时间里做好准备。因为小李平时有参加和观看辩论比赛的爱好，也曾经看过不少关于辩论、口才方面的书，懂得一些辩论方面的技巧，因此，在辩论中表现得比较突出。虽然那次面试之后淘汰了多半人，但她却是幸存者之一。应聘的最后一关是公司董事的面试。他问了小李很多问题，包括对她的专业和学校的挑剔，而她则自信地告诉他：这所有一切都不能说明任何问题，我有的是一颗比别人都努力的心！当最终面试官握着她的手说"希望在公司能见到你"时，她知道离成功不远了。这标志着她从一千多名应聘者中胜出，成为 50 名成功应聘者之一。

　　小李在回顾自己的求职历程时说，学校的知名度、所学专业、性别都不是决定成败的关键问题，最重要的是不要忘了自信，不要放弃自尊，更不能轻视自己的能力。她希望学弟、学妹们要记住一句话，那就是"If I Can，I Can！"。

　　【案例评析】　当前高等教育中，在同样的教育背景和教育资源下大学生的发展却各不相同。一方面这与大学生的个体差异相关，主要表现在自我认知、自我意识和自我确证等心理素质方面。另一方面，由于应试教育的影响，许多学生以上大学为目标，而缺乏对专业的认识，缺乏对个人兴趣的认知，更谈不上职业理想及对兴趣与职业的关系的认识。所以，在大学期间帮助大学生端正思想，树立理想，科学合理地规划个人职业生涯，显得尤为重要。通过开展大学生涯辅导，不断提升学生的自我认知水平，增强自我意识，提高自我规划层次，锤炼自我控制品质；通过开展大学生涯辅导，帮助学生明确对自身职业生涯的认识，促进对职业方向的思考和轮廓的勾画，使目标趋于清晰，更有针对性；通过开展大学生涯辅导，帮助学生正确认识自我，勇敢面对自身存在的问题，努力寻求有效的调整和解决途径，使人格趋于健全，提高控制情绪的能力及心理应激能力，使大学生心智更加成熟，更好地适应社会。

一、大学生职业生涯现状

　　我们对在校大学生进行"职业生涯规划"问卷调查，在"职业生涯发展中的问题和需求"一项中所反映出的问题如下。

(一) 专业认识不够清晰

　　(1) 专业匹配度不高。问卷调查结果显示，在大学生专业适合度自评中，比较匹配的比例仅占 66.4%，有 35%的大学生对自己的专业存在疑惑，6.4%的大学生对本专业根本就没有概念，只是机械地学习。

　　(2) 学习积极性有待提高。问卷调查结果显示：53.6%的大学生能做到努力学习，而近一半的学生在学习上"不太努力"或更糟糕。积极性不高、态度不够端正，在一定程度上影响了大学生对本专业知识和技能的认识和有效学习。因此大学生对自我学业倾注的精力和时间还有待增加，需要正视面临的实际情况，对未来发展慎重思考，并积极利用宝贵的校园资源，扩展知识面，强化专业技能，为今后的职业生涯打下基础。

　　(3) 对专业的客观认识不足。问卷调查结果显示：近 75%的学生对自己所在专业的就业前景没有清晰的概念，对本专业未来的发展领域也了解很少，这在一定程度上将导致职业选择的盲目性。而没有明确的指导将给学生的职业生涯规划带来很大的负面影响，因此学校的有关部门有必要采取措施提高学生对专业的全面认识，使其在心理上为以后的就业做好准备。

(二) 自我了解还需加强

(1) 自我定位模糊。调查结果显示，大学生对自己今后从事何种类型的工作，适合怎样的就业机构，在认识上较为模糊。只有35%的学生能对自己的发展方向有一定认识；70%以上的学生能感受到竞争的压力，在心理上有所准备，但对自己现在具备的条件与理想工作的要求之间的差距具体体现在哪些方面并不是很清楚；25%的学生对此毫无意识，自我概念极为不清。

(2) 缺少未来规划。超过80%的学生对未来是有一定规划的，但有比较明确的奋斗目标并朝自己制订的方向一直努力的学生太少。这说明大学生对未来的发展方向还不明确，制订的目标比较模糊，目标的可行性与实践性也存在问题。

(三) 职业生涯发展中的问题和需求有待解决

(1) 缺乏相关的锻炼和必需的求职技巧。大学生对用人单位的要求所知甚少，实践经验不足，且缺乏对社会的了解。由于缺乏实践经验的支持，面对职业发展会产生忧郁、焦虑、不自信等心理问题。因此，开展各种有关求职技巧训练的辅导和活动，对学生的职业发展将起到积极的作用。

(2) 求助对象范围狭窄，思想认识有待提高。当学生遇到择业和就业方面的困惑时，倾向于求助和自己关系较为紧密的亲人和师友，很少想到求助于负责分管学生就业工作的老师和职业辅导人员。因此，加强职业生涯规划知识的普及、塑造专业职业指导者的形象，对在高校中科学合理地开展职业辅导至关重要。

(3) 对职业辅导的需求多元。综合学生对学校职业辅导的各方面要求，可以发现，学生最喜欢接受的辅导途径是面谈和网络辅导；最希望辅导过程能为其提供的帮助是人际关系问题的处理和加强自我认知。而期望在辅导中得到的信息主要是了解自己的性格类型；倾诉烦恼、宣泄情绪；获取就业政策和信息；个人职业特征测量，如职业兴趣、职业类型、职业能力等；希望针对个人的具体情况进行专门辅导。

二、大学生职业生涯辅导的具体内容

(1) 协助大学生选系与转系。专业的学习活动是大学中最普通、最直接的生涯探索过程，选择一个适当的专业，是为未来的生涯决定了具体的方向。帮助大学生依照其能力、兴趣、价值等选择专业或转系，是职业生涯辅导的重要内容之一。如一些高校新生入学后，先不分专业，前两年跨学科学习，后两年再根据个人的兴趣、社会需要自由选择专业学习。

(2) 协助大学生自我了解并了解工作环境。自我评估及自我了解是一个人选择事业生涯的思索起点，而对外面工作环境的了解则主要是在从事工作后逐步获得的。自我评估及自我了解可运用心理测验工具或团体辅导的方式帮助学生探索自我。大学生就业心理检验中常用的测验有能力测验、兴趣测验、个性测验、性格测验、职业爱好问卷等，用以了解大学生求职动机和求职具体导向序列。运用"霍兰德职业兴趣测验量表"可以测试大学生的可能职业类型，便于大学生调整自己的求职意向。

(3) 增进大学生生涯决策的能力。把个人或工作环境的资料进行消化和解释，以建立起个人短期或长期的生涯目标。透过现实的考验(自己或他人的工作经验)，修正及发展已经建立的生涯目标。

(4) 协助大学生步入工作环境。通过一连串有计划的服务，协助大学生顺利地步入工作环境。有计划的服务，包括就业资料的提供、履历表的准备、求职面试、求职过程的了解等。组织高年级大学生参加各地区人才招聘会，低年级可以通过模拟招聘会形式进行锻炼。

三、大学生职业生涯辅导实施途径和方法

职业生涯辅导是一个涉及面很广、不断发展变化的过程，因此，职业生涯辅导的实施应以内容丰富的教育和辅导活动为其两大途径。

(1) 开展职业生涯辅导活动。学校职业生涯辅导的实施，主要是通过设计各种活动，让大学生参与这些活动，以达到职业生涯辅导的目的。通过这些活动的实施，能启发大学生对自身生涯和工作及社会环境的认识。大学生通过自我了解、自我规划，试探自己的生涯规划，开发自己的潜能。如请已经毕业的学生回校办讲座谈谈他们生涯发展现状和想法，让大学生思考生涯决策与责任意识。

(2) 开设生涯发展课程。通过课程的形式来实施生涯教育活动，以促进大学生的生涯发展和生涯成熟。学校内的生涯发展课程的设计和开设，需要有意识地根据各年龄(级)阶段学生的不同特点，结合本学校的特色，整合职业生涯辅导理论，有选择地加以开展。

(3) 实施心理测验。可采用各种心理测验量表和自我评定等方法，了解个体的能力倾向、兴趣、个性等方面的心理特质，利用职业测评手段，评估个体的工作(职业)价值观和生涯成熟状况，以此为依据预测和诊断大学生的生涯发展状况。

(4) 建立职业生涯辅导资料系统。大学生的生涯规划与生涯决策不能只基于心理测验的结果，还要依据个体的健康状况、学习环境、家庭历史、家庭经济状况、社会背景等各种情况，同时还要对职业与社会的环境有较为详细的了解，防止刻板印象的影响，才能得出合理的选择。

(5) 举办职业生涯辅导(周)月活动。学校可以安排一定时间，动用学校的各种资源，集中开展一些职业生涯辅导活动。利用学校现有的条件，广播、板报、校园网络等展示有关生涯知识和理论；开展生涯知识(理论)演讲、征文、辩论、戏剧表演、讲座及研讨会等动态性活动。在学科活动中可渗透生涯教育内容等，来引起全校师生对职业生涯辅导的重视和参与，以达到职业生涯辅导的目的。

(6) 实施个别或团体辅导。个别或团体辅导是借助专业的辅导方法和技术，帮助在生涯认知、准备、规划、决定、学习与择业等方面有困扰的学生，提供有针对性的服务，满足学生个性化的需要。

阅读与训练

 阅读材料

一粒种子的信念

有一个女孩，大学毕业后，被安排在本村的小学教书。

结果，上课还不到一周，由于讲不好数学题，被学生哄下台，灰头土脸地回了家。母亲为她擦眼泪，安慰她说："满肚子的东西，有的人倒得出来，有的人倒不出来，没必要为这个伤心，找找别的事，也许有更适合的事情等着你去做。"

后来，她又随本村的伙伴一起出外打工。不幸的是，她又被老板轰了回来，原因是裁剪衣服的时候手脚太慢，别人一天可以裁制出六七件，她仅能做出两件，而且质量也不过关。母亲对女儿说："手脚总是有快有慢的，别人已经干了好多年了，而你一直在念书，怎么快得了？"说完便为女儿打点行装，准备让她到另一个地方去试试。

女孩先后当过纺织工，干过市场管理员，做过会计，但无一例外都半途而止了。然后每次女孩因失败而又沮丧地回到家时，母亲都是会安慰她，从来没有抱怨的话。

30多岁的时候，女孩凭着语言天赋，做了聋哑学校的一位辅导员。后来，她又开办了残疾人用品连锁店，现在已经是一个拥有几千万元资产的老板了。

有一天，功成名就的女孩向已经年迈的母亲问道："妈，那些年我连连失败，自己都觉得前途非常渺茫，可您为何对我那么有信心呢？"母亲的回答朴素而简单："一块地，不适合种麦子，可以试试种豆子；豆子也长不好的话，可以种瓜果；瓜果也种不好的话，撒上些荞麦种子也许能开花。因为一块地，总会有一粒种子适合它，也总会有属于它的一片收成……"

听完母亲的话之后，女孩落了泪。她明白了，实际上母亲恒久不绝的信念和爱，就是最坚韧的一粒种子，她的奇迹，就是这粒种子执着生长出来的奇迹。

 操作训练

一、训练题目

"职业生涯规划五步法"训练。

二、训练要求

准备五张白纸、一支铅笔、一块橡皮，在每张纸的最上边分别写上以下五个问题；然后静下心来，排除干扰，按照顺序，仔细思考每一个问题。

三、训练内容

(1) 我是谁？

回答的要点：面对自己，真实地写出每一个能想到的答案。写完后再想想有没有遗漏，认为确实没有了，按重要性进行排序。

(2) 我想干什么？

这是对自己职业发展的一个心理趋向的检查。每个人在不同阶段的兴趣和目标并不完全一致，有时甚至是完全对立的。但随着年龄和经历的增长而逐渐固定，并最终锁定自己的人生目标。可将思绪回溯到孩童时代，从人生初次萌生第一个想干什么的念头开始，然后随着年龄的增长，回忆自己真心向往过且想干的事情，并一一记录下来，写完后再想想有无遗漏，如果没有，就进行认真的排序。

(3) 我能干什么？

这是对自己能力与潜力的全面总结。一个人职业的定位最根本的还要归结于他的能力，而他职业发展空间的大小则取决于他的潜力。对于一个人潜力的了解应该从几个方面着手去认识，如对事的兴趣，做事的韧力，临事的判断力以及知识结构是否全面、是否及时更新等。把确定已有的能力和自认为还可以开发出来的潜能都一一列出来，认为没有遗漏了，就进行排序。

(4) 环境支持或允许我干什么？

环境支持在客观方面包括本地的各种状态，比如经济发展、人事政策、企业制度、职业空间等；主观方面包括同事关系、领导态度、亲戚关系等，两方面的因素应该综合起来看。回答要稍做分析：环境有本单位、本市、本省、本国和其他国家的，自小向大，只要自己认为是有可能借助的环境，都应在考虑范围之内；在这些环境中，认真想想自己可能获得什么支持，然后一一写下来，再根据重要性排序。

(5) 我的职业规划是什么？

做法：把前四张纸和第五张纸排开，认真比较第一至第四张纸上的答案，将内容相同或相近的答案用一条横线连起来，你会得到几条连线，而不与其他连线相交的且又处于最上面的线，就是你最应该去做的事情，你的职业生涯就应该以此为方向。并在此方向上以三年为单位，提出近期、中期与远期的目标；再在近期的目标中提出今年的目标；将今年的目标分解为每季度目标、每月目标、每周目标、每天目标。

这样，你每天睡前就可以对照自己的目标进行反省，总结当日成就与失误、经验与教训，修正明天的目标与方法，第二天醒过来后稍加温习就可以投入行动了，这样日积月累，就没有不能实现的规划。

 思考题

1. 怎样理解职业生涯辅导的含义？职业生涯辅导的目标有哪些？

2. 对大学生进行职业生涯心理辅导具有什么意义?

3. 职业生涯辅导的一般过程包含哪些具体内容?

4. 大学生职业生涯辅导的任务和内容有哪些?

5. 如何理解大学生职业生涯现状? 通过哪些途径和方法进行职业生涯规划辅导?

附录　测试量表

什么职业最适合自己？如何找到最适合自己的工作？这是每一个人必须面对的问题。专家告诉我们，首先要了解自己的兴趣所在，这是一个十分重要的因素，弄清楚自己对什么最感兴趣，就可以知道最适合自己的工作是什么。其次就是要积极采取行动，去找适合自己的工作。

以下的测试能给求职者提供参考。通过一系列的测试，可以发现：要想取得成功，我们应该朝着哪个方向努力，自己离成功还有多远，是应该提高自己的能力，还是应该关注个人的习惯，抑或需要改变成功的目标。

这里所提供的测试对于组织的管理人员也很有益处。通过本附录的测试，你可以了解自己员工的创造性、开放性、亲和性，他们的个人特点是否与正在从事的工作相一致；他们是否满意自己的工作并发挥出了最大的潜力；他们是否处于比较理想的状态；对组织的满意度如何……这些相关信息可为高层管理人员提供参考，作为他们改善管理方式和工作方法的依据。

当然，心理测试的结果只是参考，不能仅仅依据某个测试的结果来评判某个人，更不能"一测定终身"。如果通过本篇提供的测试发现了一些问题，还需用其他科学方法加以确认之后再做决定。

一、职业选择测试

(一) 职业决策量表

1. 测试要求

下面是一系列关于选择专业和选择工作的表述。请阅读每一句话，如果非常同意或同意就在括号中打"√"，否则打"×"。

2. 测试题

(1) 对于未来我做了很多非常必要的抉择。(　　)

(2) 我不确定自己将来会喜欢什么工作。(　　)

(3) 我不知道自己想读哪个专业。(　　)

(4) 我没有决定自己将要去哪里工作。(　　)

(5) 我不知道什么时候结婚。(　　)

(6) 我还没有想好明年选择什么课程。(　　)

(7) 我还没有决定什么时候开始工作。(　　)

(8) 我不知道将来去哪里工作。（　　）

(9) 我不知道自己是想继续上学深造，还是去技术学校学习技能以便在将来的工作上有所发展。（　　）

(10) 我不确定是否会边打工边读书。（　　）

(11) 我还没有决定是参加工作还是继续读书。（　　）

(12) 我不知道什么时候可以自食其力。（　　）

(13) 我不确定自己是喜欢与人一起工作，还是喜欢操纵机器。（　　）

(14) 我已经确定了我一生要做的事情，这个决定到明年也不会改变。（　　）

(15) 关于未来我还没有做出任何决定。（　　）

(16) 我已经想好了怎样支付自己的学费。（　　）

(17) 我还没有想过我将来的工作问题。（　　）

(18) 对于我的职业计划，我现在只能用"不确定"这个词来描述。（　　）

(19) 对于我的职业计划，我现在只能用"非常不确定"这个词来描述。（　　）

(20) 我已经决定好了下半辈子将在哪个领域工作。（　　）

3. 统计方法

第(1)、(14)、(16)、(20)题，打"√"得1分，打"×"不得分；第(2)、(3)、(4)、(5)、(6)、(7)、(8)、(9)、(10)、(11)、(12)、(13)、(15)、(17)、(18)、(19)题，打"×"得1分，打"√"不得分。将20道题得分相加计算出总分。

4. 测试结果

得　分	15	13	11	9	7
百分数	85%	70%	50%	30%	15%

得分较高表明你在选择学习专业和职业决策方面达到了一个较高的水平，例如，你得了13分，则意味着你在这方面的水平高于70%的年轻人。

在你寻求解决问题的办法的过程中，你正在做什么并不重要，重要的是在这个过程中，你要努力发现自己最想要的是什么，自己具有哪方面的能力。对于那些寻求职业的人来说，上大学并不是唯一的途径。仔细观察，你会发现，周围有很多人是在某一职业领域工作过一段时间后，才能确定自己到底要做什么。最有可能产生长时间痛苦感受的是那些获得一份工作后并不去想这个工作究竟是否适合自己的人。当然，除了那些能很清楚了解职业兴趣的人，多数人都很难较早确定最适合自己的职业，他们可能会同时对多种职业感兴趣，但又一时无法确定哪一种最合适，这只能通过时间和实践来解决。虽然什么时候变换职业永远都不迟，但我们在二十多岁时做出改变，比到四十多岁时再改变要容易得多。

事实证明，改变职业方向相对较容易。如果你在这个职业决策的测试中获得了高分，说明你有了一个明确的职业方向，它会激励你去尝试一些可能的机会。但在恭喜你的同时，也要提醒你，也许在你接近目标的过程中，会发现自己的计划可能还要做一些调整，这属于正常现象。只要能随时保持灵活和积极主动的心态，相信你一定能找到最适合自己的职业。

(二) 职业活动性量表

1. 测试要求

以下是一系列关于个人行为活动的描述。请阅读每一句话，如果你做过这些事情，请在括号中打"√"，否则打"×"。

2. 测试题

(1) 我参加过求职面试。(　　)

(2) 我学习过一些有助于我了解工作情况的课程。(　　)

(3) 我曾做过职业能力测试。(　　)

(4) 我花了很长时间来思考实现自己职业目标的必要步骤。(　　)

(5) 我曾读过一些介绍工业中各种工作的小册子。(　　)

(6) 对于我所关心的职业，我读过一些书和(或)寻求过相关咨询，了解过从事这些职业的人发展的方法和途径。(　　)

(7) 我对自己为什么要选择某个职业进行过很多的思考。(　　)

(8) 我调查过自己所感兴趣的职业所需要的教育水平。(　　)

(9) 我仔细权衡过在校期间的学习、社会活动以及其他一些成绩，以此来评估自己的能力。(　　)

(10) 我做过一些事情以帮助自己规划学业和职业生涯。(　　)

(11) 我咨询过职业咨询师，和他们聊过我的职业兴趣和所适合的工作。(　　)

(12) 我咨询过职业咨询师，和他们聊过我的能力以及所适合的工作。(　　)

(13) 我参加过一些招聘会。(　　)

(14) 我读过一些书，以了解我所感兴趣的职业所需培训的费用。(　　)

(15) 我一有机会就去参观企业，以获得关于工作的信息。(　　)

(16) 我花了很多时间来思考我工作的目的。(　　)

(17) 我曾读过一些职业介绍手册。(　　)

(18) 我曾和朋友以及周围的人就我的能力适合哪方面的工作进行过讨论。(　　)

(19) 我认为谋求一份工作需要不少的精力和财力。(　　)

(20) 我订阅求职杂志，以此来了解我喜欢的职业所需要的能力。(　　)

3. 统计方法

打"√"得 1 分，打"×"不得分，将 20 道题得分相加计算出总分。

4. 测试结果

得　分	14	12	10	8	6
百分数	85%	70%	50%	30%	15%

得分高表明你比周围的人有更多的职业行为。例如，如果你的得分是 14，对应的百分数是 85%，那么就意味着你比 85%的人有更多的职业行为。

职业活动性量表与前面介绍的职业决策量表是相辅相成的，也就是说，要做出一个职业选择，最好的办法就是采取积极果断的行动，以便能够获得尽可能多的相关职业的信息。

如果你得分对应的百分比高于 50%，那么即使你还没有确定所要从事的职业，只要你继续努力做下去，很快就会有收获。假如你得分的百分比低于 50%，你就一定要抓紧行动，千万不能松懈。不要期望能在不经意的情况下得到一份好工作，天上不会掉馅饼，与其等待和徘徊，不如立即开始行动，比如去参加所有能够参加的招聘会，去图书馆阅读职业介绍手册，主动约见学校的职业咨询人员，请教有求职经验的学友，同那些从事着你感兴趣的工作的人进行交流……这些办法会为你找工作提供一些简单却很重要的指导。和那些已经工作的人进行交流是获取信息最有效的途径。你周围的人，包括你的父母、你父母的朋友、你的老师、你的邻居、你的朋友、你同学的父母……他们可以帮助你接触到几乎各行各业的人，可以说，他们就是你的信息库。只要有这样的机会，就别放过，不要怕遭到拒绝，大多数人会很乐意把自己的经验传授给你。只要尽可能多的去了解职业信息，相信你会找到理想的工作。

虽然介绍职业的相关资料可以给你很多有价值的信息，周围的人也可以给你关于某种职业的感性认识，但是从事各种职业的人所遇到的挫折，他们所经历的艰辛，尤其是从事某种职业的成功人士每天的生活是什么样的，这些你怎样获知呢？建议你去读一些从事过你关心的工作的人所撰写的传记或自传类的图书，你一定会从中得到很重要的启发。由此可见，为了找到一个潜在的适合于自己的职业，多花费一点时间去阅读是很值得的。你越是积极地去搜集这方面的信息，你就会越早地找到一个你既感兴趣又适合你的职业。

(三) 职业优势量表

1. 测试要求

下列句子是对努力工作的重要性的描述。如果你同意某个看法，请在括号中打"√"，否则打"×"。

2. 测试题

(1) 如果我在别的地方可以取得工作上成功的话，我可以为此而搬家。（   ）

(2) 工作成功比赚钱更重要。（   ）

(3) 坚定的友谊比工作成功更重要。（   ）

(4) 工作成功不如有一个好的社交生活。（   ）

(5) 陪朋友和父母比花时间在工作上更重要。（   ）

(6) 在社区中做一个领导者比工作成功更重要。（   ）

(7) 在工作中争取优秀与努力争取社会和经济的平等同样重要。（   ）

(8) 把闲暇时间用在自己感兴趣的事情上比工作成功更重要。（   ）

(9) 把时间花在社区生活或者服务性活动中与把时间花在工作中同样重要。（   ）

(10) 把时间花在娱乐上和花在工作上是同样的。（   ）

(11) 如果一份工作没有很多的业余时间，我不会把它作为自己的长久性工作。（   ）

(12) 我不喜欢一份总是到处出差的工作。（   ）

(13) 有时间来读书、思考、讨论生命中的重大问题，这和在工作中争取优秀同等重要。（   ）

(14) 如果一份工作不允许我做自己认为对的事情，我不会要这份工作。（   ）

(15) 如果一份工作能给我很多的空余时间，而另一份工作可以让我做很多自主的决

定，那我宁肯要前者。（ ）

(16) 生活中有很多我非常喜欢的活动，工作不是我生活的全部。（ ）

(17) 有机会我就会去参加一些娱乐性活动，一点也不喜欢工作。（ ）

(18) 工作成功和找一个情投意合的伴侣相比，我更看重前者。（ ）

(19) 如果有两份工作摆在我的面前，一份能赚很多钱，另一份可以因为有我的帮助而使别人快乐，我宁愿选择前者。（ ）

(20) 为了在工作中取得优异成绩，我可以做出很多牺牲。（ ）

3. 统计方法

第(1)、(2)、(18)、(19)、(20)题，打"√"得 1 分，打"×"不得分；(3)、(4)、(5)、(6)、(7)、(8)、(9)、(10)、(11)、(12)、(13)、(14)、(15)、(16)、(17)题，打"×"得 1 分，打"√"不得分。将 20 道题得分相加计算出总分。

4. 测试结果

得　分	14	13	11	9	8
百分数	85%	70%	50%	30%	15%

你如果获得了高分，表明在工作中获得成功对于你来说是很重要的事情。比如说你得了 11 分，对应的百分数是 50%，那就意味着你比 50%的人更重视工作的成功。

在这个职业优势量表中，很多题目需要你在两个并不冲突的目标中选择一个更重要的。譬如第(2)题所述，工作成功和赚钱并没有必然的矛盾，但是两者之间是有很大区别的。又如第(18)题，找到了一个情投意合的伴侣与在工作中取得了一点成功，这两者并不冲突。第(3)题中，在坚定的友谊和工作成功之间做出的选择没有什么必要，其实这两者是相辅相成的。再如第(6)题中，在一个社区中做领导和工作成功本是相反的选择，但还是会有很多人可以成功地把这两者都做得很好，成功人士大多都精力旺盛，愿意参加各种社会活动。

如果你在这个测试中得到了一个比 50%的人更高的分数，表明你更倾向于为取得工作中的成功而做出一些牺牲，或者说你比别人更渴望成功。如果你的得分低于 11 分，也就是比 50%的人的分数要低，可以告诉你：这个测试结果很好。例如，李先生是一位教师，他很喜欢自己的职业，但从来没有想要在工作中领先他人，他还打算工作 30 年后就退休。李先生很喜欢下围棋，他喜欢那种有充裕的休闲时间伴随的生活。他加入了一个围棋俱乐部，业余时间常常去那里下棋，每周去三四次，还经常参加各种围棋比赛。他觉得自己过得很开心。张先生是一个经营电器生意的商人，他也十分喜欢下围棋，但为了提高工作效率，取得更好的业绩，他从早到晚都在忙，几乎没有闲暇时间去关注围棋。张先生经常会羡慕李先生，甚至会想自己为了完成任务而不惜每天工作 12 个小时，为什么没有像李先生那样去安排时间？为什么不能像李先生那样也在闲暇时间去下下围棋？但是真要做出改变时，张先生会觉得如果不像原来那样去工作的话，就会感到空虚，会觉得生活没有了方向。实际上，张先生的日子过得很充实，他也不会认为自己的生活比李先生的生活更优越，因为大家都找到了自己工作和生活的最好方式。在现实中，保持生活的平衡很重要，这个平衡对于不同的人是不一样的，现在的平衡和 15 年以前也完全不一样，关键是你能够发现生活中对于你来说最重要的几个方面。对于那些在这个量表中得低分的人来说，只需要考虑一个问题——去找一件能让你热血沸腾的事情来做。

(四) 职业信念量表

1. 测试要求

下列句子是关于工作的一些描述。请阅读每一句话，如果你同意，请在括号中打"√"，否则打"×"。

2. 测试题

(1) 我只想找一份能够养活自己的工作。（　　）

(2) 我觉得要适应一个新的工作环境是一件简单的事情。（　　）

(3) 有那么多的工作可以选择，但我不知道该选择哪一个。（　　）

(4) 没有哪个特别的职业可以满足我的兴趣和价值观。（　　）

(5) 在当今的社会里，我不知道自己能否成功。（　　）

(6) 上完高中之后，我不知道自己是否还想在学校里待许多年。（　　）

(7) 我不知道为了能够适应我想要的工作该学些什么样的课程。（　　）

(8) 我不知道我能否获得我的工作所需要的教育水平。（　　）

(9) 我不知道为了得到一份工作我应该考虑些什么。（　　）

(10) 我很关心我的工作将来是否有前途。（　　）

(11) 为了得到我想要的工作，我需要了解更多我必须具备的条件。（　　）

(12) 我不知道自己能否获得我感兴趣的工作所需要的资格认证。（　　）

(13) 我不知道当我开始从事一份工作的时候，我是否会喜欢它。（　　）

(14) 我的问题是，在学习了如何选择一份工作之后，我不知道下一步该做什么。（　　）

(15) 我不知道我现在的方向是否是一个正确的方向。（　　）

(16) 为了我将来的工作，我不知道现在该学些什么。（　　）

(17) 我不知道自己能做什么。（　　）

(18) 我不知道在学校里到底该学些什么课程。（　　）

(19) 我不知道自己可能擅长什么。（　　）

(20) 我不知道自己喜欢的工作到底能够赚多少钱。（　　）

3. 统计方法

打"√"得1分，打"×"不得分，将20道题得分相加计算出总分。

4. 测试结果

得　分	17	15	12	9	7
百分数	85%	70%	50%	30%	15%

如果你获得了高分，说明你的职业信念水平较高。例如，你的得分为15分，对应的百分数是70%，那就意味着你比70%的人更关注工作。

如果你是一个大二的学生，当别人问你毕业后想做什么时，你可能会说想去读研究生、想去做工程师等。对于这样的问题，许多学生都有明确的计划。但也有一些学生不知道毕业后该干什么，每个学期当你问他们的时候，他们都会说："我也许会去读研究生"或者"我可能会去找一个工作"。即使一些学生的学习成绩表明他们是很有潜力的，但他们也不知道该如何确立自己的目标。这表明这些学生对于就业或继续深造的信息非常匮乏。其实，你只需每周花 1 个小时来寻找相关信息，你就能很快获得很多关于工作的确切信息。获得信息有许多种途径，你甚至不用去图书馆看相关的资料，只需花几个小时来阅读一下职业手册，就可以轻而易举地解决问题。如果你能上网，那么能查到更多我们关注的信息。一般情况下，在你拥有足够信息的时候，就能确定哪个是最适合你的。

要记住，你有一生的时间来发展自己的事业。如果你曾一次、两次改变主修的方向，或者是在工作几年之后再换一个完全不同的工作，都不是浪费时间。相反，从长远来看，这种早期的经历会对你有好处。事实上，早年的丰富经历能帮助你更好地发展你的事业，如果你有广泛的兴趣，那将最终成为你的优势。把多种兴趣结合起来，你就会成为一个跨领域的人才，很多富有创新精神的人都是那些能够跨越多个不同专业领域的人。

二、大学生人际和谐性测试

(一) 大学生人际关系综合诊断量表

1. 测试要求

这是一份人际关系行为困扰的诊断量表，共 28 个问题，在每个问题上，选"是"的打"√"，选"否"的打"×"。

2. 测试题

(1) 关于自己的烦恼有口难言。(　　)

(2) 与生人见面感觉不自然。(　　)

(3) 过分地羡慕和妒忌别人。(　　)

(4) 与异性交往太少。(　　)

(5) 对连续不断的会谈感到困难。(　　)

(6) 在社交场合感到紧张。(　　)

(7) 时常伤害别人。(　　)

(8) 与异性来往感觉不自然。(　　)

(9) 与一大群朋友在一起，常感到孤寂或失落。(　　)

(10) 极易受窘。(　　)

(11) 与别人不能和睦相处。(　　)

(12) 不知道与异性相处如何适可而止。(　　)

(13) 当不熟悉的人对自己倾诉他的生平遭遇以求同情时，自己常感到不自在。(　　)

(14) 担心别人对自己有什么坏印象。(　　)

(15) 总是尽力使别人赏识自己。(　　)

(16) 暗自思慕异性。(　　)

(17) 时常避免表达自己的感受。(　　)

(18) 对自己的仪表(容貌)缺乏信心。(　　)

(19) 讨厌某人或被某人所讨厌。(　　)

(20) 瞧不起异性。（　　）

(21) 不能专注地倾听。（　　）

(22) 自己的烦恼无人可倾诉。（　　）

(23) 受别人排斥与冷漠。（　　）

(24) 被异性瞧不起。（　　）

(25) 不能广泛地听取各种意见、看法。（　　）

(26) 自己常因受伤害而暗自伤心。（　　）

(27) 常被别人谈论、愚弄。（　　）

(28) 与异性交往不知如何更好地相处。（　　）

3. 统计方法

打"√"得1分，打"×"不得分，将20道题得分相加计算出总分。

4. 测试结果

(1) 0～8 分之间，说明你在与朋友相处上的困扰较少。你善于交谈，性格比较开朗，主动关心别人，你对周围的朋友都比较好，愿意和他们在一起，他们也都喜欢你，你们相处得不错，而且你能够从与朋友相处中得到许多乐趣。你的生活是比较充实而且丰富多彩的，你与异性朋友也相处得比较好。一句话，你不存在或较少存在交友方面的困扰，你善于与朋友相处，人缘很好，获得许多人的好感与赞同。

(2) 9～14 分之间，说明你与朋友相处存在一定程度的困扰，你的人缘很一般，换句话说，你和朋友的关系并不牢固，时好时坏，经常处在一种起伏波动的状态之中。

(3) 15～28 分之间，表明你在同朋友相处上的行为困扰较严重；分数超过20分，则表明你的人际关系的行为困扰程度很严重，而且在心理上出现较为明显的障碍。你可能不善于交谈，也可能是一个性格孤僻的人、不开朗，或者有明显的自高自大、讨人嫌的行为。

(二) 你能接纳他人吗

1. 测试要求

下面这个问卷，共有20个句子，可用来帮助你了解自己对别人的情感和态度。请仔细阅读每一句，然后对照自己的实际情况，从A、B、C、D、E五个答案中选择一个，填在每个测试题的括号里。请注意你的第一个反应，不要在同一题上耗费过长的时间。

A. 几乎都是真的　　　B. 通常是真的　　　C. 一半时候是真的

D. 只是偶尔是真的　　　E. 极少时候是真的

2. 测试题

(1) 人太容易被影响。（　　）

(2) 我喜欢自己所认识的人。（　　）

(3) 近年来人们的道德水准相当低。（　　）

(4) 大多数人总是非常自满，从来不真正面对自己的缺点。（　　）

(5) 我可以和大多数类型的人相处得很愉快。（　　）

(6) 近来，似乎人人都在谈论像电视、电影之类愚不可及的事情。（　　）

(7) 成功是因为被"拉"，而不是因为他们所达到的。（　　）

(8) 你帮助别人，别人却只会得寸进尺。（　　）

(9) 人们都太以自我为中心了。（　　）

(10) 人们总是感到不满足，爱寻找新奇之事。（　　）

(11) 因为人如此多，你实在不知道你的立足点。（　　）

(12) 如果你要做重要而有价值的事，你可能会伤害别人。（　　）

(13) 人们确实需要聪慧的强人来领导。（　　）

(14) 我最快乐的时候，大多是当我远离人群独处的时候。（　　）

(15) 我希望人们能更诚实地对待我。（　　）

(16) 我喜欢和许多人在一起。（　　）

(17) 在我的经验中，人们非常顽固而不理智。（　　）

(18) 我可和价值观与我截然不同的人相处得很愉快。（　　）

(19) 每一个人都试着做好人。（　　）

(20) 一般人都不太满意自己。（　　）

3. 统计方法

根据下表计算得分，将20道题得分相加计算出总分。

题 号	A	B	C	D	E	题 号	A	B	C	D	E
1	1	2	3	4	5	11	1	2	3	4	5
2	5	4	3	2	1	12	1	2	3	4	5
3	1	2	3	4	5	13	1	2	3	4	5
4	1	2	3	4	5	14	1	2	3	4	5
5	5	4	3	2	1	15	1	2	3	4	5
6	1	2	3	4	5	16	5	4	3	2	1
7	1	2	3	4	5	17	1	2	3	4	5
8	1	2	3	4	5	18	5	4	3	2	1
9	1	2	3	4	5	19	5	4	3	2	1
10	1	2	3	4	5	20	1	2	3	4	5

4. 测试结果

(1) 0～66分之间，属于低分范围，表明你和那些总是述说无法忍受别人的人相似。或许你有这种感受是因为你曾被别人伤害过，在你身上曾发生过一些造成你对他人失去信心而且幻想破灭的事情。无法忍受和接纳别人，还可能反应你缺乏自我接纳。但是无法接纳别人会使生活很空洞，如果真是这样的话，那么你便需要继续进行自我检查。

(2) 66～84分之间，属于中等得分的范围，则表明你的生活可能混合了对别人的提防和接纳。如果你曾受到过伤害，便可能导致你对某种类型的人采取小心提防的做法。但尽管小心，你仍可能有亲近的朋友，以及对亲密友情的渴望，你只是比高分者更挑剔、苛刻而已。

(3) 84～100之间，属于高得分者，那表明你是非常快乐的人。你通常可以接纳别人，也能感觉到被别人所接纳，而且倾向于为别人所接纳。虽然你的分数在这范围，但你还可能会说："别人并没接纳我。"根据心理学的研究，这是相当可能的。自我接纳和接纳别人得分高的人，也就是典型的适应良好的人，不意味着这类人就非常讨人喜欢并且有人缘。或许普通人不太容易认同情绪、心理健全的公开模范人物，这种人也不一定会表现出"需要"友情。他被人所厌恶的可能就是他的心理健康。毫无疑问，不论这样预测是否属实，你的自信心和有意义的友情支持会帮助你渡过任何难关。

(三) 人际问题处理能力自测问卷

1. 测试说明

请根据你的实际情况，认真考虑下列问题，从所给备选答案中选出最适合你的一个。

2. 测试题

(1) 你感到上个月工作干得不错，可到发奖金时只获得三等奖。你的一位知心朋友告诉你说："这是因为李翔在'头儿'面前说了你的坏话。"你听了后会( )。

A. 很生气，要找经理讲清楚

B. 首先对自己上月的工作进行反思，必要时澄清一下

C. 生闷气，借酒消愁

(2) 你是个有妻室(丈夫)的正派人，由于工作需要常和某女士(男士)来往、接触，但耳闻有人对你们捕风捉影、妄加议论，你会( )。

A. 发誓找出造谣者并找他算账　　B. 不理那一套，该怎么干就怎么干

C. 感到委屈，为了不使人议论想辞掉那个工作

(3) 你和同事外出办事，因缺少某方面的知识而办了一件尴尬事，回来后同事拿你这件事当众寻开心，出你的洋相。这时你会( )。

A. 面红耳赤，下不来台　　　　　B. 和同事们一块大笑，事后说明原委

C. 揭对方老底开心

(4) 你因工作有成绩而晋升一级工资，同事们要你请客，这时( )。

A. 你认为没必要而加以拒绝　　　B. 感谢同事们的关照，必要时表示一下心意

C. 只找几个要好的朋友到餐厅吃一顿

(5) 你因工作中一时失误，受到上司批评处罚，原来和你不错的人不但不来安慰你，反而躲得远远的，你的反应是( )。

A. 骂你的朋友是白眼狼、势利眼、没良心

B. 认为是人际关系中的弊病，毫不介意

C. 随他的便，地球照转

(6) 你的一位很要好的朋友因工作变动要离开你，到另一个单位去，你会( )。

A. 为他饯行，祝他如意　　　　　B. 不冷不热，听之任之

C. 陈说利害，设法不让他离开你

(7) 你们公司从外地购来苹果出售，掌秤的人给别人分的苹果都很好，但轮到给你称时却大小不一，还有烂了的，这时你会( )。

A. 认为这是偶然发生的，并不是故意难为你，高兴付钱

B. 心中不悦，认为他不公平，但还是付钱了

C. 认为他见人下菜碟，倒掉不要，悻悻而去

(8) 市场上某种食品涨价了，而这种食品又是你平时喜欢吃的，你会(　　)。

A. 少买些，但把菜谱适当调整一下　　　B. 照买不误

C. 大发牢骚，但还是买了

(9) 你有一门远亲患病，从外地投奔你，请你帮助联系医院或请名医治疗，而你工作忙不说，住宿就是大问题。这时你将会(　　)。

A. 热情接待，尽管有困难但还是想办法满足他们的要求，劝他多住些日子治疗

B. 热情接待，但告诉他你爱莫能助，请他谅解

C. 厌烦之情溢于言表，借故推拖了事

(10) 你的朋友、同事、邻居中，有人结婚、生日、丧葬、迁居等，难免要表示一下心意，你会(　　)。

A. 不仅要花点钱，而且还会选点有特色的小礼品表示心意

B. 假装不知道或借故躲开

C. 对一般人不屑一顾，但对体面的人则送重礼

(11) 朋友向你借了一笔钱，可过了很久都没还你。你不了解他是一时无力偿还还是忘记了，而你近期又急用这笔钱，你会(　　)。

A. 等一等再看　　　　　　　　　B. 找到他讨还

C. 请一位你与他都要好的朋友去提醒一下

(12) 你给孩子买了一件刚上市的服装，回家一试小得不能穿。你找到商店，但售货员拒绝退货。你(　　)。

A. 心里有气，回到家把衣服丢在一边　　　B. 和售货员大吵大闹，引来众人围观

C. 找到经理说明情况，并表示歉意，商量一个双方都能接受的方案

3. 统计方法

根据下表计算得分，将20道题得分相加计算出总分。

题 号	A	B	C	题 号	A	B	C
1	5	3	1	7	1	3	5
2	5	3	1	8	1	3	5
3	5	3	1	9	1	3	5
4	5	3	1	10	1	3	5
5	5	3	1	11	3	5	1
6	1	3	5	12	3	5	1

4. 测试结果

(1) 12~22 分：具有深刻的分析力和敏锐的反应能力，对人际交往中出现的难题能以合乎逻辑的方法解决。

(2) 23~40 分：具有一定的人际问题的处理能力，但偶尔会出现优柔寡断或偏激冲突的倾向。

(3) 41~60 分：对人际交往问题的处理不善变通，较少考虑后果，往往对人际关系产

生不良影响。

三、职业定位测试

(一) 兴趣与职业自测量表

兴趣对职业选择的重要性可能是你始料不及的，因为一开始的时候，决定你的选择往往是薪水的高低，可是你慢慢会发现，当你干你不喜欢的工作的时候，可能会倍感厌倦。这个时候，你只是一个赚钱的机器，虽然有了高薪，但你并不快乐。工作本身也是生活的一部分，工作质量的高低也决定了你的生活质量的高低。工作并不是毫无感情的，它对于你的意义可能不在于供你吃穿，实际上，它是你实现理想的途径，是使你生活得快乐幸福的隐形伴侣。不要问："我能为我的工作做点什么？"而要问："工作能给我带来什么？"做一份自己能胜任同时自己又喜欢的工作，这才是人生真正振奋的乐事。通过下面的测试可以帮你找出你的兴趣所在，选择到你喜欢的职业。

1. 测试要求

请你仔细阅读下面 10 类 60 个问题。对每个问题，如果你回答是肯定的，则在题号后面打"√"，如果你回答是否定的，则在题号后面打"×"。

2. 测试题

第一类：

(1) 你喜欢外出旅游吗？(   )

(2) 你喜欢搜集矿物、积累矿物方面的知识吗？(   )

(3) 你在外出旅行中，喜欢观察地形地貌吗？(   )

(4) 你喜欢观察花、农作物，或动物的生长变化吗？(   )

(5) 你喜欢搜集植物或生物标本吗？(   )

(6) 你喜欢饲养并精心照料小动物吗？(   )

第二类：

(1) 你喜欢自己动手修理自行车、手表、录音机、电线开关一类的器具吗？(   )

(2) 你对自己家里使用的电器质量和性能了解吗？(   )

(3) 你喜欢动手做小型的模型(诸如滑翔机、汽车、轮船、建筑模型等)吗？(   )

(4) 你喜欢操作机器吗？(   )

(5) 你喜欢制作工艺品、装饰品和衣服吗？(   )

(6) 你喜欢自己动手做木工活或修理房屋吗？(   )

第三类：

(1) 你愿意长时间做单调的计算、账目、表格类的工作吗？(   )

(2) 你总喜欢把事情做得井井有条(如整理书刊，报纸、杂志、文具等)并善于做琐碎细事吗？(   )

(3) 你喜欢处理、统计数据吗？(   )

(4) 你能细致而不厌其烦地校对长篇材料吗？(   )

(5) 你喜欢按固定的程序有条不紊地工作吗？（　　）

(6) 你喜欢做分类和归档类的工作吗？（　　）

第四类：

(1) 你喜欢参观技术展览会或收听(收看)技术新消息的节目吗？（　　）

(2) 你喜欢阅读科技杂志(诸如《我们爱科学》《科学 24 小时》《科学动态》)吗？（　　）

(3) 你喜欢阅读介绍科学家的文章和书籍吗？（　　）

(4) 你喜欢使用科学精密仪器和电子仪器的工作吗？（　　）

(5) 你喜欢了解大自然的奥秘吗？（　　）

(6) 你特别喜欢上数学、物理、化学、生物课吗？（　　）

第五类：

(1) 你喜欢倾听别人的难处并乐于帮助别人解决困难吗？（　　）

(2) 你喜欢接触不同类型的人吗？（　　）

(3) 你喜欢观察和研究人的心理和行为吗？（　　）

(4) 你善于理解别人的观点和思想方法吗？（　　）

(5) 别人买东西时你喜欢当顾问吗？（　　）

(6) 你喜欢与人讨论各种问题吗？（　　）

第六类：

(1) 你喜欢倾听别人的难处并乐于帮助别人吗？（　　）

(2) 你愿意为残疾人服务吗？（　　）

(3) 在日常生活中，你愿意给人们提供帮助吗？（　　）

(4) 你喜欢向别人传授知识和经验吗？（　　）

(5) 你喜欢防病、治病和照顾病人的工作吗？（　　）

(6) 你喜欢阅读有关医生或教师生活方面的文章吗？（　　）

第七类：

(1) 你喜欢设计房间，并善于把它布置得别具一格吗？（　　）

(2) 你对美术、舞蹈、戏剧、写作等活动很感兴趣吗？（　　）

(3) 你喜欢做一些需要想象力和创造力的游戏吗？（　　）

(4) 你喜欢设计一种新的发型或服装吗？（　　）

(5) 你喜欢绘画或欣赏画吗？（　　）

(6) 你爱用新方法、新途径来解决问题吗？（　　）

第八类：

(1) 你很羡慕机械类工程师的工作吗？（　　）

(2) 你喜欢操作机器吗？（　　）

(3) 你喜欢交通驾驶类的工作吗？（　　）

(4) 你喜欢参观和研究新的机器设备吗？（　　）

(5) 你喜欢了解机器的构造和工作性能吗？（　　）

(6) 你很想了解海员和飞行员的生活和工作情况吗？（　　）

第九类：

(1) 你喜欢做很快就看到产品的工作吗？（　　）

(2) 你喜欢做有形的事情(如烧饭、编织等)吗？（　　）

(3) 你喜欢从事非常具体的工作吗？（　　）

(4) 你喜欢种花或在果园劳动吗？（　　）

(5) 你喜欢做让别人看到效果的工作吗？（　　）

(6) 你喜欢帮助料理家务吗？（　　）

第十类：

(1) 你喜欢主持各种集体活动吗？（　　）

(2) 你喜欢在大庭广众下发表自己的观点吗？（　　）

(3) 你喜欢接近领导，又能团结同志吗？（　　）

(4) 你具有强烈的责任感和工作魅力吗？（　　）

(5) 你喜欢阅读有关领导人物、政治家的传记吗？（　　）

(6) 在学生时代，你喜欢并善于担任班干部或学生会的工作吗？（　　）

3. 统计方法

把每类打"√"的次数相加，选择"√"次数在 4 次以上的，表明你对这一类职业感兴趣。

类别	选择"√"的次数	兴 趣 类 型	相 关 职 业
第一类		愿与大自然打交道。这类人喜欢在野外同大自然打交道。喜欢从事地理、地质、水利、动物、植物等方面的工作	导游、农业技术指导、推广人员、考古人员、土木工程师、地质勘探人员、水利工作人员、森林工作者、环境保护人员等
第二类		喜欢与工具打交道。这类人喜欢使用工具、器具进行劳动的职业	车钳工、修理工、木匠、裁缝、钟表工、建筑工等
第三类		愿与数字、文字符号打交道。这类人喜欢与数字计算和文字符号有关的活动，工作的规律性较强	会计、银行工作人员、邮件分类员、统计员、图书管理员、档案管理员、估算事务员、校对人员等
第四类		喜欢从事科技工作。这类人喜欢去发现新的现象和解决问题，对研究事物现象间的因果关系感兴趣。这是学术性、理论性、科学性、专业性皆强的职业	自然科学家、工程师、侦察员、医师、统计师、药剂师、营养师、研究所研究人员等
第五类		喜欢与人打交道。这类人善于与人会面、交谈、协调人际关系，喜欢销售、采访、传递信息一类的职业	新闻记者、宣传人员、推销员、节目主持人、外交人员、律师、广告人员、调研人员、售货员、警察、教师等
第六类		喜欢从事社会福利和助人工作。这类人乐意帮助别人，为他人服务，喜欢独自与人接触	医生、护士、家庭教师、职业指导者、人事工作者、教师、咨询人员、宾馆服务人员等

类别	选择"√"的次数	兴 趣 类 型	相 关 职 业
第七类		愿从事抽象的和创造性的工作。这类人喜欢需要有想象力和创造性的工作，爱创新	演员、作家、创作人员、服装设计师、画家、音乐工作者等
第八类		喜欢做操作机器的技术工作。这类人喜欢运用一定的技术，操纵各种机器，制造产品或完成其他任务	司机、飞行员、海员、农机手、机床工人、机械技师、检查工等
第九类		愿从事具体的工作。这类人喜欢制作能看得见、摸得着的产品，希望很快看到自己劳动的成果，他们能从完成的产品中得到自我满足	厨师、园林工、理发师、美容师、室内装饰工、农民等
第十类		喜欢组织和管理工作。这类人喜欢管理人的工作，爱好掌管一些事情，这类人在各行各业中起着重要作用	行政人员、企事业管理人员、辅导员等

(二) 能力与职业自测量表

能力是完成一项工作的必要条件之一，根据各自的能力特点差异，对职业的选择也会有差异。我们要学会扬长避短，比如逻辑思维强的人比较适合从事数学、哲学等理论性强的工作，想象思维强的人较适合从事文学艺术创作的工作，具体行动强的人适合从事机械方面的工作。因此，了解自己的能力倾向和不同职业的能力需求可以帮助我们合理地选择适合自己的职业。职业能力自测问卷可以帮助了解自己现有的各种能力情况，为求职和实现职业目标服务。

1. 测试要求

请根据自身的实际情况，在相应的选项栏中打"√"。

2. 测试题

1) 一般学习能力倾向(G)	强	较强	一般	较弱	弱
(1) 快而容易地学习新的内容	( )	( )	( )	( )	( )
(2) 快而正确地解决数学题目	( )	( )	( )	( )	( )
(3) 你的学习成绩处于	( )	( )	( )	( )	( )
(4) 对语文的理解、分析综合能力	( )	( )	( )	( )	( )
(5) 对所学知识的记忆能力	( )	( )	( )	( )	( )

2) 语言表达能力倾向(V)					
(1) 善于表达自己的观点	( )	( )	( )	( )	( )
(2) 阅读速度和理解能力	( )	( )	( )	( )	( )
(3) 掌握词汇量的程度	( )	( )	( )	( )	( )
(4) 你的语文成绩	( )	( )	( )	( )	( )
(5) 你的文学创作能力	( )	( )	( )	( )	( )

3) 算术能力倾向(N)   强   较强   一般   较弱   弱

(1) 做出精确的测量   ( )   ( )   ( )   ( )   ( )

(2) 笔算能力   ( )   ( )   ( )   ( )   ( )

(3) 口算能力   ( )   ( )   ( )   ( )   ( )

(4) 速算能力   ( )   ( )   ( )   ( )   ( )

(5) 你的数学成绩   ( )   ( )   ( )   ( )   ( )

4) 空间判断能力倾向(S)

(1) 解决立体几何方面的问题   ( )   ( )   ( )   ( )   ( )

(2) 画三维度的立体图形   ( )   ( )   ( )   ( )   ( )

(3) 看几何图形的立体感   ( )   ( )   ( )   ( )   ( )

(4) 想象盒子展开后的平面形状   ( )   ( )   ( )   ( )   ( )

(5) 想象三维度的物体   ( )   ( )   ( )   ( )   ( )

5) 形态知觉能力倾向(P)

(1) 发现相似图形中的细微差异   ( )   ( )   ( )   ( )   ( )

(2) 识别物体的形态差异   ( )   ( )   ( )   ( )   ( )

(3) 注意物体的细节部分   ( )   ( )   ( )   ( )   ( )

(4) 观察图案是否正确   ( )   ( )   ( )   ( )   ( )

(5) 对物体的细微描述能力   ( )   ( )   ( )   ( )   ( )

6) 事务能力倾向(Q)

(1) 快而准确地抄写资料   ( )   ( )   ( )   ( )   ( )

(2) 发现错别字或计算错误   ( )   ( )   ( )   ( )   ( )

(3) 能很快地查找编码卡片   ( )   ( )   ( )   ( )   ( )

(4) 较长时间工作能力   ( )   ( )   ( )   ( )   ( )

(5) 一般应用文的写作能力   ( )   ( )   ( )   ( )   ( )

7) 动作协调能力倾向(K)

(1) 玩电子、网络游戏能力   ( )   ( )   ( )   ( )   ( )

(2) 篮、排、足球运动能力   ( )   ( )   ( )   ( )   ( )

(3) 乒乓球、羽毛球运动能力   ( )   ( )   ( )   ( )   ( )

(4) 操作计算机能力   ( )   ( )   ( )   ( )   ( )

(5) 打字能力   ( )   ( )   ( )   ( )   ( )

8) 手指灵活倾向(F)

(1) 灵巧地使用很小的工具   ( )   ( )   ( )   ( )   ( )

(2) 穿针眼、纺织等使用手指的活动   ( )   ( )   ( )   ( )   ( )

(3) 用手指做一件手工小工艺品   ( )   ( )   ( )   ( )   ( )

(4) 使用计算器的灵巧程度   ( )   ( )   ( )   ( )   ( )

(5) 弹琴(钢琴、电子琴、手风琴等)   ( )   ( )   ( )   ( )   ( )

9) 手腕灵巧倾向(M)　　　　　　　　　　强　　较强　　一般　　较弱　　弱

(1) 用手把东西分类　　　　　　( )　( )　( )　( )　( )

(2) 在推拉东西时手的灵活度　　( )　( )　( )　( )　( )

(3) 很快地削水果　　　　　　　( )　( )　( )　( )　( )

(4) 灵巧地使用手工工具　　　　( )　( )　( )　( )　( )

(5) 绘画、雕刻等手工活动的灵活性　( )　( )　( )　( )　( )

3. 统计方法

对每一类能力倾向计算总计次数，然后每一类能力倾向算出一个分数，每类平均分 = ("强"项之和×1+"较强"项之和×2+"一般"项之和×3+"较弱"项之和×4+"弱"项之和×5)除以5。得分四舍五入，将分数填入下表：

职业能力倾向	自评等级	职业能力倾向	自评等级	职业能力倾向	自评等级
G		S		K	
V		P		F	
N		Q		M	

4. 测试结果

根据结果对照表中所列的可找到你适合的职业(等级数为职业能力倾向等级，表示从事此职业必须达到的职业能力的最低水平)。

职业对职业能力倾向要求对照表

职 业 类 型	职业能力倾向 GVNSPQKFM
生物学家	111223323
建筑师	111123333
测量员	222223333
测量辅导员	444444343
制图员	232223223
建筑和工程技术专家	222223333
建筑和工程技术员	233333333
物理科学技术家	222233333
物理科学技术员	233323333
农业、生物、动物、植物学的技术专家	222423323
农业、生物、动物、植物学的技术员	233423333
数学家和统计学家	111332444
系统分析和计算机程序编制者	222233444
经济学家	111442444
社会学家、人类学者	113223444
心理学家	112223444
历史学家	113443444

续表一

职 业 类 型	职业能力倾向 GVNSPQKFM
哲学家	114333434
政治学家	113443444
政治经济学家	222333335
社会工作者	223443444
社会服务助理人员	333443444
法官	113433444
律师	113443444
公证人	223443444
图书馆管理学专家	223342344
图书馆、博物馆和档案管理员	333224323
职业指导者	223443444
大学教师	113333444
中学教师	223433444
小学和幼儿园教师	223333333
职业学校教师(职业课)	222333333
职业学校教师(普通课)	223433444
内、外、牙科医生	112123222
兽医学家	112123223
护士	223333333
护士助手	244422232
工业药剂师	212322323
医院药剂师	222432323
营养学家	222333444
配镜师(医)	222223333
配眼镜商	333334323
放射科技术人员	333333333
药物实验室技术专家	222323323
药物实验室技术员	233333333
画家、雕刻家	234225212
产品设计和内部装饰者	223224223
舞蹈家	233234223
演员	224344444
电台播音员	223443444
作家和编辑	213333444
翻译人员	214443444
体育教练	222443444
运动员	334234222

职业类型	职业能力倾向 GVNSPQKFM
秘书	333432333
打字员	334443333
记账员	333442334
出纳员	333442334
统计员	332432334
电话接线员	334443333
一般办公室职员	343443344
商业经营管理	223443444
售货员	333443444
警察	333433343
门卫	445444444
厨师	444434333
招待员	334444343
理发员	334434222
导游	334335333
驾驶员	333333343
农民	344444444
动物饲养员	344444444
渔民	444445343
矿工	344345343
纺织工人	444435333
机床操作工	344334343
锻工	344434343
无线电修理工	333324333
细木工	333334344
家具木工	333334343
一般木工	344344343
电工	333334333
裁缝	334334323

(三) 气质与职业自测量表

某些气质特征往往为一个人从事某种职业活动提供有利条件。如要求做出迅速、灵活反应动作的职业，多血质、胆汁质的人较合适，而黏液质、抑郁质的人则较难适应。反之，要求持久、耐心、细致的工作，黏液质和抑郁质的人较为合适。因此，择业时要"量质选择"。

1. 测试要求

请仔细阅读下面的每一个问题，如果符合你的情况，就在"是"一栏中打"√"，如果不符合你的情况，就在"否"一栏中打"√"，最后分别把各栏次数相加，填入总计次数栏中。

2. 测试题

第一组：   是   否

(1) 喜欢内容经常变动的活动或工作环境。   (   ) (   )

(2) 喜欢参加新颖的活动。   (   ) (   )

(3) 喜欢提出新的活动方案并付诸行动。   (   ) (   )

(4) 不喜欢预先对活动或工作做出明确而细致的计划。   (   ) (   )

(5) 能够很快适应新环境。   (   ) (   )

                                                总计次数(   ) (   )

第二组：   是   否

(1) 喜欢在一段时间内集中精力做一件事。   (   ) (   )

(2) 在做事情时，不喜欢受到出乎意料的打扰。   (   ) (   )

(3) 喜欢做完一件事，再开始做另一件。   (   ) (   )

(4) 喜欢按照一个设计好的工作模式来做事情。   (   ) (   )

(5) 喜欢做有条理的重复性的事情。   (   ) (   )

                                                总计次数(   ) (   )

第三组：   是   否

(1) 喜欢按别人的指示办事，自己不需要负责任。   (   ) (   )

(2) 在按别人的指示办事时，自己不考虑为什么要做此事。   (   ) (   )

(3) 喜欢别人来检查你的工作。   (   ) (   )

(4) 在工作上服从指挥，不喜欢自己做决定。   (   ) (   )

(5) 工作时喜欢有明确而细致的指导。   (   ) (   )

                                                总计次数(   ) (   )

第四组：   是   否

(1) 喜欢对自己的工作做出计划。   (   ) (   )

(2) 喜欢处理和安排突然发生的事情。   (   ) (   )

(3) 能对将要发生的事情负起责任。   (   ) (   )

(4) 喜欢在紧急情况下采取果断措施。   (   ) (   )

(5) 认为自己是有良心、不依赖别人、能做出决断的人。   (   ) (   )

                                                总计次数(   ) (   )

第五组：   是   否

(1) 喜欢与新朋友相识和一起工作。   (   ) (   )

(2) 喜欢在几乎没有个人秘密的场所工作。   (   ) (   )

(3) 愿意与人坦诚相见、友好相处。   (   ) (   )

(4) 喜欢用大量的时间来帮助别人。   (   ) (   )

(5) 善于使别人按你的想法来做事情。   (   ) (   )

                                                总计次数(   ) (   )

第六组：　　　　　　　　　　　　　　　　　　　　　　　　　　是　　否

(1) 碰到陌生人觉得很拘束。　　　　　　　　　　　　　　　　( )　( )

(2) 喜欢一个人干事，不愿很多人在一起。　　　　　　　　　　( )　( )

(3) 喜欢复习学习过的知识，做已经做过的工作。　　　　　　　( )　( )

(4) 当你烦闷时，别人很难使你高兴起来。　　　　　　　　　　( )　( )

(5) 碰到危险情况时，常常有一种极度恐惧感。　　　　　　　　( )　( )

　　　　　　　　　　　　　　　　　　　　　　　　总计次数( )　( )

第七组：　　　　　　　　　　　　　　　　　　　　　　　　　　是　　否

(1) 试图使别人相信你的观点。　　　　　　　　　　　　　　　( )　( )

(2) 试图让别人去做你安排的事情。　　　　　　　　　　　　　( )　( )

(3) 喜欢通过谈话或书信来说服别人。　　　　　　　　　　　　( )　( )

(4) 喜欢让一些失去勇气的和不幸的人振作起来。　　　　　　　( )　( )

(5) 试图在一场争论中获胜。　　　　　　　　　　　　　　　　( )　( )

　　　　　　　　　　　　　　　　　　　　　　　　总计次数( )　( )

第八组：　　　　　　　　　　　　　　　　　　　　　　　　　　是　　否

(1) 你能做到临危不惧吗？　　　　　　　　　　　　　　　　　( )　( )

(2) 你能做到临场不慌吗？　　　　　　　　　　　　　　　　　( )　( )

(3) 你能做到知难而进吗？　　　　　　　　　　　　　　　　　( )　( )

(4) 当你因情感激动有可能将事情搞糟时，你能控制好你的情绪吗？( )　( )

(5) 如果由于偶然事故将摧毁机器或伤害别人时，你能果断地采取措施而避免产生严重的后果吗？　　　　　　　　　　　　　　　　　　　　( )　( )

　　　　　　　　　　　　　　　　　　　　　　　　总计次数( )　( )

第九组：　　　　　　　　　　　　　　　　　　　　　　　　　　是　　否

(1) 你喜欢在尽可能地搜集大量信息后再做出判断吗？　　　　　( )　( )

(2) 你能在解决问题的几种可能性中做出抉择吗(每一种可能性都有积极和消极的一面)？

　　　　　　　　　　　　　　　　　　　　　　　　　　　　　( )　( )

(3) 你办事情只注重效果，不太注重原因。　　　　　　　　　　( )　( )

(4) 别人认为你是具有正确判断力的人。　　　　　　　　　　　( )　( )

(5) 你喜欢根据自己的经验来判断和解决问题。　　　　　　　　( )　( )

　　　　　　　　　　　　　　　　　　　　　　　　总计次数( )　( )

第十组：　　　　　　　　　　　　　　　　　　　　　　　　　　是　　否

(1) 你喜欢不论做什么事情都具有逻辑性。　　　　　　　　　　( )　( )

(2) 你只相信那些被事实所证实的事情。　　　　　　　　　　　( )　( )

(3) 喜欢按照规则或规律来做出决策。　　　　　　　　　　　　( )　( )

(4) 喜欢通过一定的测验或测量然后下结论。　　　　　　　　　( )　( )

(5) 喜欢根据明确而限定的计划来工作，以致工作没有任何差错。( )　( )

　　　　　　　　　　　　　　　　　　　　　　　　总计次数( )　( )

第十一组： 　　　　　　　　　　　　　　　　　　　　　　　是　　否

(1) 喜欢表达自己的感情。　　　　　　　　　　　　　　　（　）（　）

(2) 喜欢改进自己的服装式样。　　　　　　　　　　　　　（　）（　）

(3) 喜欢表达或写下对一部戏剧或一本书的感想。　　　　　（　）（　）

(4) 相信自己的判断，而不喜欢模仿别人。　　　　　　　　（　）（　）

(5) 喜欢表达在音乐、艺术和写作方面的情感。　　　　　　（　）（　）

　　　　　　　　　　　　　　　　　　　　　　总计次数（　）（　）

第十二组： 　　　　　　　　　　　　　　　　　　　　　　　是　　否

(1) 试图将事情完成得尽善尽美。　　　　　　　　　　　　（　）（　）

(2) 喜欢一丝不苟地按计划办事，直至得到一个圆满结果。　（　）（　）

(3) 喜欢花很长的时间集中于一件事情的细小问题上。　　　（　）（　）

(4) 善于观察事物的细节。　　　　　　　　　　　　　　　（　）（　）

(5) 工作严谨、细致而努力。　　　　　　　　　　　　　　（　）（　）

　　　　　　　　　　　　　　　　　　　　　　总计次数（　）（　）

3. 统计方法

根据你对每组问题回答"是"的总次数，填写下表：

组　别	"是"的次数	相应的职业气质类型	典型职业
第一组		变化型：这些人在新的、意外的活动或工作环境中感到愉快，喜欢工作内容经常有些变化。在有压力的情况下，他们的工作往往很出色。他们追求多样化的活动，善于将注意力从一件事情转移到另一件事情上	记者、推销员、采购员、演员、公安人员等
第二组		重复型：这些人适合连续不断地从事同样的工作，喜欢按照一个机械的、别人安排好的计划和进度办事，爱好重复、有计划、有标准的工作	纺织工、印刷工、装配工、机械工、教师等
第三组		服从型：这些人喜欢按别人的指示办事，不愿意自己独立做出决策，而喜欢让他人对自己的工作负起责任	秘书、办公室职员、翻译人员等
第四组		独立型：这些人喜欢计划自己的活动和指导别人的活动，在独立的和负有职责的工作环境中感到愉快，喜欢对将要发生的事情做出预测	管理人员、律师、侦查人员等
第五组		协作型：这些人在与人协作工作时感到愉快，善于让别人按照自己的意愿办事，很想得到同事们的喜欢	社会工作者、咨询人员等
第六组		孤独型：这些人喜欢单独工作，不愿意与人交往	校对、排版、雕刻等
第七组		劝服型：这些人喜欢设法使别人同意自己的观点，一般通过谈话、写作来表达思想，对别人的反应有较强的判断力，且善于影响他人的态度、观点和判断力	政治辅导员、行政人员、作家、宣传工作者等
第八组		机智型：这些人在紧张和危险的情况下能很好地执行任务，在危险情况下能自我控制、镇定自如，在意外的情况下工作得很出色，当事情出了差错也不易慌乱	驾驶员、飞行员、公安人员、消防员、救生员、潜水员等

组别	"是" 的次数	相应的职业气质类型	典 型 职 业
第九组		经验决策型：这些人喜欢根据自己的经验做出判断，当别人犹豫不决时，他们能当机立断，做出决定。喜欢处理那些能直接经历或感觉到的事情，在必要时，用直接经验和直觉来解决问题	采购、供应、批发、推销、个体摊贩、农民等
第十组		事实表现型：这些人喜欢根据事实做出决定，根据充分的证据来下结论，喜欢使用调查、测验、统计数据来说明问题、引出结论	化验员、检验员、自然科学研究者等
第十一组		自我表现型：这些人喜欢表现自己的爱好和个性，喜欢根据自己的感情来做出抉择，通过自己的工作来表达自己的理想	演员、诗人、音乐家、画家等
第十二组		严谨型：这些人注意细节的精确，按一套规则和步骤尽可能将工作做得完美	会计、出纳、统计和档案管理等

(四) 性格与职业自测量表

人们常说性格决定命运。企业在进行人才招聘时，往往将性格测试放在首位。性格对一个人的成功有着很大的影响，如果一个人从事的职业与他的个性相适应，工作起来就会得心应手，心情舒畅，容易取得成功。如果性格与职业不相适应，性格就会阻碍工作的顺利进行，使从业者感到被动、缺乏兴趣、倦怠、力不从心、精神紧张。性格的作用是一把双刃剑，我们在选择人生目标时，一定要扬长避短，选择适合自己的职业。

1. 测试要求

性格与择业测试将现代职业分为四大类——人、程序与系统、交际与艺术、科学与工程。通过测试来衡量你的个性特点，以求找到一份适合自己的工作。下面共有 64 个具体问题，根据每个问题与你本身情况的相符程度，在"是"或"否"栏中划"√"。

2. 测试题

第一类 人   是 否

(1) 我在做出决定前总是考虑别人的意见。   A   C

(2) 我愿意处理统计数据。   C   A

(3) 我总是毫不犹豫地帮助别人解决家庭问题。   A   C

(4) 我常常忘记东西放在哪里。   B   C

(5) 我很少能通过讨论说服别人。   C   B

(6) 大多数人认为我可以忍辱负重。   C   A

(7) 在陌生人中我常感到不安。   C   A

(8) 我很少吹嘘自己的成就。   A   C

(9) 我对世事感到厌倦。   B   C

(10) 我参加一项活动的主要目的是取胜。   C   A

(11) 我容易被大多数人的意见所动摇。　　　　　　　　C　　B

(12) 我做出选择后就会按照我的办法去做。　　　　　　C　　A

(13) 我的工作成就对我很重要。　　　　　　　　　　　B　　C

(14) 我喜欢既需要大量体力又需要脑力的工作。　　　　A　　C

(15) 我常问自己的感受如何。　　　　　　　　　　　　A　　C

(16) 我相信那些使我心烦意乱的人自己心里清楚。　　　C　　B

第二类　程序与系统　　　　　　　　　　　　　　　是　　否

(1) 我喜欢整洁。　　　　　　　　　　　　　　　　　A　　C

(2) 我对大多数事情都能迅速做出结论。　　　　　　　C　　A

(3) 受过检验和运用过的决议最值得遵循。　　　　　　A　　C

(4) 我对别人的问题不感兴趣。　　　　　　　　　　　B　　C

(5) 我很少对别人的话提出疑问。　　　　　　　　　　C　　B

(6) 我并不总是能遵守时间。　　　　　　　　　　　　C　　A

(7) 我在各种社交场合下都感到坦然。　　　　　　　　C　　B

(8) 我做事总习惯先考虑后果。　　　　　　　　　　　A　　C

(9) 在限定的时间内紧迫地完成一件事很有趣。　　　　B　　C

(10) 我喜欢接受紧张的新任务。　　　　　　　　　　　C　　A

(11) 我的论点通常可信。　　　　　　　　　　　　　　C　　B

(12) 我不善于检查、核对细节。　　　　　　　　　　　C　　A

(13) 明确、独到的见解对我是很重要的。　　　　　　　B　　C

(14) 别人会约束我的自我表达。　　　　　　　　　　　A　　C

(15) 我总是努力完成开始的事情。　　　　　　　　　　A　　C

(16) 大自然的美使我震惊。　　　　　　　　　　　　　C　　B

第三类　交际与艺术　　　　　　　　　　　　　　　是　　否

(1) 我喜欢在电视节目中扮演角色。　　　　　　　　　A　　C

(2) 我有时难以表达自己的意思。　　　　　　　　　　C　　A

(3) 我觉得我能写短篇故事。　　　　　　　　　　　　A　　C

(4) 我能为新的设计提供蓝图。　　　　　　　　　　　B　　C

(5) 关于艺术我所知甚少。　　　　　　　　　　　　　C　　B

(6) 我愿意做实际事情而不愿读书或写作。　　　　　　C　　A

(7) 我很少留意服装设计。　　　　　　　　　　　　　C　　B

(8) 我喜欢同别人谈自己的见解。　　　　　　　　　　A　　C

(9) 我满脑子独创思想。　　　　　　　　　　　　　　B　　C

(10) 我发现大多数小说很无聊。　　　　　　　　　　　C　　A

(11) 我特别不具备创造力。　　　　　　　　　　　　　C　　B

(12) 我是个实实在在的人。　　　　　　　　　　　　　C　　A

(13) 我愿意将我的照片、图画给别人看。　　　　　　　B　　C

(14) 我能设计有直观效果的东西。　　　　　　　　　　B　　C

(15) 我喜欢翻译外文。　　　　　　　　　　　　　　　A　　C

(16) 不落俗套的人使我感到很不舒服。　　　　C　B

第四类 科学与工程

	是	否
(1) 辩论中，我善于抓住别人的弱点。	C	A
(2) 我几乎总是自由地做出决定。	C	A
(3) 想个新主意对我来说不是问题。	A	C
(4) 我不善于令别人相信。	B	C
(5) 我喜欢事前将事情准备好。	C	B
(6) 抽象的想象有助于解决问题。	C	A
(7) 我不善于修修补补。	C	B
(8) 喜欢谈不可能发生的事。	A	C
(9) 别人对我的议论不会使我难受。	B	C
(10) 我主要是靠直觉和个人感情来解决问题。	C	A
(11) 我办事有时半途而废。	C	A
(12) 我不隐藏自己的情绪。	C	A
(13) 我发现解决实际问题很容易。	B	C
(14) 传统方法通常是最好的。	B	C
(15) 我珍惜我的独立性。	A	C
(16) 我喜欢读古典文学作品。	C	B

3. 统计方法

首先分别计算选择 A 和 B 的次数，然后将 A 和 B 相加计算出总分，不计算 C 得分(C 只表示你对某一类型工作缺乏兴趣，故不记分)。四个表中分别有一个总分。0～4 分表明对某一类工作兴趣不大；5～12 分表明居中；13 分以上表明兴趣很浓。这四个表中总分最高的，说明这一类型工作最适合你，能满足你的个性所求。根据 A 与 B 的得分多少，可以进一步来确定职业范围的具体工作。

4. 测试结果

人。在这一大类中如果 A 得分多于 B，则说明你应该在医务工作、福利事业或教育事业中寻找职业，例如医生、健康顾问、社会工作人员、教师。如果 B 得分多于 A，那么你对治理、商业或者管理方面会感到得心应手，例如军人、警察、贸易代理、市场管理、资本开发、广告经营或市场研究等工作。

程序与系统。在这一大类中，如果 A 得分多于 B，表明你适合做行政管理、法律或宗教类工作，例如办公室主任、人事管理、公司秘书、律师、职业秘书、图书馆员、档案员。如果 B 得分多于 A，那么你更适合做金融和资料处理工作，包括会计、银行、估价、保险统计、计算机程序和系统分析等工作。

交际与艺术。在这一类中，如果 A 得分比 B 多，表明你适合做编导、文学或语言工作，如记者、翻译、电台或电视台研究员、公共事务管理员。如果 B 得分多于 A，表明你更适合做设计和可视艺术工作，例如图案设计、制图、建筑、内部设计、剧场设计、时装设计或摄影等工作。

科学与工程。这类工作可分为研究和应用。A 得分多，适于前者，B 得分多，适于后者。

但由于这类工作中的大部分职业既包含研究又有应用，所以不可能按照 A 或 B 得分多少而做出更具体的规定。这类工作包括生物学家、物理学家、化学家、机械工程师和土木工程师等。

(五) 价值观与职业自测量表

职业价值观表明了一个人通过工作所要追求的理想是什么，是为了财富，还是为了地位或其他的因素。由于个人的身心条件、年龄阅历、教育状况、家庭影响、兴趣爱好等方面的不同，人们对各种职业有着不同的主观评价。从社会来讲，由于社会分工的不同和生产力水平的相对落后，各种职业在劳动性质的内容上，在劳动难度和强度上，在劳动条件和待遇上，在所有制形式和稳定性等诸多问题上，都存在着差别。再加上传统的思想观念等的影响，各类职业在人们心目中的声望地位便也有好坏、高低之分，这些评价都形成了人的职业价值观，并影响着人们对就业方向和具体职业岗位的选择。

1. 测试要求

职业价值观测试由 36 道题组成，每题都有 A、B 两种类型的态度和处理方法，经过考虑后，符合你个人情况的就在 A 或 B 的下面打"√"，如果 A 或 B 与你都不符，则在 A、B 的下面都打"×"。

2. 测试题

(1)	A. 即使有些损失，以后可再挣回来	B. 无利可图则不干
(2)	A. 国家的富强是经济力量在发挥作用	B. 国家的富强是军事力量在发挥作用
(3)	A. 想当政治家	B. 想当法官
(4)	A. 通过服装、居住条件可知其人	B. 不想通过表面现象去判断一个人
(5)	A. 为了更重要的工作而养精蓄锐	B. 必要时愿意随时献血
(6)	A. 想领个孤儿抚养	B. 不愿让他人留在家里
(7)	A. 如果买车，就买全家能乘的大型汽车	B. 买车就买最流行的汽车
(8)	A. 非常注意自己和他人的服装	B. 对自己和别人的事情都不放在心上
(9)	A. 先确保有房子才考虑结婚	B. 不考虑以后的事
(10)	A. 被认为是个照顾周到的人	B. 被认为是有判断力的人
(11)	A. 生活方式同他人不一样也行	B. 其他人家里有的东西我也想凑齐
(12)	A. 为能被授予勋章而奋斗	B. 暗中支持得不到帮助的人
(13)	A. 自己的想法比别人的正确	B. 应当尊重别人的价值观
(14)	A. 最好婚礼能上电视，而且有人赞助	B. 结婚仪式要比别人办得气派
(15)	A. 被认为手腕高，能推断将来的人	B. 被认为是处事果断的人
(16)	A. 即使是小店也愿意干	B. 不想做被人瞧不起的工作
(17)	A. 非常关心法定利率、佣金	B. 关心自己的能力和适应性
(18)	A. 人生不取胜就没意思	B. 人生就是互助
(19)	A. 社会地位比收入更有吸引力	B. 与社会地位相比安全更重要
(20)	A. 不重视社会惯例	B. 经常被邀请去当婚礼主持人
(21)	A. 愿同独身生活的老人交谈	B. 为别人干点什么都嫌麻烦
(22)	A. 每天过充实的生活	B. 够生活费就不想干了

(23) A．有空闲时间就想学习文化知识　　B．考虑让别人喜欢自己的方法

(24) A．想一鸣惊人　　B．过平凡的生活就可以了

(25) A．用金钱能买到别人的好感　　B．人生中不可缺少的是爱而不是金钱

(26) A．一想到将来就感到兴奋　　B．对将来能否成功置之度外

(27) A．伺机重新大干一番　　B．关心发展中国家人们的生活

(28) A．尽可能地利用亲属　　B．同亲戚友好地互相帮助

(29) A．如果来世托生动物的话，愿变成狮子　　B．如果来世托生动物的话，愿变成熊猫

(30) A．严守作息时间，生活有规律　　B．不想忙忙碌碌，想轻松地生活

(31) A．有空就读成功者的自传　　B．有空就看电视或睡觉

(32) A．干不赚钱的事是乏味的　　B．时常请客或送礼给别人

(33) A．擅长干决得出胜负的事情　　B．擅长布置房间或修理东西

(34) A．对自己的行动充满自信　　B．注意与他人合作

(35) A．不愿借给别人东西　　B．经常忘记借来或借走的东西

(36) A．运气决定人生，这是荒谬的　　B．受命运的支配很有意思

3. 统计方法

打"√"的记 2 分；打"×"的记 1 分。然后按下表纵向累计你的得分。

	一	二	三	四	五	六	七	八	九
1	A	B							
2		A	B						
3			A	B					
4				A	B				
5					A	B			
6						A	B		
7							A	B	
8								A	B
9							A		B
10						A			B
11				A					
12			A		B				
13			A		B				
14		A		B					
15	A		B						
16	A		B						
17		A			B				
18			A			B			

	一	二	三	四	五	六	七	八	九
19				A			B		
20					A		B		
21						A			B
22					A		B		
23					A		B		
24			A			B			
25		A				B			
26	A				B				
27	A						B		
28			A					B	
29			A						B
30				A					B
31			A						B
32		A					B		
33	A					B			
34	A						B		
35		A							B
36	A								B

注：一到九表示九种职业价值观类型。

纵向合计，如果你的得分超过 12 分，就说明你的职业价值观很明确；如果你的得分比较松散，没有超过 12 分，说明你的职业价值观不鲜明，具有多种职业价值观的特点。

4. 测试结果

(1) 独立经营型。该类型也称非工资生活者型，具有这种职业价值观的人不愿受别人指使，也不愿受他人干涉，只靠自己的力量任意施展自己的才能，自己独立完成自己的工作。

(2) 经济型。该类型又称金钱型，具有这种职业价值观的人确信世界上的一切幸福都能用金钱买到，把赚钱作为人生的目标。

(3) 支配型。该类型也称独断专行型，具有这种职业价值观的人认为能支配权力的职业是高尚的，把追求权力、社会地位作为人生目标。这种人无视别人的意见，以坚持己见为乐。

(4) 自尊型。具有这种职业价值观的人渴望得到别人的尊重，追求虚荣，他们渴望得到社会地位和荣誉。

(5) 自我实现型。具有这种职业价值观的人不关心人所共有的幸福和一般惯例，一心一意追求个性、探索真理，对收入、地位乃至他人全然不顾，喜欢向自己的能力及可能性的极限挑战，并把它看成是生存的最大意义。

(6) 志愿型。具有这种职业价值观的人富于同情心，把他人的痛苦视为自己的痛苦，乐于帮助别人，为大众服务。

(7) 家庭型。具有这种职业价值观的人常以家庭为中心，喜欢平凡、安定的生活，注重与家人团聚，生活态度保守而稳重，不愿冒险。

(8) 才能型。具有这种职业价值观的人单纯，爱戴高帽子，把受别人的欢迎、赞扬视为乐趣，常以能说会道博得众人好感。

(9) 自由型。具有这种职业价值观的人办事既无目的也无计划，而是适时采取相应的行动。这种人不愿负责任，不给别人添麻烦，也不想受任何约束，愿意随心所欲地生活。

四、个人职业锚测试

职业锚测试是对人们内心深层次的价值观、动力和能力整合体的测试，体现了较真实的自我。每个人都会有占主要地位的职业锚，它会影响你一生的重要行动。

(一) 测试要求

每一道题有从不、偶尔、经常、总是四个选项，确定最符合你自身情况的选项，并在该选项的括号内打"√"。

(二) 测试题

	从不	偶尔	经常	总是
1. 我希望做我擅长的工作,这样我的内行建议可以不断被采纳。	( )	( )	( )	( )
2. 当我整合并管理其他人的工作时,使我非常有成就感。	( )	( )	( )	( )
3. 我希望我的工作能让我用自己的方式,按自己的计划去开展。	( )	( )	( )	( )

	从不	偶尔	经常	总是
4. 对我而言，安定与稳定比自由和自主更重要。	( )	( )	( )	( )
5. 我一直在寻找可以让我创立自己事业(公司)的创意(点子)。	( )	( )	( )	( )
6. 我认为只有对社会做出真正贡献的职业才算成功的职业。	( )	( )	( )	( )
7. 在工作中，我希望去解决那些有挑战性的问题，并且胜出。	( )	( )	( )	( )
8. 我宁愿离开公司，也不愿从事需要个人和家庭做出一定牺牲的工作。	( )	( )	( )	( )
9. 将我的技术和专业水平发展到一个更具有竞争力的层次是成功职业的必要条件。	( )	( )	( )	( )
10. 我希望能够管理一个大的公司，我的决策将会影响许多人。	( )	( )	( )	( )
11. 如果职业允许我自由决定我自己的工作内容、计划、过程时，我会非常满意。	( )	( )	( )	( )
12. 如果工作的结果使我丧失了自己在组织中的安全稳定感，我宁愿离开这个工作岗位。	( )	( )	( )	( )
13. 对我而言，创办自己的公司比在其他的公司中争取一个高的管理位置更有意义。	( )	( )	( )	( )
14. 我的职业满足来自于我可以用自己的才能去为他人提供服务。	( )	( )	( )	( )
15. 我认为职业的成就感来自于克服自己面临的非常有挑战性的困难。	( )	( )	( )	( )
16. 我希望我的职业能够兼顾个人、家庭和工作的需要。	( )	( )	( )	( )
17. 对我而言，在我喜欢的专业领域内做资深专家比总经理更有吸引力。	( )	( )	( )	( )
18. 只有在我成为公司的总经理后，我才认为我的职业人生是成功的。	( )	( )	( )	( )
19. 成功的职业应该允许我有完全的自主与自由。	( )	( )	( )	( )
20. 我愿意在给我安全感、稳定感的公司中工作。	( )	( )	( )	( )
21. 当我通过自己的努力或想法完成工作时，我的工作成就感最强。	( )	( )	( )	( )
22. 对我而言，利用自己的才能使这个世界变得更加适合生活或居住，比争取一个高的管理职位更重要。	( )	( )	( )	( )
23. 当我解决了看上去不可能解决的问题，或者在必输无疑的竞赛中胜出时，我会非常有成就感。	( )	( )	( )	( )

	从不	偶尔	经常	总是

24. 我认为只有很好地平衡了个人、家庭、职业三者的（　）（　）（　）（　）
关系，生活才能算是成功的。

25. 我宁愿离开公司，也不愿频繁接受那些不属于我专（　）（　）（　）（　）
业领域的工作。

26. 对我而言，做一个全面的管理者比在我喜欢的领域（　）（　）（　）（　）
内做资深专家更具有吸引力。

27. 对我而言，用我自己的方式不受约束地完成工作，（　）（　）（　）（　）
比安全、稳定更重要。

28. 只有当我的收入和工作有保障时，我才会对工作感（　）（　）（　）（　）
到满意。

29. 在我的职业生涯中，如果我能成功地创造或实现完（　）（　）（　）（　）
全属于自己的产品或点子，我会感到非常成功。

30. 我希望从事对人类和社会真正有贡献的工作。（　）（　）（　）（　）

31. 我希望工作中有很多的机会，可以不断挑战我解（　）（　）（　）（　）
决问题的能力。

32. 能很好地平衡个人生活和工作，比达到一个很高的（　）（　）（　）（　）
管理职位更重要。

33. 如果工作中经常用到我特别的技巧和才能，我会（　）（　）（　）（　）
感到特别满意。

34. 我宁愿离开公司，也不愿意接受让我离开全面管理的（　）（　）（　）（　）
工作。

35. 我宁愿离开公司，也不愿意接受约束我自由和自主（　）（　）（　）（　）
控制权的工作。

36. 我希望有一份让我有安全感和稳定感的工作。（　）（　）（　）（　）

37. 我梦想着创建属于自己的事业。（　）（　）（　）（　）

38. 如果工作限制了我为他人提供帮助或服务，我宁愿离（　）（　）（　）（　）
开公司。

39. 去解决那些几乎无法解决的问题，比获得一个高的（　）（　）（　）（　）
管理职位更有意义。

40. 我一直在寻找一份最小化个人和家庭之间冲突的（　）（　）（　）（　）
工作。

(三) 统计方法

职业锚分为 8 种类型，其中第 1、9、17、25、33 题为技术职能型；第 2、10、18、26、34 题为管理能力型；第 3、11、19、27、35 题为自主独立型；第 4、12、20、28、36 题为安全稳定型；第 5、13、21、29、37 题为创造创业型；第 6、14、22、30、38 题为服务型；

第7、15、23、31、39题为挑战型；第8、16、24、32、40题为生活型。

选择"从不"得0分、"偶尔"得1分、"经常"得2分、"总是"得3分。将每一种类型的5道题得分相加计算出总分，分数越高越趋向于某一职业锚。

(四) 测试结果

1. 自主/独立型职业锚

自主/独立型职业锚的人追求自主和独立，不愿意接受别人的约束，也不愿受程序、工作时间、着装方式以及在任何组织中都不可避免的标准规范的制约。无论什么样的工作，自主/独立型的人希望能用自己的方式、工作习惯、时间进度和自己的标准来完成工作。

自主/独立型职业锚的人喜欢能发挥所长、自主性高的工作，适合的职业有教师、咨询顾问、研发人员。

2. 挑战型职业锚

挑战型职业锚的人认为自己可以征服任何事情或任何人，并将成功定义为"克服不可能的障碍，解决不可能解决的问题或战胜非常强硬的对手"。随着自己的进步，他们喜欢寻找越来越强硬的挑战，希望在工作中面临越来越艰巨的任务。

挑战型职业锚的人喜欢有难度的工作，能不断挑战自我，适合的职业有特种兵、专家等。

3. 创造型职业锚

对创造型职业锚的人来说，最重要的是建立或设计某种完全属于自己的东西，建立或投资新的公司，收购其他的公司并按照自己的意愿进行改造。创造并不仅仅是发明家或艺术家所做的事，创业者也需要创造的激情和动力。创造型职业锚的人有强烈的冲动向别人证明：通过自己的努力能够创建新的企业、产品或服务，并使之发展下去。当在经济上获得成功后，赚钱便成为他们衡量成功的标准。

创造型职业锚的人喜欢不断有新的挑战目标，渴望变化，适合创新型的工作，如企业家等。

4. 管理能力型职业锚

管理能力型职业锚的人对管理本身具有很大的兴趣，具有成为管理人员的强烈愿望，并将此看成职业进步的标准，他们有提升到全面管理职位上所需的相关能力，并希望自己的职位不断得到提升，这样他们可以承担更大的责任，并能够做出影响成功或失败的决策。

管理能力型职业锚的人精力充沛，喜欢挑战、有压力的工作，适合的职业有公司高管等。

5. 生活型职业锚

生活型的人是喜欢允许他们平衡并结合个人的需要、家庭的需要和职业的需要的工作环境。他们希望将生活的各个主要方面整合为一个整体。正因为如此，他们需要一个能够提供足够的弹性让他们实现这一目标的职业环境，甚至可以牺牲他们职业的一些方面，如：提升带来的职业转换。他们将成功定义得比职业成功更广泛，他们认为自己在如何去生活、在哪里居住、如何处理家庭事务以及在组织中的发展等方面的发展道路是与众不同的。

生活型职业锚的人强调工作和家庭的和谐，适合时间灵活的工作人士。

6. 安全/稳定型职业锚

安全与稳定是这种类型的人选择职业最基本、最重要的需求。他们需要"把握自己的发展"，只有在职业的发展可以预测、可以达到或实现的时候，他们才会真正感觉放松。

安全/稳定型职业锚的人喜欢稳定、可测的工作，适合的职业有银行职员、公务员。

7. 服务型职业锚

服务型职业锚的人希望职业能够体现个人价值观，他们关注工作带来的价值而不在意是否能发挥自己的才能或能力。他们的职业决策通常基于能否让世界变得更加美好。

服务型职业锚的人喜欢从事有明显社会意义的工作，得到他人的承认或认可，适合的职业有医护、社工。

8. 技术/功能型职业锚

技术/功能型职业锚的人会发现自己对某一特定工作很擅长并且很热衷。真正让他们感到自豪的是他们所具备的专业才能。他们倾向于一种"专家式"的生活，一般不喜欢成为全面的管理人员，因为这将意味着他们放弃在技术职能领域的成就。但他们愿意成为一名职能经理，因为职能经理可以更好地帮助他们在专业领域上发展。

技术/功能型职业锚的人对工作有强烈的兴趣，注重工作的专业化，对总经理工作缺乏热情，典型工作为技术主管和职能部门经理。

五、职业自我评估测试

俗话说："计划赶不上变化"，在我们的职业生涯进程中，无论是社会、行业环境，还是我们自身，都会随时发生这样或那样的变化，并且其中很多变化是事先难以预测的。这些不确定因素的存在可能导致实际结果偏离或背离预期的目标。这就要求我们时时注意内外环境的变化，不断地审视自我，科学地调整自我，有意识地修正策略和目标。作为个人职业生涯规划的最后但并非终止步骤，反馈评估过程确保了个人职业生涯规划的有效性，并为规划者尽早建立起一种成功的良性循环。

(一) 测试要求

请仔细阅读下面的 30 个问题，从 A、B、C 当中选择一个最符合自己实际情况的选项，第 12、13 题可多选。

(二) 测试题

1. 你工作时看表吗？（　　）

A. 不断地看　　　　　　　B. 不忙的时候看　　　　　　C. 不看

2. 到了星期一早晨，你觉得自己愿意回到工作中去吗？（　　）

A. 不愿意

B. 一开始工作时觉得很勉强，但过了一会就置身于日常工作中了

C. 非常愿意

3. 到了一天工作快要结束时你感觉如何？（　　）

A. 疲惫不堪，全身不舒服

B. 为能维持生活而感到高兴

C. 有时感到累，但通常很满足

4. 你对自己的工作感到忧虑吗？（　　）

A. 偶尔　　　　　　　　B. 从来没有　　　　　　　C. 经常

5. 你认为你的工作如何？（　　）

A. 对你来说是大材小用

B. 使你很难胜任

C. 使你做了你从来没想到你能做的事情

6. 你属于下面哪种情况？（　　）

A. 我不讨厌自己的工作

B. 我通常对自己的工作感兴趣，但有一些困难

C. 我工作时总觉得心烦

7. 你用多少工作时间打电话或做与工作无关的事？（　　）

A. 很少一点

B. 一些，特别是在个人生活遇到麻烦时

C. 很多

8. 你想换个职业吗？（　　）

A. 不太想　　　　　　　B. 不是换职业，而是在本行找个好的位置

C. 想换个职业

9. 你觉得：＿＿＿。（　　）

A. 自己总是很有能力　　B. 自己有时很有才能　　C. 自己总是没有能力

10. 你认为你：＿＿＿。（　　）

A. 喜欢并尊敬你的同事　　B. 不喜欢你的同事　　C. 比你的同事差得多

11. 哪种情况同你最相符？（　　）

A. 我不想就我的工作再学什么了

B. 我一开始工作时，很喜欢学习

C. 我愿就自己的工作尽力多学点东西

12. 指出你认为你具有的特点：＿＿＿。（　　）

A. 同情心　　　　　　　B. 思维敏捷　　　　　　　C. 镇定

D. 记忆力好　　　　　　E. 专心　　　　　　　　　F. 好体力

G. 好创新　　　　　　　H. 有专长　　　　　　　　I. 有魅力

J. 幽默

13. 指出你认为你现在的工作所需要的特点：＿＿＿。（　　）

A. 同情心　　　　　　　B. 思维敏捷　　　　　　　C. 镇定

D. 记忆力好　　　　　　E. 专心　　　　　　　　　F. 好体力

G. 好创新　　　　　　　H. 有专长　　　　　　　　I. 有魅力

J. 幽默

14. 你最赞成哪种说法？（　　）

A. 工作就是赚钱谋生

B. 工作主要是为了赚钱，但如果可能，应当从事令人满意的工作

C. 工作就是生活

15. 你工作时加班吗？（　　）

A. 如果付加班费就加班

B. 从不

C. 经常超时工作，即使没有加班费也一样

16. 你过去除了假日或病假外还缺过勤吗？（　　）

A. 一次也没有　　　　　　　B. 仅仅几天　　　　　　C. 经常

17. 你认为自己：____。（　　）

A. 工作劲头十足　　　　　　B. 工作没劲头　　　　　C. 工作劲头居 A、B 之间

18. 你认为你的同事们：____。（　　）

A. 喜欢你

B. 不喜欢你

C. 并非不喜欢，只是不特别友好

19. 你：____。（　　）

A. 只跟同事们谈工作上的事

B. 同家里人或朋友谈工作上的事

C. 如果能避免的话，就不谈工作上的事

20. 你有患小病或解释不清的病的经历吗？（　　）

A. 难得　　　　　　　　　　B. 不太经常　　　　　C. 经常

21. 对于目前的工作，你原来是怎样选择的？（　　）

A. 你的父母或老师帮你决定的

B. 是你唯一能找到的

C. 你当时就觉得很合适

22. 在家庭与工作发生矛盾时(如家里有人患病)哪一方获胜？（　　）

A. 每次都是家庭一方

B. 每次都是工作一方

C. 如果家里真有紧急情况则是家庭一方，反之大概是工作一方

23. 如果少付你三分之一的工资，你还愿意干这项工作吗？（　　）

A. 愿意

B. 本来愿意，但负担不了家庭生活，只好放弃

C. 不愿意

24. 如果你被列为多余的工作人员得离开工作岗位，你最想什么？（　　）

A. 钱　　　　　　　　　　　B. 工作本身　　　　　C. 你的公司

25. 你会为了消遣一下而请一天事假吗？（　　）

A. 会的　　　　　　　　　　B. 不会　　　　　　　C. 如果工作不太忙，有可能

26. 你觉得自己在工作中不受赏识吗？（　　）

A. 偶尔这样想　　　　　　　B. 经常这样想　　　　C. 很少这样想

27. 关于你的职业，你最不喜欢哪一点？（　　）

A. 时间总不是自己的　　　　B. 乏味　　　　C. 总是不能按自己的方法做事

28. 你有把个人生活与工作分开吗？（　　）

A. 严格地分开

B. 时常分开，但也有一些分不开的地方

C. 完全没有

29. 你建议自己的孩子做你这种工作吗？（　　）

A. 是的，如果他有能力并且合适的话

B. 不会的，而且警告他不要这样做

C. 不劝他做，也不阻拦他

30. 如果你赚了或继承了一大笔钱，你会：＿＿＿。（　　）

A. 辞职，后半辈子不干工作

B. 找一个你一直想要做的工作

C. 继续做你现在的工作

(三) 统计方法

按下表将得分相加计算出总分。

题号	A	B	C	题号	A	B	C	题号	A	B	C
1	1	3	5	11	1	3	5	21	3	1	5
2	5	1	3	12	每重叠一项得5分			22	1	5	3
3	3	1	5	13	每重叠一项得5分			23	5	3	1
4	5	3	1	14	1	3	5	24	1	5	3
5	1	3	5	15	3	1	5	25	1	3	5
6	5	3	1	16	5	3	1	26	3	1	5
7	5	3	1	17	3	3	1	27	3	1	5
8	5	3	1	18	5	3	1	28	1	3	5
9	5	3	1	19	3	5	1	29	5	1	3
10	5	3	1	20	5	3	1	30	1	3	5

(四) 测试结果

1. 30～50 分：极低度满足

这一范围的分数确实很低。毫无疑问，就你目前的工作来说，你实在不适宜再做下去了，如果你这时已经 50 多岁了，那就意味着你在工作上因没有取得原渴望取得的成绩或没有得到提升而泄了气。如果你还年轻，最好面对这一现实，鼓起勇气去寻找能令你满意的工作。

2. 51～84 分：低度满足

你好像对目前的工作不太满意，这可能是由于你选错了工作，也许是你对自己估计太高的结果。你总是对工作上的事情感到不满，这也可能是你的才干未能在工作上得到发挥。你应就此仔细想想能否找到一些更适合你的工作。如果你讨厌目前的领导或同事，那你还是换个地方。新的环境可能会有新的开端，并可消除不满意的感觉。

3. 85～144 分：一般满足

像现代社会中大多数人一样，你认为你的工作挺合适，尽管你觉得自己的工资不够高，或觉得你若做另一种工作肯定能干得更好些。由于工作的交际性，因此对你来说，单位里的人对你的喜欢与否，同你的才能在那里能否得到发挥同等重要。如果要你对工作和个人生活加以比较，你可能两者都喜欢。你会在工作中做出成绩，如果你确有才干，你会被迅速提升，但你可能不会喜欢做那种紧张、艰难的领导工作，而是等一等、看一看、试一试再说。

4. 145～175 分：高度满足

工作对你十分重要，你显示出对工作的高度责任心和满足感。你敢于响应各种复杂情况的挑战并取得成功，星期一早晨很可能是你最愉快的时候。

5. 175 分以上：变态满足

坦率地讲，这个得分过高了。工作简直成了你的上帝，静心想一想，工作真对你有那么重要吗？你是否把工作看得过重，而忽视了其他一些事情呢？你非得如此深地沉浸在工作中才能说明你的工作真正令你满足吗？

六、自我管理测试

(一) 时间管理自我诊断量表

1. 测试要求

请你根据自己在日常学习与生活中对待时间的方式与态度，选择最适合你的一种答案。

2. 测试题

(1) 星期天，你早晨醒来时发现外面正在下雨，而且天气阴沉，你会怎么办？（　　）

A. 接着再睡

B. 仍在床上逗留

C. 按照一贯的生活规律，穿衣起床

(2) 吃完早饭后，在上课之前，你还有一段自由时间，你怎样利用？（　　）

A. 无所事事，根本没有考虑学习什么，时间不知不觉地就过去了

B. 准备学点什么，但又不知道学什么好

C. 按照预先订好的学习计划进行，充分利用这一段自由时间

(3) 除每天上课外，对所学的各门课程，在课余时间里怎样安排？（　　）

A. 没有任何学习计划，高兴学什么就学什么

B．按照自己最大的能量来安排复习、作业、预习，并紧张地学习

C．按照当天所学的课程和明天要学的内容制订计划，严格有序地学习

(4) 你每天晚上怎样安排第二天的学习时间？（　　）

A．不考虑

B．心中和口头做些安排

C．书面写出第二天的学习安排计划

(5) 我为自己拟定了"每日学习计划表"，并严格执行。（　　）

A．很少如此　　　　B．有时如此　　　　C．经常如此

(6) 我每天休息时间表有一定的灵活性，以使自己拥有一定时间去应付预想不到的事情。（　　）

A．很少如此　　　　B．有时如此　　　　C．经常如此

(7) 当你发现自己近来浪费时间比较严重时，你有何感受？（　　）

A．无所谓

B．感到很痛心

C．感到应该从现在起尽量抓紧时间

(8) 当你学习忙得不可开交，而又感到有点力不从心时，你怎样处理？（　　）

A．开始有些泄气，认为自己脑袋笨，自暴自弃

B．有干劲，有用不完的精力，但又感到时间太少，仍然拼命学习

C．开始分析检查自己的学习时间分配是否合理，找出合理安排学习时间的方法，在有限的时间里提高学习效率

(9) 在学习时，常常被人干扰打断，你怎么办？（　　）

A．听之任之

B．抱怨，但又毫无办法

C．采取措施防止外界干扰

(10) 当你学习效率不高时，你怎么办？（　　）

A．强打精神，坚持学习

B．休息一下，活动活动，轻松轻松，以便再战

C．把学习暂时停下来，转换一下兴奋中心，待效率最佳的时刻到来时再高效率地学习

(11) 阅读课外书籍，怎样进行？（　　）

A．无明确目的，见什么看什么，并常读出声来

B．能一面阅读一面选择

C．有明确目的进行阅读，运用快速阅读法，加强自己的阅读能力

(12) 你喜欢什么样的生活？（　　）

A．按部就班，平静如水的生活

B．急急忙忙，精神紧张的生活

C．轻松愉快，节奏明显的生活

(13) 你的手表或书房的闹钟经常处于什么状态？（　　）

A．经常比标准时间慢一些　　　　B．比较准确　　　　C．经常比标准时间快一些

(14) 你的书桌井然有序吗？（　　）

A. 很少如此　　　　　　　　B. 偶尔如此　　　　　　　　C. 常常如此

(15) 你经常反省自己处理时间的方法吗？（　　）

A. 很少如此　　　　　　　　B. 偶尔如此　　　　　　　　C. 常常如此

3. 统计方法

选择 A 得 1 分，选择 B 得 2 分，选择 C 得 3 分。将各题的得分加起来，然后根据下面的评析判断自己的时间管理能力和水平。

4. 测试结果

(1) 35～45 分，有很强的时间管理能力。在时间管理上，你是一个成功者，不仅时间观念强，而且还能有目的、有计划、合理有效地安排学习和生活时间，时间的利用率高，学习效果良好。

(2) 25～34 分，较善于对时间进行自我管理，时间管理能力较强，有较强的时间观念，但是在时间的安排和使用方法上还有待进一步提高。

(3) 15～24 分，时间自我管理能力一般，在时间的安排和使用上缺乏明确的目的性，计划性也较差，时间观念较淡薄。

(4) 14 分以下，不善于时间管理，在时间的自我管理上是一个失败者，不仅时间观念淡薄，而且也不能合理地安排和支配自己的学习、生活时间。你需要好好地训练自己，逐步掌握时间管理的技巧。

5. 改进方法

如果你做完这套测验以后，所得的分数较低，说明你对时间的管理、处理方式和能力存在不少问题。这时你不但要提高警惕，而且还要努力寻求改进的方法。

(1) 增强自己的时间观念。牢记："最严重的浪费就是时间的浪费"，"放弃时间的人，时间也会放弃他"。

(2) 制订时间使用计划并严格执行。以周为单位制订一个较长的计划。每天要有"每门学习计划表"和"时间使用表"，严格按照计划学习，并自觉进行检查和总结。

(3) 记录和分析自己一天时间的使用情况。为自己设计一套时间使用记录表，将你在一天里所做的事情及其耗用的时间记录下来，然后进行分析，看看自己哪些时间使用得有价值，哪些时间是浪费掉的。长此以往，持之以恒，对于训练你的时间管理能力是很有效的。

（二）情商测试

1. 测试要求

请从下面的问题中，选择一个和自己最切合的答案，但要尽可能少选中性答案。

2. 测试题

(1) 我有能力克服各种困难。（　　）

A. 是的　　　　　　　　B. 不一定　　　　　　　　C. 不是的

(2) 如果我能到一个新的环境，我要把生活安排得____。（　　）

A. 和从前相仿　　　　　　B. 不一定　　　　　　　C. 和从前不一样

(3) 一生中，我觉得自己能达到我所预想的目标。（　　）

A. 是的　　　　　　　　　B. 不一定　　　　　　　C. 不是的

(4) 不知为什么，有些人总是回避我或对我冷谈。（　　）

A. 不是的　　　　　　　　B. 不一定　　　　　　　C. 是的

(5) 在大街上，我常常避开我不愿打招呼的人。（　　）

A. 从未如此　　　　　　　B. 偶尔如此　　　　　　C. 有时如此

(6) 当我集中精力工作时，假使有人在旁边高谈阔论(　　)。

A. 我仍能专心工作　　　　B. 介于A、C之间　　　　C. 我不能专心且感到愤怒

(7) 我不论到什么地方，都能清楚地辨别方向。（　　）

A. 是的　　　　　　　　　B. 不一定　　　　　　　C. 不是的

(8) 我热爱所学的专业和所从事的工作。（　　）

A. 是的　　　　　　　　　B. 不一定　　　　　　　C. 不是的

(9) 气候的变化不会影响我的情绪。（　　）

A. 是的　　　　　　　　　B. 介于A、C之间　　　　C. 不是的

(10) 我从不因流言蜚语而生气。（　　）

A. 是的　　　　　　　　　B. 介于A、C之间　　　　C. 不是的

(11) 我善于控制自己的面部表情。（　　）

A. 是的　　　　　　　　　B. 不太确定　　　　　　C. 不是的

(12) 在就寝时，我常常____。（　　）

A. 极易入睡　　　　　　　B. 介于A、C之间　　　　C. 不易入睡

(13) 有人侵扰我时，我____。（　　）

A. 不露声色　　　　　　　B. 介于A、C之间　　　　C. 大声抗议，以泄己愤

(14) 在和人争辩或工作出现失误后，我常常感到震颤，精疲力竭，而不能继续安心工作。（　　）

A. 不是的　　　　　　　　B. 介于A、C之间　　　　C. 是的

(15) 我常常被一些无谓的小事困扰。（　　）

A. 不是的　　　　　　　　B. 介于A、C之间　　　　C. 是的

(16) 我宁愿住在僻静的郊区，也不愿住在嘈杂的市区。（　　）

A. 不是的　　　　　　　　B. 不太确定　　　　　　C. 是的

(17) 我被朋友、同事起过绰号、挖苦过。（　　）

A. 从来没有　　　　　　　B. 偶尔有过　　　　　　C. 这是常有的事

(18) 有一种食物使我吃后呕吐。（　　）

A. 没有　　　　　　　　　B. 记不清　　　　　　　C. 有

(19) 除去看见的世界外，我的心中没有另外的世界。（　　）

A. 没有　　　　　　　　　B. 记不清　　　　　　　C. 有

(20) 我会想到若干年后有什么使自己极为不安的事。（　　）

A. 从来没有想过　　　　　B. 偶尔想到过　　　　　C. 经常想到

(21) 我常常觉得自己的家庭对自己不好，但是我又确切地知道他们的确对我好。（　　）

A. 否　　　　　　　　　B. 说不清楚　　　　　　C. 是

(22) 每天我一回家就立刻把门关上。（　　　）

A. 否　　　　　　　　　B. 不清楚　　　　　　　C. 是

(23) 我坐在小房间里把门关上，但我仍觉得心里不安。（　　　）

A. 否　　　　　　　　　B. 偶尔是　　　　　　　C. 是

(24) 当一件事需要我做决定时，我常觉得很难。（　　　）

A. 否　　　　　　　　　B. 偶尔是　　　　　　　C. 是

(25) 我常常用抛硬币、翻纸牌、抽签之类的游戏来预测凶吉。（　　　）

A. 否　　　　　　　　　B. 偶尔是　　　　　　　C. 是

(26) 为了工作我早出晚归，早晨起床我常常感到疲惫不堪。　　是（　　）否（　　）

(27) 在某种心境下，我会因为困惑陷入空想，将工作搁置下来。　是（　　）否（　　）

(28) 我的神经脆弱，稍有刺激就会使我战栗。　　　　　　　　　是（　　）否（　　）

(29) 睡梦中，我常常被噩梦惊醒。　　　　　　　　　　　　　　是（　　）否（　　）

(30) 工作中我愿意挑战艰巨的任务。　　　　　　　　　　　　　　　　　　（　　）

(31) 我常发现别人好的意愿。　　　　　　　　　　　　　　　　　　　　　（　　）

(32) 我能听取不同的意见，包括对自己的批评。　　　　　　　　　　　　　（　　）

(33) 我时常勉励自己，对未来充满希望。　　　　　　　　　　　　　　　　（　　）

第30～33题：本组测试共4题，每题有5种答案，请选择与自己最切合的答案，并填在对应题后的括号里。答案标准如下：A. 从不；B. 几乎不；C. 一半时间；D. 大多数时间；E. 总是。

3. 统计方法

计分时请按照记分标准，先算出各部分得分，最后将几部分得分相加，得到的分值即为最终得分。

第1～9题，每回答一个A得6分，回答一个B得3分，回答一个C得0分，共计（　　）分。

第10～25题，每回答一个A得5分，回答一个B得2分，回答一个C得0分，共计（　　）分。

第26～29题，每回答一个"是"得0分，回答一个"否"得5分，共计（　　）分。

第30～33题，每回答一个A得1分，回答一个B得2分，回答一个C得3分，回答一个D得4分，回答一个E得5分，共计（　　）分。

33道题总计为（　　）分。

4. 测试结果

(1) 如果你的得分在90分以下，说明你的EQ较低，你常常不能控制自己，你极易被自己的情绪所影响。

(2) 如果你的得分在90～129分，说明你的EQ一般，对于一件事你不同时候的表现可能不一致，这与你的意识有关，你比前者更具有EQ意识，但这种意识不是时时都有，因此需要你多加注意、时时提醒。

(3) 如果你的得分在130～149分，说明你的EQ较高，你是一个快乐的人，不易恐惧担忧，对于工作你热情投入、敢于负责，你为人正义正直，这是你的优点，应该努力保持。

(4) 如果你的 EQ 在 150 分以上，那你就是个 EQ 高手，你的情绪智慧不但不是你事业的阻碍，反而是你事业有成的一个重要前提条件。

(三) 压力状况自测

1. 测试要求
以你最近的实际情况快速回答下列问题，符合的打"√"，不符合的打"×"。

2. 测试题
(1) 你最近有感到很不舒服的紧张吗?(　　)
(2) 你常与自己周围的人争辩吗?(　　)
(3) 你的睡眠有困难吗?(　　)
(4) 你对生活充满无力感吗?(　　)
(5) 有许多人干扰你或激怒你吗?(　　)
(6) 你常想吃糖或甜食吗?(　　)
(7) 你抽烟的花费有增加吗?(　　)
(8) 你渐渐对烟或咖啡上瘾吗?(　　)
(9) 你发现要集中精神在工作上有困难吗?(　　)
(10) 你渐渐对一些小事(如寄信)容易忘记吗?(　　)
(11) 你渐渐对一些重要的事(如约会、缴税)也变得健忘吗?(　　)
(12) 你上洗手间的次数增多了吗?(　　)
(13) 有人说你最近气色不大好吗?(　　)
(14) 你常和其他人有语言上的冲突吗?(　　)
(15) 你最近是否不止一次生病?(　　)
(16) 你最近是否有因紧张而头痛的现象?(　　)
(17) 你最近是否有经常作呕的感觉?(　　)
(18) 你最近是否每天都有轻微的头痛、眩晕?(　　)
(19) 你经常有胃部翻搅的感觉吗?(　　)
(20) 你总是匆匆忙忙在赶时间吗?(　　)

3. 统计方法
打"√"的每题得 1 分，打"×"的不得分。

4. 测试结果
(1) 0～5 分，恭喜你，你所感受的压力很正常。
(2) 6～14 分，你所感受的压力有些高。请参考合适的压力管理方式来予以控制。
(3) 15～20 分，高压危险！你正在残害自己的身心。请赶快制定解压计划。

参 考 文 献

[1] 苏文平. 大学生职业生涯规划与发展[M]. 北京：中国人民大学出版社，2019.

[2] 李福军. 大学生职业生涯规划与就业指导[M]. 西安：西北工业大学出版社，2022.

[3] 于广东. 大学生职业生涯规划与就业指导[M]. 北京：中国轻工业出版社，2022.

[4] 北森生涯学院. 大学生职业生涯规划咨询案例精编[M]. 上海：华东师范大学出版社，2022.

[5] 周敏娟. 大学生职业生涯规划[M]. 成都：西南交通大学出版社，2022.

[6] 郭新春. 大学生职业生涯规划与就业指导十讲[M]. 上海：上海交通大学出版社，2022.

[7] 陈志斌. 大学生职业生涯规划[M]. 上海：上海交通大学出版社，2022.

[8] 宗敏，夏翠翠. 大学生职业生涯规划[M]. 北京：人民邮电出版社，2022.

[9] 通识教育规划教材编写组. 大学生职业生涯规划[M]. 北京：人民邮电出版社，2022.